制裁

与

经济战

翟东升　嵇先白　魏子龙　　著

中国人民大学出版社

·北京·

图书在版编目（CIP）数据

制裁与经济战 / 翟东升，嵇先白，魏子龙著 .
北京：中国人民大学出版社，2025.8. -- ISBN 978-7
-300-33963-4

Ⅰ. F115

中国国家版本馆 CIP 数据核字第 202554FU63 号

制裁与经济战

翟东升　嵇先白　魏子龙　著

Zhicai yu Jingjizhan

出版发行	中国人民大学出版社			
社　　址	北京中关村大街 31 号		**邮政编码**	100080
电　　话	010 - 62511242（总编室）		010 - 62511770（质管部）	
	010 - 82501766（邮购部）		010 - 62514148（门市部）	
	010 - 62511173（发行公司）		010 - 62515275（盗版举报）	
网　　址	http://www.crup.com.cn			
经　　销	新华书店			
印　　刷	北京联兴盛业印刷股份有限公司			
开　　本	890 mm×1240 mm　1/32		**版　　次**	2025 年 8 月第 1 版
印　　张	14.875 插页 2		**印　　次**	2025 年 9 月第 5 次印刷
字　　数	306 000		**定　　价**	99.00 元

谨以此书献给

中华民族回归世界舞台中心的新时代

目　　录

推荐序一　何以止战

——制裁与经济战研究的和平意蕴

朱光耀　财政部原副部长、国务院参事

当今世界正经历深刻的结构性震荡与重组。在世界政治思潮与地缘战略矛盾的双重冲击下，经济全球化逐渐显露出脆弱性。国际经济博弈呈现出既不同于冷战时期军事对峙也有别于全球化鼎盛时代自由贸易的新图景。在这个历史的十字路口，重新审视经济制裁与经济战的本质逻辑，不仅关乎国际政治经济学的理论创新，而且关乎人类和平发展道路的现实选择。

第一，特朗普再度入主白宫，全球地缘政治进入高风险震荡周期，为世界经济带来了更大的不确定性。特朗普政府开启的"美国优先"政策快速发酵，关税战的不确定性持续扰动国际市场。科技封锁、金融制裁等工具以"美国优先"或"公平竞争"为旗号，本质上是美国利用经济霸权施行的单边制裁。这些举动暴露了全球经济一体化进程中的深层次矛盾——权力关系的不对称性。当经济相互依赖从互利纽带异化为权力杠杆时，制裁便成为强者压制追赶者的趁手武器。现代经济制裁的破坏力在于其制造系统性风险的能力：一次对关键技术的出口管制可能使整条产业链瘫痪，一项金融禁令可能引发货币市场的恐慌式崩塌。美国不仅是世界第一经济大国，也是实施经济制裁与经济战的第一大国，所引发的连锁反应和预期效应正在造成世界市场的分裂。

第二，科技的突飞猛进正在重塑国家间博弈的工具箱与规则书，为这场博弈增添了新的维度。例如，人工智能正在改变制裁的实施方式：从自动识别逃避制裁的金融交易，到预测目标国的经济脆弱点；从实时监控全球物流网络的异常，到生成定制化的反制策略。技术赋能使制裁从粗放的"地毯式轰炸"转向精准的"外科手术"和"定点清除"，但同时也带来了新的伦理困境与战略风险。当算法的"黑箱"决策取代传统的外交程序，国际规则的模糊地带将急剧扩大。加密货币、量子计算、生物、航天各个关键领域的突破性进展，都在改写国家竞争力的构成要素。与此对应，控制关键原材料、限制软硬件供应、阻止人才交流与知识传播、建立标准壁垒等"科技战"手段成为当今经济制裁与经济战的常见方式。

第三，世界经济秩序面临重大挑战。二战后世界经济秩序的基础是布雷顿森林体系。从广义上讲，国际货币基金组织、世界银行和世界贸易组织是世界经济秩序的三大支柱。在制裁与反制裁的激烈博弈中，这三大支柱的功能和影响力正在受到沉重打击。这套体系的制度韧性正遭遇严峻考验：国际货币基金组织特别提款权货币篮子权重调整滞后，世界银行贷款附加条款与发展中国家实际需求错位，世界贸易组织改革谈判陷入无止境的僵局。这背后既有西方国家长期以来"公器私用"造成的恶果，也反映了新兴市场国家快速发展、要求更多话语权的诉求。而特朗普在任期内不断推翻国际协议、退出国际组织，朝令夕改，进一步恶化了国际公共产品的供给赤字。

国际货币体系正处于颠覆性变革的边缘。美元既是主权货币，又是全球公共产品，绝大多数跨境交易依赖由美国控制的清算系统，美元也是全球最主要的储备货币。然而近年来，以美元为锚的国际货币体系正遭到双重解构。一方面，美国对金融霸权的滥用已形成系统性风险，"去美元化"正在受到越来越多国家的重视。甚至美国国内也开始反思美元霸权的代价，有美国学者和官员认为被高估的美元是美国制造业日益衰落的元凶之一。另一方面，加密货币在消解央行对货币发行的垄断权。比特币市值突破 1.3 万亿美元，超过 30 个国家承认加密货币的法定地位。我们需要加强研究和应对加密货币的发展：既要看到加密货币对现行金融监管体系的挑战，又要分析加密货币对未来全球金融体系的深层次影响；既要认识到加密货币的投资品属性，又要看到加密货币对全球金融体系底层逻辑和底层基础设施的改变，即由公共区块链推动的加密货币、加密支付（第三方支付）、智能合约（发行）这三者的结合或将构成未来全球金融体系的基础设施。这是事关未来全球金融体系的重大战略问题。随着中国经济的发展和贸易量的增加，人民币作为结算货币和储备货币使用的比重在增加，需要协商制定相应国际规则，使人民币在维护公平互利的世界经济上发挥更大作用。

面对上述挑战，当代中国研究者需要构建适应当下形势的国际经济博弈分析框架。在数字化时代，经济制裁与经济战和认知战、舆论战紧密结合，因此决策不能局限于对经济损益的核算，也需深入探究经济背后政治权力的运作逻辑。成功的制裁和反制裁，都需要对"政治生存理性"与"经济社会韧性"

进行精密权衡。经济战既是科学也是艺术，不同的民族性格和历史文化使得每个国家看待经济权力的视角天然存在差异。在中华文明五千年历史中，"不战而屈人之兵"的谋略与"以和为贵"的伦理始终交织，形成独特的战略文化基因。从中国视角重新解读世界现当代的制裁案例，有助于破除西方主流学界的某些思维惯性，发展更契合中国经济外交路线的理论。

研究经济制裁与经济战的主要目的是管控分歧，稳固合作，发展健康稳定和可持续的全球经济。经济制裁的短期威慑效应往往伴随着长期的结构性损伤——发起国在削弱对手的同时，也在瓦解自身赖以生存的规则体系；目标国在承受阵痛之际，反而获得重构价值链的战略机遇。这种演化路径屡见不鲜，在美欧对俄制裁、中美科技脱钩等案例中都得到了印证：美欧能源制裁推动俄罗斯开辟东方市场，芯片禁令促进中国实施自主创新，制裁发起者最终收获的不过是竞争力的流失。经济制裁与经济战研究的现当代价值，不仅在于解构对抗的逻辑，更在于重构合作的愿景。它既是对历史经验的总结，也是对未来挑战的回应；在这个规则加速重构的时代，真正的战略主动权不在于对制裁工具的滥用，而在于主动塑造、长期维护伙伴间的互惠合作。

暮色苍茫看劲松，乱云飞渡仍从容。面对世界政治和经济变局，中国是最大稳定器。我们要坚定构建以国内大循环为主体、国内国际双循环相互促进的新发展格局，坚持稳中求进的工作总方针，保持中国经济健康发展。中国的稳定、中国的发展就是全球的稳定力量、全球的和平力量。发展好中国经济，就是在为世界的和平发展做出贡献。中美作为前两大经济体应加强政策沟通，拓展合作，管控分歧，发展健康稳定和可持续的中美关系。同时，我们要与世界各国密切沟通，特别是既要加强与发展中国家、"一带一路"共建国家的合作和协调，也要重视同欧盟和日本等发达经济体的政策协调，维护和完善现行的世界经济秩序，增强发展中经济体和新兴市场经济体的话语权和代表性。当旧时代的光芒逐渐暗淡，或许正是新思维破土而出的契机。

推荐序二　大国角力的回旋镖

乔良　退役空军少将

阳光之下无新事。经济制裁与经济战，古已有之，并不新鲜。

从中国春秋时期管子建议齐王"服帛降鲁梁"，到西汉对匈奴、北宋对西夏的经济绞杀，从拿破仑对英国的大陆封锁，到里根政府对苏联经济的釜底抽薪，更不要说大国对中小国家——如美国对古巴、对伊朗的经济制裁与经济战，几千年间，从未断过。但让人略感意外的是，搜遍中外，专门研讨探究制裁与经济战的著述，竟少之又少。欧美学界，尚可找到为数不多的几本专著；中文专著，竟一本也没有。

究其因，以为有二：一是这一领域并非"显学"，很难让功利心切的学者趋之若鹜；二是该领域虽冠以"经济制裁"或"经济战"之名，实则涵盖面太广，政治、经济、外交、军事、科技、金融乃至文化，非大跨度跨界学者不能为之。是故，大家还是安于在各自领域"深耕细作"。于是，这一大课题——在当下关乎各国国运的大课题，便长久鲜有学人问津。

所幸的是，立志于扛起"人大学派"大旗的翟东升团队，在特朗普二次入主白宫，把"关税战"打得如火如荼、人仰马翻之际，恰逢其时，捧出了他们的心血之作：《制裁与经济战》。

出手不凡，一部皇皇巨著。

我有幸成为这部巨著最早的读者。

说它不凡，绝非时下书评界四处流溢的口水，而是读此书过半时我的感叹：此书确非"草色遥看近却无"的空泛之作。甚至可以说，这是我读到的中国学者的著述中，少见的言之有据、言之有理、言之有物的专业性著作。

全书从立论到表述，无处不见作者的认知力、思考力和表达力。

例如："制裁与经济战作为一门跨学科的学问，介乎科学与艺术之间，兼有客观特征与主观特征"（此论可谓对这门学问的恰当评判，亦可视为对本书的自我评价）。

又如："将过去开放融合时代形成的相互依赖转变为武器和权力源泉，成为这个时代的一个重要特征……等到敌对国之间彼此不再依赖对方，或者依赖占比大大下降，那么制裁与经济战的适用空间也就相应缩小了。""制裁要发挥作用，前提是发起国和目标国之间存在重要且不对称的经济相互依赖。"

再如："追求利润最大化的资本将随市场自由流动，无法形成有效的经济'势能'来抵御或制造经济波动。而有意积蓄'势能'虽可能导致效率损失和经济成本，却能为危机时刻提供应急储备，甚至制造他国危机。"

还如："制裁与经济战还必须考虑战术层面的各类认知误区或合成谬误。现代产业链错综复杂，各部门和企业在决策时都难免面临信息不对称、信息碎片化等问题，这导致短期、局部做出的决策可能以意想不到的方式成为'回旋镖'。"

这些文字无不显示出作者的哲学思辨、逻辑推断与语言表达功力，清晰、准确、犀利。

作为中国范式"制裁与经济战"理论的拓荒者，翟东升团队是敏锐的，他们在不时引用自然科学的研究方法和概念来解释自己的理论时，依然能随时清醒地提醒自己自然科学研究与社会科学研究从对象到方法再到结果的诸多不同，这使他们从一开始就同时把科学与艺术的双重逻辑作为自己切入课题的工具，并以这种跨学科与跨领域的方式为"人大学派"的开宗立派另辟蹊径。

但这些还不是本书传递给我们的最重要的信息。

更为重要的是，在千年一变的大时代到来之际，在整个世界，包括贸易战、关税战——制裁与经济战的发起者，在制造全球混乱又对这种混乱束手无策时，是中国人——翟东升团队，拿出了第一部如此全面、如此清醒、如此具有中国特色，又如此具有实操指南性的大书。

整本书读下来，我的感受是，这部专著大大提升了中国人对这一课题的认知水平。它不光为我们梳理了从人类有经济活动以来，不同国家和民族之间经济制裁与经济战的历史及源流，为我们总结了几乎所有重要的经济制裁与经济战的成功经验与失败教训；比这些论述更为重要的是，翟东升团队为我们贡献出了思想之花——"制裁与经济战"的发生原因和生成原理，以及各种可能结果，包括实施的路径和方法，为眼下我们如何应对特朗普已经热火朝天地对全球包括中国开打的"关税战"，提供既现实又可用的理论武器和工具。

有趣的是，比翟东升团队的书早约半年，2024 年 11 月，在美国，一个叫斯蒂芬·米兰的人，拿出了一份富有美国特色的研究报告——《重构全球贸易体系的用户指南》。这两者，一中一美，一东一西，构成了两个相互依赖又彼此对立的大国在千年变局下国力碰撞与国运对冲在学术界的缩影。

斯蒂芬·米兰凭借这份研究报告成为二度入主白宫的特朗普的经济顾问。这份研究报告也就成为美国对全球发起"关税战"的理论依据。但世人对这份研究报告的关注度，远不如对特朗普"关税战"的关注度高。接下来发生的事情证明，这将是被特朗普"关税战"打懵的各国，犯下的一个非常严重的错误。这是因为，如果不理解这份研究报告，就无法弄明白特朗普为什么要打"关税战"，特朗普打的是否真是关税战，以及如果不是人们通常理解的关税战，那么特朗普打的又是什么。

这里，请注意，在斯蒂芬·米兰的理论体系与翟东升团队的理论体系之间出现了一个理论"缺环"：二次上任伊始，特朗普对全球开打的无差别经济制裁与经济战，运用的武器或工具是"关税战"。然而，此"关税战"非彼关税战，奥秘就在这里。正是在这一点上，几乎所有人都没读懂斯蒂芬·米兰，也就误解了特朗普——这两人想要的，并非一般意义上对各国的出口商品加征关税，而是对所有对美贸易的顺差国无差别地征收"基础关税"，这意味着人类税收史上从未有过的税种出现了，即"顺差税"。这是一种凌驾于所有具体税种的"税上税"，且具有广谱性。一旦各国被迫接受此税，则意味着自 1971 年 8 月 15 日美元与黄金脱钩，第一个全球金融帝国诞生以来，美国又将通过"顺差税"把全球各国纳入对美国的朝贡体系，从而使美国进阶为万邦资本来朝的"MAGA"①帝国。

大多数人都没看清这一点。所幸，中国学者中的明白人渐渐多了起来。在翟东升团队用《制裁与经济战》一书，为应对史上强度最大的制裁与经济战，提供了中国式的"用户指南"之后，我的另一位朋友——金融学者马国书，用"储币税"这一概念尖锐地道破了特朗普"关税战"的秘密，他的论说正好补上了斯蒂芬·米兰理论体系与翟东升团队理论体系之间的那个理论缺环。

现在，面对《制裁与经济战》一书，我隐约于冥冥之中触摸到了"国运"这一形而上的概念，也感觉到了中国学术与中国学者的觉醒。

当我们通过这些先觉者的著述与论说比其他国家对"特朗普的战争"有更切入本质的理解和了悟，也有更充满理据和底气的战略判断与策略选择时，国运博弈的天平会倾向于哪一边还会有什么疑问吗？

当下，特朗普用一场名义上的"关税战"，实则是一场经济战，强迫中国要么加入对美"MAGA"帝国的朝贡体系，要么接受被制裁、被脱钩断链的结果，摆在中国人面前的选择非常有限。《制裁与经济战》一书作为理论上的"白马骑士"，来得恰逢其时。它告诉我们，在大争之世，不光要战，而且要懂得如何战。中国具有制造业优势，美国具有金融资本优势；中国

---

① MAGA 为英文 Make America Great Again 的首字母缩写。

具有规模化技术转化优势，美国具有科技创新优势；中国具有大陆优势，美国具有大洋优势。鹿死谁手，在此一搏。

这里是罗陀斯，就在这里跳跃吧。但要审时度势，不要让关税战、经济战的"回旋镖"伤到自己。

谨以此，为《制裁与经济战》推荐序。

推荐序三　伟大斗争需要理论与实践准备

金一南　国防大学教授

多年前有一场社会活动，谈到人们对高水平创作太少的不满，议论为什么今天缺乏让人耳目一新的大作品。一位作者说了这么一句话：

> 在我看来，主要在于思想的软弱，缺乏穿透历史和现实纷繁烟云的力度。

此言甚佳。

不仅要有思想，还要具备力度，否则无法穿透历史和现实的纷繁烟云。

我们正处于世界百年未有之大变局与中华民族伟大复兴的历史交汇点。大国博弈空前激烈、军事对抗与经济制裁此起彼伏、全球化与逆全球化交织激荡，不由让人想起法国年鉴学派大师吕西安·费弗尔的那句话：

> 在动荡不定的当今世界，唯有历史能使我们面对生活而不感到胆战心惊。

但面对 21 世纪的今天，历史茫然无措：谁见过针对一个国家实施将近两万项、涵盖社会生活几乎所有方面的制裁？谁见过对一个国家连续 46 年、对另一个国家连续 65 年的封锁禁运？面对霸权国家针对对手实施如此大规模和高强度、如此彻底与决绝、如此登峰造极的包围、孤立和惩罚，国际政治中存在的新自由主义、新保守主义、古典现实主义、建构主义、功能主义、后殖民主义、后现代主义等，哪种主义能让今天爱好和平的人们面对现实而不感到胆战心惊？

在激烈震荡的今日世界，贸易壁垒、金融封锁、科技脱钩、能源禁运等盛行，制裁与经济战已经成为霸权国家进行的"没有硝烟的战争"，其能量足以改变国家命运、颠覆地缘平衡。原有的和谐理论、双赢理论，已难以为人们提供在复杂环境下的行动指导。

马克思说："哲学家们只是用不同的方式解释世界，而问题在于改变世界。"

正是这个意义，让人看到了本书的价值：本书不仅对制裁与经济战做了一次全面梳理与深入探讨，而且不着力于基础理论，重点探索操作理论，避免学术研究与形势脱节、与政策脱节、与实践脱节；着力于在错综复杂的大国博弈中做出政策判断、给出实践指导。

这恰恰是中国国际关系学理论中最缺乏的。

新中国成立伊始，西方的各种制裁几乎未曾断过。其间我们的争辩、谴责、抗议，不计其数。而制裁与经济战在西方强权日益熟练的操作运用中，不但成为构建地区态势的重要手段，而且成为重塑全球秩序的得力推手。

数十年的现实提醒我们：只会讲理是行不通的，必须学会博弈、学会打牌。

没有博弈实践，理论再好，也永远是一堆僵化的概念。

不打牌，就不知手中有牌，更不会知道哪张牌是王牌。

今日之中国，已非昔日之中国。美国经济学家理查德·鲍德温说：

> 美国是当今世界唯一军事超级大国，军费开支超过排名第 2 到第 10 国家军费开支总和；中国是当今世界唯一工业超级大国，工业产值超过排名第 2 到第 10 国家工业产值总和。后一个事实并不像前一个事实那样广为人知。

这是他们打牌的基础，也是我们打牌的基础。

这是他们博弈的底气，也是我们博弈的底气。

美国制裁主要依托以军事实力为后盾的金融和科技。

中国反制裁也要依托以军事实力为后盾的产业和市场。

各有优劣。牌并不都在一方手中。特别是西方市场就是世界市场的时代已经一去不返。

对中国来说，必须建立符合自身国情和发展利益的制裁与经济战理论，用于指导作为负责任大国的中国的政治经济实践，在大国博弈中把握主动权。

2021 年 6 月，全国人大常务委员会表决通过《中华人民共和国反外国制裁法》。在此之前，西方学者安德鲁·伦内莫曾说：

> 中国已悄然摆脱对限制性措施的历史性厌恶，开始建立一套类似于美国制裁的工具箱。其结果是，如今中国更

愿意也更有能力将经济武器化，以赢得外交政策的胜利，并阻止外部力量对其公司的打击……中国将越来越成为一支抗衡美国制裁霸权的力量，并成为全球商业的对等标准制定者。

我们必须如此。应对制裁的最好方法是反制裁，即以制裁对付制裁。

这正应了中国外交部发言人的那句话："如果任何人想伤害中国而自己毫发无损，那是幻想。"

必须让对手通过你的反制行动——而不是你的理论——了解你的能力、决心和意志。

制裁与经济战是大国竞争的残酷现实，也是在全球治理中必须应对的重大难题。国家和领导人日益成熟，表现为应对复杂情况时日益成熟。本书力图为未来实践提供理论指导，这一点十分可贵。构建中国特色的制裁与经济战理论体系，不只为学术沙龙增加一部足够厚重的典籍，更要为应对已经到来的严峻挑战提供强有力的智力支持。

本书的不足，是最后部分"构建中国范式的制裁与经济战知识体系"略显单薄。这从一个侧面说明，虽然有过一些实践，但并非游刃有余。我们依然需要理论的滋养和实践的历练，需要在理论—实践、再理论—再实践的进程中独树一帜，形成一套既符合国际规则又彰显中国特色的理论体系和应对策略，在护卫中华民族回归世界舞台中心的历史进程中，产生具有自身特质、风貌和气派的中国学派。

还是回到开篇那句话：不仅要有思想，还要具备力度。

中华民族的伟大复兴必然是一部波澜壮阔的史诗。

回归世界舞台中心的民族，必定要有思想的锋芒。

一部好的学术著作，应是面向未来、面向世界的思想宣言。中国范式的构建不仅是中国智慧的展现，更是中国对全球和平与发展的担当。

习近平总书记说："我们必须准备进行具有许多新的历史特点的伟大斗争。"

必须做好进行这一伟大斗争的理论与实践准备。

在这一过程中一代又一代持续努力，定能书写属于东方智慧的全新篇章。

是以为序。

▎前言 研究制裁与经济战对新时代中国的必要性和可行性

21世纪是一个研究和实践制裁与经济战的黄金时代。

全球化向纵深发展，让各国之间形成了多元而不对称的复合相互依赖，也为制裁与经济战的运用提供了一个良好的条件。制裁要发挥作用，前提是发起国和目标国之间存在重要且不对称的经济相互依赖。在当今世界，除了朝鲜等极少数例外，绝大多数国家的福利和生计都与世界市场的波动紧密相连。人们消费的绝大部分商品和技术都依靠主要分布在东亚、北美、欧洲的产业链来提供，绝大部分工业制成品都包含了来自亚美欧科研人员的知识创新，中国、越南、墨西哥和中东欧工人的劳动，以及亚非拉的自然资源。这种全球生产网络形成的价值链分工呈现出明显的中心与外围关系，以及严重的不对称性：中心国家不但比外围国家远为富有，而且远为稳定。离开了某个外围国家提供的原材料，中心国家可以迅速研发出替代品，或者只需要暂时忍受有限的通胀上升；而经济结构相对单一的外围国家一旦失去中心国家提供的资本、技术和市场，可能将迅速陷入经济萧条与汇率贬值所带来的高通胀与高失业，从而面临政治动荡甚至政府垮台。更进一步，由于这种分工体系带来的网络效应，中心国家对外围国家的制裁能力和经济权力，不仅来源于中心国家的能力和资源，还来源于全世界许多国家的能力和资源，甚至包括受制裁国自身的部分能力和资源。因此，在全球化高度发展的今天，制裁与经济战的可行性达到了前所未有的高度。

在本书酝酿和写作期间，全球化已经进入了下行期。与1914—1945年间的上一个下行期相似，今天的时代特征是脱钩断链和保护主义而不是进一步强化分工，是公平、安全与韧性优先而不是效率优先，是民粹浪潮和民族主义上升而不是理性、平和、开放、包容的声音占主流。正因如此，党的二十大报告更强调动荡变革期的风高浪急和惊涛骇浪。在全球化的下行期，国际国内冲突和矛盾在上升，但是各国的相互依赖程度仍然很高。将过去开放融合时代形成的相互依赖转变为武器和权力源泉，成为这个时代的一个重要特征。经济武器化，或者说相互依赖关系的武器化，是后全球化时代的题中应有之义。当然，这也是一个阶段性现象。制裁和反制裁的使用与滥用会持续破坏国家间的相互依赖与分工，等到敌对国之间彼此不再依赖对方，或者依赖占比大大下降，那么制裁与经济战的适用空间也就相应缩小了。在这种国际格局中，中小国家如何应对他国的制裁和威胁，如何避免成为大国经济战中的附带牺牲品，愈发成为这些国家政界和学界需要研究的重要课题。

对于中国而言，对制裁与经济战的研究也具有显而易见的紧迫性和战略性。当下的中国正在遭受来自美国及其盟友的猜忌、打压和围堵，随着中美两国政治、经济和战略竞争性的加剧，目前仅针对特定企业、高科技和政治人物的局部制裁未来有可能发展为全面制裁与经济战。如何应对不断升级的制裁与经济战，是中国对外经济政策制定中的紧迫议题。此外，在重新挤入世界舞台中心的过程中，中国也逐渐意识到自己面临着捍卫自身在全球体系中的政治、经济与战略利益的现实需求，也需要开发和选择适当的对外政策工具。由于中国对和平崛起的承诺和偏好，以及中国在世界舞台上话语权软实力的相对缺失，在未来较长一个时期内，中国的对外政策工具将主要是经济手段而不是战争或者宣传。

过去四十多年里，中国学界对贸易、投资、援助等合作互利的对外经济政策已经研究得相当充分，但是对制裁与经济战的研究却相对不足，这不仅仅是因为知识供给上的跨学科特点带来的难度，更是因为在 2017 年之前，中国政府和社会对研究这个议题缺乏需求。美国在特朗普上一个任期发起的对华关税战和科技战，迅速唤醒了中国，也为制裁与经济战的研究创造了巨大的知识需求。著名战略史学者、国务院原参事时殷弘教授在他荣休仪式的晚宴上谈及中美之间的制裁与经济战时，语重心长地对本书作者说："帝国，是习得的。"在美国的制裁大棒之下，中国的知识界与政策界终于意识到制裁与经济战的理论研究和实践探索的重要性，意识到习得这种帝国之"治理术"并"师夷长技以制夷"，其实是中华民族回归世界舞台中心的一门必修课。

建立中国范式的制裁与经济战理论，或者更准确地说，本书作者试图构建的"人大学派"制裁与经济战理论体系，之所以具有可行性，一个非常重要的原因，是以加利·克莱德·霍夫鲍尔（Gary Clyde Hufbauer）的团队为代表的美国学界构建的制裁知识体系，存在比较严重的缺陷。

首先，这种缺陷体现在对经济制裁"有效性"的误解上。尽管界定"有效性"概念本身，或者如何定义什么是"成功的制裁"本身就是充满争论的学术探索[①]，但是在方法论上，美国学界的主流已经陷入了科学主义尤其是统计方法的迷思，执着于用计数和除法讨论制裁的有效性。例如，以罗伯特·佩普为代表的一部分学者认为只有当制裁是目标国发生政策改变的唯一或最主要原因时，制裁才被认为是成功的，以此为标准，历史上的制裁案成功率不足 10%。[②] 反之，霍夫鲍尔等[③]、大卫·鲍德温[④]和纳文·巴帕特等[⑤]则认为"成功"不意味着"完美"，"有效制裁"是相对于"无效制裁"而言的，即便目标国没有完全屈服，只要制裁在一定程度上迫使其在政策上或谈判中做出让步，就可视为有效，据此大约有 30% 的制裁案能达到这个有

[①] Dursun Peksen, "When Do Imposed Economic Sanctions Work? A Critical Review of the Sanctions Effectiveness Literature," *Defence and Peace Economics*, Vol. 30, No. 6, 2019, pp. 635 – 647.

[②] Robert A. Pape, "Why Economic Sanctions Do Not Work," *International Security*, Vol. 22, No. 2, Fall 1997, pp. 90 – 136; Robert A. Pape, "Why Economic Sanctions Still Do Not Work," *International Security*, Vol. 23, No. 1, Summer 1998, pp. 66 – 77.

[③] 加利·克莱德·霍夫鲍尔等：《反思经济制裁》，杜涛译，上海人民出版社 2011 年版，第 190 – 191 页。

[④] David A. Baldwin, "Evaluating Economic Sanctions," *International Security*, Vol. 23, No. 2, 1998, pp. 189 – 195.

[⑤] Navin A. Bapat, Tobias Heinrich, Yoshiharu Kobayashi and T. Clifton Morgan, "Determinants of Sanctions Effectiveness: Sensitivity Analysis Using New Data," *International Interactions*, Vol. 39, No. 1, 2013, pp. 79 – 98.

效性标准。同时，阿拉斯泰尔·史密斯[1]、迪恩·莱西和牛铭实[2]、查尔斯·布莱克和诺亚·克莱姆[3]认为应该把威胁要实施但并未真正实施的制裁纳入计算制裁有效性的样本内，理由是目标国可能会在制裁的大棒落下前就选择屈从制裁方提出的要求；根据克利夫顿·摩根等以此对制裁成效的评估结果，威胁和实施的制裁的总和成功率可以达到50％以上。[4]

　　本书作者认为评估制裁的有效性应该包括已实施的制裁、公开威胁要实施但并未实施的制裁以及正式与非正式外交场合的私下威胁。最后一种情况是无法被学界和大众所观测到的，然而事实上，真正有效的经济制裁或制裁威胁都已经在口头上秘密完成了，是水面下的冰山，而能正式摆上台面的、被大众知晓的经济制裁本身威胁力度就不足，在数量上也仅占一小部分。在现实的国家间互动中，有大量制裁威胁被私下发出之后就取得了成功，许多矛盾的解决并非真的走到发动制裁或公开威胁的那一步。不仅如此，经济的不对称相互依赖带来的被制裁风险还可能已经内化为两国外交中的"默契"，弱势方在制定

---

①　Alastair Smith, "The Success and Use of Economic Sanctions," International Interactions, Vol. 21, No. 3, 1995, pp. 229 – 245.

②　Dean Lacy and Emerson M. S. Niou, "A Theory of Economic Sanctions and Issue Linkage: The Roles of Preferences, Information, and Threats," The Journal of Politics, Vol. 66, No. 1, February 2004, pp. 25 – 42.

③　Charles H. Blake and Noah Klemm, "Reconsidering the Effectiveness of International Economic Sanctions: An Examination of Selection Bias," International Politics, Vol. 43, No. 1, 2006, pp. 133 – 149.

④　T. Clifton Morgan, Navin Bapat and Yoshiharu Kobayashi, "Threat and Imposition of Economic Sanctions 1945 – 2005: Updating the TIES Dataset," Conflict Management and Peace Science, Vol. 31, No. 5, 2014, pp. 541 – 558.

政策时已经考虑到被制裁的风险，进而舍弃可能带来冲突的政策选项。反之，有些制裁并没有达成目标，但是对观望的第三方产生了影响，改变了第三方的行为。这样的制裁该算有效还是无效呢？因此，讨论制裁的有效性就必须考虑未发展到制裁落实阶段甚至公开威胁阶段的那些暗中威胁，也必须考虑被制裁风险是如何令其他国家主动做出妥协的决策。就如同我们在讨论传染病的感染死亡率时，必须考虑数倍于发病案例的大量"无症状感染者"，无视这个"沉默的大多数"，我们的研究结论就容易出现巨大的偏差。因此，每一次制裁的实施都是一种自我印证，都将影响下一次威胁的有效性。如果一次制裁被实施却没有实现对目标国行为的改变，我们就能称这次制裁是失败的吗？恐怕不能，因为它可能阻遏了目标国进一步的行为，也可能阻遏了第三方的类似行为，还可能使得制裁方以后的威胁更加有效和可信。所以，将一次次制裁孤立起来视为独立随机分布事件，以此计算制裁的成功率，在方法论上是错误的。

其次，在学科视角上，美国学界普遍受制于单纯的经济学视角。美国既是发起制裁的主要国家，也是在学术上研究制裁的先行者。其中，从美国财政部出来的官员和智库人士，尤其是彼得森国际经济研究所的霍夫鲍尔等人是最有名的研究者。他们凭借美国财政部退休官员的经济技术官僚身份和学科背景，成为影响相应研究框架的最重要因素。研究者关注的主要是经济福利，但是制裁政策的制定者却是政治动物，他们主要考虑的是政治利益，而不是经济福利。对于制裁政策的制定者而言，为制裁付出经济代价的是普通人甚至盟友，制裁的有效性和性价比其实并不是那么重要。各国统治集团需要考虑的制裁和反制裁成本，主要是国内的政治反弹和国际上的可信度。因此，尽管发动制裁会有损自身的部分经济利益，但如果最终成功实现了外交目的，权力收益巨大。

因此本书作者主张，政治权力才是目的；制裁是在经济棋盘上进行的政治游戏。应主要从政治逻辑出发去讨论经济战；经贸投资和金融资本流动等都是手段。用国内生产总值、贸易量、专利数量等指标去比较哪个国家的实力更强，或者计算制裁能带来多大的损益，对我们判断和理解制裁与经济战非但没有反映问题的实质，甚至具有误导性。

制裁与经济战作为一门跨学科的学问，介乎科学与艺术之间，兼有客观特征与主观特征。一方面，它具有客观性与跨学科特点，需要对政治学、经济学、战略学一般规律的把握和理解；但是另一方面，它与传统战争一样，是人与人之间的博弈与争斗，而作为参与者的现实中的人，本身又是在不断学习、思考和反省的。理论研究者所总结的规律和知识源自对人们的行为模式和互动过程的观察、记录与分析，但是一种作战知识或者博弈策略一旦为人们所认识，则人们的行为也将因此而改变。这意味着，知识和策略的有效性随着它们的传播而下降，当它们成为众所周知的流行观点时，非但无益，反而可能有害。研究对象的认知和知识的传播本身会改变研究对象，这个特性在人与人博弈和竞争的场景中反复出现，比如在战争中和在金融市场上都如此。美国著名投资家和政治金主乔治·索罗斯正是凭借对人类社会这一"反身性"（reflexivity）机制的理解，不断地击败全球金融市场而赢得巨额财富。在社会科学领域，知识与行为之间不断相互塑造、相互否定，并且不断迭代演进，这正是社会科学区别于自然科学之处，也是其独特魅力所在。

受美国社会科学的风气影响，从事制裁研究的美国同行倾向于把制裁行为默认为一种纯客观现象，因而可以用统计方法予以观测和归纳。但是正如本书所指出的那样，美国不少学者倾向于认可制裁的有效性，而俄罗斯学者则普遍倾向于认为制裁是无效的。之所以出现这种明显的对立和差异，是因为关于制裁的观点和说法本身就是制裁与经济战的组成部分。我们试图去认识的所谓客观事实其实包含了我们的认知本身，许多命题其实不过是自我实现的预言，人类社会中的各种泡沫由此诞生。因此，社会科学中的许多研究对象，往往是现实情境和思想观念的复合物，而制裁与经济战又何尝不是如此呢？理论的本质在于对历史和现实进行抽象与简化。如同盲人摸象一样，不同的理论构建方法以及构建者不同的意识形态背景，会导致对同一现实的不同抽象。我们认为，社会科学研究要想避免美式科学主义的歧路，就需要把历史-哲学方法同理性-科学主义结合起来，把演绎法和归纳法结合起来。在本书的方法论构建中，我们不完全排斥统计方法，但主张对制裁与经济战的研究应当避免对统计方法的误用和滥用，而是应结合逻辑演绎和历史案例进行深入分析。

在历史与真实世界的案例研究部分，大量篇幅集中于对古今中外制裁与经济战的若干经典案例的展示，并通过这些案例检验前面的思想实验和逻辑演绎所得出的理论猜想。案例涵盖汉代、宋代、明代对地方政权的经济方略，拿破仑战争中的大陆封锁体系，两次世界大战中的制裁与经济战，冷战中美国对苏联的经济战，美国对若干中东国家的制裁，以及俄乌冲突中制裁与经济战发挥的作用。同时，本书也将对现代制裁与经济战领域中的若干重要问题展开论述，如涉及芯片和环球银行金融电信协会（SWIFT）系统等方面的案例。

最后，在对西方制裁与经济战理论进行扬弃的基础上，我们需要依据当今中国的实践经验构建中国范式的制裁与经济战理论体系。自 2008 年国际金融危机以来，逆全球化浪潮使得贸易保护主义崛起和贸易争端加剧，中国被动地卷入了风暴中心，从而积累了丰富的制裁与经济战实践经验。尽管我们在主观上愿意相信互惠互利的全球发展愿景，但客观上中国已经深度参与了当前"大争之世"中激烈的经济博弈。一方面，过去西方主导的全球资本主义市场体系正在分裂，区域化或半球化成为世界经济的新特征。全方位遏制中国崛起已经成为美国两党间的共识，经济制裁被美国精英视为向中国施压的最主要的武器。我们与欧洲和日韩在产业上的竞争也愈发激烈，它们的经济命脉产业如汽车、半导体正在被质量更好、价格更低的中国产品替代。西方市场等同于世界市场的时代已经一去不复返了，今天全球除中国和西方国家外剩余 50 多亿人口走向现代化的历史进程，将创造无与伦比的巨大市场。未来，分别以中美为核心的两个市场体系在平行发展的同时，也将碰撞摩擦从而产生激烈的竞争。另一方面，以俄乌冲突为首的地缘争端引发越来越频繁且激烈的制裁与经济战，中国可以通过学习美欧与俄罗斯双方的制裁手段和反制措施，总结经验并加强保障经济安全的能力。俄乌冲突对制裁与经济战研究有重要意义，是观察现代大国经济战的宝贵窗口，有助于我们破除脑海中陈旧的迷思。例如，在美欧扣押、冻结俄罗斯政府和民间的海外资产后，我们应该思考中国所持有的规模庞大的美国国债究竟是制敌的法宝还是威胁经济安全的软肋。

中国独树一帜的制度优势和战略文化，也是发展中国范式制裁与经济战理论的内在动力。和平发展是中国对世界的庄严承诺，因此通过经济制裁施压是回击外国挑衅的首选手段。经过改革开放以来四十多年的发展，中国和世界其他国家建立了复杂的经济相互依赖关系，并且保留了政府在对外经贸中较强的管控力，这是中国能够应对制裁与经济战的物质与能力基础。中国本身悠久的文明史、斗争史孕育了中国对外经济战略的独特智慧。在西方制裁模式的效力日益衰减、制裁理论的正当性与合法性受到挑战时，中国历史上的经济斗争案例能为当下提供有益的参考。

本书的写作过程也是我们团队对制裁与经济战机理不断探索、重构、验证的过程。本书的理论主要由翟东升教授构建，他以国际政治经济学为主、融合多学科的视角，结合多年来对国际经贸博弈的观察，形成了本书理解制裁与经济战的核心观点。嵇先白教授归纳总结了中外学界对该主题的前沿探索与争论，并梳理、追踪了当前制裁与经济战的政策实践，帮助完善了本书的理论框架。博士生魏子龙运用由本书观点组成的"棱镜"，解读历史上制裁与经济战的典型案例。他还深度参与了本书的合稿和校对工作。博士生王雪莹、梁坤、晏斌扬、韩炎峰、薛晓明亦对本书有所贡献。在本书即将付梓之际，俄乌冲突仍未停息，我们对事态的进展保持着密切关注，但由于写作周期的缘故，一些新情况和新发现将在后续的研究和作品中体现。我们团队主要由中国人民大学国际关系学院的师生组成，本书的写作也得到了中国人民大学重大规划项目"大国经济战：历史、理论与战略研究（批准号：23XNLG02）"的资助。学界和业界的前辈、同人对本书真诚而富有建设性的建议也令我们受益匪浅，在此特别感谢朱光耀、乔良、金一南、许海云、田文林、张亦冰对本书的帮助。我们团队与各界同人的对谈、调研也是本书灵感的重要来源，由于人数众多难以一一列名，仅在此表示由衷的谢意和诚挚的祝福。最后还要感谢中国人民大学出版社曹沁颖老师和她的团队对本书的严谨审校，她们的辛苦付出使得本书能够顺利地与读者朋友们见面。书中难免存在疏漏，恳请各位师长及读者批评指正，所有学术责任均由著者承担。

第一章
制裁与经济战的基础理论

尽管制裁与经济战的历史由来已久，而其应用于今为盛。伴随着全球化的深入发展，经济制裁已经演化成一种常用且经常被优先选择的外交政策工具。新自由主义全球化推动了国际贸易和国际金融的繁荣，加强了国家间的非对称相互依赖关系，从而为强国使用经济制裁作为外交武器提供了政治经济基础。[①] 在全球化时代，国家间的经济和政治联系越来越紧密，但这也导致了日益增多的矛盾和冲突。当这些矛盾和冲突无法通过友好协商予以解决时，在无所作为、经济制裁、军事打击三者中，经济制裁是颇符合中庸之道的外交政策工具。经济制裁不仅可以对目标国形成一种心理压力，迫使其改变对发起国不利的行为或政策[②]，而且

[①] Fanny Coulomb and Sylvie Matelly, "Bien-fondé et opportunité des sanctions économiques à l'heure de la mondialisation," Revue internationale et stratégique, Vol. 97, No. 1, 2015, pp. 101 – 110.

[②] 柳剑平、郑绪涛：《美国对外经济制裁发展趋势及其对我国的启示》，《太平洋学报》2005年第5期。

成本相对较低，政治门槛不高，也具有较高的政策灵活度。

格物方可致知，对制裁与经济战的学术研究首先围绕着经济制裁的定义、内涵和外延展开。首先，我们应当探讨以下问题：什么是经济制裁？什么是经济战？它们与贸易战的区别何在？其次，我们将在本章构建一个关于制裁与经济战的极简模型，找到其中的底层逻辑，并以此为基础不断增添细节。再次，我们将分析制裁与经济战在发起国内部的决策过程和在目标国内部的作用机制。最后，我们将讨论范围扩大至全球，探讨在多主体博弈的条件下，制裁与经济战如何服务于国家的大战略，第三方国家将扮演何种角色、采取何种策略。

第一节　什么是制裁与经济战

在国内学术界，学者对经济制裁的定义已经形成了较为完善和全面的理解。一个较早提出且被广泛接受的定义是："一个或多个国际行为体为了实现一定的对外政策目标，而对与某国际行为体经济交往实行的歧视性限制，包括对其经济交往的完全禁止。"[①] 随着国际政策实践中经济制裁的实施，结合这种行为的特殊性与主要特征，学者进一步细化了经济制裁的定义，将其界定为"任意一类国际社会组织（包括单个国家及其所属地方政府、区域性国家集团、国际经济组织以及超国家政治行为体——联合国）为实现表达对被制裁方政策和行为的不满，

① 周方银：《国际关系中的经济制裁》，《现代国际关系》1997 年第 10 期。

向第三方或国内公众显示自己的偏好，迫使被制裁方改变原有的政策和行为以满足制裁方政府或国内利益集团的要求等政治目标，在较长的时期内（通常为一年以上）对被制裁方实施的一类强制性经济行为"[①]。此外，有必要明确区分经济制裁和"以邻为壑"的经济政策。例如，以实现纯粹经济利益为目标的贸易报复，并不属于经济制裁的范畴。两者在决策基础、行为主体、影响范围、持续时间及合法性等方面存在着显著的区别。[②]

　　然而，对于经济战的定义、目标和特征，学界尚未形成共识。乔良和王湘穗较早指出经济武器在现代战争中的价值，贸易战、金融战等经济手段不仅是军事手段的替代品，而且是"超限战"组合的重要组成部分[③]，引发世界各国学界和政界的广泛讨论。

　　也有学者从政策目标的优先级出发，区分辨析贸易战、经济制裁和经济战三者的异同。[④] 这三者的共同点在于均旨在通过给对方造成经济上的损害以达成特定目的，它们之间的关键区别在于政治考量与经济因素的优先顺序，以及发起方愿意为此承担的代价。具体来说，贸易战主要是为了获取经济上的净收益；在经济制裁中，政治考虑在某种程度上高于经济考虑，甚至允许一定的经济损失；而在经济战中，政治考虑则完全凌驾于经济考虑之上，为了实现目标可以不计任何代价。

---

　　① 刘威、柳剑平：《从限制性的视角论经济制裁》，《武汉大学学报（哲学社会科学版）》2009 年第 2 期。

　　② 柳剑平、刘威：《经济制裁与贸易报复：对经济制裁内涵的再界定》，《思想理论教育导刊》2005 年第 5 期。

　　③ 乔良、王湘穗：《超限战》，长江文艺出版社 2014 年版，第 71–172 页。

　　④ 阮建平：《关于国际经济制裁的理论述评》，《世界经济与政治》2004 年第 9 期。

从行动主体的角度来看，这三者也存在区别。在贸易战中，双方的目的是给己方的经济部门创造更为有利的条件，以实现经济利润最大化，因此企业可以成为贸易战的积极参与者。相比之下，经济制裁和经济战更多的是政府或国家权力机构运用胁迫等手段，通过经济方式达成政治目的，这时企业需要调整自身策略以适应可能的制裁。[1]

也有学者从政策结果的角度将经济战定义为运用进攻性和破坏性经济手段，破坏对手的经济和金融体系，从而限制并削弱其军事能力的对抗性经济政策。换言之，经济制裁可以视作经济战的一种手段。[2] 还有一种研究视角引入了军事力量等相关武力因素来划分贸易战与经济制裁的概念范围。贸易战不涉及军事力量的介入，而经济制裁既可以是武力的替代，也可能是使用武力的前奏。[3] 但是，在现实世界中，经济战与军事冲突可能同时存在，两者之间也并不必然存在固定的先后次序。[4] 毕竟在当今的混合战争中，使用经济强制手段迫使对方服从已成为核心战略之一。[5]

随着时代的发展，制裁与经济战的主体、客体、动机、方

① Иван Николаевич Тимофеев, "Политика санкций: однополярный или многополярный мир?" Вестник международных организаций: образование, наука, новая экономика, Vol. 14, No. 3, 2019, pp. 9 – 26.

② 付瑞红：《里根政府对苏联的"经济战"：基于目标和过程的分析》，《俄罗斯东欧中亚研究》2019 年第 1 期。

③ Robert A. Pape, "Why Economic Sanctions Do Not Work," International Security, Vol. 22, No. 2, Fall 1997, pp. 90 – 136.

④ Éric Bosserelle, "La guerre économique, forme moderne de la guerre?" Revue Française de Socio-Économie, Vol. 8, No. 2, December 2011, pp. 167 – 186.

⑤ Владимир Иванович Глотов and Борис Ефимович Немцов, "Экономические санкции как элемент гибридной войны," Финансовые исследования, Vol. 62, No. 1, 2019, pp. 8 – 23.

式等构成要素都愈发多元，其定义也相应变得愈发宽泛。本书专注于经典意义上的制裁与经济战，即国家为追求外交政策目标而运用伤害性和攻击性经济政策的行为。在本书的分析框架中，经济制裁与经济战之间既有共性也有差异。就共性而言，它们均旨在通过损害性的对外经济政策实现发起国的政策目标，并将这些目标强加于目标国。然而，二者在目的上存在差异。经济制裁通常是指一国政府限制与目标国的某种经济互动，以期改变后者的特定政策和行为；而经济战的目的则更为激进，旨在通过对目标国造成严重的经济损害，削弱其经济及军事实力，甚至可能导致对方政权和国家结构的崩溃。可见，经济制裁带有较多的胁迫性，而经济战则更多地以摧毁对方为目的。当然，前者完全可能升级和转化为后者，即随着对抗的迁延日久和相互升级，在仇恨与敌意的累积下，经济制裁可能会升级为经济战。在实践中，我们也可以通过观察制裁与经济战政策退出机制的完善程度和可信度来区分两者：经济制裁往往具有明确、具体、可执行的政治诉求，并在这些诉求部分或全部得到满足后由发起国撤销；相反，经济战的政治诉求一般而言含混而抽象，带有意识形态色彩，即便目标国已经做出妥协，发起国也可能不愿停止对对方的经济打击。在这种情形下，所谓的"经济制裁"实际上可能是经济战的一种表现。

制裁与经济战的实施主体通常是国家或者国家联盟，而执行对象则既可以是其他国家，也可以是社会组织、商业机构、个人等非国家行为体。与国际经济交往中常见的贸易、投资、援助等合作性互动不同，制裁与经济战属于伤害性和对抗性互动，或者更准确地说，是国际层面上的非合作性博弈。对发起制裁或经济战的国家而言，其根本着眼点在于政治和政策，而经济和市场则被视为实现这些目的的手段和代价。借用克劳塞维茨在《战争论》中的观点，战争无非是政治（政策）以另一种手段（暴力手段）的继续。类似地，制裁与经济战可以被理解为冲突性政治借助经济手段的延伸，同时也是战争在经济领域的体现。实际上，许多制裁最终升级为经济战，而经济战往往是军事冲突的不可避免的伴随现象。

为了更准确地阐述本书对制裁与经济战的认识，我们将这两个概念置于一个更加宏大且立体的坐标系中。如图1-1所示，横轴是经济行动的发起国对目标国的态度，从合作到对抗；纵轴则是发起国所承担的经济代价或获得的收益。① 通过这样的坐标系，我们能更深入地理解制裁与经济战在国际政治经济中的定位与作用。

如图1-1所示，对外经济政策中，既有合作性的贸易、投资和援助，又有对抗性的经济政策，甚至经济制裁与经济战。

对于贸易和投资，大部分情形下它们位于坐标系的第一象限，代表着合作性和经济收益。然而，这些互动在某些情况下可能导致经济损害和政治信任的破裂。通常情况下，政府通过与目标国签订经贸和投资协议来促进双边贸易和投资，这不仅是双方相互信任和善意的体现，也进一步加强了双方的相互依

---

① 此处仅为抽象性的一般概括，经济损益根据短期、直接的判断进行分类。经济政策的影响具有长期性和复杂性，其在长时段内的最终效果很可能远远偏离政策制定者的初衷。

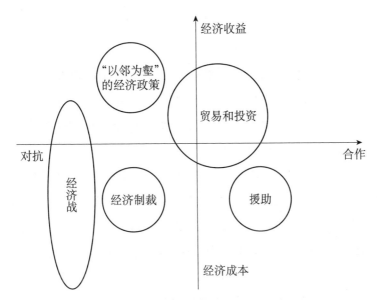

图 1－1　对外经济政策的政治、经济损益

赖和信任。虽然双边贸易和投资在短期内可能导致本国关税收入减少或某些产业受损，但从长远来看，随着跨国分工的扩大和总产出的增长，参与国的总收益通常呈增长态势。但也有例外情况，如清政府在炮弹的威胁下签订了不平等的贸易协定，这种情况下的贸易和投资的扩张带来的伤害可能大于好处。即便是在双方平等自愿的基础上，贸易和投资也不一定总能带来经济收益和政治善意。跨国经贸往来有盈有亏，近年来各国间因贸易和投资产生的冲突也屡见不鲜。因此，贸易和投资的主体部分处于第一象限，但也有可能位于其他象限。

　　援助通常处于第四象限。当一国政府为了追求某种政治目的而向他国政府或民众提供各种形式的援助时，这种援助一般会产生一定程度的经济代价。比如，通过提升两国友好关系以保护本国的对外投资，确保对象国在国际议程上支持本国立场，或影响目标国的政治制度和政策走向等。与之相反的是贸易战、关税战等"以邻为壑"的经济政策。这类政策的发起国以本国经济收益为目标，可能导致贸易伙伴的利益受损，并加剧政治对抗。就目的和结果而言，上述两类对外经济政策在图中的位置相对于原点是对称的。

经济制裁与经济战都位于横轴的负半轴，代表着对抗性关系。一国政府可能通过多种手段进行经济制裁或发动经济战，以伤害目标国，如限制特定个人的出入境、限制与目标国或企业的贸易往来、投资限制、技术禁运、金融市场压力、航运封锁等。有趣的是，经济制裁与第四象限的援助、第三象限的"以邻为壑"经济政策之间分别呈镜像关系。以纵轴为对称轴意味着，取消经济制裁措施相当于对某国实施了援助，而取消对某国的援助，相当于施加了经济制裁。其中机理，合乎中国民谚所说的"升米养恩，斗米养仇"之理。以横轴为对称轴则表明，经济制裁与"以邻为壑"的经济政策在发起目的上存在本质区别。前者以经济手段寻求政治收益，而后者以经济收益为主要目的，两国因此产生的嫌隙和矛盾则是副作用。①

---

① 经济制裁并不能为发起国带来经济收益，原因在于一个既能在经济上获益又能迫使目标国屈从的"完美"政策是违反逻辑的。逆向推理目标国的决策心理，目标国如果屈从于制裁，依照发起国的要求改变政策，那么必然要求发起国撤销对它的制裁。但如果制裁反而为发起国带来了经济收益，那么撤销制裁承诺的可信度将大为降低，发起国将有强烈的违约动机。发动经济制裁的成本是制裁有效、可信的保障。因此，经济上"合算"的制裁必然在政治目的上是不合格的，实际上应将其归类于"以邻为壑"的经济政策。在媒体报道中，这些概念在相当程度上被混用；在现实政策实践中，经济目的与政治目的也时常含混不清。但是，在进行学术讨论时，将这几类行为按照目的进行区分是必要的抽象。

与经济制裁略有不同的是，经济战通常跨越第二和第三象限，主要位于第三象限。这是因为在大多数场景下，发起经济战将使得一国的政府或者民众承担一定代价，但是在某些场景下，经济战的发起国可能反而从中获益。[①] 例如，华尔街金融机构在 2014 年针对巴西雷亚尔的攻击中获利，或者在俄乌冲突爆发后，美国及其盟友对俄罗斯的大规模制裁使欧洲承担了大部分代价，而美国通过出售能源和吸引欧洲制造业转移获得了利益。

由于经济制裁与经济战在国家经济外交手段中存在多重定位，本书旨在通过理论与历史研究，揭示经济制裁与经济战的独特规律，帮助政策制定者在不同政策目标和经济手段之间找到合理的平衡点。

第二节　制裁与经济战的一个极简模型

当面对一个复杂多变且牵涉甚广的话题时，要想避免被各种细节所困扰，理论工作者需要对研究对象做整体考察，并予以必要的简化，即抽象出最基础、最核心的底层逻辑结构，然后逐步添加重要变量和条件，使之逐步向真实世界的运行靠拢，最终形成一个对历史和现实具有较好解释力、对未来具有一定预判和指导能力的知识体系。

---

① 与经济制裁不同，经济战的发起国并不在意目标国是否转变政策，打击、削弱、摧毁对方的综合实力和政权稳定性的目的不会随目标国的"讨好求饶"而转变，带来的经济利益对发起国而言是"意外之财"。

在本节，我们将构想一个制裁与经济战的极简模型：只考察制裁者与受制裁者两者之间的关系，第三国对这两者之间的互动无重大影响；两国存在经济分工且相互依赖程度明显不对称，两国内部政治结构并无重大差异；两国的政策制定者能够及时而准确地感知并合理地响应本国内部不同部门、阶层、地区的诉求和压力。两国政府都被视为全体人民利益的理性的合法代表，换言之，不存在一国内部的政治异质性或者代理人问题。基于不同地区和不同行业民众的利益得失，执政者能独立、理性、平衡地评估整体国家利益，并做出自由的选择，而内部的得失补偿不存在困难。通过以上假设，我们把两个国家简化成两个质点，各自以一个产业部门向对方提供一种商品。这些假设显然不符合我们对真实世界的观察，但是如此简化有助于我们去芜存菁、拨云见日，把握制裁的本质性逻辑。

中国先秦史上的一个战略故事为我们的极简模型提供了堪称完美的案例，那就是传说中齐国管仲实施的"服帛降鲁梁"之策。

齐国和鲁国都主要位于今天的中国山东地区，都是周朝建立之初分封的属国。经过数百年的扩张和演变，到齐桓公时期，齐国占据了今山东地区大约四分之三的土地，而鲁国占据了四分之一。由于齐国临海，故有盐铁之利。著名战略家管仲得到了齐桓公的重用而为相，他帮助齐桓公多次召集诸侯会盟。鲁人是周王室的姬姓之后，而齐桓公是姜太公之后，对于鲁国来说，承认齐国作为盟主在政治上是难以接受的。管仲设局让鲁国被迫臣服的过程，就是制裁与经济战的经典模型：两个国家，两个部门，两种产品，强国有意地设计了一种不对称的相互依赖，并以此为武器获得对对方的权力。

> 桓公曰："鲁梁之于齐也，千谷也，蜂螫也，齿之有唇也；今吾欲下鲁梁，何行而可？"管子对曰："鲁梁之民俗为绨，公服绨，令左右服之，民从而服之，公因令齐勿敢为，必仰于鲁梁，则是鲁梁释其农事而作绨矣。"桓公曰："诺。"即为服于泰山之阳，十日而服之。管子告鲁梁之贾人曰："子为我致绨千匹，赐子金三百斤，什至而金三千斤，则是鲁梁不赋于民，财用足也。"鲁梁之君闻之，则教其民为绨十三月，而管子令人之鲁梁，鲁梁郭中之民，道路扬尘，十步不相见，绁缟而踵相随，车毂齺，骑连伍而行。管子曰："鲁梁可下矣。"公曰："奈何？"管子对曰："公宜服帛，率民去绨，闭关，毋与鲁梁通使。"公曰："诺。"后十月，管子令人之鲁梁，鲁梁之民，饿馁相及，应声之正，无以给上。鲁梁之君即令其民去绨修农谷，不可以三月而得，鲁梁之人籴十百，齐籴十钱，二十四月，鲁梁之民归齐者，十分之六，三年，鲁梁之君请服。

按照《管子》的记载，管仲先是让齐王在齐国倡导穿鲁绨，补贴鲁国商人向齐国倒卖鲁绨，与此同时他又禁止在齐国种桑树。鲁绨是一种非常薄的高档丝织物，其生产离不开桑蚕。由此，这种政策组合为齐的邻国创造了一个完美的贸易套利机会：鲁人放弃种粮，省出土地改种桑树，省出人力来养蚕缫丝织绨，然后用绨换取齐国的粮食，则鲁人的福利水平大为提高。于是，齐国的粮食生产和鲁国的桑蚕织绨行业之间形成了如下分工和贸易：齐国依赖鲁国供应绨，而鲁国依赖齐国供应粮食。一年多之后，管仲让齐桓公改穿帛，并下令齐国境内不允许任何人身穿鲁绨，也不允许一粒粮食流入鲁国。这一双管齐下的贸易禁令，从供给和需求两侧对鲁国形成了双重打击：鲁国繁荣的桑蚕织绨行业突然出现了萧条，而粮食在青黄不接之际变得极其昂贵，富人囤积居奇，穷人易子而食，国人作乱，鲁王不得不派人向齐国求和，参加齐国主导的会盟。

对于这个故事，我们至少可以从以下几个方面展开分析。

其一，制裁与经济战事关国际分工中商品的可替代性与权力关系。商品的可替代性包括两个方面：第一，该商品是否为必需品，即需求价格弹性的大小；第二，该商品在国际市场上的被垄断程度，即该商品蕴含的权力是分散的还是集中在少数国家手中。

用现代经济学的概念来解释其中的道理，粮食和绨的可替代性不同，人无绨可穿，可以改穿其他，但无粮可吃则会饿死人。齐国向鲁国出售粮食，从鲁国进口的则是绨，粮食的需求价格弹性非常小，而绨的需求价格弹性较大。因此两者的需求价格弹性差异很大。就制裁与经济战而言，需求价格弹性越小的商品，其中蕴含的权力价值越大。对于鲁人而言，弃粮而产绨，是经济上合理的分工选项，但是他们未能意识到的是，这样的分工在政治上产生了潜在的权力关系，自己对齐国的依赖远比齐国对自己的依赖严重。在齐鲁两国的相互依赖关系中，两国主要出口商品的需求价格弹性之差异构成了齐国对鲁国的结构性权力的基础。

在此例中虽然没有体现国际垄断的影响，但其中的道理是显而易见的。以粮食和高端芯片为例，在目前的技术条件下，粮食在国民经济生活中的重要性比高端芯片大。但是粮食的进口来源较为多元，高端芯片只有极少数国家能够供给，因此后者的不可替代性更强，潜在的权力在某些条件下也比粮食大。发起国对目标国的经济权力越大，制裁产生的经济压力也就越大，从而越容易使目标国屈从。[①]

其二，制裁的实际发生，与双方的认知分歧有关。当且仅当双方决策者对权力关系出现不同认知的时候，制裁才会真的发生。否则，强势方稍加以威胁，弱势方便已经屈服。

只有当齐鲁两国对彼此间不对称相互依赖所蕴含的权力关系认知不一致时，经济制裁才会真的发生。之所以会走到齐国制裁鲁国这一步，是因为双方对这种相互依赖所蕴含的权力关系的认识存在重大分歧。齐国认为其中的权力关系，足以让鲁国做出某种程度的政治让步，比如让鲁国的君主参加齐国召集的会盟以承认齐国的领导地位；假如鲁国也意识到齐国通过相互依赖而拥有的对鲁国的权力，就会在评估利害得失之后选择顺从。但是假如鲁国认为，双方的相互依赖虽然给自己带来了好处，但是不值得为了这种好处而在重大多边外交场合做出有损主权利益或者国家尊严的让步，或者鲁国考虑到这种国际分工给齐国也带来了好处，齐国如果真的要制裁自己，那么自己也会以多种方式反击而给齐国造成损失和痛苦，因此也许齐国

---

① Shane Bonetti, "Distinguishing Characteristics of Degrees of Success and Failure in Economic Sanctions Episodes," Applied Economics, Vol. 30, No. 6, 1998, pp. 805 - 813.

仅仅是口头威胁而已，真的大规模制裁将是齐国自身也难以承受的，那么，围绕相互依赖所蕴含的权力含金量，双方的分歧和较量便会升级，导致制裁从外交威胁升级为实施制裁。

现代经济活动中的一个类比也许有助于阐述其中的机理，那就是股票市场交易。任何一笔交易的产生，都是因为买卖双方对交易标的物的价值存在认知上的分歧。只有当卖方认为在现价下应该卖而买方认为在现价下值得买时，也就是双方对价值存在分歧的时候，交易才会产生。如果双方对价值没有分歧，就不会成交。分歧越大，交易量就越大。所以，从这个角度看，制裁与经济战不仅仅是实际经济活动中的博弈，也关乎认知，尤其是认知差异（这一点我们在后文将专门论述）。许多考量其实是基于"想象中的伤害"，而真实的制裁与经济战发生的过程，则是对不同认知的对赌和验证过程。

其三，制裁与经济战成功的关键，不是所施加压力的绝对值或者持久度，而是经济波动带来的短期冲击力能否超过对方的调整能力。每一个国家都存在一定程度的承压和自我调整能力，比如鲁国可以依靠存粮或者向其他国家紧急进口粮食来缓解危机，但是齐国的谋略所造成的巨幅波动超过了鲁国在短期内所能调整的空间，导致了其社会秩序的溃散和人口的逃离。要想通过经济战在目标国制造巨大的波动和冲击，离不开提前布局。俗语说，有心算无心。制裁与经济战的效果如何，同发起国和目标国的经济安全意识与准备工作存在很大关系。如果管仲没有提前选择桑蚕织绨行业来诱导和塑造齐鲁之间的分工，那么齐国对鲁国的粮食禁运就无法产生足够大的杀伤力。反过

来，如果鲁国统治者存在足够强的经济安全意识，提前储备了
足够多的存粮，那么在遭遇齐国的制裁时就可以通过释放储备
平抑物价。就粮食供应而言，只要能撑过一两个季度，就可以
从别国运来粮食，或者等到本国的秋收而使缺粮问题得以大大
缓解。那样的话，鲁国就不至于因为制裁触发的社会动荡而不
得不服软了。

已经有许多学者提出了类似的理念，尽管论述方式不完全
一致，但核心都是制裁必须在短期内制造足够大的压力。伊丽
莎白·罗杰斯认为只有在制裁发起方"全情投入"的情况下才
能让制裁获得成功。以美国为例，要想取得制裁的成功，制裁
必须从一开始就以最大的力度实施（"极限施压"）。[①] 萨贾德·
法拉吉·迪扎吉和彼得·A. G. 范伯格克也认为制裁的有效性是
随着制裁时限而变化的，制裁措施的有效性在前两年会达到高
峰，随后逐步下降，其原因是制裁常态化后，目标国将逐步调
整经济结构以减轻制裁的经济和政治影响。[②] 可见，制裁如果无
法在短期内带来足够大的物质与心理压力，其有效性将大大
降低。

如何能增大制裁带来的压力？自然形成的国际分工关系，
其中"含权量"不会太高。只有人为设计和培育出的分工，才
会包含权力关系。"国家产业链编辑能力"，是本书作者最早于

---

①　Elizabeth S. Rogers, "Using Economic Sanctions to Control Regional Conflicts," Security Studies, Vol. 5, No. 4, 1996, pp. 43 - 72.

②　Sajjad Faraji Dizaji and Peter A. G. van Bergeijk, "Potential Early Phase Success and Ultimate Failure of Economic Sanctions: A VAR Approach with an Application to Iran," Journal of Peace Research, Vol. 50, No. 6, 2013, pp. 721 - 736.

2005年的专栏文章中提出的一个概念和主张，其核心主张就是要在贸易和产业政策的制定中，加入权力考量，通过有意识地"编辑"和培育自身所处的地区或者全球性生产网络，构造有利于我的不对称相互依赖，从而使本国的政治经济收益最大化。国家产业链编辑能力是经济大国或者技术强国的一种政策行为能力。一国依托自身的技术、原材料、产能、市场、资本等核心资源优势，按照本国利益目标对产业链的生产端、交易端、消费端进行操控布局，形成与他国之间的不对称相互依赖关系，从而获取对他国的权力。用国际关系的概念来说，就是实现本国对外部任一经济体的依赖最小化，他国对本国依赖的最大化；而用经济学的概念来说，就是要让外部输入产品的供给价格弹性最大化。

其四，在制裁与经济战中要注重政治、经济与军事的关系问题。

齐国的做法是以经济利益为代价换取政治权力。管仲之所以能把鲁国诱入局中，是因为对于鲁人而言，舍弃种粮而改为种桑养蚕缫丝织绨，是非常有利可图的事情。他们的超额利润不是主要来自经济学所讲的规模效应，而是主要来自齐国的战略性让利，而且这种让利持续了一年多。齐国之所以愿意承担这种利益损失，是为了能够在最后一击中确立对鲁国的政治优势和主从权力关系。这个案例很好地体现了霸权国以经济利益为代价而追求政治利益的制裁与经济战逻辑。

制裁不可避免地会给发起国的经济利益带来一定程度的损害。早期的制裁文献普遍假设制裁成本、副作用和所要消耗的国内资源对于发起国来说是微不足道的，特别是在美国这样的超大型经济体实施单边制裁的情况下。[1] 后来的研究则表明，制裁更像一把双刃剑：在制裁对象也是一个大型经济体或者目标国采取了反制措施的情形下，经济制裁对于发起国和目标国而言都是一个成本高昂的政策选项，导致双方利益俱损。克利夫顿·摩根和瓦莱丽·施韦巴赫在研究中鲜明地主张，制裁发起国是必然要为采取制裁措施承担某种代价的。如果制裁措施设计不合理或直接无视制裁成本，结果可能是"愚蠢的制裁者为微薄的收益付出高昂的代价"[2]。

由于国际经济关系中的相互依赖现象，有学者曾直言不讳地指出经济战没有赢家，制裁与反制裁对于双方来说是一个"相互经济加害"的双输过程，但这种纯经济的解读忽略了经济战背后的政治得失。[3] 一个典型案例是欧盟在 2014 年发动的针对俄罗斯的经济制裁。菲利普·博加德敏锐地看到经济理性无法解释该制裁决定，因为对俄制裁给欧盟造成了数十亿欧元的贸易损失和数百万个工作岗位的流失。他提出的替代性解释是欧盟的决策者设身处地感受到了乌克兰面临的一系列苦难，包括克里米亚半岛被"占领"和 MH17 民航客机被击落，布鲁塞尔由此和乌克兰产生了强烈的国际情感共鸣，最终欧盟在一种

---

① Thomas O. Bayard, Joseph Pelzman and Jorge Perez-Lopez, "Stakes and Risks in Economic Sanctions," The World Economy, No. 6, No. 1, 1983, pp. 73 – 88.

② T. Clifton Morgan and Valerie L. Schwebach, "Fools Suffer Gladly: The Use of Economic Sanctions in International Crises," International Studies Quarterly, Vol. 41, No. 1, 1997, pp. 27 – 50.

③ 吴大辉：《制裁与反制裁：欧俄相互经济加害难长久》，《当代世界》2016 年第 10 期。

愤慨情感的驱动下做出了即使承担经济后果也要制裁俄罗斯的决定。①

中国古代一直主张"不战而屈人之兵""上善伐谋",这些话最早便出现在从齐国流亡到吴国的孙武的著作中。管仲之策可谓完美的"不战而屈人之兵"案例。制裁与经济战可以是对传统军事征伐的一种替代性手段。与战争一样,它也是为了政治目标而承担经济代价,但是差别在于制裁与经济战中通常不会出现本国军人的伤亡。对于一个市场经济相对繁荣的富国而言,年轻人的生命成本通常会比较高,一旦出现战争带来的大规模伤亡,那么国家要承担的抚恤成本会相当高。所以,因制裁与经济战而支付的经济成本,通常要比战争带来的代价小很多。

但是,制裁与经济战是否能脱离军事力量的支持呢?显然也是不行的。在遭受粮食和制绨业的双重制裁之后,如果鲁国拥有军事优势且选择以战争方式来报复和反击齐国的制裁,那么齐国的制裁恐将失败,如同一个骗子碰上了强盗。鲁国之所以不敢选择军事手段来反击,是因为齐国也是一个千乘之国,拥有相当可观的军事力量。当然,齐国为阻遏鲁国的潜在武力报复所需动员的军队规模,远不如远征鲁国所需的那么大。这是因为很多时候国家间均势状态下的军力规模是"攻则不足,守则有余",战争中客场进攻作战和主场防御作战所需的力量规

---

① Philippe Beauregard, "International Emotional Resonance: Explaining Transatlantic Economic Sanctions against Russia," Cooperation and Conflict, Vol. 57, No. 1, 2022, pp. 25 - 42.

模是相差很大的。

在这种军事对等的前提下，齐国能凭借经济权力对鲁国提出更高的条件吗，例如要求鲁王割地甚至退位？估计也很难做到，鲁国的统治者恐怕宁愿饿殍遍野也不会答应这些要求。通过经济成本获取政治利益的可行性，还与双方对核心议题重要性的认知密不可分。阿德里安·洪和杜尔松·佩克森认为制裁的有效性，取决于制裁双方对争议事件优先级的相对认知差异，如果发起方认为争议事件对本国利益至关重要，而目标方认为该事件的重要性与即将面临的制裁后果并不相称，这样的制裁最容易成功。更一般地讲，关于争议事件重要性的认知差异有利于哪一方，哪一方就更容易在制裁博弈中最终获胜。[1] 因此，在做出制裁决策时必须保持克制审慎，避免发起因要求过高而导致"注定失败"的制裁行动。[2]

制裁与经济战所能达成的目标存在上限。在界限范围内发起国的政治收益和经济成本成正比，而一旦追求的目标超出了上限，单纯使用经济手段不仅无效，而且可能起到反面作用。此时必须使用军事、舆论等工具共同发力。彼得·沃伦斯汀曾对学界关于经济制裁与经济战的研究成果进行了完备的总结[3]，他发现经济制裁多是大国对小国进行制裁，而且当引发制裁的

① Adrian U-Jin Ang and Dursun Peksen, "When Do Economic Sanctions Work? Asymmetric Perceptions, Issue Salience, and Outcomes," Political Research Quarterly, Vol. 60, No. 1, 2007, pp. 135-145.

② Peter A. G. van Bergeijk, "Success and Failure of Economic Sanctions," Kyklos, Vol. 42, No. 3, 1989, pp. 385-404.

③ Peter Wallensteen, "Characteristics of Economic Sanctions," Journal of Peace Research, Vol. 5, No. 3, 1968, pp. 248-267.

问题在被制裁国具有不可动摇的根本性（fundamentality）地位时，制裁并不会带来制裁发起国所预期的政策改变，反而会激发"聚旗效应"[1]，使得被制裁国的政权更加稳定、国民向心力更加高涨、制裁成本被更广泛的群体所自愿分摊。[2] 霍夫鲍尔等也认为，制裁发起国的政策制定者不要对制裁能达到什么目标抱有过高的期望。[3]

从上述分析中我们不难看出，如果说战争是将经济资源置换为军事能力，再通过战争来追求政治目的，那么制裁与经济战则是直接以经济手段追求政治目的，虽然跳过了军事环节，但是实际上也需要动员一定程度的军事防御能力以应对和阻遏受制裁方诉诸武力报复的可能。军事对等是政治利益和经济成本之间进行置换的前提，此处的军事对等既包括齐鲁两国案例中绝对意义上的对等，也包括相对意义上的对等。例如在大国和小国之间，两国军力悬殊，但是大国并不会为了在小国获得

---

① 有研究发现，如果制裁措施具有针对性或者信息流动足够自由和充分，那么在目标国就不会发生"聚旗效应"，参见：Mikkel Sejersen, "Winning Hearts and Minds with Economic Sanctions? Evidence from a Survey Experiment in Venezuela," Foreign Policy Analysis, Vol. 17, No. 1, 2021, pp. 1 - 22; Timothy Frye, "Economic Sanctions and Public Opinion: Survey Experiments from Russia," Comparative Political Studies, Vol. 52, No. 7, 2019, pp. 967 - 994; Mikhail A. Alexseev and Henry E. Hale, "Crimea Come What May: Do Economic Sanctions Backfire Politically?" Journal of Peace Research, Vol. 57, No. 2, 2020, pp. 344 - 359.

② 与政治上的"聚旗效应"相对应的概念是"经济爱国主义"（economic patriotism），参见：Marina Klinova and Elena Sidorova, "Economic Sanctions and Their Impact on Russian Economic Relations with the European Union," Problems of Economic Transition, Vol. 58, No. 3, 2016, pp. 218 - 234.

③ 加利·克莱德·霍夫鲍尔等：《反思经济制裁》，杜涛译，上海人民出版社 2011 年版，第 188 - 207 页。

有限的政治利益而全面进行战争动员，因此在衡量收益和成本后，大国为制衡小国愿意拿出的军力也是有限的。在这个意义上，除非小国侵犯了大国的核心利益，否则两国可以维持着相对的军事对等。

其五，从服帛降鲁梁的案例也可以看出，制裁与经济战的攻防双方对市场机理的理解水平，对结果有着重大影响。

军事斗争是两国之间直接的物理攻防，而制裁则是在市场中发起攻击。如同在水中发生的搏斗，通过推动波浪来冲击对方，使得对方失衡而淹没在水中，因为呛水憋气而失去战斗力。在一场水中而不是陆地的打斗中，斗争双方的移动、防御、攻击、躲避、追赶，都必须考虑水这一介质的存在和特性。在《水浒传》中，高大威猛的黑旋风李逵在陆地上可以轻松打败张顺，但是到了水里，他就轻易地被号称"浪里白条"的张顺制服，这就是水这一介质发生作用的结果。

各个民族的"水性"或者说对市场的理解力，因地理和文化传统而存在明显的差异。海洋文化与市场的关系更加密切，大陆文化更加偏好管制而非交易。齐国多面临海且有盐铁之利，商业经济非常发达，齐人对市场的理解程度之深达到了令现代人叹为观止的程度。比如，《管子》中有这么一段文字，主张在发生饥荒时，贵族在煮鸡蛋之前应该让人在鸡蛋上画图案，用来煮鸡蛋的木柴应该先请人镂空，这样煮出来的鸡蛋才好吃。这种匪夷所思的奢靡之论两千多年来遭到了儒家知识分子的反复谴责，但是到了 20 世纪，随着全球市场经济的高度发展，作为世界市场霸主的英国终于出现了一位杰出的经济学家凯恩斯，他提出了类似的观点和主张，即在经济萧条期，政府应该找各种理由扩大开支，即便是雇人去干一些反复挖大坑这样无意义的事情，也比自由放任要好得多。换言之，两千多年前齐国的市场经济发育程度已经到了如此地步，以至齐国政治家对市场周期和如何走出萧条的理解堪比 20 世纪英国顶级经济学家的水平。而与之相比，鲁国是一个思想上偏保守的农业国，其经济和社会氛围中生长出的典型思想家便是孔子及其儒家门徒，中国社会两千多年来占据主流地位的重农而轻商、重伦理秩序而轻奇技淫巧的思想传统与儒家的理念高度相关。可以想象，当鲁国面对齐国管仲所设计的经济战，在决策人才和决策能力上便首先存在巨大的劣势。

上述分析启发我们，能否让熟悉市场、了解产业的人来设计具体的攻防战术，对制裁与经济战的成本和效果有重大影响。

第三节　双层博弈与国家间的差异性

在上一节中，为简化分析，我们曾假设国家是一个单一行为体，国家领导人可以基于个人的判断力做出决策。但是在现实中，这一假设显然并不成立。处于权力舞台中心的政治家往往是戴着镣铐在表演，因为诸多国内政治因素限制了他们的行动自由和决策速度。为了让本书的理论进一步贴近现实，在本节我们"打开国家的黑箱"，探讨国内政治的复杂性和异质性对制裁与经济战的影响。

双层博弈与政治动物

双层博弈这个概念最早是由美国政治学者罗伯特·帕特南（Robert Putnam）提出的。他在研究大国外交谈判中发现参与外交谈判的政治家其实都是同时坐在两张谈判桌上：一张是同他国领导人之间的国际谈判；在背后的另一张桌子上，他则面对着国内的不同利益集团、反对派、中间派等势力。对外的谈判和斗争会产生重大的国内再分配效应，因此各类利益相关者都会用游说、抗议施压、媒体造势等方式间接地参与到谈判中来。尽管帕特南的分析主要针对西方选举制国家，但双层博弈概念对非选举制国家的制裁与经济战亦有分析价值。因为无论何种政府组织形式和政治体制，执政者都是政治动物，都有其政治脆弱性和政治生命周期的问题，也都面临如何稳定其政治基本盘和权力基础的长期挑战。

政治动物这个概念的提出者是古希腊思想家亚里士多德，他认为城邦生活中的人天生是政治动物。在本书中，我们使用这个概念是要强调政治家群体基本上都以政治生命和政治利益为重。他们最在乎的主要是政治权力和政治声望，而不是钱财等物质利益。在欧美选举政治中，政治家固然整天忙于筹钱，但这并非因为他们都是财迷，而是因为选举的资金游戏扭曲了他们的行为。政治职务赋予他们权力和影响力，让他们拥有与最富裕、最优秀的人群处于同一阶层甚至更高地位的资格。他们所能获得的经济利益、社会影响力、法律特权、人生成就感，都源自他们在政治上的成功。对于那些靠世袭或者暴力上台的政治家，这个原理同样适用，因为一旦失去政治权力，他们不但失去地位和财富，甚至可能失去自由、家庭和生命。所以，绝大部分政治家都是典型的政治动物，在他们的世界观、人生观、价值观中，权力能带来更多的兴奋感和满足感。当然，也的确有本末倒置的例子出现在政治舞台上，但这样的政客通常都是即将退出政治舞台的人，比如美国民主党的南希·佩洛西（Nancy Pelosi），在政治生涯的尾声，开始放纵自己和家人以涉嫌内部交易等各类手段积累财富而沦为笑柄；在非选举制的国度，如果一个王朝的继承人惜金如命，那么这个王朝离土崩瓦解通常也就不远了。也正因如此，当某些研究制裁的学者在创建制裁与经济战的理论模型时，如果把核心变量设置为 GDP 增速、国际收支和财政收支，其实就已经离题万里了，已经忘记政治决策者是政治动物而不是商人这个基本事实了。

根据双层博弈理论，对于制裁决策过程，既有研究普遍采取两阶段模型予以描述。[①] 在第一阶段，政策制定者决定是否对目标国采取制裁措施，以对后者的某些"错误行径"做出反制。在第二阶段，政策制定者需要选择具体的制裁手段来落实制裁决议。在设计制裁方案时，决策者往往需要在国际目标和国内目标之间进行权衡：一方面，他们需要伤害目标政权，使对方

① William H. Kaempfer and Anton D. Lowenberg, "Unilateral versus Multilateral International Sanctions: A Public Choice Perspective," International Studies Quarterly, Vol. 43, No. 1, 1999, pp. 37 - 58; Elena V. McLean and Taehee Whang, "Designing Foreign Policy: Voters, Special Interest Groups, and Economic Sanctions," Journal of Peace Research, Vol. 51, No. 5, 2014, pp. 589 - 602; Katharina Meissner, "How to Sanction International Wrongdoing? The Design of EU Restrictive Measures," The Review of International Organizations, Vol. 18, No. 1, 2023, pp. 61 - 85.

承担高昂的代价；另一方面，他们希望保护国内利益集团，确保后者免受经济制裁带来的损失。一言以蔽之，发起国希望在最大程度打击目标国的同时，最大程度保护本国利益不受侵害。例如，颜剑英和熊伟的研究发现，在国会存在直接或间接代表的特殊利益集团对美国经济制裁政策的影响越来越大。① 当然，上述两个阶段的时间顺序不是严格线性的，往往处于互动和循环的双向影响中，因而制裁政策的制定是一个动态演化过程。

通过对两阶段模型的分析，我们不难发现政治家对权力的追逐是制裁发起的主要原因之一。在对第一阶段决策过程的研究中，吉菲菲结合国际政治的信号理论，依据国家决策者期望与国内民众期望的契合程度，将美国发起的经济制裁分成三类：当决策者和国内民众共同期望实施经济制裁时，国家实施贯彻到底的决心性经济制裁；当国内民众期望实施经济制裁但决策者并不这样认为时，为了满足国内民众的期望，决策者会施加象征性经济制裁；当决策者想要实施经济制裁但国内民众对此并没有过多关注和支持时，国家实施经济制裁的目的更倾向于以此制裁进行讨价还价，将经济制裁的撤销与其他诉求相联系。② 泰勒·库斯特拉考察了在美移民群体的作用，提出了"母国制裁"概念：散居在摇摆州中的选民比例每增加一个百分点，美国对他们的母国施加以政权更迭为目的的经济制裁的可能性

---

① 颜剑英、熊伟：《20世纪90年代以来美国经济制裁的发展趋势》，《国际关系学院学报》2005年第2期。

② 吉菲菲：《美国的经济制裁及其信号表达：基于1989—1992年美国三起制裁的经验验证》，《太平洋学报》2018年第2期。

就会增加 11 个百分点。^① 在他看来，这是因为美国总统作为制裁行动的决策者有争取摇摆州选民的政治动机，所以更加愿意在权力边界内采取限制性和惩罚性的措施来回应移民对母国政权的不满。黄泰熙发现对外发起制裁有助于拉抬美国总统的民意支持率，这种国内政治收益激励美国总统将制裁作为在国际冲突中展现强大领导力的一种物美价廉的方式。^② 宋国友也认为美国制裁决策与两国双边关系的状态并没有很大的关联性，更多的是美国国内政治斗争和利益集团博弈结果的体现。^③

总体来看，各国中央政府是对外经济制裁的主要发起者。但在冷战结束之后，这种局面发生了重大变化，发起制裁的主体呈现出多元化趋势。美国州和地方政府发起的对外经济制裁日趋频繁。美国州和地方政府发起的对外经济制裁是否符合美国宪法的问题引发了许多法理上的讨论。^④ 当然，另有学者认为美国各级制裁措施的法理依据和合宪性是一个伪命题，美国发起制裁早已脱离法治轨道，宪法授权在商业利益、个人追求与党派之争面前只是一个次要问题。^⑤ 总而言之，政治人物追求地

① Tyler Kustra, "Sanctioning the Homeland: Diasporas' Influence on American Economic Sanctions Policy," Journal of Conflict Resolution, Vol. 66, No. 3, 2022, pp. 443 – 472.

② Taehee Whang, "Playing to the Home Crowd? Symbolic Use of Economic Sanctions in the United States," International Studies Quarterly, Vol. 55, No. 3, 2011, pp. 787 – 801.

③ 宋国友:《冷战后美对华经济制裁中的美国国内因素》,《国际经济评论》2003 年第 1 期。

④ 杜涛:《美国州和地方政府对外经济制裁及其对美国联邦宪法和国际法的挑战》,《武大国际法评论》2010 年第 1 期。

⑤ 薛天赐:《论美国经济制裁中的总统权力边界》,《政法论丛》2020 年第 2 期。

位稳固并进一步获取权力的动机是贯穿制裁与经济战研究始终的主线之一。

量身定制的"聪明制裁"

在现实世界中，由于各目标国具有独特性和差异性，制裁策略应当是定制化的，不存在一个放之四海而皆准的普适模式。

在早期，制裁与经济战的手段往往是全面的。乔纳森·科什纳概括了五种主要的制裁手段，分别涉及贸易、援助、金融、货币和资产。贸易制裁（包括进口出口限制）是经济制裁的常见形式，以至贸易制裁和经济制裁有时被混为一谈；援助的施与（又称"正面制裁"）与剥夺从伯罗奔尼撒战争开始就是经济治国术的重要组成部分；金融制裁旨在中断金融资源通过贷款或投资渠道流向目标国；货币制裁旨在破坏目标国主权货币的价值和稳定性；资产制裁涉及扣押目标国的实物财产、有价证券和银行存款。[①]

随着技术的进步，特别是金融系统信息获取能力的增强，金融制裁、货币制裁等精准制裁方式越来越获得制裁发起国的青睐。黄亚光等认为美国的金融制裁有针对性强、实施成本低、难以发现与防范、影响大、见效快等特征，如今已取代贸易制裁成为美国制衡他国的重要手段。具体方法包括冻结资产、没收资产、禁止金融交易、限制投融资、停止金融援助等。新型金融制裁能够通过切断目标国与全球的金融业务往来以及中断

---

① Jonathan Kirshner, "The Microfoundations of Economic Sanctions," Security Studies, Vol. 6, No. 3, 1997, pp. 32 - 64.

美元流通结算渠道等方式，使单边制裁达到类似于多边制裁的效果。① 郭栋细化了货币制裁的概念，将其定义为以"货币要素"为核心攻击目标的冲突行为，具体表现为：一是削减敌对国持有的国际储备货币资源总量（如冻结境外账户资金），并阻断其国际融资渠道；二是打击敌对国的本币体系，造成其国内金融市场的混乱，扰乱经济秩序，并破坏敌对国本币的对外支付结算和储备职能。② 布莱恩·厄利和基思·普雷布尔发现美国外国资产控制办公室在执行金融和资产制裁时，会根据战略目标和对手的不同而调整战术，时而选择"钓鱼"（采取大量执法行动但每次仅处以少量罚款），时而选择"捕鲸"（对少量制裁对象处以大额罚款）。③

现代世界各个国家的政治经济体制存在重大差异：一部分国家是以自下而上的体制组织起来的，其社会的价值主体是每一个个体，通过直接或者间接的选举产生议会等权力机构以及衍生出的相对独立的法院、央行等专业机构，这些国家基本都是在美欧基督教文化的背景下形成政治经济体制；也有一部分国家比较完整地保留着自身的王朝政治传统，仍然由统治家族按照血统来进行权力的传承；还有很多国家则介乎两个极端之间，国家权力的私有制已经被废除，但是彻底的个体价值本位

---

① 黄亚光、许坤、董艳：《美国金融制裁：演化逻辑与应对策略》，《经济学家》2021年第7期。
② 郭栋：《国防经济学研究演进与"聪明制裁"的预判》，《现代金融导刊》2022年第1期。
③ Bryan R. Early and Keith A. Preble, "Going Fishing versus Hunting Whales: Explaining Changes in How the US Enforces Economic Sanctions," Security Studies, Vol. 29, No. 2, 2020, pp. 231 - 267.

又因与自身文化传统相悖而无法确立，从而使得政治经济体制呈现出混合型特征，既有自下而上的利益表达机制，又有自上而下的统治和动员体系。但是不管这些国家搞不搞选举，也不管这些选举是否当真，一国必然存在人数比较少的统治精英集团。在设计制裁政策的时候，就是要以经济手段触动这个统治精英集团的政治利益，从而迫使其改变某些政策行为。

如何准确地识别一国的统治精英集团？首先要看国家利益的定义方式。理论上，国家利益是所有国民的整体和长远利益，但是实践中，统治精英集团会将自己的利益包装成国家利益，因为对国家利益的解释权掌握在他们手中。20 世纪 70 年代之前的美国仍然是以实体产业资本为主导的政治经济体制，因此"凡是对通用公司有利就是对美国有利"成为美国国家利益的简化版认知；而进入 70 年代之后，由于货币体系的变革和华尔街在美国内政中的崛起，这句话变成了"凡是对华尔街有利就是对美国有利"。可见美国的幕后统治精英集团已经李代桃僵了。其次要看特权利益的隐蔽性和稳定性。在美欧日的政治制度中，在任的政治家可以被公然地批评和羞辱，但是实际的统治精英却往往隐藏在幕后。真正的统治者，就是那些不能被轻易批评的、无法被批倒的人，他们拥有资本、媒体和舆论影响力，玩弄法律和规则，乃至操控台前的这些政客。

对于拥有自下而上逻辑政治经济体制的国家，进行制裁时就不能只针对台前的政客，因为这些政客只是受雇的职业经理人，而不是真正的东家，比如美国的前国务卿蓬佩奥（Mike Pompeo）原是科赫兄弟（Koch brothers）集团的分公司经理，在共和党组阁过程中科赫兄弟将其塞入特朗普政府。制裁应该针对这些国家中大众的经济利益，从而驱动他们进行政治表达。为了提高效率、节省成本，制裁应该精准发力，用美欧学者的概念来说就是"聪明制裁"。传统的制裁实践，由于缺少深度的理论思考作为指导，往往是霰弹枪或者火箭炮的打法，一打一大片，看似热闹，实质上杀伤力有限而且无辜受损者众多。而要想精准打击，就需要深度理解目标国的国内政治派系和利益关系。在中美贸易战的制裁与反制裁中，中国应该把目标定为美国选举中的摇摆州从而影响主要党派候选人的政治利益；要想反击类似蓬佩奥之流的过分言行，就应针对他们背后的如科赫兄弟及其核心圈的生意实施制裁。在对欧制裁时，如果是议会多党制国家，应重点打击那些能参与组阁的关键小党的基本盘，而不是主要领导人所属的主要大党，因为集中力量打击前者更有可能以较小成本摧毁大党领导下的联合政府。

制裁可能帮助而非伤害制裁对象

经济制裁，作为限制正常国家间经济往来的手段，被广泛认为会对目标国的经济发展和国民福利造成显著冲击。[①] 关于制裁对目标国经济的伤害，学术界已有众多研究。例如，马赛厄斯·诺伊恩基希和弗洛里安·纽迈尔的研究表明，经济制裁能显著降低目标国的 GDP 增速。他们发现联合国授权的制裁可使

---

① 并非所有学者都认为经济制裁能够给目标国带来经济压力，有实证研究发现经济制裁不会给目标国的国际贸易和投资带来显著的负面影响，参见：Geiguen Shin, Seung-Whan Choi and Shali Luo, "Do Economic Sanctions Impair Target Economies?" International Political Science Review, Vol. 37, No. 4, 2016, pp. 485 – 499.

目标国年实际人均 GDP 增长率降低 2 个百分点以上，且此影响可持续 10 年，致使人均 GDP 累计下降 25.5％。[①] 相较而言，美国的制裁对目标国 GDP 增速的影响较小，但也能造成约 1 个百分点的下降，且此负面影响一般持续 7 年，导致 GDP 下降 13.4％。当然，制裁带来的宏观经济损失规模因国情而异，这取决于目标国的经济结构和韧性。以 20 世纪美国对中国实施的制裁为例，研究表明这并未对中国经济发展造成严重困难。[②]

但对目标国纯粹经济上的影响并不是衡量制裁有效性的恰当标准，回顾本节所论述的"双层博弈"理论和政治家作为"政治动物"的天性，经济伤害能否传导并最终刺痛目标国的政治神经才应该是评估有效性的更为合理的标准。比如，尼古拉·马里诺夫考察了目标国政治不稳定性和经济制裁的关系，他发现在某一年受到经济制裁压力的政府领导人比没有受到外来经济压力的政府领导人更有可能下台。[③]

各国的政治体制和政治规则千差万别，因此同样的制裁政策造成的效果也大不相同，甚至制裁可能帮助而非伤害制裁对象。

学术界主流的观点认为，制裁武器作用于民主国家更为有

① Matthias Neuenkirch and Florian Neumeier, "The Impact of UN and US Economic Sanctions on GDP Growth," European Journal of Political Economy, Vol. 40, Part A, 2015, pp. 110 - 125.

② Jiawen Yang, Hossein Askari, John Forrer and Hildy Teegen, "US Economic Sanctions Against China: Who Gets Hurt?" The World Economy, Vol. 27, No. 7, 2004, pp. 1047 - 1081.

③ Nikolay Marinov, "Do Economic Sanctions Destabilize Country Leaders?" American Journal of Political Science, Vol. 49, No. 3, 2005, pp. 564 - 576.

效，在其他条件相同的情况下，民主国家将比专制国家更容易受到经济胁迫的影响，这一现象被称为"制裁中的民主劣势"（democratic disadvantage in sanctions）。[1] 如霍夫鲍尔等称，民主国家更倾向于接受制裁发起国的要求，而强大且稳定的非选举制国家在面对制裁时不容易屈服，因此制裁发起国要"远离独裁政府"。[2] 所罗门·梅杰通过研究发现，民主国家应对制裁的态度受到经济周期、选举周期、公共舆论等因素的影响，可能是制裁中"民主劣势"的来源。[3]

对于保留政权私有制传统的国家，针对大众和社会群体的制裁有时可能适得其反。对于受制裁方的政治家而言，如果因为制裁而对发起方让步，那么他们在国内的政治权威必然大大受损。对于他们而言，受制裁带来的不便和财务损失，可能远远比不上因政治威望受损而下台所带来的损失和风险。下台意味着政治生命的终结，这在许多国家的政治游戏中可能意味着

---

① Risa A. Brooks, "Sanctions and Regime Type: What Works, and When?" Security Studies, Vol. 11, No. 4, 2002, pp. 1 – 50; William H. Kaempfer, Anton D. Lowenberg and William Mertens, "International Economic Sanctions against a Dictator," Economics and Politics, Vol. 16, No. 1, 2004, pp. 29 – 51; Susan Hannah Allen, "The Determinants of Economic Sanctions Success and Failure," International Interactions, Vol. 31, No. 2, 2005, pp. 117 – 138; Susan Hannah Allen, "Political Institutions and Constrained Response to Economic Sanctions," Foreign Policy Analysis, Vol. 4, No. 3, July 2008, pp. 255 – 274; Solomon Major, "Timing Is Everything: Economic Sanctions, Regime Type, and Domestic Instability," International Interactions, Vol. 38, No. 1, 2012, pp. 79 – 110.

② 加利·克莱德·霍夫鲍尔等：《反思经济制裁》，杜涛译，上海人民出版社 2011 年版，第 188 – 207 页。

③ Solomon Major, "Timing Is Everything: Economic Sanctions, Regime Type, and Domestic Instability," International Interactions, Vol. 38, No. 1, 2012, pp. 79 – 110.

失去财富、名誉乃至自由和生命。更何况他们可以通过干预经济来缓解制裁影响，甚至将因制裁而使某种资源变得稀缺的代价转移到其支持者身上，由普通民众和政治对手承受制裁的代价。在受制裁的情况下，统治者可以找到一个完美的理由来将本国所有的不幸、失败和苦难，都归结于外部制裁，而抵抗制裁则反过来又给他们戴上政治光环或者说使他们能够免责，让他们成为捍卫本民族共同荣誉和利益的斗士。这种聚旗效应可能反而掩盖了他们治理的无能与失败，使其国内的政治和社会生态达到一种新的均衡。这种新的均衡，对于受制裁国民众而言可能是一种漫长的苦难，对于外部制裁方而言可能是无奈甚至尴尬的僵持；但是对于受制裁国的统治者而言，这种新的均衡可能是一种虽不舒适但却难得的长期执政的保险箱。其政治能量恰恰来自外部的持续制裁压力，使统治者能够获得在正常状态下无法获得的政治支持。这种外部压力越大，民众的痛苦值越高，统治者的执政地位越稳固，因为他们可以合理合法地驱逐、监禁、处死其政治对手和异议者。在抵抗外部强权捍卫族群生存权利的背景之下，所有挑战者都是显而易见的"通敌者"，除非这些挑战者比执政者更加极端、更加好斗、更加仇外。当下的俄乌冲突和利比亚、伊拉克等国的历史案例，都在不同程度上印证了上述观察。

正如一个著名的寓言所说的那样：无论北风如何努力地吹，那件破棉袄都无法被吹掉；而太阳一晒，破棉袄就被主动脱下来了。如果制裁发起国痛恨某位非选举制国家的领导人，要想实现政权更迭，制裁该国的经济未必是好主意，因为强化对该国一般民众的制裁可能恰恰让统治者有机会长期执政。一种更合理的政策组合，应该是先利用认知作战和柔性政变终结顽固派领导人的政治生命①，然后向该国民众提供援助或者优惠信贷等经济好处而进行非经济制裁，从而安抚和对冲该国民众的敌对情绪，避免紧张关系和冲突的升级。这类解决方案充分体现出经济制裁、特别军事行动以及认知作战的跨部门跨学科协调运作的必要性。

也有学者认为制裁可以有效打击专制政权，对"个人主义政权"（personalist regimes）尤其如此。② 个人主义政权——一小群忠诚者聚集在一个人周围的政治结构——往往缺乏成熟强大的政党网络或军事机构作为支撑。缺乏强大而有效的国家机构削弱了个人主义领导人征税和产生其他政府收入的能力，与其他威权政权相比，他们更加依赖外部援助。因此，当面临削减援助或其他经济限制形式的制裁时，个人主义领导人在向其支持者（例如高级军事和商业精英）提供物质激励方面变得更加受限。国家能力和机构薄弱也降低了他们在实施制裁后使用镇压和其他强制工具来压制日益增长的国内异议人士和反对派的能力。与此相反，军事政权一般不太可能屈服于制裁，这是

---

① 由于大众传播和识字率的提高，无论是否需要定期参加选举，绝大多数现代政治家都在构筑特定的政治人设。破坏人设，打破个人政治神话，对于伤害和终结政治生命有很大价值，比如用海外账户参与腐败的证据破坏清廉的人设，用情人和私生子的信息破坏家庭美满、对婚姻负责任的人设，用学历造假破坏学识渊博的人设，等等。

② Abel Escribà-Folch and Joseph Wright, "Dealing with Tyranny: International Sanctions and the Survival of Authoritarian Rulers," International Studies Quarterly, Vol. 54, No. 2, 2010, pp. 335 - 359; Dursun Peksen, "Autocracies and Economic Sanctions: The Divergent Impact of Authoritarian Regime Type on Sanctions Success," Defence and Peace Economics, Vol. 30, No. 3, 2019, pp. 253 - 268.

因为这种独裁政权具有制度化的对内强制能力，可以有效地使用镇压工具和激励措施来保持反抗。目标方领导人面临的制度约束（否决权参与者，veto player）程度似乎是解释制裁效力的另一个关键制度因素。[①] 无论政权类型如何，受多个否决权参与者约束的政治领导人可能更倾向于忍受制裁，因为政策偏好不同的多个独立行为体的存在使他们更难采取国内或外交政策来应对外部压力并反制。肖恩·博尔克斯和迪娜·艾尔-索韦耶尔的研究发现，目标方的政治结构和稳定性决定了制裁的持续时间。权力集中的国家更能抵抗制裁，延长制裁持续时间；而国内政治变化，如自由化进程的启动，可能缩短制裁的持续时间。[②]

在当今世界上，大多数国家的政治体制属于混合型，也就是既有自下而上的利益表达和权利伸张通道，又有自上而下的动员和控制；政权不再被单一家族长期垄断，但是统治集团的更替与民意的关系并不紧密。对于这种混合型政权，比较合理的制裁也应该是混合型的。首先通过深度的制裁严重影响目标国的经济发展和国民福利，让该国民众乃至官僚集团对政治现状充满怨言。然后通过一次军事或者准军事行动，定点清除少数关键的死硬派；与此同时，宣布有意取消或者暂停制裁，并酌情向该国新政府和民众提供较大规模的人道主义援助或者发

---

① Jin Mun Jeong and Dursun Peksen, "Domestic Institutional Constraints, Veto Players, and Sanction Effectiveness," *Journal of Conflict Resolution*, Vol. 63, No. 1, 2019, pp. 194-217.

② Sean M. Bolks and Dina AL-Sowayel, "How Long Do Economic Sanctions Last? Examining the Sanctioning Process through Duration," *Political Research Quarterly*, Vol. 53, No. 2, June 2000, pp. 241-265.

展援助，以让该国民众、商业集团和部分官僚阶层看到希望。这种权力真空和外部压力的巨大反差，可以触发该国国内的路线斗争和摇摆，从而把原本看起来铁板一块的敌对国变成一个内部分裂的政权。

制裁朋友比制裁敌人更有效

在研究各类制裁实践时，人们往往会发现制裁朋友比制裁敌人更有效。[①] 这是因为当制裁双方曾是友好国家或密切的贸易伙伴时，双方的相互依赖更深，且修复关系的意愿更为强烈。[②] 本书进一步认为，所谓"朋友"不仅仅是指友好国家，更是指目标国内部与制裁发起国存在较多的利益往来和合作关系的某些利益集团；而所谓"敌人"，则是在利益上存在竞争或者对立而且在情感上存在敌意的群体。目标国内部潜在盟友与己方的经济关系密切，所以己方手中可用来损害其利益的权柄比较多。而该国内部的敌对力量则本来就处于己方的对立面，所以对他们并没有太多的利益杠杆。

一个具体的微观案例是前文提到的科赫兄弟如何整合共和党。科赫兄弟及其政治盟友都反对环保和气候变化议题，因为应对环境污染和气候变化的政策会严重危害其商业利益。为了

---

① Daniel W. Drezner, "Conflict Expectations and the Paradox of Economic Coercion," International Studies Quarterly, Vol. 42, No. 4, 1998, pp. 709 - 731; Taehee Whang, "Structural Estimation of Economic Sanctions: From Initiation to Outcomes," Journal of Peace Research, Vol. 47, No. 5, 2010, pp. 561 - 573.

② 加利·克莱德·霍夫鲍尔等：《反思经济制裁》，杜涛译，上海人民出版社 2011 年版，第 188 - 207 页。

反对和阻击美国的绿色政治，他们打击的对象不是处于对立面的民主党政客，反而是共和党内部出现的个别同情绿色政治的政客。通过切断其政治资金来源、利用手中的媒体散布政治谣言等方式，科赫兄弟毁掉了鲍勃·英格里斯（Bob Inglis）——一位支持环保和气候变化议题的共和党众议员的政治生命，从而强化了他们对共和党阵营的掌控力。①

按照制裁朋友胜过制裁敌人的逻辑，中国在 2018 年反击特朗普的关税战、科技战的时候，反击的着力点应该放在苹果公司、特斯拉、华尔街金融机构等利益集团上。彼时，苹果和特斯拉等公司对中国的供应链和消费市场都有着不可或缺的需求，而华尔街金融机构更是在中国的发展进程中享受到了巨大的红利。这些利益集团对美国的选举有着强有力的影响，尽管这也将付出成本、损耗建立的信任，但以此作为威胁能够争取到更有利的谈判地位。

经济战：如何以经济手段推动政治剧变

若将经济制裁定义为使用经济手段实现胁迫性合作，即按照实施方的条款开展合作，那么经济战则可以被理解为利用经济手段去摧毁对方的经济能力和社会秩序，以达到实施方所期望的政治变革，例如政权更迭或国家分裂。因为经济战以触发目标国的国内政治动荡、政治变革、颜色革命为目标，所以发动经济战需要深入了解经济因素与政治动荡的关系。

---

① 克里斯托弗·伦纳德：《隐秘帝国：美国工业经济和企业权力的兴衰》，程正译，中信出版社 2021 年版，第 468-518 页。

本书作者的团队通过对一系列指标的考察，发现了一些导致政治不稳定的普遍因素。首先，通胀率的快速上升会带来中下层民众生活质量的下降和社会焦虑，引发社会冲突和政治动荡。而失业率，尤其是年轻人的失业率上升，对政治稳定极为不利。年轻人的特点是充满活力和叛逆精神，但是对社会事务的复杂性理解得比较浅，容易被情绪氛围所操纵，迫于朋友的压力而从众。通胀率和青年失业率都处于高位，足以将绝大部分社会推至政治动荡的边缘。这种高通胀率加青年高失业率的"黄金组合"，在二战之后的一系列标志性政治动荡潮中反复出现。比如 20 世纪 60年代后期和 70 年代前期，美欧婴儿潮人口踏入社会，但是国内经济难以创造出相应规模的新增就业岗位来容纳他们，恰逢经济滞胀，因此美欧年轻人诉诸以反越战为核心主题的左翼政治运动来表达他们的不满和抗争。始于 2010 年底的所谓"阿拉伯之春"，其经济基本面也非常符合高通胀率和高失业率的组合。

除此之外，另一个经济社会指标也是动荡的倍增器：智能手机普及率。手机不仅是通信工具，也是新闻和谣言的传播工具，更是社会自组织的利器。一个社会的智能手机普及率越高，政治动荡爆发的概率就越高。但是，出乎我们意料的是如下两个指标：腐败指数与贫富分化。一国的腐败程度居然与政治动荡不相关甚至是轻微负相关，这显然违背了我们通常的直觉。而贫富分化则只在经济下行期才会对政治动荡起作用，这意味着中国古人所说的"不患寡而患不均"，并不必然成立。在经济上升期，虽然贫富分化在拉大，但是穷人觉得周围富起来的人是榜样和机会，自己迟早有一天也会获得类似的机会；但是到了经济下行期，乐观预期消失了，妒忌和怨恨将萦绕在中下层民众心中。

最后还有一个重要指标，我们的研究仍然处于初步阶段，那就是社会同质性。社会同质性衡量一个社会内部的相似程度，由于民族、种族、语言、宗教等社会身份的差异，社会个体间存在分化，分化程度越高，社会同质性越低。这个指标的量化研究不易操作，因为牵涉的变量比较多，而且在有的情况下即便是同宗同族，也会仅仅因为早来和晚来百年的差异而呈现政治和社会对立。从若干案例来看，一个社会的主体族群占比越少，这个社会的政治稳定性越差，而且每次因为通胀和失业导致社会压力升高时，冲突的爆发点容易产生于该社会内部的不同族群之间。所以，在构思经济战时，应重点打击对方的社会断层，尽量使其不同民族、种族、信仰、阶层之间的得失差距拉大。全世界 200 多个国家和地区，绝大多数社会是团块状构造，它们在组合在一起的历史进程中留下了或深或浅的裂痕和暴力记忆。这些社会裂痕和伤疤，通常是一国或地区内部的政治禁忌所在，也往往是进行经济制裁时可以利用的痛点。而寻找痛点的方法则是找到这些国家或地区内部的政治正确，或者社会话题的敏感点，比如美国社会的种族问题、日本社会的天皇罪责问题、欧洲尤其是德国的纳粹历史与德意志民族主义问题，这些问题要么不能被讨论，要么有不允许常人挑战的标准答案。但是，当设计攻击该社会并制造其内部混乱、分裂、矛盾、怀疑的方案时，就应该大胆地从这些"痛点"入手。

多主体博弈

之前的讨论都限于发起国与目标国之间的双边博弈，本小节我们将引入其他行为者，从而把我们的分析框架拓展为多主体博弈。有学者很早就曾提出，制裁将加速国际政治极化和集团化趋势。无论是发起国根据"包围理论"（siege theory）在目标国周围构建多边区域制裁网络，以期快速实现制裁目标，还是目标国在经济和地缘政治上向发起国的敌对国倾斜以进行反制，这些动作都会加剧国际社会的分裂与对立。[1]

从发起国的角度看，国际环境与制裁的有效性息息相关。金亨民将国际关系比作一个社会关系网络，认为各国因在网络中的位置不同而具有高低各异的"结构网络权力"（structural-network power），而制裁的成功率和发起国的"结构网络权力"大小成正比。[2] 伊丽莎白·罗杰斯认为要想取得制裁的成功，必须在发起国的领导下组建一个广泛的国际制裁联盟，并向各方传递一个信息：发起国及其联盟有决心维持制裁直至外交政策目标达成。[3] 只有在制裁对目标国产生的内外部压力相互叠加、彼此强化时，制裁成功的可能性才最大，如果制裁带来的政治成本仅仅局限在目标国内部，制裁的有效性将大打折扣。[4] 为了确保制裁的成功，发起国通常会尽力建立并扩大自己的制裁联盟，让尽可能多的第三方配合自己。

① Peter Wallensteen, "Characteristics of Economic Sanctions," Journal of Peace Research, Vol. 5, No. 3, 1968, pp. 248-267.

② Hyung Min Kim, "Determining the Success of Economic Sanctions," Australian Journal of Political Science, Vol. 48, No. 1, 2013, pp. 85-100.

③ Elizabeth S. Rogers, "Using Economic Sanctions to Control Regional Conflicts," Security Studies, Vol. 5, No. 4, 1996, pp. 43-72.

④ Susan Hannah Allen, "The Domestic Political Costs of Economic Sanctions," Journal of Conflict Resolution, Vol. 52, No. 6, 2008, pp. 916-944.

从目标国的角度看，必须尽可能找到替代性的贸易伙伴来帮助自己渡过难关，这就有了所谓的"侠客"或者英语文献所称的"黑骑士"（Black Knights）的活动空间。在此情境下，双方都不得不动员尽可能多的外部资源以确保自己在制裁或者经济战中取胜。如果发起国和目标国都是大国，则制裁与反制裁的斗争不断升级将引发经济战和军事战争，而制裁联盟和反制裁联盟的扩容则驱使世界阵营化。本节将围绕制裁联盟与阵营化、"侠客"和杠杆的概念来展开对制裁与经济战中的多主体博弈的讨论。

"黑骑士"与"侠客"

制裁行为的出现，不可避免地会扭曲市场供需关系，造成特定商品或服务的局部稀缺。这种稀缺性通常伴随着价格的显著上涨，从而为第三方提供了显著的套利机会。只要能够忽视或绕开制裁，第三方就能获得暴利。这里的暴利，既有商业意义上的利润，也有政治与安全意义上的利益。因此，一国与另一国的制裁和反制裁斗争，易于促使所谓的"黑骑士"现象出现，即一些国家选择直接或变相支持目标国。① 它们以国家间友谊或者匡扶正义为名，将自己的产品和服务提供给目标国填补制裁引发的空缺以获取政治、安全和经济利益。也可以使用中国式的概念来表述这一现象，将这类国家比作仗义行仁的"侠

---

① Bryan R. Early, "Unmasking the Black Knights: Sanctions Busters and Their Effects on the Success of Economic Sanctions," Foreign Policy Analysis, Vol. 7, No. 4, 2011, pp. 381 - 402.

客"。当然，并非所有国家都可以扮演这种"侠客"角色，因为
这个角色意味着与发起国的反目和对抗。通常只有两类国家可
以扮演"侠客"：要么在实力上明显超过发起国，因而无须担心
发起国的愤怒和报复；要么与发起国的经济往来很少，或者本
身也已经被制裁，所以它们扮演"侠客"的收益远大于增量损
失和风险。

"黑骑士"的存在为持"制裁怀疑论"的学者提供了重要论
据。通过与第三方建立新的贸易和投资关系，目标国可以依托
正面的"溢出效应"承受来自发起国的压力。[①] 更不用说一些目
标国还可能从它们的"黑骑士"那里获得经济援助，从而减轻
它们承担制裁压力的成本。[②] 亨利·毕能和罗伯特·吉尔平就曾
直言不讳地指出："强大的国家可以大大减少制裁对其盟友和朋
友的影响，就像美国对以色列、南非对罗德西亚、苏联对古巴
和利比亚所做的那样。"[③] 又比如说，在冷战中，由于东西方阵

---

① Bryan R. Early, "Sleeping with Your Friends' Enemies: An Explanation of Sanctions-Busting Trade," International Studies Quarterly, Vol. 53, No. 1, 2009, pp. 49 - 71; David Lektzian and Glen Biglaiser, "Investment, Opportunity, and Risk: Do US Sanctions Deter or Encourage Global Investment?" International Studies Quarterly, Vol. 57, No. 1, 2013, pp. 65 - 78; Dursun Peksen and Timothy M. Peterson, "Sanctions and Alternate Markets How Trade and Alliances Affect the Onset of Economic Coercion," Political Research Quarterly, Vol. 69, No. 1, 2016, pp. 4 - 16.

② 甚至有研究认为，受到联合国支持的制裁不会对目标国的国际援助流入产生负面影响，而受到美国支持的制裁实际上会给目标国带来更多的援助，参见：Bryan R. Early and Amira Jadoon, "Do Sanctions Always Stigmatize? The Effects of Economic Sanctions on Foreign Aid," International Interactions, Vol. 42, No. 2, 2016, pp. 217 - 243。

③ Henry Bienen and Robert Gilpin, "Economic Sanctions as a Response to Terrorism," Journal of Strategic Studies, Vol. 3, No. 1, 1980, pp. 89 - 98.

营的经济和科技实力相差不大，许多产品和能力都可以相互替代，所以一旦一方制裁某国，则对立阵营乐于跳出来扮演"侠客"的角色，比如在南斯拉夫、埃及、中国等案例中都出现了如此现象。在2022年俄乌冲突爆发后美西方阵营对俄发起制裁，伊朗、朝鲜等国向俄罗斯提供了一部分军事装备或者人力支持，这并不是因为伊朗和朝鲜的实力有多强，而是因为它们在过去的几十年里一直受到美国的全面制裁，所以对这两个国家而言，支援俄罗斯所能获得的经济利益与政治利益，远大于进一步得罪美国所带来的代价与风险。

全球化令目标国拥有了更多可能绕开制裁的渠道，例如它们可以利用黑市和其他跨国非法渠道获取稀缺产品或出售自己的产品。① 因此，发起国需要建立广泛的联盟才能够实现预期的效果，从而大幅提升单边制裁的成本。除了国家，非国家行为体也可扮演"黑骑士"的角色。肯尼斯·罗德曼指出，在后冷战时代，美国跨国公司的商业利益和美国政府的外交政策利益出现了分野。跨国公司作为一种"私人政府"（private government）没有足够动机严格遵守和执行美国的制裁措施，如果美国政府采取的制裁举措不利于跨国公司对利润的追逐，后者完全有理由不予配合，甚至与目标国合作，成为挫败美国制裁行为的"黑骑士"。② 当然，随着次级制裁的流行和大国战略竞争

---

① Peter Andreas, "Criminalizing Consequences of Sanctions: Embargo Busting and Its Legacy," International Studies Quarterly, Vol. 49, No. 2, 2005, pp. 335 – 360.

② Kenneth A. Rodman, "Sanctions at Bay? Hegemonic Decline, Multinational Corporations, and U. S. Economic Sanctions Since the Pipeline Case," International Organization, Vol. 49, No. 1, 1995, pp. 105 – 137.

的加剧，美国政府已经展现出前所未有的意志和决心来对外国子公司实行治外法权、约束美国跨国公司的行为，以确保它们的商业行为与美国的战略利益保持高度一致。

对于发起国而言，要想确保制裁取得成功，一个重大挑战是如何阻遏那些经济和科技实力强劲的第三方跳出来扮演"侠客"的角色，甚至获得第三方对制裁的主动支持。布莱恩·厄利指出，获得第三方自发支持的经济制裁措施更容易取得成功。但是，第三方对制裁措施的支持程度取决于它们对目标国的经济依赖度，依赖度高则支持意愿低，相反则高。如此一来，结果是发起国发现它们往往比较容易获得一些不那么重要的国家的支持，而无法获得与目标国存在广泛且深厚经济往来的国家的配合。[1]

在俄乌冲突引发的全面对俄制裁中，对制裁成败最有实质性影响的潜在"侠客"是中国，因为中国拥有除高端芯片封装等极少数产品外的全球最完整的制造业供应链。美欧日对俄罗斯实施制裁造成的短缺，从工业制成品、武器零部件到金融支付结算体系，中国都可以提供性价比足够高的替代品。更加重要的是，中国能够为俄罗斯的能源出口提供足够巨大的市场，从而让欧洲对俄罗斯的能源制裁变成自我制裁。所以，拜登政府软硬兼施地阻遏中国入场公开扮演"侠客"的角色，在他自己看来是在对俄全面制裁的第一年里所取得的重大战术胜利之一。

① Bryan R. Early, "Alliances and Trade with Sanctioned States: A Study of U. S. Economic Sanctions, 1950-2000," Journal of Conflict Resolution, Vol. 56, No. 3, 2012, pp. 547-572.

对于目标国而言，求助于"侠客"并非没有代价，最大的风险是才出狼窝又入虎穴。从现实主义的视角来看，在无政府状态的国际体系之下，没有永远的朋友，也没有永远的敌人；"侠客"承担风险和代价出手相救，并非出于利他主义或者情感冲动，而通常是一种长远眼光的利己主义和战略投资，这种高风险投资是要求高额回报的。赵夏乙曾提出，第三方应对制裁的方式中，存在一种"投机者"策略：尽管其在道义上没有参与制裁的义务，且与双方的经济联系密切度不高，却往往以要承担国际、国内压力为由，就与目标国的经济往来提出经济上或超经济的额外补偿。[①] 目标国托庇于"侠客"，往往意味着主导权的丧失，意味着从此将寄人篱下受人摆布，而长远来看，更大的风险是"侠客"出卖自己与发起国媾和，两头通吃。因此，在受制裁后求助于"侠客"，如同一家被银行断贷的企业求助于高利贷一样，长期来看可能代价和风险都非常大。冷战时期获得独立的一些新生政权，比如印度、越南等国，都在这个问题上吃过亏。而俄罗斯作为苏联的继承人，曾经多次扮演"侠客"的角色并从中获益，所以俄罗斯的政治家群体对其中的门道相当清楚。这也就解释了为什么在 2022 年遭受全面制裁之后，普京政府尽可能自己消化压力。

既然受制裁的目标国会去找"侠客"来帮忙，那么制裁发起国的应对策略，首选当然是在"侠客"介入之前予以阻遏和威慑，但是一旦失败，那么次优的策略就是鼓励"侠客"的贪

---

① 赵夏乙：《经济制裁的"第三方效果"与应对策略》，《江南社会学院学报》2012年第 4 期。

婪行为，鼓励它们向目标国索取越来越无度的回报和让步，包括物质上的奖励和精神上的优越感，最终导致目标国忍无可忍，反制裁合作破灭。换言之，将已经卷入对抗的"侠客"劝诱成乘人之危趁火打劫的强盗，也是一种"反'侠客'"的备选策略。

加杠杆及其代价

制裁取得成功的一个关键在于制造足够大的冲击和波动，这就需要发起国尽力裹挟尽可能多的其他行为者（第三国政府、企业、社会组织等）加入自己这方。借用别人的资本去投资以放大自身的风险和收益，这在金融市场上被称为"加杠杆"。在制裁与经济战中，加杠杆是一种合理的选择，因为只有动员尽可能多的第三方配合自己的制裁，才能向目标国施加足够大的压力，从而突破其社会和经济的自我调整能力，迫使对方屈服或者造成一定时期内不可修复的伤害。用毛泽东的话讲就是要把朋友搞得多多的，把敌人搞得少少的。在拿破仑对英国的大陆封锁体系中，他的经济战之所以失败，首先是因为他从来没能同时形成一个尽可能完整的对英制裁联盟，他拼凑的封锁体系前后参差不齐，英国总是能从某些国家获得替代性的供给。

正如上文提到的，目标国引入"侠客"固然会有代价，而发起国要动员盟友参与联合制裁，必然也会承担代价和风险。盟友参与制裁，既是基于双边或者多边的信任和信用，也是基于对未来风险和收益的预期。比如美国动员荷兰与日本参与其对华芯片制裁，因为全球先进光刻机垄断在荷兰的阿斯麦

（ASML）手中，而日本的光刻胶等产品占据很大市场份额，只有获得荷兰和日本的配合，对华芯片制裁才能取得实效。对于荷兰和日本而言，美国不仅是重要市场和关键技术的提供方，还是国家安全与核保护伞的提供者；失去中国市场固然会带来经济损失，但是如果有大量国家共同制裁中国，则法不责众，自身也不太容易遭受中国在其他领域的报复性制裁。

除了国家和企业外，国际组织在构建制裁联盟中也扮演着关键角色。一般认为，得到国际组织支持的多边制裁通常比单一国家或少数国家联合实施的制裁更有效。[1] 这是因为享有国际制度化支持的制裁措施能遏制第三方政府和私营机构等潜在"制裁挫败者"破坏制裁的意愿、能力和程度，进而削弱目标国寻找替代市场、应对制裁的能力。[2] 而且与临时起意的集团制裁相比，由国际组织领导的多边制裁更不容易受到制裁方之间搭便车和相互背叛问题的影响。[3] 国际组织可以建立监测机制来监

①　Lisa L. Martin, Coercive Cooperation: Explaining Multilateral Economic Sanctions, Princeton, NJ: Princeton University Press, 1992; Anne Miers and T. Clifton Morgan, "Multilateral Sanctions and Foreign Policy Success: Can Too Many Cooks Spoil the Broth?" International Interactions, Vol. 28, No. 2, 2002, pp. 117 – 136; Navin A. Bapat and T. Clifton Morgan, "Multilateral versus Unilateral Sanctions Reconsidered: A Test Using New Data," International Studies Quarterly, Vol. 53, No. 4, 2009, pp. 1075 - 1094; Bryan R. Early and Robert Spice, "Economic Sanctions, International Institutions, and Sanctions Busters: When Does Institutionalized Cooperation Help Sanctioning Efforts?" Foreign Policy Analysis, Vol. 11, No. 3, 2015, pp. 339 – 360.

②　Bryan R. Early, Busted Sanctions: Explaining Why Economic Sanctions Fail, Redwood, CA: Stanford University Press, 2015.

③　Daniel W. Drezner. "Bargaining, Enforcement, and Multilateral Sanctions: When Is Cooperation Counterproductive?" International Organization, Vol. 54, No. 1, 2000, pp. 709 - 731.

督制裁的执行情况，以提高效力，还可以制定规则来惩罚那些
被发现违反制裁约定或存在离心倾向的国家、实体和个人。联
合国发起的制裁通常最有效，故发起国热衷于向安理会递交相
关的草案。除了争取联合国的支持外，美西方还往往驱使某些
受其控制较深的国际组织加强对目标国的封锁。例如，佩克森
和禹炳源通过实证研究发现，1975 年至 2005 年，被美国或者国
际组织制裁的国家从国际货币基金组织（IMF）获得国际收支相
关融资和借贷的机会降低，原因是以美国为首的"五国集团"
（美国、日本、德国、法国、英国）在 IMF 等国际组织中的投票
权重高，可以影响援助拨付决定。[①]

　　除了把更多国家政府、企业和国际组织拉来参与制裁之外，
还有一种加杠杆的方式，那就是以次级制裁来裹挟整个世界市
场体系的绝大多数行为者配合制裁，即除了惩罚被制裁方外，
还威胁要惩罚所有与被制裁方往来的实体和个人，无论其来自
本国还是中立各国。次级制裁把美国经济制裁法的管辖标准从
"美国境内的人"、"美国管辖下的人"、"美国人"以及"美国拥
有和控制"拓展到更为隐蔽的"间接管辖"，使得美国经济制裁
法具有某种域外效力。[②] 滥用长臂管辖是美国制裁霸权的重要实
现方式之一，其实践和逻辑都大大突破了国际法所公认的行为
准则。按照国际法，一国对域外人员或实体行使管辖一般要求
该人员或实体或者其行为与该国存在真实、足够的联系，而美

　　① Dursun Peksen and Byungwon Woo, "Economic Sanctions and the Politics of IMF
Lending," International Interactions, Vol. 44, No. 4, 2018, pp. 681 – 708.
　　② 杜涛：《美国单边域外经济制裁的国际法效力问题探讨》，《湖南社会科学》2010
年第 2 期。

国行使"长臂管辖"采用"最低联系原则",不断降低行使"长臂管辖"的门槛。按照美国官方的理解,与美国有某种极微弱的联系,如在美设有分支机构、使用美元来清算或利用其他金融服务、利用美邮件系统等均构成"最低联系"。[①] 这种次级制裁和长臂管辖将目标国的政府、实体和个人变成了地球村里传染病人一般的不可接触者,被从整个国际经济运行体系中剔除出去,迫使许多中立国甚至是目标国的非国家行为体,比如金融机构、企业、社会组织不得不服从美国单边的制裁意志。

实践中,金融体系是长臂管辖最有效的领域。《巴塞尔协议Ⅲ》规定了商业银行的资本充足率应为8%,金融机构运行时就拥有约12倍的杠杆,一旦某一金融机构被制裁,则其他金融机构必然迅速断绝与该机构的业务往来,从而导致挤兑和信用破产。由于金融业的全球性和网络性,次级制裁的威慑力可轻易突破国境和司法管辖权。2020年美国制裁中国香港特首林郑月娥后,中国香港所有金融机构都不敢违背美国的意志为她提供基本金融服务,导致林郑月娥不得不在家囤积一些现金以备日常生活的支付。中国为与特定被制裁国的能源贸易而专门设立的昆仑银行,近年也处于困境中。这两个案例都显示了金融业在次级制裁威胁下的脆弱性。

在全球化鼎盛时代所形成的价值链贸易,也是次级制裁最

---

① 此外,美国还提出管辖权中的"效果原则",即只要发生在国外的行为在美国境内产生所谓"效果",不管行为人是否具有美国国籍或住所,也不论该行为是否符合行为发生地法律,美国均可行使管辖权。美国还不断扩大"长臂管辖"范围,对域外人员或实体滥施单边而武断的管辖,将美国法律强制实施于域外非美国人员或实体,动辄利用别国企业对美元业务、美国市场和美国技术的依赖,对其进行处罚或威胁。

容易生效的领域。一件工业制成品的产出过程需要来自数十个国家的成百上千项零部件、工序和服务，其中有一些短期内很难找到替代性供给方，而且这些商品的最大市场也集中在美国、欧洲和东亚，因此一旦遭受次级制裁，则无论是从关键零部件的稳定供给还是从主要市场的准入而言，都是不可承受的风险。在这种价值链贸易发育充分的产业领域，次级制裁的威胁也非常有效。

但是，使用次级制裁的成本是非常高昂的，发起国需要补偿同盟的损失。同时，理想的次级制裁只能针对一国或少数国家，次级制裁的效果会随着被制裁国的增多而被削弱乃至瓦解，被制裁国可能因共同的敌人形成联盟，开展经贸往来形成互补。与此同时，维持制裁联盟的成本将大幅上升。

网络性权力和阵营化对抗

在制裁发起国能大幅加杠杆的背后，是世界市场复合相互依赖导致的全球网络性权力。由于网络能够将各个节点的资源和权力相互转移和累加，从而迅速放大其中的力量，因此多主体博弈的规律和战术特点大大不同于双边斗争的规律和策略。一个形象的类比是长鞭的奥秘：挥舞鞭子的手速与挥舞刀剑的手速是差不多的，但是鞭子末梢的击打速度远远超出刀剑前段的砍击速度，甚至会因超过了声速而发出令人恐惧的爆响，这是因为鞭子自身是柔性的，每一段之间的充分链接使其动能以波浪状快速传递和叠加，并在鞭子末梢形成极快的速度和极强的攻击力。再比如，在互联网市场中，每一个用户作为节点构成了一个庞大的网络，网络内部的高度链接和压力传导机制，导致了互联网市场的赢家通吃特点：在任何一个互联网细分领域，最初都会有一批企业相互竞争市场份额，但是用不了多久，最优秀的一家会占据绝大部分的市场份额，而至多能有一两家在剩下的狭窄的利基市场（niche market）中苟延残喘。制裁的网络性力量的机制本质上与上述两个例子高度相若，只不过表现形式略有不同。

　　在一个复杂网络中拥有比对手更多的盟友、链接和权重的时候，哪怕双方的实力对比并不悬殊，优势方最初仅仅是略占上风，但只要对这种多主体博弈构成的网络性权力操作得当，迟早可以让所有的中间力量都被迫站到自己这一边，并让对手的阵营分崩离析。这也是赢家通吃的机制，或者说是权力分布的幂律规则的体现。所以，作为被制裁国，如何及时有效地破解敌对国"加杠杆"的制裁策略，让对方无法动员世界经济网络的其他力量来对付自己，是反制裁斗争成败的关键所在。

　　从逻辑上讲，就本书作者所知，针对制裁发起国的网络性权力和加杠杆制裁，被制裁国至少有两种反制策略。

　　第一种反制策略的着眼点在于使对方杠杆断裂。上文提到，使用杠杆既有代价，又有条件。在金融市场上，杠杆使用代价表现为需要支付资金成本，杠杆使用条件表现为需要具备和维护好自身的信用，绝不可出现违约预期。在国家间的制裁博弈中，杠杆使用代价是为参与国提供回报，包括但不限于经济补偿、技术支持、安全庇护等，而杠杆使用条件则是发起国作为大国的政治和战略信用。在反制裁斗争中，如果能大幅抬高制裁发起国的杠杆使用成本，或者造成其信用破产，那么就可以阻遏其网络性权力，甚至可以反客为主，利用对方杠杆断裂所带来的无序和崩盘而反过来动员经济体系中的其他行为者来制裁它。造成发起国信用破产的方式有很多，比如，对于积极响应其制裁动员的小国，发起突然而强力的报复性制裁，甚至发动军事打击，以此向所有各方证明发起国所承诺的补偿、奖励和保护都是无法兑现的，让发起国信用破产。换言之，在反制裁博弈中，应及时报复弱者以塑造示范效应，而非报复强者。又比如，利用发起国与盟友之间在代价分担和收益分配上的不对称与不公平，制造其联盟内部的不满与杠杆的断裂。英国应对拿破仑的大陆封锁体系最终取得成功，关键在于大陆封锁带来的好处都让法国人获取了，西班牙、普鲁士、奥地利和沙俄都承担了巨大的成本，最终英俄之间的走私贸易触发了法国和沙俄之间的反目，引发了1812年夏季拿破仑仓促之间发动的征俄战争。

　　第二种反制策略是通过建立一个针锋相对的制裁阵营，也就是撕裂整个世界市场网络，切断发起国的制裁力量通过动员市场网络来攻击自己的传导过程。这样做的好处是至少能避免形成最坏局面，即全世界其他所有国家一起被世界经济网络裹挟进对自己一家的制裁当中。在二战之后的数年内，铁幕落下将世界分成分别以美苏两国为核心的两个平行体系，除了有此前国际关系史学界充分讨论的地缘政治和意识形态原因，也离不开美国对苏制裁和技术禁运所带来反制措施的经济机理。随着中美两国近年来的渐行渐远和战略互疑，新自由主义全球化所塑造的统一开放的世界市场体系正再次被撕裂。

世界经济体系一旦因为制裁和反制裁的不断升级而撕裂成两个平行体系，则随着相互之间的经贸和技术往来不可避免地大幅下降，制裁的效用和运用空间也会不断下降。双方最终谁能胜出，取决于谁能将自己的体系做得尽可能大，以及谁能更好地整合体系内部的资源并投入到关键的决胜领域中去。

在世界大国争霸史上的阵营对抗中，曾经反复出现过多种大战略。一是瓦解对方阵营，壮大己方阵营。拿破仑战争中的英国、一战中的协约国、二战中的同盟国、冷战中的美西方阵营，在这方面做得比对手更成功。

二是较小行为者利用两大阵营的严重对立和相互锁定，借助"较小威胁者"标签所带来的行动自由，从双方获利。根据现实主义的"三角博弈"逻辑，甲、乙、丙三方实力由大到小排序，实力居中的玩家乙的生存概率是最低的，因为它被锁定在甲乙之间的安全两难（security dilemma）当中无法脱身，而甲总是有足够的资源和机会来诱惑丙与之结盟去对付乙。反过来，实力居于第三的玩家丙，却享有一个巨大的结构性优势，那就是无论它挑衅谁，都不会受到真正的惩罚，因为另外两家都把对方视为首要威胁。丙在甲乙眼中的"较小威胁者"特征，赋予丙以行动自由和安全，从而使得它的生存概率不仅大于乙，甚至大于实力最强者甲。比如两次世界大战中的美国和冷战中的法国和中国，都有类似的经验。在制裁与经济战中，第三国也可以利用这一原理左右逢源，塑造使己方利益最大化的战略空间。

第二章
制裁与经济战的战略战术

克劳塞维茨的《战争论》与《孙子兵法》之间的最重要差异之一，就是前者以讲"战争是什么和为什么如此"为主，而后者主要探讨"该如何打仗"。本书此前的讨论主要是从客观维度探析"制裁与经济战是什么和为什么"（what & why），但是较少触及"如何进行"（how）。在本章我们将把重心放在"如何进行"的问题上，也就是从克劳塞维茨式的战略思维切换到孙子式的思维上来。我们还将探讨在信息不充分、不完全理性的情况下，制裁与经济战理论该如何指导实践。在本章的最后，我们将对本书理论部分的观点进行系统性的小结，并在此基础上探讨制裁与经济战人才培养的问题。

第一节　制裁博弈中的能力建设

中国是制裁与经济战博弈中的熟手吗？一个国家被制裁的

经验深刻影响其发起制裁的决策。赵通认为，基于自身被西方制裁的经历，中国一般只会对外发起（不企图损害目标方的安全利益或改变其国内政治结构的）战术性制裁，而不是（打击目标方政权合法性的）综合性制裁。[①] 张辉也倾向于同意这一观点，他呼吁中国在对外经济制裁的立法中，应以改变被制裁方政策与行为和履行国际义务为政策目标，充分考量自身实力和国家安全及其他重要利益诉求，在法律适用范围、确定制裁对象、选择制裁措施等方面确立合理、适当而可行的规则，同时高度重视制裁决策程序的合法性和透明度问题。[②] 方炯升称中国的防御性经济制裁是对外部挑衅的"有限回击"。[③] 詹姆斯·赖利发现中国的经济发展高度依赖无阻碍的国际市场准入和外部需求，出于规避制裁成本的需要，通常只是把制裁威胁停留在口头上，如果确需对外发起制裁，政策偏好也是选择便于随时解除的非正式或秘而不宣的制裁。[④] 综上所述，至少在学者的观察中，中国目前有关制裁与经济战的实践和经验尚不充足。

制裁与经济战的成败，不仅仅是各自硬实力的比拼，决策者和执行者的经验与能力也很重要。具备相关专业知识，理解理论和历史案例中的教训，为面临的制裁与经济战做好思想、

---

① Tong Zhao, "Sanction Experience and Sanction Behavior: An Analysis of Chinese Perception and Behavior on Economic Sanctions," Contemporary Politics, Vol. 16, No. 3, 2010, pp. 263 – 278.

② 张辉：《论中国对外经济制裁法律制度的构建：不可靠实体清单引发的思考》，《比较法研究》2019 年第 5 期。

③ 方炯升：《有限的回击：2010 年以来中国的经济制裁行为》，《外交评论（外交学院学报）》2020 年第 1 期。

④ James Reilly, "China's Unilateral Sanctions," The Washington Quarterly, Vol. 35, No. 4, 2012, pp. 121 – 133.

体制和专业准备的国家，将在经济和市场竞争中展现柔性实力。相反，缺乏思想、体制和专业准备，即使国家实力和潜力巨大，也可能导致战略失误。本节将重点探讨如何建设国家在实施和应对制裁与经济战方面的能力。

塑造形势的能力

《孙子兵法》说，"胜者之战民也，若决积水于千仞之溪者，形也"。积水于高山之巅，一旦决口可以产生巨大的冲击力和杀伤力，这是势能向动能转化的过程。绝大多数时候，制裁势能的存在足以使人胆寒，望而却步，不敢造次，这就是所谓不战而屈人之兵。制裁与经济战的成功，离不开大量的战场建设工作，提前塑造一种有利于己方的不对称相互依赖的形势。

已经有学者对制裁与经济战的"战场建设"进行了初步探讨。例如，姜鲁鸣认为一个国家抵御甚至反击经济制裁的综合能力受三大因素影响，分别是经济规模和资源状况、经济金融对外依赖程度、国民经济体制支撑力。他提醒，我国在改革开放过程中不应忽视国民经济动员体制的建设，以增强在长期封锁条件下的经济支撑力，从而有效应对潜在制裁战和经济保卫战。[1] 也有学者认为，被制裁方和其他发展中国家只有加强经济安全意识，积极参与经济全球化进程，不断促进本国经济发展，才能真正提高抗击美国经济制裁、维护国家经济安全的能力。[2]

---

[1] 姜鲁鸣：《关于我国未来反经济制裁的若干问题》，《军事经济研究》2001 年第11 期。

[2] 颜剑英：《美国经济制裁与发展中国家的经济安全》，《国际论坛》2005 年第 3 期。

我们认为，除了在主观上需要提高警惕性外，更需要主动设计政策来塑造有利于国家经济安全的内外经济形势。

从本书作者曾提出的"国家产业链编辑能力"思路出发，国际分工体系的构造和自由贸易协定的谈判，应使得己方进口的商品尽可能地充分竞争，地理上越分散越好；而己方出口的商品则尽可能地垄断或者寡占，排除或者减少竞争对手，以获得更大的定价权。当然，在现实中有不少国家都想在分工中占据这样的产业优势，那么要在竞争中胜出，不但比拼各自多种要素的投入及其效率，还需要靠理论认知和政策愿景。从历史来看，在自由主义及其变种思潮占主流的时期，这种战略布局意识往往是比较薄弱的，在这种阶段进行布局也恰恰更容易成功。为了积累"积水于千仞之溪"的势能，在发动经济战前对国际分工和相互依赖的这种"编辑"工作，通常需要数年乃至一代人的时间才能完成。

基于 20 世纪末期美国一家独霸和中国韬光养晦的历史背景，美国政府和产业界在新自由主义理念的指导和鼓舞下对亚洲进行了大规模的外包和自由贸易，最终形成了中美两国在对外直接投资、商品贸易、服务贸易、外汇储备等多个方面的复合相互依赖。所谓的全球失衡主要是中美两国的贸易和储蓄失衡。中国牺牲了自己的高端产业自主、环境、福利来换取出口导向的工业化成就；而美国牺牲了部分制造业和制造环节，以换取全球资本大循环带来的超额利润。

如今中国遭受芯片等"卡脖子"的现实困境，也面临美西方在金融、科技、市场等多方面脱钩的潜在威胁，恰恰说明了

"国家产业链编辑能力"这个概念对未来中国制定对外经济政策的指导意义。

美国拜登政府提出，中低端制造业和组装环节的外包工作，要实施"友岸外包"和"近岸外包"，以降低对中国的依赖。但是在国际关系中，友谊并不稳定。今天的盟友可能就是明天的敌人。因此在外包或者生产网络的规划过程中，就应该包含着这样的假设：即便有一天你的盟友因为一次政变或者革命而突然变成了敌对阵营的一分子，你仍然能够控制风险，甚至仍然保留着对它们的经济权力。

整个分工体系中，信息和权力不是均匀分布的，而是呈现幂律分布，一些节点上集中了绝大部分信息和权力。比如说，就全球性和地区性的政治、安全、经济、社会、气候等各领域事务展开国际合作与磋商的多边平台，通常就是国际信息和权力枢纽。应尽可能增强我国在国际组织和国际体系如联合国、世界贸易组织、国际货币基金组织、世界银行、国际法院、国际支付清算体系中的话语权，例如提供办公地点、派遣工作人员至核心岗位，并增加我国的投票权，即便为此多承担一些会费，额外提供一些基础设施和资金，长期看也是非常值得的。这表面上看起来是无偿为世界提供公共产品，实际上其成本可以视为必要时获取制裁与经济战中的情报优势和主场作战优势而进行的长期战略性投资。

制造波动和修复结构的能力

若将经济制裁下的形势塑造视为一种静态能力，则在此基础上制造市场波动可被视为一种动态能力。

　　众多研究表明，经济制裁能够使目标国的金融市场和经济运行产生强烈且影响深远的波动。例如，贸易制裁可能导致涉事国家的国际经贸活动骤降，汇率波动和外汇市场混乱进一步恶化外贸状况。以投资限制为核心的制裁可能导致外商直接投资撤回，进而导致国际资本流动性的急剧下滑。[①] 而在金融制裁的危机传导机制中，对汇市和债市的制裁效应尤为显著，揭示出市场恐慌情绪的杠杆效应。[②] 例如，当 G7 等发达经济体实施进口制裁，目标国的股市估值通常会应声大幅下挫[③]，甚至出现本地股市与全球股市"脱钩"的现象[④]。经济制裁还能破坏目标国银行业的稳定，在储户中造成不确定性和恐慌，从而导致银行挤兑，甚至银行业危机。[⑤] 以 20 世纪 70 年代起国际社会对南非的全面经济制裁为例，外资撤离截断了南非获取资金的

---

　　① Irina Mirkina, "FDI and Sanctions: An Empirical Analysis of Short-and-Long-Run Effects," European Journal of Political Economy, Vol. 54, 2018, pp. 198 – 225; Tibor Besedeš, Stefan Goldbach and Volker Nitsch, "You're Banned! The Effect of Sanctions on German Cross-Border Financial Flows," Economic Policy, Vol. 32, No. 90, 2017, pp. 263 – 318.

　　② 郭栋：《金融制裁与反制裁的"阻击"和"防御"效应评估：基于俄罗斯主权货币和国债市场的量化研究》，《金融理论与实践》2021 年第 12 期。

　　③ 当然，超过一定阈值后，每一项额外制裁的边际影响都有所下降，这表明制裁的累积给目标国提供了越来越多的刺激和时间，让后者寻找替代性的贸易、融资和投资来源，参见：Glen Biglaiser and David Lektzian, "The Effects of Economic Sanctions on Targeted Countries' Stock Markets," International Interactions, Vol. 46, No. 4, 2020, pp. 526 – 550.

　　④ G. Castagneto-Gissey and E. Nivorozhkin, "No Contagion from Russia toward Global Equity Markets after the 2014 International Sanctions," Economic Analysis and Policy, Vol. 52, 2016, pp. 79 – 98.

　　⑤ Emre Hatipoglu and Dursun Peksen, "Economic Sanctions and Banking Crises in Target Economies," Defence and Peace Economics, Vol. 29, No. 2, 2018, pp. 171 – 189.

主要来源，贸易制裁减少了南非的外汇，外国贷款的终止恶化了南非的债务危机，这一切最终引发南非经济社会的全面危机。[①]

经济制裁对实体经济的冲击同样显著。目标国的营商环境、投资者和企业管理者的信心都可能遭受重创。[②] 进出口的收缩不仅会导致进口竞争行业和出口行业的就业人数下降，还会导致不同行业之间的劳动力重新分配，从而对受制裁经济体的劳动力市场产生负面影响。哈盖·埃克斯和阿萨夫·齐姆林在研究中指出，以色列对加沙地带的封锁导致大量工人从制造业转移到服务业，这一过程不仅产生了大量失业，而且降低了劳动生产率。[③]

《老子》说，"将欲歙之，必固张之；将欲弱之，必固强之；将欲废之，必固兴之；将欲夺之，必固与之"。其中蕴含的道理，就是要尽量扩大供给和价格的双向波动，才能形成冲击力和杀伤力。因此，在战略性地塑造形势之外，发起国在实施制裁前应做战术性准备，以最大化人为造成的波动及恐慌。比如管仲在对鲁国实施经济战前，要提前压低粮价，并囤积鲁绨以抬高价格，从而鼓励鲁国增加对桑蚕织绨产业链的投入，在经济战开始之后，要派人在鲁国囤积粮食加剧鲁人缺粮恐

---

① 刘兰：《国际社会对南非的经济制裁及影响》，《德州学院学报》2016 年第 1 期。

② Yoshisada Shida, "Russian Business under Economic Sanctions: Is There Evidence of Regional Heterogeneity?" Post-Communist Economies, Vol. 32, No. 4, 2020, pp. 447 - 467.

③ Haggay Etkes and Assaf Zimring, "When Trade Stops: Lessons from the Gaza Blockade 2007 - 2010," Journal of International Economics, Vol. 95, No. 1, 2015, pp. 16 - 27.

慌，并抛售之前高价囤积的绨，从而同时形成供需两个方面的巨大波动。再比如，在正式发力对英国进行大陆封锁之前，拿破仑不应该对英国轻举妄动打草惊蛇，而是应该趁着双方关系的缓和期，对英国低价倾销粮食并大量囤积英国棉布，诱导英国经济结构向更加脆弱的方向演变，同时通过外交活动塑造潜在的对英制裁国际统一战线；一旦形势成熟，则协调多国同时对英禁运粮食，并在沙俄、西班牙等英国棉布的主要出口市场上低价倾销此前囤积的英国棉布和法国棉布。这种做法虽然不一定能确保在经济战中迫使英国屈服，但是至少远比拿破仑实际执行的"添灯油"战术——逐渐加大封锁力度、扩大封锁同盟合理。

同理，美国对华发起的科技制裁与围堵，显然也犯了"添灯油"战术的错误，未能集中力量制造尽可能大的波动和冲击。美国发动经济制裁多采取层层递进、越旋越紧的模式，即从目标国单一领域到多领域，从非核心产业到核心产业，从小规模金融制裁到全面的贸易、金融封锁，从特定群体扩大为整个国家等。[1] 从 2017 年特朗普政府打压中兴通讯开始，到 2018 年关税战和对华为的打压，然后 2019 年扩大到对中国一批大学和科研机构实施制裁，接着对在美的一批华人科学家进行司法和政治迫害；等到拜登上台之后，美国政府才开始联合欧洲、日本等盟友一起实施对华制裁，但是谈判和推进的进程又不够有力快速。这种逐步加码的进程，固然给美国政府、国会和产业界

---

① 李峥：《美国经济制裁的历史沿革及战略目的与手段》，《国际研究参考》2014年第 8 期。

之间的国内动员和沟通过程提供了缓冲时间和政治舒适感，但是从制裁与经济战的作战规律而言，这种"添灯油"的作战方式是非常错误的，因为它不仅让中国拥有较多的时间去做抵抗准备（比如华为因为中兴通讯事件而提前大量囤货，中国政府推出芯片大基金和科创板来助力本土替代供应和新技术路线），还逐步地教育了中国国内对美国抱有幻想的企业家、知识分子和政府官员，帮助中国人坚定决心自力更生，在原本依赖美国及其盟友的许多高科技领域（比如半导体、基础软件、航空发动机等领域）加速实现去美化和国产化。①

每一次制裁的真实发生，都会破坏和消耗相互依赖，经济制裁和反制裁会导致制裁双方之间的双边贸易额急剧下降。② 美西方和俄罗斯在 2011 年到 2018 年围绕制裁与反制裁的博弈导致双方的进出口值大约下降四分之一；从行业异质性来看，制裁措施主要打击了俄罗斯的石油出口，而俄罗斯的反制裁措施主

---

① 在以美欧国家发起的经济制裁为代表的政策实践中，制裁措施经常呈现"添灯油"的发展历程。这一现象的成因包括如下几点：首先，政策制定者对制裁的力度存在认知差异，自身经济权力的强弱、对手的耐受度高低等因素的真实情况往往需要在多轮次的博弈过程中相互了解。其次，发起经济制裁需要付出成本，发起方政府需要教育、动员、说服企业和民众分担成本，该过程需要时间和铺垫。再次，美国发起经济制裁过于频繁，政策目的经常含混不清，因此显得"好战而寡胜"。最后，美国对外经济政策的出台受制于国内的政治博弈和立法程序，这种"添灯油"的战术表现是美国制度安排的结果。如果能达成跨党派、全社会的共识，美欧国家制裁政策的制定与执行将呈摧枯拉朽之势——例如人质危机期间对伊朗的制裁和"9·11"事件后对伊拉克的制裁、俄乌冲突爆发后的制裁。

② 制裁双方贸易额下降可能会使第三方收益。例如，有研究发现被美国制裁的国家与欧盟的贸易额会增加，参见：Jiawen Yang, Hossein Askari, John Forrer and Lili Zhu, "How Do US Economic Sanctions Affect EU's Trade with Target Countries?" The World Economy, Vol. 32, No. 8, 2009, pp. 1223-1244。

要限制了对美西方农产品的进口。① 又如，20 世纪 80 年代美国
对南非的制裁让南非对美出口缩水三分之一。② 但是对于被制裁
国来说，"过度合规"和"寒蝉效应"的叠加，使得经济制裁带
来的经济损失要比预想中的惨重且持久。世界银行的研究人员
测算过，因为签署《联合全面行动计划》而被解除制裁，伊朗
每年人均福利增幅本可达 6.5%。③ 然而，2015 年至 2017 年，伊
朗的年均 GDP 增长速度仅为 3.4%，远低于预期。很多原因可以
解释这一现象，一个被长期制裁的经济体与世界经济重新建立联
系的确需要时间，但是被制裁的阴影在私营部门形成的"寒蝉效
应"是重要的原因之一。本杰明·雷诺研究发现，国际大型企业
和金融机构在对朝鲜和伊朗的制裁解除之后，出于维护业界名誉
和风险管理等方面考虑，不愿意为曾经被制裁的个人或实体提供
商业服务，以至伊方甚至"感觉不到制裁被解除了"。④ 这一研究
发现凸显了制裁的惯性和黏性：以伊朗为代表的被制裁国在被

---

① Trung Thanh Nguyen and Manh Hung Do, "Impact of Economic Sanctions and Counter-Sanctions on the Russian Federation's Trade," Economic Analysis and Policy, Vol. 71, 2021, pp. 267 - 278；陆京泽：《欧美经济制裁对俄罗斯石油和天然气公司的影响》，《国际石油经济》2014 年第 10 期。在制造业方面，有学者指出俄罗斯自主选择融入美西方主世界经济体系，并依赖欧盟来推动制造业发展是俄罗斯的脆弱性来源，参见：Victoria Golikova and Boris Kuznetsov, "Perception of Risks Associated with Economic Sanctions: The Case of Russian Manufacturing," Post - Soviet Affairs, Vol. 33, No. 1, 2017, pp. 49 - 62。

② Simon J. Evenett, "The Impact of Economic Sanctions on South African Exports," Scottish Journal of Political Economy, Vol. 49, No. 5, 2002, pp. 557 - 573.

③ Elena Ianchovichina, Shantayanan Devarajan and Csilla Lakatos, Lifting Economic Sanctions on Iran: Global Effects and Strategic Responses, Washington, DC: World Bank, 2016.

④ Benjamin Raynor, "The Shadow of Sanctions: Reputational Risk, Financial Reintegration, and the Political Economy of Sanctions Relief," European Journal of International Relations, Vol. 28, No. 3, 2022, pp. 686 - 721.

"官方（强制执行）制裁"后被"市场（自发延续）制裁"。很显然，制裁不是闹钟，不会一按就立刻停。

显而易见，制裁大概率会促使目标国提高独立自主程度和能力。即使是口头威胁，也可能导致目标国产生经济不安全的忧虑，促使其思考如何降低脆弱性。此外，制裁可能使第三方国家警觉，从而减少对制裁发起国的依赖。在这个意义上，无论成功与否，每一次经济制裁都要付出一定的隐性成本。这种隐性成本的存在，要求制裁发起国慎重，而不应该像今天的美国那样滥用制裁。那些未经充分验证的经济制裁不能被拿出来随便公开讨论，更不应被中下层官员为了短期和局部事务的便利而拿出来随便威胁他国。外交无小事，制裁与经济战同理，其决策一定要由最高层来确定。制裁与经济战的发动应如同蛇捕食一样，蓄势待发不轻易动，动辄迅猛无情而必中。如同老式火炮在发射之后需要重新装弹一样，制裁之后也需要进行战场建设，即不对称依赖关系或者说经济结构性权力关系的及时修复工作。伸出去的拳头只有收回来才能再次击打出去，如果不及时收回来，不但没有更多的打击力，而且还非常危险。

尽管制裁的解除或结束构成了完整制裁周期的重要环节，但学界对此议题尚未给予充分关注，目前仅有少数学者进行了深入探讨。[①] 在美欧的制裁实践中，我们反复看到的一个现象是，当一项制裁政策一经实施未能迫使对方妥协，美欧政府通

---

① Han Dorussen and Jongryn Mo, "Ending Economic Sanctions: Audience Costs and Rent-Seeking as Commitment Strategies," The Journal of Conflict Resolution, Vol. 45, No. 4, 2001, pp. 395-426.

常会不断加码，甚至会形成持续数十年的僵局，对伊朗、伊拉克、朝鲜、俄罗斯等国的制裁便是如此。菲奥娜·麦吉利夫雷和艾伦·斯坦姆对美西方制裁的这种"惯性"做出过解释，他们认为领导人通常代表不同的利益和利益集团，只有当新领导人获得有别于前任统治者的政治团体的支持时，制裁政策才会改变。而选举制国家的领导人往往需要获得包括反对派在内的众多国内团体的支持，以组建足够大的支持者联盟来赢得选举。在这样的体制下，即使领导人更替，要求发起制裁的群体的利益依然可能得到代表，因此制裁不易被取消。①

然而，本书认为，这种现象反复出现的根本原因在于，在美国和欧洲的政治游戏规则中，政客可以对外滥用制裁，但是谁都不愿意为制裁的无效和失败承担责任。以美国为例，美国总统和国会是发起经济制裁的常规决策者。埃姆雷·哈蒂波格鲁研究发现，通过总统办公室实施的制裁在第一年后结束的可能性（20%）是通过立法实施的制裁（10%）的两倍，而且两者之间的差距随着时间的推移而增大：5年后，通过立法实施的制裁仍然存在的可能性约为70%，而通过总统办公室实施的制裁存在的可能性则约为40%。② 其中的道理不言自明，总统要为自己发起的制裁负主要责任，而议员在向国会提交制裁草案后，使之生效的决定是国会做出的，提出制裁的议员个人无须为此

---

① Fiona McGillivray and Allan C. Stam, "Political Institutions, Coercive Diplomacy, and the Duration of Economic Sanctions," Journal of Conflict Resolution, Vol. 48 No. 2, 2004, pp. 154 - 172.

② Emre Hatipoglu, "A Story of Institutional Misfit: Congress and US Economic Sanctions," Foreign Policy Analysis, Vol. 10, No. 4, 2014, pp. 431 - 445.

负责。这种避责行为就如同基金经理买入股票出现账面亏损后，不抛售不入账，从而向委托人掩盖投资决策失败的事实，以拖待变。在美国所参加的战争中，也出现了类似的机制，谁都不愿意在下一次大选到来之际宣布一场美国对外战争的失败，但是大选和中期选举一场接着一场，因此美国军队被卷入许多旷日持久而价值可疑的战争中。相比而言，中国的对外战争模式要合理得多，兵贵胜而不贵久，朝鲜战争、中印边境自卫反击战、对越自卫反击战，都是在取得局部胜利之后尽快谈判停战，或者达到战役目的之后迅速主动撤回。中国的制裁与经济战体系，应该是包含了制裁与经济战如何结束以及结束后如何修复双边关系的制度安排。

同时，制裁的解除或结束，及随之而来的相互依赖关系的重建，也能引发经济波动和对目标国社会的冲击，尤其在长期遭受制裁的国家中较为常见。在中心-外围结构的世界体系中，中心国家一方面剥削外围国家，另一方面为世界提供了科技创新、意识形态等公共产品。而制裁则是将目标国部分乃至全部排除在这一体系之外，长此以往制裁犹如一面高墙，在目标国内外制造了巨大的压差。在高墙内，目标国在经济制裁的压力下往往转向内向型经济政策，造成的后果是劳动力就业的再调整和保护主义的兴起。随着制裁的解除或结束，国际投资的涌入将带来产业变革和经济转型，文化产品和新思潮也将对目标国的社会共识和政治叙事产生强烈的冲击。"再接触"的过程实际上充满变数，新兴阶层可能将寻求与之经济地位匹配的政治权力，过往的政治路线将遭到质疑。那些在被制裁期间受到保护的既得利益群体在制裁解除或结束后会要求决策者维持贸易保护政策，从而使贸易保护政策常态化成为该国国际贸易政策的基线。[①] 马克·西蒙借鉴了"运动理论"（theory of moves）博弈论模型，认为即使制裁无法立刻让目标国改弦更张，但是随着多轮博弈的深入和偏好排序的动态调整，制裁成功的可能性也仍然存在。[②] 如果目标国的执政者没能实现国内平衡，掌握经济、政治、文化变轨转向的力度与节奏，很有可能会爆发国内冲突乃至内战。从这个意义上讲，经济制裁的退出也是制裁发起国实现目标的一种手段。

　　总之，一场理想的制裁与经济战应该包括制裁前、制裁中和制裁后三个阶段的规划。规划者不仅应该在制裁前做好充分的情报和力量准备，在制裁中制造尽可能大的波动，还应该把对方的反制选项以及在不同情境下如何收场纳入规划。

择时能力

　　尽管制裁与经济战属于政治游戏的范畴，但它们实质上是在经济和市场的棋盘上展开，因此必须考虑到经济活动本身的特点和规律，特别是经济运行的周期性特征。在中国古代的战略分析中，天时是与地利、人和并列的一个重要战略维度；择时而动背后反映的是人们对世界运行中周期因素的体悟和认知。

---

　　① Amy Pond, "Economic Sanctions and Demand for Protection," Journal of Conflict Resolution, Vo. 61, No. 5, 2015, pp. 1073 - 1094.

　　② Marc V. Simon, "When Sanctions Can Work: Economic Sanctions and the Theory of Moves," International Interactions, Vol. 21, No. 3, 1995, pp. 203 - 228.

最直观的周期是四季的更迭。在传统的农牧业社会，由于人类应对自然的能力相对有限，中国古代军事战争和经济战的择时策略，主要根据四季变换带来的周期性现象来增强其影响力，比较经典的案例是两汉对匈奴的军事打击。西汉中后期和东汉都比较偏好在春季出兵，利用游牧民族春季人畜繁衍的特点，造成后者大规模迁徙时的行动迟缓和高死亡率。这样年复一年的春季打击，即使不一定获得军事上的全胜，也产生了经济战意义上的成效，持续压制了匈奴的人口和牲畜再生产能力，导致其整体实力的逐渐衰弱。在现代经济体系中，尽管人类对自然的抵抗力和调整能力已然强化，季节因素仍是重要的考量维度。比如，实施能源制裁也需要考虑季节因素，对于地处寒冷地区的国家发动能源制裁，应该选择取暖季；而对于热带国家的能源制裁则应该选择夏季，因为离了空调，热带地区的现代经济活动将陷入低效乃至停滞。与此同时，如果以特种作战破坏能源储备设施和能源进口管道与专用港口设施，则形成的压力和恐慌将更加严重。

在现代经济体系中，相比于季节因素，对经济活动和价格水平影响更大的周期因素是市场波动的各类长短周期。首先是康德拉季耶夫周期，最长的康德拉季耶夫周期长达60年左右；其次是美元周期和大宗商品周期，平均大约18年；最后是为期两三年的库存周期；等等。这些不同长短的周期叠加在一起，再加上各种大国政治经济政策的扰动，造就了各类要素和商品价格看似随机的巨幅波动。

经济有周期，市场有牛熊。几乎每一种商品都有买方市场和卖方市场的交替兴衰，无非是周期长短力度强弱的差异。换言之，在国家间的相互依赖中，这种不对称性其实是会反复交替变化的。以能源为例，在世界经济正常期和繁荣期，全世界都想消费更多的能源，能源供应方的地位就较高，拥有发号施令予取予求的权力；但是在世界经济萧条期，全球需求下行，能源价格大幅下跌，在某些国家石油居然比水还便宜，在某些特定场景下，如疫情危机，甚至出现了期货市场上的负价格，这意味着卖方因为储存设备的极度匮乏而不得不倒贴买方，此时，买方便拥有了难得的强势谈判地位。

因此，制裁的时机非常重要。我方商品最紧俏而他方商品过剩的时候，是发动制裁和威胁要制裁的较佳时机。比如说，金融制裁应该选择年末（会计年度结束前）清账的时候，或者大量债务集中到期的阶段，或者利率上升周期的后半段资金价格偏高时。再比如说，中国对美国出口的大部分商品虽然可替代性比较强，通常是处于买方市场，但是在特定条件下，也能作为中国对美的某种制裁手段。2022 年夏季，美国的通胀率达到峰值，接近 10％，社会情绪比较焦虑。此时如果中国对美出口商品主动大幅加征关税，则会对美国的通胀压力和通胀预期形成火上浇油的局面。

除了市场自身周期所构成的时机选择外，若干政治、安全领域的非周期因素也是值得考虑的维度。例如所罗门·梅杰就提出"时机就是一切"的假说。他认为破解"制裁中的独裁优势"的关键在于在正确的时间发动制裁，独裁政权的脆弱性源自内生的政治不稳定性；当被制裁的独裁政权国内出现示

威、罢工、游行甚至活跃的反政府游击武装时，制裁方的
"机会之窗"被打开，西方在"阿拉伯之春"革命浪潮掀起后
对埃及、利比亚和叙利亚等国的制裁证明了这一点。[①] 菲奥
娜·麦吉利夫雷和艾伦·斯坦姆也认为，目标国领导人的变动
可能会为打破制裁僵局带来转机。在非选举制国家中，领导层
更迭更有可能改变其代表的利益，从而改变最初引发制裁的政
策议程。[②]

而对选举制国家而言，目标国的大选或者政府换届之前，
是对方内政的脆弱阶段，私下发出制裁威胁后获得对方妥协的
概率不同于平时。新上任的领导人和政府更有可能主动寻求改
变，例如放弃前任的政治路线和意识形态叙事、通过发展经济
建立新政权的合法性等。此时施加经济制裁强迫或者放松制裁
诱惑目标国改变政策，成功率较高且需要付出的代价较小。再
比如对方领导人因为生病、年老和暗杀、政变等因素而无法精
力充沛而明智及时地做出决策的时候，是实施制裁的较好时机。
为了能够更精准地抓住实施制裁与经济战的时机，应该对世界
各主要经济体和周边经济体做常规性调研和专题跟踪，建立专
门的数据库和脆弱性指标。只有深入了解猎物的行动轨迹，才
能提高捕猎成功的概率。

---

① Solomon Major, "Timing Is Everything: Economic Sanctions, Regime Type, and Domestic Instability," International Interactions, Vol. 38, No. 1, 2012, pp. 79 - 110.

② Fiona McGillivray and Allan C. Stam, "Political Institutions, Coercive Diploma- cy, and the Duration of Economic Sanctions," Journal of Conflict Resolution, Vol. 48 No. 2, 2004, pp. 154 - 172.

制裁与经济战的决策水平取决于关键人物

在克劳塞维茨的《战争论》中，大众的存在意味着情感和战争的暴烈性，政治家的存在意味着战争的理性，而军事将领的存在则对应着天才因素。同理，在制裁与经济战中，究竟是化腐朽为神奇，还是将一手好牌打烂，取决于决策者的认知和判断力。

现当代的制裁措施触及大量知识门槛甚高的专业细分领域，包括国际贸易与产业分工、科技和人才、金融投资和衍生品市场、货币支付与外汇储备，其中热门的话题包括光刻机与半导体材料、SWIFT 系统、利率曲线倒挂、航运保险的垄断、人工智能与 5G、区块链技术等。这些话题的知识更新如此之快，以至 10 年前相关专业的大学教授可能都并不具备今天所需的相关知识。对决策者而言，要想应对当前的制裁与经济战，就需要跨专业学习各类产业和科技知识、跨文化理解异域文明的思维、跨国度理解各国的政治经济体制，这对于六十岁上下的政治家而言是高难度任务。显而易见，决策者群体的知识基础、国际视野和快速学习能力，对应对制裁与经济战的重要性再怎么强调也不为过。

令人乐观的是，新中国成立以来所培养出来的人才，知识功底和学习能力一代比一代强。20 世纪 50 年代出生的中国人，绝大多数未能接受像样的高中和大学教育；"60 后"婴儿潮人口中，每年有 20 万～30 万人接受大学教育；"70 后"接受大学教育的比例升高，而且不少人获得到国外深造的机会，国际视野有所拓展；"80后"一代经历了本硕博的大幅扩招，而且这代人开始平视西方；"90后"一代的大学毛入学率达到40％～50％，而且学习内容和教学质量开始向西方国家的高等院校看齐。总之，一个显而易见的现象是，未来半个世纪内，中国中高层决策者的综合素质将呈现一代更比一代强的趋势。

放眼全球，许多中小国家的领导人之所以能成为执政者，不是因为他们在长期的学习和工作中具备了治国理政的杰出能力和见解，而很可能是因为政变、内战和血统继承，在上位之前他们可能长期从事军事工作或者演艺工作，还有可能长期被关在监狱之中而成为一个民主政治符号。有这样的群体作为各国的关键决策者，就不能对他们的知识面和学习能力有过高的期望，在应对制裁与经济战的时候，即便抓了一手好牌，也很容易被他们打烂。反过来讲，大国在确定制裁目标国的时候，研究对方决策层的知识背景、认知能力、人格结构和思维方式，从而做到"看人下菜碟"，也是提升制裁成功率的必要考量。

执行能力取决于干部队伍和作战体制

经济战的决策权应该掌握在国家最高层，但是决策再高明，落实过程如果无法保障，那么效果也会大打折扣，在某些情况下甚至会适得其反。德国的老毛奇所开创的总参谋部体制，使得战争机器的科学性、协调性、整体性都有了巨大的提升，经济战所需要的人才培养和使用体系应该从中获得启发。美国作为经常发起制裁的国家，也在不断推动制裁体系改革和制裁能力建设。刘建伟就观察到，拜登政府的制裁改革强调设定明确的目标、加强与盟友和伙伴的协调、降低非预期后果、提升制裁的灵活性和可执行性，并强化内部制裁团队的力量。[①]

如中国这样的大国，可以建立专门的教学培训机构和课程体系，从各个部委和军队选拔基础较好的青年干部和军官，结合理论教学、案例分析、投资实践、产业观察、兵棋推演等多种教学方法，建立统一的知识框架和作战理念。然后将他们派往各个部委、省份、央企、政策性金融机构、驻外使领馆和各战区军队，他们的晋升和流转使用应该由组织系统形成单独通道，从而形成经济战人才的专门培养和使用体系。

所选人才应该具有跨学科专业背景，应该具有政治学、经济学、金融学、军事战略学等专业的跨学科知识。所选人才应该已经具备了相关领域的工作经验，尤其是对金融市场或者产业市场拥有了亲身体悟和深刻理解，之后再予以制裁与经济战方面的教育和培训。这样的学科不能招收留学生，禁止发表外文文章。这种专业与自然科学大不相同。多一个人了解自然科学的规律和原理并不会改变它们的有效性，但是关于制裁与经济战的策略的有效性，则是建立在我方相对于他方的知识、信息和技术优势上，策略的有效性会被自身的传播所消解。因此，相关知识不宜通过公开出版的书籍和论文来形成大众辩论和教育，而是要通过半封闭的内部技艺传授、案例教学和经验交流来传播和发展。因此，数据库和案例库的建设就尤为重要。如表2-1所示，国外机构在构建和完善经济制裁数据库方面已

---

① 刘建伟：《美国制裁改革背景下的对俄经济制裁》，《国际展望》2022年第3期。

取得显著进展。中国应当加快步伐，着手建立自己的经济制裁数据库。这一举措不仅对理解和分析全球经济制裁动态至关重要，而且对制定有效的国家政策和应对策略具有实质性的意义。通过集成和分析国际经济制裁数据，中国可以更精准地评估制裁的影响，优化应对制裁的政策和策略，提高制裁的有效性。

表 2-1　制裁数据库概述

	HSE	TIES	TSC	EUSANCT	GSDB
初始发布	1985 年	2006 年	2014 年	2020 年	2020 年
版本数	3	4	1	1	3
时间段	1914—2000 年	1945—2005 年	1991—2014 年	1989—2015 年	1950—2019 年
案例数	174	1 412	23	326	1 101
制裁类别	单边和多边制裁	单边和多边制裁	多边制裁（联合国安理会授权的制裁）	单边和多边制裁	单边和多边制裁
目标方类别	仅国家	国家	混合	国家	国家
制裁结果	5 种： 1）适度的政策变化 2）政权更迭 3）军事冒险行动中止 4）军事潜力受损 5）重大政策变化	3 种： 1）目标方妥协 2）制裁目标发生变更 3）制裁原因发生变更	3 种： 1）强迫目标方改变行为 2）限制获取从事被禁止活动所需的资源 3）在国际舆论场释放被制裁方违反国际规范的信号	2 种： 1）有效性评分 2）HSE 有效性评估	5 种： 1）进行中 2）制裁增强或失效 3）协商解决 4）部分成功 5）完全成功

续表

	HSE	TIES	TSC	EUSANCT	GSDB
制裁措施	贸易、金融	贸易、金融	联合国授权的聪明制裁	实施和威胁制裁	贸易、旅行、金融
主要创新	数据涵盖发起制裁的成本以及第三方的态度	数据涵盖制裁威胁,并认为目标方可能成为胜利者	数据涵盖对制裁措施约束条件和信号传递功能的评估	数据涵盖欧盟制裁实践,可供进行大样本实证研究	按制裁类型分类,追踪关键经济指标
开发人员背景	经济学和政治学	政治学	政治学	政治学	经济学
制裁定义	政府有意干涉或威胁要干涉"正常"的贸易或金融关系	一个或多个国家为限制或结束与目标方的经济关系而采取的行动,意图说服目标方改变一项或多项政策议程	未提供,假定为《联合国宪章》第 41 条(采取"武力以外之办法"应对"对于和平之威胁、和平之破坏及侵略行为")	发起方通过限制性经济措施来改变目标方被认为不可接受的行为	国家、国家集团、联合国和其他国际组织采取的限制性措施,通过诱导目标方改变行为或限制其行动来处理违反国际规范的行为

资料来源:Clara Portela and Andrea Charron, "The Evolution of Databases in the Age of Targeted Sanctions," International Studies Review,Vol. 25, No. 1, 2023, viac061.

第二节　制裁博弈中的信息、认知与非理性因素

在先前的讨论中,我们基于一个假设进行了分析,即制裁各参与方均拥有充分的信息和理性。然而,在现实世界的情境中,这一假设往往并不成立。实际上,国家决策者掌握的信息往往是不完整的,他们的理性和知识也存在局限性。此外,决

策过程还不可避免地受到多种外部因素的影响，如政治舆论、公众情绪、道德观念以及国际法等。因此，在现实的制裁与经济战中，各方的行动并非基于充分的信息和完全的理性。相反，这些行动往往受到有限信息、局限理性以及各种非经济因素的影响和制约，从而使得实际情况与理想模型之间存在显著差异。这种差异对理解和预测制裁与经济战的实际效果和后果具有重要意义。

源自战略思想史的辩论

关于斗争中知识、信息和理性的有效性及其边界，战略思想史上历来存在两大流派，一派是理性主义传统和可知论，而另一派则是以克劳塞维茨为代表的浪漫主义传统和不可知论。

前者最早可以溯源到《孙子兵法》等中国古典兵书，而在欧洲则体现为启蒙运动之后涌现的一大批战略思想家，包括腓特烈二世（Friedrich Ⅱ）、约米尼（Antoine-Henri Jomini）以及20世纪的富勒（J. F. C. Fuller）、利德尔·哈特（Liddell Hart）等人。孙武在书中反复强调，甚至有时候会夸大知识、信息、战略思维能力在战争胜负中的决定性价值，这可能是由他写作此书的目的和功能所决定的。这位年轻的齐国贵族来到吴国，是要凭借此书所展现的专业技能在吴王那里谋求职业前途的。在后世涌现的大量战略家及其著述中，大多数人都强调信息和策略的重要性，有的表述为"内线作战"，有的概括为"间接路线"，其总体倾向是将战争看作理性战略家之间的策略之争，只要掌握了战争的规律和知识，就可以获得胜利。

　　而后者则以克劳塞维茨为代表，认为战争中信息的可获得性和理性的实际效用是有限的。这一派的观点强调战争双方的互动过程会导致战争的发展超出任何一方的预判和谋划，强调战争迷雾给战略家造成的信息不足和信息超载困境，强调战争进程中偶然性和运气的作用，强调政治对战争的统领和牵引作用，以及大众参与战争所造成的非理性和暴烈特点。在这一派看来，那些迷信战略和理性神话的人容易犯单边主义思维的错误，把残酷的、迷茫的、容易失控的战争当作打猎一般有趣且胜券在握。

　　对于知识、信息、战略等理性因素在制裁与经济战中的作用，本书取孙武和克劳塞维茨之间的中间立场：依靠理性力量和各种研究方法，依靠对历史案例的研究和理论梳理，依靠高明的战略战术和执行体系，我们仍然无法确保能获得制裁与经济战的胜利，因为对手也往往是敌对国家最优秀的政治经济精英，他们也在殚精竭虑地渴望胜利，他们也在动用各种手段展开研究，甚至在阅读我们的研究成果，因此，双方的理性与知识的功能在很大程度上对消掉了。但是，制裁与经济战研究的知识积累和智力成果，至少能帮助我们的决策者少犯低级错误，少做自我伤害的事情，尽量不掉进短视或者单边的思维陷阱，从而在斗争中把理应获得的成功保住，避免让对手利用理性和知识优势实现以弱胜强的奇迹。

信息的有限性和不对称性

　　制裁与经济战不是仅靠一纸敕令便可自动实施的，它们依赖一个强大的司法和执行体系去落实。因此，与盟友和战略伙伴之间的信息共享机制、情报收集及确认机制对确保制裁措施的实施和效果至关重要。只有在及时、准确地掌握了他国各个政府部门、企业及金融机构违反制裁规定的情况时，制裁决策才能具备足够的威慑力。但是在现实的制裁博弈中，信息和智慧都是有限的。

这种信息和智慧的有限性，首先体现在决策者群体的知识和政府的执行能力上。且不说对他国和世界实际情况的了解并不充分，即便是对本国的情况，许多决策者的掌握其实也不够准确和完整。按照华人历史学家黄仁宇的说法，国家治理现代化的一个重要特点就是数目字管理。许多发展中国家远没有实现国家治理中的数目字化和现代化，自己有多少人口、有多少耕地、有多少能源、有多少制造业产出，这些数据都靠大概的估算和猜测，难以组织大规模的可靠的统计调查。而在制裁的实施环节，许多走私行为或者通过灰色地带绕过制裁的做法难以被迅速有效地识别和铲除，会导致制裁的实际效果在预期的基础上打折扣。克劳塞维茨说的战争迷雾和战争中的摩擦，永远存在于真实决策和执行环境中，无论用何种先进技术手段都挥之不去。

国家间的信息不对称也是一个重要因素。由于国家能力的差异，发达国家对全世界各方面信息掌握得比较充分，而发展中国家所掌握的信息往往错漏百出。发达国家的国家机器上每一颗螺丝钉所接受的专业训练、每一个部门所体现的理性精神和制度化程度，都远远高于发展中国家。国家能力，包括中央政府对国民经济活动的统计能力、及时完整准确地掌握各方面数据和事实的能力、对地方政府的掌控能力，国与国之间的差别极大。由于发展中国家的人才向西方的大规模迁徙以及社会科学研究水平的差异，人们往往会发现美欧国家对发展中国家的了解竟然比这些国家的政府和知识界还要充分。这种信息掌握和管制能力的不对称性，对许多发展中国家的反制裁努力构成了极大的挑战。

对于处于劣势的制裁目标国而言，切断制裁发起国的信息和情报获取途径是反制裁斗争的关键环节之一。这是因为制裁发起国只有在掌握了违反其制裁法令的具体证据时，才能有效地实施制裁和惩罚措施。目标国可以通过制定法律和政策来阻碍发起国的调查取证活动，提高后者取证和执行的成本，并将配合跨境调查的行为定性为非法并予以处罚。例如，香港的汇丰银行为避免因洗钱行为受到美国官方的巨额罚款，曾配合美国对华为高管进行钓鱼式取证，这种行为理应受到严厉制裁。

在信息不充分且不对称的背景下，要想让制裁获得较好的效果，制裁发起国除了借助互联网、人工智能和大数据的技术手段来提升对制裁的信息支持能力和决策效率外，通常还会塑造一种自己全知全能的假象，甚至会通过钓鱼执法和抽样执法来降低对违背禁令者的惩处成本。在特定场景下，认知可以取代事实，即便是编造的虚假执法案例，也会产生制裁效果，因为"让大家认为如何"和"实际情况如何"，对于改变各方行为而言，并没有实质性区别。因此，大力宣传那些因违反制裁法令而被惩罚的案例，本身可以视为制裁的一部分。

信息的有限性和不对称性不仅存在于国家之间，也存在于受制裁影响的非国家行为体之中。比如对金融机构和企业而言，制裁政策带来的合规风险巨大，而且政策经常变化，它们要及时、完整、准确地掌握这些制裁政策信息的成本，也就是所谓合规成本是非常高的。这就造成了一种"寒蝉效应"或者说制裁的黏性现象。例如，即便美国和欧洲对伊朗的制裁已经取消，世界上绝大多数企业仍然不敢去伊朗投资，因为它们并不能及时、准确地了解对伊制裁的最新变化。即便法律上的制裁取消了，但人们心理和认知上的制裁并没有自动消失。

因此，信息搜集、情报分析等消除"战争迷雾"的调研工作也是制裁与经济战博弈的核心部分。制裁与反制裁就如同"猫鼠游戏"，目标国不断变换方式来规避制裁的影响，常见的手段有走私、通过第三国或中间商转运等。而发起国需要持续地追踪目标国、评估制裁效果、调整政策，更新制裁方式和目标。此类工作往往需要专门机构来作为指挥中枢，海关、公安机关甚至部分军事力量作为实际执行的主力，而商业部门包括企业、行会、金融机构等则充当侦察兵，搜集、更新一线情报。国家内部各层级间高效且保密的沟通，是确保制裁和反制裁政策能长期有效的重要环节。

制裁中的认知和集体预期

认知决定选择，而选择决定命运。在制裁与经济战的背景下，决策者的认知能力和判断力成为决定成败的关键变量。

制裁的发起国和目标国对市场和产业的理解往往存在深度

和广度上的明显差异，而这种认知差异又与地域和文化传统有很大关系。背靠海洋的地区所发展起来的文明与政权，通常拥有比较发达的商业文化，人们对市场的理解比较深；而背靠大陆的文明和政权，相对而言比较缺乏市场意识。历史上，我们反复看到的现象是商业文明发达的国家制裁商业文明欠发达的国家。即便是两大帝国体系之间对等的经济战，也往往是海洋文明色彩更浓的帝国取胜。从前文提及的齐国管仲的服帛降鲁梁，到拿破仑时代英法之间的经济战，再到美苏冷战，以及现当代各种大大小小的制裁，莫不如此。

认知也与时代有关。每一个时代都有那个时代的主流思潮，人们根据流行的思潮和观念来搜集和解读信息，并据此理解自己的利益、处境和选择。春秋时期人们将礼节性的、仪式性的政治利益看得比生命和国土更加重要，晚至明清时期的中国政治家仍对海洋贸易与殖民利益弃之如敝屣，而今天的我们当然会觉得前人的认知浅陋而不可理喻。那么，我们今天的某些主流认知是否会在后人看来也是同样的浅陋和不可理喻呢？答案是肯定的，而且本书作者此刻就可以明确地指出一个和制裁与经济战主题密切相关的流行的错误认知。这个错误认知曾经直接作用于苏联的崩盘，如今还流行于中国知识阶层部分人当中，正在对中国面临的大国竞争产生负面作用。

在苏联与美国的争霸中，20世纪70年代中后期是一个明显的转折点。在此之前，苏联阵营曾一度处于攻势，美国阵营则处于守势。苏联经济规模与美国的比值在70年代中期达到了顶峰，之后便进入下行趋势，直到1991年苏联崩盘。对此学术界有各种解读，本书作者从货币史和经济政策的角度提出的观点是，1971 年全球货币体系变革对美苏国力的对比形成重大影响。在 1971 年之前，全球都使用金汇兑本位的货币体系，在这种硬通货本位之下，无论是贸易赤字还是财政赤字都是坏事。但是经过尼克松冲击（Nixon Shock），美国关闭了黄金窗口，从此将美元体系变成了无锚的货币体系。对于人们手中持有的美元，美联储或者美国财政部都不再承担兑付义务，美元的购买力依靠全球各国的总产出和总储蓄来维持。在这样的货币制度下，债权人与债务人的优劣势颠倒过来了，财政赤字和（以本币计价的）国债都变成了好事而不是坏事，都是经济发展的必要条件而不是问题和麻烦，治国理政中原本存在的财政平衡和贸易平衡约束消失了。从此之后，美国及其盟友的国债与 GDP 之比一路上升，贸易和财政双赤字带来的好处是美国的，而代价则由全球承担。

然而，苏联决策者未能理解这一变化，他们仍然按照经典马克思主义理论的逻辑，或者说按照千百年来的传统财政观念去看待后金本位时代两大体系之间的竞争。对手在不断地扩大债务，而苏联不敢越赤字和国债的雷池一步。苏联领导层明显地感受到了对方的预算似乎是用不完的，却不明白为何自己的经济陷入困境。因此在一种自我设限和错误认知下形成的匮乏感和绝望感之中，苏联最终缴械投降。

许多制裁与反制裁的博弈，是根据认知和预判来展开行动的。如果能够在被制裁国塑造一种舆论，让举国上下失去抵抗的信心，破坏社会团结，那么即便制裁威胁并不现实，其塑造对方行为的政策目的也很可能得以实现。制裁究竟能带来多大伤害，认知和判断有时候比事实更重要。

在中美关税战和科技战过程中，舆论普遍担心中美贸易冲突扩大升级之后，中国会陷入大规模的失业、产业外移、经济萧条之中，自 2019 年至本书写作完成，双方的关税一直没有明显下降，科技战还在不断加码。但是这几年的贸易数据充分说明，美方向中方所加关税主要由美国消费者和美国批发商承担，中国出口制造商所受到的影响非常有限；中国的出口制造业不但没有受损，反而出口总额和顺差额迭创新高。这充分说明了集体预期和流行认知如何塑造制裁行为，即便有时候这种预期和认知同事实完全不符。

制裁与经济战的战斗力，是一种基于实力的信用和认知，在一定程度上取决于己方、盟友、中间势力和敌对方的预期与信心。因此，我们如果能有意识地塑造、培养和维护这种多主体认知系统以使之有利于我，那么就可以在给定的实力基础之上，获得尽可能大的制裁与经济战谈判地位，就好比在德州扑克中玩"诈唬"一样，无中生有、以小博大。在这个方向上，一个衍生策略是在制裁大的对手之前，先拿小的对手来实现杀伐立威，塑造出自身的国际领导力和形象，塑造各方的预期，让各方认为自己所领导的联盟是稳固且能获得成功的，从而吸引更多的一致行动方。在取得局部和阶段性成功之后，及时宣传总结制裁的成就和效果，让盟友产生成就感、力量感、认同感，培养它们追随站队的"肌肉记忆"和思维惯性，并对潜在的反对国和试图扮演"侠客"角色的第三方产生心理威慑，让中立或者摇摆的国家产生我方不可战胜的思想钢印。① 反过来，如果要摧毁一个强大对手阵营的集体认知，就需要以某些戏剧性的方式在全世界建立一种新的共识和认知，比如将对方失败、落魄和腐朽的形象用文艺作品等易于传播的方式植入到全世界人民的心智中。在中美竞争中，如果中国的 GDP 以市场汇率计算明确地超过美国，或者在某些重大科技竞争中反超美国，或者在一场代理人战争或局部战争中战胜美国，都会起到改变认知从而改变行为继而改变格局的效果。

　　总之，制裁与经济战应该与认知战充分结合。通过制裁与经济战手段对目标国经济造成真实打击是困难且代价较大的，并且这种伤害在多大程度上能损害目标国政权、影响其政策，取决于大众和精英的认知。此前章节论述的在经济战中塑造形势与制造波动的能力，在认知战中同样适用。任何人的理性都是有限的，在面对铺天盖地的悲观论调和质疑时能坚定自身判断的个体只是极少数。制裁与经济战政策如果能成功塑造目标国社会的负面预期，这种预期将造成比政策本身更严重的伤害。因此，制裁发起国应该在制裁之前就在目标国培养、潜伏一批舆论战力量。这些账号平时需要保持客观理性，立场略微偏向

---

① 秦代匈奴王子冒顿为了弑父自立，制造了一种鸣镝（响箭）以训练其部下无条件服从命令的习惯。他下令说："凡是我鸣镝所射的目标，如果谁不跟着我全力去射击它，就斩首。"冒顿先以鸣镝射猎鸟兽，有人不射他所射之处，冒顿就将其处死。不久，冒顿以鸣镝射击自己的爱马，左右之人有不敢射击的，冒顿将其处死。之后，冒顿又用鸣镝射向自己一个心爱的妃子，左右之人有恐惧而不敢射击的，冒顿又将其处死。之后，冒顿用鸣镝射击其父头曼单于的马，左右之人全都跟着射击。于是冒顿知道时机成熟了。最后，他在跟随父亲头曼单于打猎时，以鸣镝射击头曼单于。他训练的人迅速跟进，头曼单于当场身亡。冒顿于是自立为单于，并通过若干次扩张战争创建了纵横万里的匈奴帝国，也是史上第一个有明确记载的草原大帝国。

目标国政府，而一旦发动制裁，则统一释放过度悲观的意见，并且将这种"伪事实"归咎于当前政府的错误决策。这些观点经过"路人"的转发、评论、点赞，撬动更多目标国民众的支持，进而成为主流认知影响决策。以上只是一个极简的战术构想，认知战越来越成为不可或缺的一环，制裁与经济战政策的设计需要吸纳政治传播学和传媒经济学的理论。

实际上，早在 2 000 多年前的战国时代，我国法家思想家韩非就提出了所谓"八奸"策略工具箱以服务于参加国际斗争的需要，包括"同床、在旁、父兄、养殃、民萌、流行、威强、四方"共八种政策角度。因其历史局限性除去"同床""在旁""父兄"不论，"养殃""民萌""流行""威强""四方"这五种策略至今依然极具启发意义。所谓"养殃"，即投其所好，鼓励、诱使目标国的公众和精英陷于某种不正当嗜好而不可自拔，进而削弱对手的竞争力；"民萌"即对目标国特定人群施以恩惠，借此离间目标国民众与统治集团的关系，使其无法上下同欲；"流行"即在目标国培养为自己制造舆论的"公知"，鼓动时事、造成风潮，塑造其利益偏好和决策方向；"威强"即在目标国培植听命于自己的利益和行动集团，使用包括武力、金钱等在内的一切手段，在目标国内部铲除对我不利之组织、个人和利益集团；"四方"即以我方之强大实力，直接威慑目标国，并在必要的时候坚决兑现威慑。韩非所提出的这个"八奸"策略工具箱，依然值得今人借鉴。

大众情绪、道义与国际法

人是理性的，但理性又很有限。绝大部分人都是自身情感和情绪的奴隶，他们的理智在绝大多数时间都是在论证自己情绪的合理性而已。当人们聚集在一起的时候，群众的理性更加有限。在无组织的群体中，个体的理性、判断力和责任感都将被削弱，而具有强感召力的简单、极端观点将主导人们的行为。只有最激动人心、最激进的观点才能成为主导性观点。①在贫富分化严重且互联网主导信息传播的时代，民粹浪潮盛行，理性和专业很容易被边缘化，专家和职业官僚要么被斥责为利益代言人，要么被嘲讽为胆小怕事因循守旧。因此在讨论制裁与经济战的时候，必须充分理解人类集体情绪在其中的作用。

克劳塞维茨在其《战争论》中，将大众的参与同战争的暴烈、失控和升级动能相联系，这种认知源自他亲身经历的法国大革命和拿破仑战争，也符合战争史的趋势。在制裁与经济战中，大众情感因素也会使得经济制裁具有升级、延长和扩大化的内在趋势。

制裁与经济战牵涉到很多情感因素，包括裹挟着历史与宗教原因的仇恨、耻辱感带来的愤怒、对潜在损失和困难的恐惧、对弱势者的同情、对潜在利益的贪婪。当大众聚集在一起叫嚷的时候，更是会出现严重的从众心理和盲目的集体自大。正因如此，制裁威胁一旦被曝光，则大众舆论带动的情绪很容易绑架和限制各方的决策空间，导致双方对抗的升级，任何退让都会导致决策者的政治资本受损，政府之间的妥协与合作因此而

---

① 古斯塔夫·勒庞：《乌合之众：群体心理研究》，亦言译，中国友谊出版公司2019年版。

变得非常困难。所以，如果想要提高制裁威胁的成功率而不是高调地杀鸡儆猴，那么在发出制裁威胁时，应通过秘密的私下沟通而不是舆论的公开喊话，避免对方的面子受损和大众的情绪反弹。如果是发动经济战以摧毁对方政府乃至国家组织，则可以考虑公开挑起目标国大众的内部分裂和对立情绪，比如让一部分人愤怒而同时让另一部分人陷入贪婪和恐惧，并将这种情绪反应纳入事前的规划和计算中。

大众情绪在一定程度上是可以诱导乃至操纵的。如果能将自己的宣传工具，比如媒体平台和社会组织，有效地渗透和植入他国，则可以在制裁与经济战中获得更大的权力杠杆。比如美国对欧洲的大众舆论、社会组织和小党政治的渗透非常到位，在对俄制裁与经济战政策上起到了非常重要的作用。俄乌冲突爆发后，欧洲对俄罗斯的能源制裁，如同以自己相对脆弱的下巴去撞击对方的拳头，其实是自我伤害的做法。这种对他国情绪和舆论的操纵，在很大程度上也跟欧洲共同安全和外交政策的缺位有关。由于欧盟机构仍带有政府间组织的色彩，与真正意义上的欧洲中央政府还有很大的差距，因此美国控制的欧洲智库、媒体和互联网舆论，能够在一定程度上取代或者对冲部分欧洲人基于自身的利益而提出的政策主张，并给后者贴上民粹主义者的政治标签。另有研究认为公民的自发抵制（boycott）比官方发起的制裁更加有效，并且由于是公民的自愿行动而更具有正当性，是国家"软实力"的一种体现。[1]

---

① Carole Gomez, "Le boycott à l'heure du soft power et de la diplomatie d'influence," Revue internationale et stratégique, Vol. 97, No. 1, 2015, pp. 119 - 127.

　　道德和基于道德而衍生出的法律，在任何一个社会中都扮演着重要角色，它能有效地降低社会组织和运行的成本，让大量人口在分工合作时保持必要的秩序。在制裁与经济战中，符合道德和国际法的做法就容易得到配合和支持，而不符合道德和国际法的做法就容易被反对和私下违背。所以道德和国际法因素也是我们讨论制裁与经济战时必须考虑的非理性因素。

　　道德与理性既高度相关，又有重大差异。前者讨论善恶，后者讨论利弊。从长期和整体来看，善恶与利弊是呈现正相关关系的，因为将某些行为确定为道德上的善，是为了整体和长期的利，至少在产生特定道德观的那个社会和时代背景中是如此；但是从短期和局部来看，善恶与利弊很可能出现重大背离，尤其是将一种文化、一个时代的善恶观念移植到另一种文化和另一个时代之后，更可能如此。

　　道德是民族性的，衍生自各自的生活方式、社会组织方式和重要宗教与伦理经典。跨文化的比较研究告诉我们，不同的社会，在不同的宗教文化和时代背景下，会产生不同的伦理和道德体系。当今世界各民族的道德标准，对什么是正义、什么是善良、什么是邪恶等基本问题的理解，有共性但也有很大的差异，在某些问题上甚至是针锋相对的。对于各种小恶，各个社会道德伦理体系的容忍度也是大不相同的。在人类命运共同体真正形成之前，并不存在普世的道德规范。在当前的无政府国际体系中，假装存在一个拥有共同价值观和伦理体系的"国际社会"，本身就反映了后殖民时代原殖民宗主国即欧美国家的文化傲慢和话语优势。

　　但问题在于，各国的大众通常缺乏这种认知，他们会不自觉地运用自己本民族的价值观和道德标准去讨论和评判国际事务，用善良或者邪恶等概念评判别国的行为。尽管这种认知是肤浅而非专业的，但是由于它是大众的普遍认知，且在选举制国家它本身便构成了政治基调和民意基础，因此这种泛道德化的大众评判就在制裁与经济战中显得很重要了。

　　许多学者已经将道德因素纳入对制裁与经济战的研究，考虑了道德在各个环节发挥的作用。阿德诺·阿迪斯认为制裁同时具备"工具"（instrumental）和"宣示"（expressive）属性。他通过对身份政治理论以及欧盟和联合国对所谓"流氓国家"（rogue state）制裁案例的研究，提出制裁的本质是通过贬低、揭示和对抗国际社会中"他者的恶"（troublesome or the evil other）来拔高、凸显和塑造"自己的善"（virtuous self）。他认为在这个过程中，是否改变"他者的恶"并不重要，重要的是能否在蓄意打造的"正邪对立"中完成对自身正面形象的建构、宣传和再确认。① 以欧盟为例，发起对外制裁的价值在于对成员国象征性权力的表达，通过表达某种共同的愿景，团结成员国并获得成员国对欧盟"存在"的认同。②

　　宣誓性制裁通常伴随着明确的价值判断，它不仅可以实现自我身份的塑造，也是国际社会对违反规则者的惩罚。伯特

---

① Adeno Addis, "Economic Sanctions and the Problem of Evil," Human Rights Quarterly, Vol. 25, No 3, August 2003, pp. 573 - 623.

② Bastien Nivet, "Les sanctions internationales de l'Union européenne: soft power, hard power ou puissance symbolique?" Revue internationale et stratégique, Vol. 97, No. 1, 2015, pp. 129 - 138.

兰·巴迪等认为国际制裁包含着发起国对目标国的公开羞辱与惩罚，因为在发起制裁的过程中，发起国不仅是经济意义上的"强者"，还扮演了在道义层面定义何为正义的"法官"一角，可以对目标国进行贬低和污蔑。[①] 随着以美国为首的西方国家对单边制裁的滥用，这种"强权即正义"的现象变得越来越普遍。来自强权的"羞辱"也会被目标国的领导人利用，从而转化为巩固自身权力的民族情绪。就规范层面而言，金·理查德·诺萨尔认为经济制裁是对挑战道德良知和危害共同利益的错误行为的"国际处罚"（international punishment）[②]，玛格丽特·多茜将国际制裁定义为"针对违背国际准则或国际义务的行为所威胁或实施的惩罚"[③]，还有学者则认为国际制裁是"基于规则和价值观的国际治理体系对'非正常'国家行为的制度性回应"。根据这些对制裁目标的界定，一些小国对不成比例之大国进行制裁的案例就更加容易被理解，比如新加坡和新西兰对俄罗斯在俄乌冲突之后采取的出口管制和旅行限制措施被认为是对国际道义的维护。当然，有部分学者认为美欧等西方大国更多的是出于一己之私发动经济制裁[④]，不仅在实施范围、手段、

① Bertrand Badie, Bastien Nivet and Marc Verzeroli, "Les sanctions, une forme particulière d'humiliation?" Revue internationale et stratégique," Vol. 97, No. 1, 2015, pp. 69 – 77.

② Kim Richard Nossal, "International Sanctions as International Punishment," International Organization, Vol. 43, No. 2, Spring 1989, pp. 301 – 322.

③ Margaret P. Doxey, International Sanctions in Contemporary Perspective, London: Macmillan Press, 1996.

④ 刘建伟：《美欧经济制裁研究：发展脉络与前沿议题》，《湖北社会科学》2020年第 3 期。

程序等问题上缺乏国际法成文条约的明确规定①，也时常违背自己所宣扬的伦理价值观和比例原则②。

因此在实施制裁的时候，发起国需要建立制裁的道德依据，圆好道义上的叙事逻辑。比较高明的做法是诉诸各文明的主要宗教和伦理经典来寻找道德依据，比如用《论语》和《孟子》说服东亚人，用印度教和佛教经典说服南亚人和东南亚人，用《圣经》说服基督教世界，用《古兰经》说服伊斯兰世界。当人们反制别国的制裁时，必然会从人道主义灾难、环境污染等角度进行道德谴责。各国制定和实施制裁与经济战的攻防策略时，明智的做法是不仅要确保己方师出有名，而且政策力度要适中。比如，显然不能像宋襄公那样迂腐地拘泥于道德规范，但是也不能像兵家代表人物吴起那样完全无视道德伦理，表现得极端理性和过于残酷，因为各国民众在感情上是无法接受的。"口蜜腹剑"不符合私人人际关系场域的道德伦理，但在国际斗争中却是一种恰到好处的均衡状态。

如果道德在当今世界是分裂的，那么能否通过国际法来规范和约束各国之间的制裁与经济战呢？令人遗憾的是，由于二战结束之后所建立起来的以联合国为核心的国际治理体系之内在缺陷，国际法主要是对中小国家具有约束力，对美俄等大国几乎没有约束力，更多时候是大国将国际法玩弄于股掌之间。

---

① Barbara Delcourt, "Au nom de quoi sanctionner et punir?" Revue internationale et stratégique, Vol. 97, No. 1, 2015, pp. 79 – 87.

② Thierry Coville, "Les sanctions contre l'Iran, le choix d'une punition collective contre la société iranienne?" Revue internationale et stratégique, Vol. 97, No. 1, 2015, pp. 149 – 158.

因此，在制裁与经济战中，国际法和道德一样，都主要表现为工具性价值。

第三节　何为"人大学派"的制裁与经济战理论

本节将系统性地总结前文论述的理论观点，并在此基础上初步探讨制裁与经济战的攻防战略战术。本书作者都是中国人民大学的师生，中国人民大学的前身是迎着抗日战争烽火诞生的陕北公学。彼时为拯救民族于危难，众多爱国青年壮志逆行，不顾险阻、穿越层层封锁，从全国各地来到延安，寻求救亡图存之道。"敢于斗争，善于斗争"的精神是中国人民大学自陕北延安继承的优秀传统，也是中国未来在制裁与经济战领域博弈中需要铭记的重要原则。因此，本书将这一系列的理论观点和战略战术主张，命名为"人大学派"的制裁与经济战理论。

"人大学派"制裁与经济战的战略战术

我们先从一个只有两国的极简模型出发，讨论制裁与经济战的发生与实施。在逻辑演绎部分，我们借助思想实验和博弈论的元素，首先构建出一种最基本、最简单的制裁博弈，即基于两国之间发生制裁的极简模型并展开逻辑推演以获得若干命题和理论假设。中国春秋时期杰出政治家管仲"服帛降鲁梁"的传说，可以说是对制裁与经济战的一个相当理想的简化模型：两国之间的制裁，两种需求价格弹性差别甚大的核心商品，以贸易分工为手段追求战略和政治目标。第一，制裁与经济战发生的前提是两国之间存在经济联系，否则就如同两个没有接触的物体一样，作用力无法传导给对方。制裁方与受制裁方之间越是存在紧密的经贸关系，制裁越有可能成功。第二，两国之间经济联系蕴含的结构性权力是不对称的，需求价格弹性越小、垄断程度越高的商品，其中蕴含的权力价值越大。第三，当且仅当双方决策者对经济权力关系形成不同认知的时候，制裁才会真的发生。否则在强势国发出制裁威胁时，自认为弱势一方的政权就将妥协，制裁只有在双方都认为自身更具备优势时才会发生。国际经济权力实际上是十分有力的对外政策工具，但最成功的制裁案例是在威胁或者非公开讨价还价中受制裁方便已改变行为的案例，而这类案例往往难以被观测、统计。真实发生的制裁与经济战，则是对不同认知的对赌和验证过程。第四，如果说军事战争是将经济资源置换为军事能力，再通过武力来追求政治目的，那么制裁与经济战则是直接以经济手段追求政治目的，虽然跳过了军事环节，但是实际上也需要准备一定程度的军事防御力量以应对和阻遏受制裁方诉诸武力报复的可能。当制裁发起国追求的政策目标远超经济工具的适用范围时，制裁可能升级为经济战，乃至最终发展为军事冲突。第五，制裁与经济战取得成功的关键，不是所施加压力的绝对值或者持久度，而是经济波动带来的短期冲击力能否超过目标国的调整能力。制裁与经济战的效果如何，同发起国和目标国的经济安全意识与准备工作密切相关，归根到底考验的是一个国家和民族对市场机制的理解水平。

　　随后，我们通过修改假设条件和添加新的博弈元素，使模型更加生动且接近真实世界的制裁场景。通过考察在这些条件或者因素的影响下，制裁与经济战将会发生何种变形和表现出何种互动模式，我们逐步获得越来越丰富的理论命题。在以上五点原理的基础上，我们拓展了制裁与经济战的国内和国际影响因素，陆续加上"双层博弈""多主体博弈""重复博弈""信息不充分和有限理性博弈"等新元素，从而让我们的理论不断地贴近真实的制裁与经济战。在国内，我们不再假设两国在政治上是单一行为体，而是考虑了不同行为体的利益与可能行动。政治家群体基本都以政治生命和政治利益为本，对于该群体而言，权力和声望的重要性远胜于钱财、GDP 等物质利益。就制裁发起国的目的而言，单纯令国民经济受损的制裁非但不一定会伤害目标国反而可能帮助对手，有效的制裁必须使经济层面的刺痛传导到政治中枢，令目标国执政者的权力遭受打击，动摇其政治基础。而在国际层面，组建制裁联盟和阻拦"侠客"的援助则成为制裁发起国的主要任务。国际经贸关系中的网络性权力越重要，制裁与经济战越会随着世界多极格局的发展趋向于阵营化对抗。

"人大学派"以上述理论为基础，衍生出制裁与经济战的一系列战略战术思想。世事如棋局局新，正如军事装备的快速迭代一样，制裁与经济战的具体政策也在随着时代的演进和科技的进步而日新月异，从古典的贸易封锁发展到金融制裁、精准制裁，进而发展到结合舆论战、经济制裁、局部热战的混合战争。有效的制裁措施应着眼于以下几个方面：

首先，从目标国执政者的执政基础这一角度出发，关注他们向民众提供的愿景及其合法性所依赖的叙事结构。制裁应致力于打破这种叙事结构，而非加以巩固。这包括对目标国的执政者及其家族是否涉及政治丑闻和腐败问题的深入分析，以及探索如何通过制裁动摇其政治形象和权威。制裁应该专注于打击对政策决策有影响力的人。如果仅仅使目标国民众的生活受到影响，却未能改变其政策行为和对抗意志，这种制裁往往不会有效。因为如果目标国民众的困难不能转化为政治不满和抗议，而是被政府轻易地引导和转化为对制裁发起国的憎恶和愤怒，可能反而促进目标国民众向本国领导人看齐，将他视为反抗外部强权的民族英雄。要采取措施限制目标国政治精英的旅行自由，伤害其政治声誉和财务资源，伤害或者公开羞辱他们最在乎的个体（家人等），成立政治调查小组，收集情报，建立数据库，将该国的执政团队及各自家族联系梳理清楚，包括将目标政治人物的个性特点、成长经历、知识结构、财务状况、派系人脉、价值信仰等记录在案，以此为基础，就可以对目标国的政治精英实施精确制导一般的制裁。我国古代法家思想家韩非认为，对决策者最具个人影响力的是三种人，即同床（妻子、情人）、在旁（家臣心腹）、父兄；要精确打击对政策决策有影响力的人，就要从惩罚对方决策者的上述三重人际关系着手。表面上的制裁如同用涂药膏的方式来治疗内脏疾病，药也许是对的，药费也很昂贵，但是施药的方式恐怕是错的，因为绝大多数药并没有触及病灶，应该改为内服或者靶向治疗，才能达到事半功倍的效果。

其次，从目标国的社会结构这一角度考虑，这涉及细致分析国家内部最脆弱的环节，以及社会矛盾的核心所在。制裁应设计为通过特定的角度和力度，触发国家内部的社会矛盾（如阶级矛盾、党派冲突、种族民族矛盾、城乡矛盾），把经济损害转化为目标国的治理失灵和社会失序。

再次，从目标国经济的基本面这一角度出发，深入考察对方政府的财政收入和支出结构。何种制裁能够让对方不得不迅速扩大财政支出或者大幅缩减财政收入，从而导致巨额赤字？对方的国际收支如何平衡？如何让其国际收支出现大幅逆差、汇率贬值和资本外逃？对方的就业水平和就业结构有何特点？其国内的通胀率如何维持稳定？如何制裁才能出现大幅的失业率、高通胀和社会动荡？制裁的发力角度、力度和时机，必须从这些问题中寻找答案。

制裁是为了获取和实现对他国的权力。将相互依赖转变为一国对另一国的权力，能够改变他国的行为和态度，将自己的意识加诸他国。因此，必须根据目标国的内部权力构造和运行特点来制定恰当的方案。驯马、驯狗和熬鹰的做法显然不能混为一谈。理解目标国的政治理念和政治过程非常重要。所以，制裁与经济战研究必须结合深入的区域国别研究，并建立一套跨部门、跨学科的人才培养、使用体系。

最后，本书作者认为，尽管美国在全球范围内拥有最为丰富的制裁经验，但其在应用不对称经济依赖和处理政治体制内部问题方面的不当做法，实际上削弱了其经济制裁的成效。美国政府在推行一项制裁措施时，经常需要经历长时间的辩论和法案制定过程，这种迟缓使得其难以对被制裁国造成迅速而有力的压力波动和心理冲击。此外，美国的制裁通常难以被取消或撤回，这部分是因为其制裁动机往往出于非纯粹的政治目的，追求的不仅仅是他国在特定问题上的妥协，更是企图彻底颠覆他国政权。同时，制裁成本由美国社会和市场承担，而其效果和收益却很少有人及时且全面地评估。政策的多头管理导致责任不清，政党轮替可能使得当初的决策者已不在位，而撤销制裁的继任者则易被视为软弱，故称之为习惯性滥用或制裁的棘轮效应并不为过。总结而言，美国对外的经济制裁并没有统一严谨的战略评估框架，各部门经常为了小集团的利益动辄祭出经济制裁的武器，导致今天"美利坚制裁国"（United States of Sanctions）积重难返。

在决定发动制裁之前，我们认为政府可以通过以下框架进行初步评估，以确定是否进行制裁，以及选择有限目标的经济制裁还是广泛目标的经济战。第一，需要考量双方各自的脆弱性和脆弱点，以及所依赖商品的需求价格弹性和垄断程度。第二，需要评估我方与对方在决策水平和执行能力上的差异。第三，需要分析潜在的攻击角度和路径。例如通过影响通胀率、汇率或抬高利率来加剧对方的经济压力。第四，需要考虑塑造国内外舆论的能力，以及外部战略支援力量的潜在影响。第五，经济波动转化为政治压力的路径，以及制裁引起的经济再分配效应也是重要因素。第六，需要权衡大众情绪、国际法和道德约束等因素的变化，以及我方所追求的目标与潜在伤害之间的比例关系。第七，制定退出制裁的策略和修复不对称相互依赖关系的方法也是评估的一部分。这样的综合评估有助于政府做出更加明智和有效的制裁决策。

制裁与经济战的工具准备与人才培养

本书的研究，如同古代的兵法一样，将会产生制裁与经济战领域的若干信条，但是所有的战略研究都难以回避这样一个问题："以子之矛攻子之盾，何如？"能否避免单边主义思维，是决定战略研究含金量的最重要指标。这里所说的单边主义思维，说的不是对外政策中的单边主义霸权行为，而是指在思维方式上战略决策者必须要跳出的自我中心主义的一厢情愿的战略设想。决策者应该充分认识到，对手也是有智慧的能动的人，而且可能是比自己拥有更充裕的资源和更高的智力且更加渴望胜利的人；应该充分认识到，此时此刻自己对情况的掌握可能是不充分、不准确甚至过时的；基于以往的经验和数据所显示的相关性来行事，可能恰恰构成最终导致失败的思想根源。许多军事战略领域的思想成果之所以不具有太大的实践价值，就是因为它们经不起"矛与盾"之问，有意无意地把对手视为缺少智慧、缺少学习和反省能力的猎物，殊不知这些"兵法"给战略决策者所提供的虚假的信心，让他们在一场本应避免的经济战决斗中自以为已经全副武装，实际却是拿着假冒伪劣的铠甲和武器上战场。带着这种虚假的信心进场，甚至还不如赤手空拳时的胆怯，因为手无寸铁之时，人至少不会过度下注和盲目冒险。

经济战场上的博弈除了需要战略谋划外，在具体执行层面还涉及复杂的技术性问题，例如目标国的工业生产能力、产业链上下游情况、物流运载能力等。成功的经济战战术还应该寻找目标国社会和政治上的脆弱点，例如族群矛盾、劳资冲突、社会禁忌等，而想要获得这类知识只能通过对目标国进行深入且细致的调研，大多数情况下需要扎根当地进行长期研究。因此，经济战的成败很大程度上依赖于对目标国的情报搜集和知识积累工作，即区域国别研究。历史上的大国经济战情报机构都发挥了关键作用，例如一战期间英国的战争贸易情报部、法国的经济监管部和后来美苏冷战期间的美国中央情报局等。这些机构的专职人员利用一切渠道来获得信息，包括报纸、海关和银行等机构的商业票据、外交人员的报告、各商业公司的交易情况等，汇集国家力量形成针对目标国的信息网络，以保证制裁能够彻底掐断该国与外界的经济往来。除了了解当地的情况外，现代经济战还必须结合认知战、舆论战同步展开，提高国际传播能力也有助于制裁与经济战政策的实施。

为了抑制单边主义思维的本能，本书认为兵棋推演应该是经济安全人才培养的重要手段。学员不仅要考虑行动的收益、代价和对本国的影响，还需要警惕目标国和其他势力的反制。从古至今，兵棋推演一直是军事上常用的思维训练方式和辅助决策手段。现代兵棋起源于19世纪初的德国，由于兵棋推演成本可控，能够锻炼参与者在环境复杂、资源有限条件下的决策能力，因此也被广泛应用于如政治选举、商业竞争和危机管理等领域。兵棋还通过融合大数据、人工智能等前沿技术手段，大幅提升了推演效率和拟真能力。美国是当今兵棋理论和方法的集大成者，拥有丰富的实践经验和理论储备，在例如海湾战争"沙漠风暴"行动等经典战役中兵棋推演都发挥了辅助决策的作用。美国国防部和情报部门，以及以兰德公司为代表的智库和高校开发了大量不同类型的兵棋，其中不乏以网络战、认知战和经济战等非常规战争手段为背景的作品。

兵棋甚至被直接用于外交博弈，美国的有关单位刻意对外公开宣传兵棋推演的结果，以实现混淆视听、恐吓威胁、挑拨离间等作用。

兵棋推演的作用不仅仅是预测结果、辅助决策，更重要的是通过兵棋的设计和推演过程提出问题，站在对手的角度思考。设计兵棋大致有如下步骤：首先，确定战场、主题和核心规则；其次，确定都有哪些势力参与博弈，规定其目标与能力；再次，搜集数据和历史案例并设计算子；最后，通过随机性因素将上述要素串联。兵棋的本质是设计者与参与者进行思维交流的框架性工具，通过设计、推演、修正的不断循环，能不断对既有理论和想法形成挑战，从而找到遗漏的关键变量或将原本认为重要的因素证伪。在算力有限的条件下，随着复杂性的增加，兵棋系统的量化精确度将降低，此时就需要设计者坚持第一性原则，以理论为基础对系统进行简化，抓住主要矛盾和关键要素。

兵棋推演能让参与者站在不同的角度和立场上思考问题，由此形成新的策略、发现超出常规观念的潜在态势。兵棋常常引入随机性因素和风险联动机制，每一次随机事件都会影响各方决策并产生截然不同的最终结果。兵棋还能模拟信息不完全、时间紧迫的高压决策环境，既可能调动人的主动性，使人迸发天才般的思维火花，也可能导致人性中的阴暗、怯懦或狂妄等弱点占据主导地位。以自然人作为推演的中心，是兵棋区别于其他类型模拟工具的关键。以制裁与经济战的兵棋为例，学员在推演过程中必须发挥沟通技巧，通过威逼利诱影响对方决策者的心态和判断，这也体现了制裁与经济战科学与艺术结合的特性。

兵棋推演的设计必须充分尊重不同场景下博弈的差异性。所谓世事如棋局局新，不同国家之间的制裁与经济战，其关键要素和政策工具是大不相同的，各种概率和得分的设定也差别甚大；但是基于本书的理论和历史案例研究成果，我们的兵棋设计也必然会体现出一系列共性，比如商品的需求价格弹性差异，"黑骑士"问题与战略信用问题，双层博弈与政治稳定性，制裁的时机问题，认知战与军事手段的配合问题，等等，而这些变量、维度和概念的提出，本身便反映了本书的研究发现和理论建构。大量兵棋推演的结果，不仅在人才培养方面具有价值，而且将会为未来的制裁与经济战研究提供新的启发。

第三章
中国古代史中的制裁与经济战

中华文明具有突出的统一性、包容性与和平性，各民族经过数千年交融最终合为多元一体的中华民族。在民族融合的历史中，中原王朝与地方政权之间的经济往来不仅存在商贾辐辏、百货骈阗的景象，也曾经出现过制裁与经济战的案例。经济上较为繁荣的中原王朝往往利用不对称经济依赖来对冲地方政权更为强大的武力优势。在这其中，三个案例格外引人注目：第一，在西汉与匈奴之间的长期竞争中，西汉对匈奴发动经济战；第二，北宋在应对西夏边患中，曾多次实施经济制裁；第三，明朝拒绝与蒙古左翼进行经济往来，同时与蒙古右翼互市，最终降低了蒙古大举进攻明朝的可能性。本章将从政治、经济和军事的交织关系这一角度，动态展现制裁发起方与被制裁方之间的博弈，尝试从中国古代史中分析中华文明独特的经济战略思想与战略文化。

第一节 西汉对匈奴的经济战

西汉时期，匈奴的势力空前强大，控地东近辽河，西至葱岭，北抵贝加尔湖，南达长城。在冒顿单于（前 209 年—前 174 年在位）的统领下，匈奴不断骚扰今河北、山西、陕西以及河套一带，不仅给刚刚建立起来的西汉王朝以莫大的威胁，而且严重破坏了中原的经济。由于西汉初期实力相对薄弱，难以与匈奴对抗，所以不得不采取消极的"和亲"政策，以公主嫁单于，并给匈奴输送絮、缯、酒、米等作为贡品。和亲政策持续到汉武帝即位。在公元前 133 年的一次廷议上，汉武帝采纳了主战派的主张，对匈奴发动马邑之战，从而开启了一场长期、大规模的总体战。经过数十年的斗争，随着匈奴日逐王在公元前 60 年降汉，西汉时期的汉匈之争最终以西汉的胜利而告终。

和亲背景下的反击

西汉在建立之初弱于匈奴，自公元前 200 年汉高祖刘邦被匈奴围困于白登山之后，西汉始终不敢与匈奴爆发大规模冲突，被迫采取和亲政策。这种战略上的韬光养晦从公元前 198 年开始，当时汉高祖派遣刘敬（娄敬）前往匈奴，商定和亲之约，一直持续到公元前 133 年汉武帝时期发动马邑之战。汉匈和亲的条款大致可分为三项：第一，汉王朝将公主嫁给匈奴单于，并输送财物；第二，西汉对匈奴开放关市，允许两边人民进行交易；第三，汉与匈奴结为兄弟，以长城作为双方的界线。[1]

从匈奴要求的和亲条款中可以看出，匈奴对关市是非常重视的。开放关市的时间与和亲政策的实施大致同步。通过关市，匈奴从西汉换得了不少物品和金属器具。汉文帝时期，由于匈奴的大规模进犯，双方关市曾一度中断，但在汉景帝时期，和亲政策恢复后关市也随之重新开放。[2] 即便汉武帝放弃和亲，转而对匈奴发动战争，关市依然存在。[3] 总体而言，匈奴对关市持有非常积极的态度。[4]

匈奴对与西汉通关市的积极态度主要源于匈奴对汉朝丰富物产的向往。通过与西汉通关市，匈奴可以获取铜镜、丝绸等精致的手工业制成品，这些产品能够提升匈奴人民的生活水平；匈奴也能更方便地获取谷物、金属和矿产等匈奴在生产和生活中所需的物资。匈奴向往汉朝物产，也因为自身经济结构的单一性。匈奴是个游牧民族，它的生产以畜牧业为主，在生活方式上食畜肉、住穹庐（毡帐），狩猎和农业在匈奴经济中只占很小的部分。[5] 但值得注意的是，匈奴在食物等方面并不依赖西汉

---

[1] 王子今：《匈奴控制背景下的西域商贸》，《社会科学》2013 年第 2 期。

[2] 《史记·匈奴列传》记载："孝景帝复与匈奴和亲，通关市，给遗匈奴，遣公主，如故约。"林幹：《匈奴通史》，人民出版社 1986 年版，第 50—51 页。

[3] 《汉书·匈奴传》记载："武帝即位，明和亲约束，厚遇关市，饶给之。匈奴自单于以下皆亲汉，往来长城下。"

[4] 王子今：《匈奴控制背景下的西域商贸》，《社会科学》2013 年第 2 期。

[5] 《史记·卫将军骠骑列传》记载，公元前 119 年，大将军卫青出击匈奴，在寘颜山赵信城获得匈奴储存的大量粟米。《汉书·匈奴传》记载，公元前 88 年秋，匈奴因为连续下雨、雪数月，造成"谷稼不熟"。《汉书·西域传》记载，昭帝时，乌孙公主上书，说匈奴派骑兵到车师种地。可见匈奴人不仅在本土，而且在西域一带都曾从事过农业。匈奴人已经掌握了翻土、留种、播种、收割、舂米以及储藏等技能。参见林幹：《匈奴人的科技与文化》，《科学》1986 年第 2 期。

的供给。匈奴主要的食物仍然是肉制品，匈奴希望从贸易中获取粮食等农作物，仅仅是因为需要改善饮食结构，而不是非要用这些粮食充饥。总体而言，匈奴虽然重视从汉朝获取物资，但并不意味着匈奴就完全依赖汉朝的物资供给，与汉朝进行交易来获得矿产和金属只是一个更加便利的渠道。从全局而言，在汉匈之间的复合相互依赖关系中，匈奴并非不对称地依赖汉朝，匈奴对汉朝物资虽然颇有所求，但总体上既不那么敏感，也谈不上多么脆弱。只有丝绸、铜镜等高附加值手工业制成品是匈奴人难以从他处获取的物资，在这些局部商品领域，匈奴又确实高度不对称地依赖汉朝。通过与西汉的关市，匈奴能够用牲畜等优势产品去换回自己所需的谷物、矿产和金属等生活生产物资以及丝绸、铜镜等奢侈品，进而自然乐于与西汉互通关市。

对于西汉来说，初期与匈奴通关市是在被胁迫下进行的，而且自己也并不依赖匈奴的商品。但是，对于在军事上相对薄弱的西汉来说，通关市至少带来了两方面的利益。第一，通关市可以在一定程度上安抚匈奴，减少其对边境的骚扰。通过此策略，匈奴在经济上对西汉形成依赖，而一旦关市因战争中断，匈奴民众的生活将因此遭受冲击。因此，在面对匈奴的骚扰时，西汉可以通过实施"闭关市"策略做出反击，使得通关市成为一个以经济手段购买和平的工具。[1] 第二，通关市可以吸引匈奴人在关市周边聚集甚至短暂定居。这一策略不仅促进了汉匈之

---

[1]　王明珂：《游牧者的抉择：面对汉帝国的北亚游牧部族》，广西师范大学出版社2008年版，第142页。

间的交往，有效笼络了匈奴民心，同时也为西汉提供了在冲突爆发时针对聚集在关市周边的匈奴人发起攻击的机会，从而成为西汉对匈奴进行战术打击的诱饵。

贾谊曾围绕关市设计过一套制裁与经济战的策略，其核心是以先进的农耕经济物质文明征服匈奴人心，用充足的财力和丰富的物产同匈奴争夺人心，以匈奴人口流失为手段削弱匈奴实力。在《新书·铜布》①中，贾谊强调对"铜"的控制可致"七福"，即获得七种好处。其中第七种涉及匈奴："挟铜之积，制吾弃财，以与匈奴逐争其民，则敌必坏矣。"也就是说，贾谊强调铜币控制的重要性，认为西汉应当掌握铸币权，以充足的货币进行贸易②，吸引匈奴人迁往汉地生活，从而引发匈奴内部人口流失。在《新书·匈奴》中，他建议汉文帝通过财物吸引匈奴人聚集于长城周围，以西汉提供的丰富物资使匈奴人感到贫困和饥饿，同时富裕起来的匈奴新贵将在匈奴内部起到示范作用，使其他匈奴人渴望汉地的富裕生活。贾谊预测，这种策略将在短至三年、长至五年内导致匈奴因人口流失而衰落。这种不依赖军事行动获得胜利的策略也被他称为"德胜"③。贾谊

---

① 贾谊在这一篇中主要论述的是中央垄断铸币权的好处。由于当时的钱主要是铜钱，这里的铜可以直接理解为货币。

② 中央掌控铸币权，就可以铸造足够多的铜钱用于跟匈奴的交易。

③ 贾谊在《新书·匈奴》中曾上疏建议："夫关市者，固匈奴所犯滑而深求也。愿上遣使厚与之和，以不得已许之大市。使者反，因于要险之所，多为凿开，众而延之，关吏卒使足以自守。大每一关，屠沽者、卖饭食者、美麗炙脼者，每物各一二百人，则胡人著于长城下矣。是王ända强北之，必攻其王矣。以匈奴之饥，饭羹咳脼，呷潞多饮酒，此则亡竭可立待也。赐大而愈饥，多财而愈困，汉者所希心而慕也。则匈奴贵人，以其千人至者，显其二三；以其万人至者，显其十余人。夫显荣者，招民之机也。故远期五岁，近期三年之内，匈奴亡矣。此谓德胜。"

还曾提出"五饵"说，体现了西汉用优越的物质文化和奢侈的生活方式去麻痹匈奴人的理念。颜师古在给《汉书》作注的时候，对贾谊提出的"五饵论"有概括性的总结：

> 赐之（匈奴）盛服车乘以坏其目；赐之盛食珍味以坏其口；赐之音乐妇人以坏其耳；赐之高堂邃宇府库奴婢以坏其腹（泛指欲望或者嗜好）；于来降者，上以召幸之，相娱乐，亲酌而手食之，以坏其心：此五饵也。[①]

贾谊的这一番设想与现当代经济制裁的许多原理形成跨时空的呼应。匈奴认可汉朝的铜钱和丝绸等物品，意味着匈奴经济被纳入西汉经济体系之中。对西汉而言，丝绸生产成本较低，得益于丰富的人力资源和优越的自然条件，丝绸产量颇为可观，甚至能在长时间内近乎无限地提供。反观匈奴，则不同。尽管匈奴有大量牲畜，但其畜牧经济受到气候等因素的限制，牲畜种群再生产的速度有限。如果双方持续互通有无，匈奴的贸易条件将会持续恶化。此外，对于匈奴来讲，丝绸比牛羊更保值，因而西汉丝绸在匈奴被当作货币来使用，具有相当高的价值。这意味着，匈奴身处西汉的货币体系中，匈奴民间交易使用的货币来自与汉朝贸易获取的"外汇"，因而西汉在很大程度上掌握了匈奴的货币发行权，并且获得收取"铸币税"的权力。更重要的是，西汉所生产的丝绸在汉匈经济交往中的价值远远高于西汉生产丝绸的成本，丝绸这种特殊货币所蕴含的价值被大

[①] 《汉书》卷四八颜师古注释所引。一段更长但非常难懂的描述可以在贾谊的《新书·匈奴》中找到。转引自余英时：《汉代贸易与扩张》，邬文玲等译，上海古籍出版社2005年版，第39页。

大高估。

由此可见，西汉通过对匈奴"通关市""闭关市"，实际上是在以丰富的物资来影响匈奴的经济，最终达到左右匈奴政治稳定性的目的，因而可以说是一种针对匈奴的经济战。而西汉通过向匈奴人展示物产丰富和财力雄厚，给匈奴人植入了一种"更舒适的生活"的新理念，出于对更美好生活的向往，匈奴人对汉地愈来愈倾心。这就是"赐大而愈饥，多财而愈困"的道理。事实上，由于自身游牧经济的缺陷，匈奴确实贪恋西汉的财物，而且即使在马邑之谋失败后，汉匈进入战争状态时，关市依然连接着汉匈经济。① 匈奴仅在奢侈品一项上不对称地依赖西汉的供给，然而奢侈品中蕴含的权力很小，不足以支撑西汉对匈奴的经济制裁。这也反映在贾谊设计的关市战略当中。贾谊只是建议用丰富的物资来吸引匈奴人迁居汉地，却并未幻想通过威胁匈奴要"闭关市"来达到让匈奴停止骚扰的目的。这主要是因为西汉并未真正掌握匈奴的经济命脉。

与贾谊的制裁与经济战设想相对应的，是叛逃到匈奴的汉臣中行说②则努力劝说匈奴不要依赖汉朝物产。他指出：

匈奴人众不能当汉之一郡，然所以强者，以衣食异，

---

① 《史记·匈奴列传》："自是之后，匈奴绝和亲，攻当路塞，往往入盗于汉边，不可胜数。然匈奴贪，尚乐关市，嗜汉财物，汉亦尚关市不绝以中之。"王子今：《匈奴控制背景下的西域商贸》，《社会科学》2013年第2期。

② 公元前174年，匈奴老上单于即位。按照和亲政策，汉文帝决定选派某位宗室女子到匈奴和亲，并由中行说护送。中行说担心自己有去无回，便一再恳请汉文帝改派他人。但他的请求遭到拒绝，中行说便说："必我行也，为汉患者。"意思是，如果非要强迫我出使，我就投降匈奴，引导匈奴对汉朝造成祸患。投靠匈奴之后，中行说成为单于的重要谋士。

无仰于汉也。今单于变俗好汉物，汉物不过什二，则匈奴尽归于汉矣。其得汉缯絮，以驰草棘中，衣裤皆裂敝，以示不如旃裘之完善也。得汉食物皆去之，以示不如湩酪之便美也。[1]

中行说劝诫匈奴人不要对西汉的丰美物产形成依赖，否则西汉能够以丰富的物资让匈奴人全部归于自己。这与贾谊所说的培养匈奴人对汉地的倾慕之情，三五年之后匈奴人口就会大量流失的观点有共通之处。他们都认识到了共同的道理：对于匈奴来说，西汉给匈奴的丝绸和粮食等礼物用起来心里是甜的，但内里却是有毒的。西汉物产就是攻破匈奴人心防的糖衣炮弹。尽管中行说努力劝诫，但匈奴人对西汉物产的喜好日渐加深，以至在汉武帝初期，即便在双方开战的情况下，匈奴仍然希望与西汉"通关市"。

经营西域，"断匈奴右臂"

西域对匈奴具有显著的经济和军事价值。作为一个强盛的游牧民族，匈奴的经济主要依托于畜牧业。然而，由于经济结构的单一性，匈奴不可避免地需要从外部，尤其是西域和中原王朝，获取谷物、手工制品等日常生活所需物资以及矿产、金属等战略物资。在汉匈之间的竞争格局下，由于难以从西汉获得稳定的物资供应，西域成为匈奴重要且必需的物资来源，对匈奴经济体系有着不可忽视的影响。西汉初期，匈奴控制了

---

[1] 《史记·匈奴列传》。

"楼兰、乌孙、呼揭及其旁二十六国",对西域实施了政治控制和经济剥削。[①]

若失去对西域的控制,将使匈奴陷入经济困境。正是基于对西域对匈奴的重要性的深刻认识,西汉将经营西域作为其战略规划的核心部分,并将战略目标描述为"断匈奴右臂"[②]。为达成此目标,西汉在军事和政治层面致力于切断匈奴与西域的联系,阻止匈奴通过控制西域来利用西域的兵马资源。在这三方关系中,西汉的目标是解构西域与匈奴之间的联盟,并封闭匈奴从西域获取物资和兵力的通道。匈奴则依靠其军事优势来维持对西域的控制,并对西汉形成威慑力。在这一大背景下,西域各国处于关键的第三方地位,其主要目标是保障自身的稳定生存。在选择成为西汉或匈奴的盟友方面,西域各国处于一种摇摆和观望的态势。西域对匈奴来说有着重要的经济和军事意义。

从公元前92年到前60年这三十多年间,西汉与匈奴为争夺西域展开了异常激烈的斗争,西汉和匈奴都试图"加杠杆",借助西域强国的力量来打击对方。在这一战略竞争中,尤以汉匈五次争夺车师最为激烈。

车师的地理位置十分重要,"北与匈奴接,前部西通焉耆北

---

① 《汉书·西域传》记载:"匈奴西边日逐王置僮仆都尉,使领西域","赋税诸国,取富给焉"。转引自王子今:《论匈奴僮仆都尉"领西域""赋税诸国"》,《石家庄学院学报》2012年第4期。

② 《史记·大宛列传》。转引自李锦绣:《汉唐经营西域目的比较》,《史林》2014年第4期。

道，后部西通乌孙"①，是匈奴进出西域绿洲诸国的要道，因而成为汉匈争夺西域的焦点地区。公元前89年，汉将李广利、商丘成、马通分别率领大军北击匈奴，马通部队穿越车师北部，直至天山地区。因担忧车师可能会切断马通部队的后路，又派开陵侯率领楼兰、渠犁、危须等六国军队围攻车师，最终导致车师王向西汉投降。

汉昭帝末年，匈奴利用四千骑兵征服车师，并在车师屯田。随后，匈奴在车师设立新王，并与车师联合进攻乌孙。在汉匈争夺车师的第二次战役中，西汉军队再次遭遇失败。此后，匈奴多次大规模进攻乌孙，要求后者交出解忧公主，并与西汉断绝关系。乌孙随即向西汉请求援助。公元前71年，西汉与乌孙联军对匈奴进行东西夹击。在车师屯田的匈奴军队四散逃离，车师再次与西汉和解。对此，匈奴表示强烈不满，并试图将车师太子军宿作为人质。军宿逃往焉耆避难，因此车师王新立乌贵为太子。乌贵即位后，匈奴与车师和亲，乌贵领导车师重新归附匈奴。在西汉对车师的第三次争夺中，西汉再度未能取得胜利。

公元前68年，西汉侍郎郑吉率兵负责渠犁的屯田工作。秋季收割之后，他动员了西域各国约一万名士兵，并结合自己指挥的一千五百名屯田士卒，共同向车师进攻，导致车师王投降。匈奴对失去车师领地深感不满，认为车师土地肥沃且在地理位置上靠近匈奴，若落入汉朝之手，其农耕活动将对匈奴构成严

---

① 《后汉书·西域传》。

重威胁："车师地肥美，近匈奴，使汉得之，多田积谷，必害人国，不可不争。"① 因此，在随后的六七年间，匈奴频繁派遣军队进攻车师。为了抵抗匈奴的进攻，郑吉不得不将在渠犁屯田的一千五百名士卒全部调遣至车师。匈奴经常威胁汉军，声称单于决意争夺该地区，并阻止汉军在那里屯田。② 郑吉因此上书朝廷，请求增援屯田车师。然而，考虑到车师遥远、耗费巨大，汉朝决定暂时停止在车师的屯田活动。汉匈争夺车师的第四次战役，又以汉军无功而返告终。

公元前60年，匈奴单于虚闾权渠去世，匈奴内部出现分裂。由于匈奴日逐王先贤掸投降，西汉获得了对车师的控制权，匈奴因此被迫放弃对西域的控制。汉匈之间对车师的第五次争夺战以西汉的全面胜利告终。

匈奴争夺西域失败主要有两方面原因。第一，匈奴对西域的控制力不强。除了武力震慑之外，匈奴并无其他有效的手段来强化对西域的控制。匈奴对西域各国主要以羁縻③的方式进行管理。匈奴会派遣使者巡查西域诸国，及时打探这些国家对匈奴态度的变化。例如，《汉书·傅介子传》记载，公元前77年，傅介子得知匈奴使者从乌孙返回，途经龟兹，于是在龟兹拦截并诛杀匈奴使者。匈奴单于也会组织定期朝会来加强对各王、

---

① 《资治通鉴》卷二五。
② 《汉书·西域传》。
③ "羁"就是用军事和政治压力加以控制，"縻"就是以经济和物质利益给予抚慰。在这种制度下，被羁縻地区保持原有的政治结构，中央王朝承认原有的酋长、首领在本地区中的政治统治地位。除在政治上隶属中央王朝、在经济上有朝贡的义务外，被羁縻地区的其余一切事务均由原有酋长、首领自己管理。

各部以及羁縻诸国的控制。但这些控制仅仅是建立在匈奴势力强大的基础上。匈奴对西域诸国的控制十分依赖西域大国对匈奴强权的认可。所以，在西汉开始通过恩威并施的方式进入西域后，西域诸国自然就在汉匈之间摇摆。第二，西域诸国总是逐强而附，在情感和文化认同上并不偏向汉匈任何一方。匈奴武力占优的时候，西域诸国则依附匈奴；而西汉在西域的武力影响更大的时候，受到影响的国家则转而依附西汉。上述两方面原因为西汉提供了通过武力及加强与西域经济往来的"恩威并施"的方式，从匈奴手中夺取对西域控制权的可能性。

同时，双方在经济上的策略完全不同。匈奴主要从西域掠夺财物，而西汉则以通过"赂遗设利"使西域诸国来朝的方针拉拢西域诸国。征收赋税和接受西域纳贡是匈奴从西域获取财物的主要方式。匈奴设置僮仆都尉就是为了加强对西域税收的控制。而且汉匈之间爆发战争后，匈奴从汉朝获得的产品日益减少，匈奴视西域诸国的绿洲农业为其"府藏"，加强了对西域诸国的经济掠夺。反观西汉，早在汉武帝时期，就制定了"赂遗设利"的方针，其实质是利用中原经济文化较西域先进而对西域诸国产生强大的吸引力。例如，张骞出使乌孙时，"赍金币帛直数千巨万"。汉武帝巡狩时，悉从外国客，"散财帛以赏赐，厚具以饶给之"。此外，细君公主出嫁乌孙时，公主的陪嫁品非常丰厚。鄯善国国王尉屠耆、龟兹国国王绛宾来朝贡时，西汉对他们均有厚赐。西汉的做法一方面起到了以财物笼络西域各国人心的作用，另一方面意在展示自身财力雄厚，足以维持大规模的军队，从而产生震慑的效果。

由汉匈经营西域策略之异同可见，西汉用经济手段去利诱西域诸国是其能够成功"断匈奴右臂"的重要原因。西汉与匈奴争夺西域暗含了这样一个政治经济学道理：谁掌控的外围地区越大，谁的分工规模就越大，谁的整体效率就越高。汉匈对西域的争夺类似冷战时期美苏对第三世界的争夺。在汉匈之间，当西汉对匈奴进行经济制裁的时候，西域往往被动扮演"侠客"的角色。西域的绿洲国家物产丰富，经济多样性高，能够对匈奴的单一经济形成重要补充。匈奴只要能掌控西域，就不必担心西汉切断汉匈之间的贸易往来。倘若西域始终在匈奴的控制之下，那么无论是从经济上还是从军事上，西汉都无法顺利实现打击匈奴的目标。鉴于西域的重要性，西汉才将经营西域、"断匈奴右臂"作为对抗匈奴的重点。

汉匈之争中的春季战争

匈奴作为游牧民族，在草原上世代生息，并发展出了将生产组织与军事组织相结合的独特社会制度。据《史记·匈奴列传》记载，匈奴人在和平时期随着畜群迁徙、以狩猎为生，而在战争时期则转为学习军事技术、参与战争，实现了"人人皆民，人人皆兵"的社会状态。[1]

然而，战争对匈奴的经济产生了显著的负面影响。匈奴的经济主要是游牧经济，如果统治者不予以管理，牧民将会逐水草而居，自由流动，无法集中。为了解决这个问题，匈奴最终

---

[1]　林幹：《匈奴人的科技与文化》，《科学》1986 年第 2 期。

形成军队带领百姓和牲畜一起行动的模式。匈奴军队可以四季征战，除了应对战争，还承担着勒索和劫掠定居人群、管理游牧和半游牧部族的职能。这种军队带领大规模畜群一起行动的方式，尽管保证了军队的后勤供给，并防止在青壮年劳动力缺失的情况下畜群遭受意外损失，但也导致了匈奴经济的脆弱性。首先，如果匈奴军民遭遇极端天气，随行的牲畜会大面积死亡。例如，公元前 72 年冬，匈奴单于率军出击乌孙，遭遇大雪。据《汉书》记载，此次自然灾害导致约九成随军人员和牲畜丧生。[1]其次，跟随军队的集中养殖方式也导致牲畜营养不足，难以成长，疾病一旦暴发，容易在牲畜中迅速传播，造成大量损失。在战争失利的情况下，牲畜更容易被敌方俘获。如《史记》记载，公元前 124 年春，卫青率领汉军袭击匈奴右贤王部，"得胡首虏数千，羊百余万"[2]。

匈奴的游牧经济特别容易受春季战争的影响，每一次春季战争都会伤及匈奴根本。冬季过后，牲畜营养消耗巨大，春季草场匮乏，本应分散放牧以恢复体力。但在匈奴的管理下，牲畜被迫集中，导致营养不良，战马战斗力下降，后勤供给出现问题。春季也是牲畜生产幼崽的关键时期，战争的干扰严重降低了幼崽的存活率。为了应对自然条件，北方游牧民族发展出的养羊技术可以推迟母羊的受孕时间，保证春季羔羊的成活率。

---

　　[1] "其冬，单于自将数万骑击乌孙，颇得老弱。欲还，会天大雨雪，一日深丈余，人民畜产冻死，还者不能什一。"转引自王明珂：《游牧者的抉择：面对汉帝国的北亚游牧部族》，广西师范大学出版社 2008 年版，第 126 页。
　　[2] 转引自王绍东：《从汉匈战争看大规模战争对游牧民族的负面影响》，《内蒙古师范大学学报（哲学社会科学版）》2019 年第 2 期。

然而，春季战争导致匈奴牲畜幼崽的存活率大幅下降，匈奴甚至不得不对已怀孕的雌畜进行堕胎。因此，不论匈奴在战争中是否取胜，春季战争对其游牧经济的冲击都极大。西汉在积累战争经验后，常选择在春季对匈奴发动战争，以从根本上动摇匈奴的经济基础，实际上是一种利用暴力手段的经济战和总体战。根据学者刘鸣的统计，《史记》、《汉书》和《后汉书》中明确记载的包含进攻季节等信息的西汉伐匈奴的进攻有 18 次。其中有 10 次发生在春季（占 55.6％），5 次发生在夏季（占 27.8％），2 次发生在秋季（占 11.1％），1 次发生在冬季（占 5.6％）。①

西汉选择在人口与牲畜的繁衍季节发动战争，数十年一以贯之，最终摧毁了匈奴长期参战的经济基础。根据本书的择时理论，在打击对手的过程中，时机是非常重要的。匈奴的人口和牲畜在春季怀胎待产的居多，这个时候如果在战争状态下被迫大规模快速迁徙，不但人畜行动迟缓，也容易导致难产和死亡。无论军事斗争是否取得胜利，西汉对匈奴年复一年的春季打击，都产生了经济战意义上的效果，通过持续压抑匈奴人口和牲畜的再生产，致使其整体实力逐步消亡。

在西汉与匈奴的竞争过程中，我们可以发现西汉对经济手段的认识和应用是西汉赢得胜利的重要原因。西汉围绕自身与匈奴的经济关系设想过的"经济战"尽管没有成为西汉对匈奴的主要政策，但汉匈之间的经济交往实际上改变了匈奴的政治经济结构，西汉也在这个过程中享有了对匈奴的"铸币权"。长

---

① 刘鸣：《两汉与匈奴冲突中的季节问题》，《秦汉研究》2019 年第 1 期。

此以往，匈奴在经济上逐渐被西汉蚕食是必然趋势。在与匈奴争夺西域的过程中，西汉也善用自身的经济实力。西汉争夺西域一方面扩大了自身的外围空间，极大地拓展了西汉的军事活动范围，另一方面使得西汉的商品市场不再局限于汉地，而是有了更广阔的市场空间，逐渐建立起了西汉经济的"外循环"。西汉择时在春季发动对匈奴的战争则动摇了匈奴的根本。在西汉一以贯之的春季战争攻势下，匈奴的人口和牲畜规模持续萎缩，最终失败几乎是注定的。

第二节　"宋辽夏三角"视角下北宋对西夏的制裁

"宋辽夏三角"中的北宋与西夏关系

在中国历史上，宋朝与辽、夏经常处于战争与和议交替的状态，北宋一朝的外部战略环境始终受宋辽夏三角关系的牵动。宋朝建立后，宋辽之间曾发生长年的战争。1005 年，宋辽缔结澶渊之盟，此后双方一直维持和平，并建立起正常的贸易往来关系。在宋辽夏三角关系中，宋夏之间时常爆发冲突，辽则扮演调停者的角色。由于夏对辽的威胁较宋小，辽在调节宋夏矛盾时往往袒护夏。

在当时的历史背景下，宋、辽、夏之间的关系复杂且不断变化，其中宋辽关系直接影响着宋夏关系的走向。首先，宋朝高度重视与辽的关系，并基于此来调整对西夏的政策。在军事方面，宋朝始终将辽视为主要的对手，而将西夏看作相对较小的边患。对宋朝而言，尽管西夏造成的麻烦远多于辽，但西夏

的威胁主要是局部性的，而辽的威胁则是根本性的。即使在夏
景宗李元昊三次击败宋军之后，宋朝的主流观点依然是轻视西
夏。宋相陈执中说西夏乃"边兵小屈，皮肤之伤也"①。范仲淹
说"国家御戎之计，在北为大"②，欧阳修说"天下之患，不在
西戎，而在北虏"③，苏轼说"西戎之患小，北胡之患大，此天
下之所明知也"④。这反映了宋朝在战略上对西夏的蔑视态度，
而对辽则始终怀有深刻的恐惧感。

在经济方面，宋辽经济往来也是宋朝对外贸易的核心。以
官方榷场为例，从夏太宗李德明时代（1004—1032 年）起，宋
在长逾千余里的西部边界上只设有一两个榷场，而在北部不足
千里的宋辽边境上则开设了四五个榷场。⑤ 再从贸易额来看，正
常年份宋夏榷场贸易额约是 40 万贯，相比之下，宋辽榷场贸易
额仅河北一地每年就逼近 150 万贯。⑥ 另外，从岁币来看，澶渊
之盟让辽从北宋得到的岁币是"绢二十万匹，银一十万两"⑦，
而根据《景德和议》，宋只给西夏"银万两、绢万两、钱二万

① 《国朝诸臣奏议》卷一三二。转引自李华瑞：《贸易与西夏侵宋的关系》，《宁夏
社会科学》1997 年第 3 期。

② 《历代名臣奏议》卷三二四六。转引自李华瑞：《贸易与西夏侵宋的关系》，《宁
夏社会科学》1997 年第 3 期。

③ 《历代名臣奏议》卷三二六。转引自李华瑞：《贸易与西夏侵宋的关系》，《宁夏
社会科学》1997 年第 3 期。

④ 《东坡全集》卷四八。转引自李华瑞：《贸易与西夏侵宋的关系》，《宁夏社会科
学》1997 年第 3 期。

⑤ 张亮采：《宋辽间的榷场贸易》，《东北师大学报（自然科学版）》1957 年第 3 期。

⑥ 张亮采：《宋辽间的榷场贸易》，《东北师大学报（自然科学版）》1957 年第 3 期。

⑦ 《续资治通鉴长编》卷五八。转引自李华瑞：《贸易与西夏侵宋的关系》，《宁夏
社会科学》1997 年第 3 期。

贯、茶二万斤"的岁币[①]。庆历时期，辽通过讹诈让宋新增 20 万岁币，使岁币增至 50 万，而李元昊经过数年艰苦的战争，在订立的《庆历和议》中只得 25.5 万岁币。[②]

其次，从三方的博弈来看，在宋辽夏三角关系中，辽的袒护对宋夏来说至关重要。辽夏结盟始于夏太祖李继迁（963—1004 年）时期，当时宋与西夏和辽都处于敌对状态，西夏依附辽使自己可以跟宋抗衡。在宋辽达成澶渊之盟后，景德三年（1006 年），宋夏签订《景德和议》，北宋授予西夏君主李德明定难军节度使、西平王等封号，从而确立了西夏的附属地位。在德明后期，辽兴宗将兴平公主下嫁太子元昊，辽夏关系更进一步。1038 年，元昊称帝，与宋交恶。此时辽夏合作试图从宋朝攫取更多利益。尽管此时宋辽已经有澶渊之盟，但辽一直偏袒西夏，试图以此从宋获取更大的物质利益。[③] 此后宋通过给予辽"每岁更增绢十万匹，银十万两"[④] 作为代价，换取辽对西夏的背弃。1039 年，辽遣使敦促西夏停止用兵。西夏不听从辽的意见，辽夏交恶。而且，在辽充当双方冲突的调停者期间，辽也时常借此渔利。在宋夏交恶时，辽常常是倒卖宋朝商品给西夏的一方，扮演着"侠客"的角色，这在一定程度上也降低了宋对西夏制裁的有效性。

在宋辽夏三角关系中，宋夏时常爆发冲突，辽则扮演调停者

---

① 《续资治通鉴长编》卷六四。转引自李华瑞：《贸易与西夏侵宋的关系》，《宁夏社会科学》1997 年第 3 期。

② 《续资治通鉴长编》卷一五二。转引自李华瑞：《贸易与西夏侵宋的关系》，《宁夏社会科学》1997 年第 3 期。

③ 李华瑞：《论西夏联辽、联吐蕃抗宋》，《固原师专学报》1998 年第 5 期。

④ 《辽史》卷一九。转引自李华瑞：《论西夏联辽、联吐蕃抗宋》，《固原师专学报》1998 年第 5 期。

的角色。而北宋又需要将主要军事力量用于防止辽进犯，因此北宋往往采用经济与军事两手策略来应对西夏袭扰。这在客观上极大地丰富了中国古代的经济制裁实践。从上述历史事实中不难看出，作为对宋辽双方威胁最小的"第三方"，西夏在宋辽夏三角关系中充分享有活动空间。而且在实际操作过程中，西夏往往会根据宋辽关系的状态采取适宜的对策以谋得最大的利益。

宋夏经济联系

在经济领域，西夏与北宋之间展现出一种显著的不对称依赖关系，双方均有强烈的通商需求。首先，北宋的茶叶对西夏具有不可替代的重要性。茶叶在建立西夏的党项人的日常饮食中占有特殊地位，是其食用肉类必需的辅助消化品。然而，西夏本身不产茶，完全依赖宋朝的供应。因此，西夏百姓对与宋朝贸易有着迫切需求。其次，北宋在西夏周边政权中经济最为发达，是西夏重要的贸易伙伴。西夏所产的羊、马、毛毡和盐等商品，在周边其他政权中难以找到足够大的市场，而只有北宋具备购买这些商品的经济能力。司马光曾指出，西夏生产的商品量超出自身需求，迫使其与周边政权进行贸易。除了北宋，西夏周边政权的经济发展水平普遍较低，无力购买西夏商品。因此，西夏必须将其商品如羊、马、毛毡等销售给北宋，并从北宋购入茶叶、丝织品等必需品。所以，西夏如婴儿一般，需要靠北宋的哺乳才能存活。[1]

---

① "西夏所居，氐羌旧壤，所产者，不过羊马毡毯，其国中用之不尽，其势必推其余与它国贸易。其三面皆戎狄，鬻之不售。惟中国者，羊马毡毯之所输，而茶采百货之所自来也。故其人如婴儿，而中国乳哺之矣！"《温国文正司马公文集》卷五〇。转引自漆侠：《辽宋西夏金代通史叁：社会经济卷下》，人民出版社 2010 年版，第 834 页。

　　相对而言，西夏出产的青白盐是能够对北宋经济产生一定冲击的一种例外商品。市场上西夏所产的盐比北宋境内的解盐[①]价格更低[②]，宋夏边境地区的北宋居民比较依赖西夏的青白盐，这对宋夏边境地区的北宋盐业构成了冲击。例如，在宋夏庆历议和之后，夏景宗李元昊希望将10万斛青白盐投放到北宋市场。青白盐几乎只有北宋解盐一半的价格，而且味道比解盐好。价廉物美的青白盐使北宋的解盐难以售出。宋朝官员认为青白盐的倾销会严重压低解盐的利润，陕西的财政收入会因此大大减少。[③] 为了防止西夏青白盐的倾销，北宋拒绝了这种贸易的扩大化、合法化。而青白盐贸易是西夏的最主要财源之一，倘若青白盐贸易被禁绝，西夏则会失去一个重要的经济来源。因此，是否禁止与西夏的青白盐贸易自然成为北宋君臣考虑的重要问题。

　　西夏的马匹是另一种具有比较优势的商品，但北宋并不依赖西夏的马匹供应。为了保证马匹的正常供应，北宋致力于维护跟吐蕃的关系。宋初以来，吐蕃与宋朝建立了朝贡关系，吐

---

　　① 解盐，又称池盐、颗盐，主要是指出产于今山西运城一带的盐，其行销极广，范围遍及宋代北方诸州县。据司马光《涑水记闻》载："旧制，河南、河北、曹、濮以西，秦、凤以东，皆食解盐。"但解盐仅仅是陕西一带所食用的主要盐类。北宋的河北、四川、浙江和福建等地都有盐产出。北宋内陆地区的产盐方式与西夏所采用的天然采掘法和人工畦种法相同，沿海的福建、浙江等地还有煮海水生产盐的方式。参见任长幸：《夏宋盐政比较研究》，《盐业史研究》2015年第2期。

　　② 西夏地处西北内陆，远离海洋，其盐业主要是池盐和井盐。西夏人每年二月挖盐池，四月将盐水灌入，盐水经八个月的暴晒，盐便生产完成。由于生产方法简单，这种盐的成本很低。

　　③ "解盐之利日渐侵削，而陕西财用不得不屈矣。"《宋会要辑稿》食货二三之三八至三九，转引自漆侠：《辽宋西夏金代通史叁：社会经济卷下》，人民出版社2010年版，第837页。

蕃族与党项族一道成为宋朝战马的主要供应者，而在李继迁反宋之后，吐蕃则成为宋马匹的最主要供应者。此后，宋和吐蕃的关系一直不错，吐蕃在宋夏关系中采取亲宋抗夏的政策，所以吐蕃一直是宋马匹的稳定供应者，直到阿里骨[①]时期。

　　粮食也是宋廷禁止宋人卖给西夏的商品。西夏以畜牧业为主、以农业为辅。党项人最初"养牦牛、羊、猪以供食，不知稼穑"，但后来通过向中原王朝学习，也从事一些农业生产。[②]但西夏农业并不发达，党项人还需要从周边政权购买粮食。在北宋初期，党项人用盐与北宋边民换取粮食。[③]但李继迁反宋以后，粮食贸易和青白盐贸易都被禁止。[④]李德明时期，宋夏关系相对稳定，当西夏遇到荒歉时，北宋会对西夏放开粮食贸易来救助西夏[⑤]，西夏人争相前往购买粮食[⑥]。李元昊建立夏朝以后，宋廷禁止了粮食贸易。为了对西夏造成打击，宋廷很重视打击粮食走私。1069年，宋臣文彦博上书，说西夏粮食歉收，粮价大涨，西夏人将牛、羊、青白盐等走私到北宋境内。为了防止西夏人盗买粮食，他建议完全禁止宋人与西夏人私自贸易。[⑦]

---

　　①　元丰六年（1083年），董毡死后，阿里骨即位。

　　②　西夏文字典《文海》和《番汉合时掌中珠》中出现了麦、黍、荞、稞、豌豆、黑豆等，还有萝卜、蔓菁等蔬菜以及果品。《辽史·西夏外纪》同样对西夏的作物有记载。参见朱瑞熙等：《辽宋西夏金社会生活史》，中国社会科学出版社1998年版，第25页。

　　③　"树艺殊少，但用池盐与边民交易谷麦"。《宋史·郑文宝传》。

　　④　"时制，沿边粮斛不许出河西，河西青盐不得出界贩鬻"。《宋史·王显传》。

　　⑤　"榷场勿禁西人市粮，以振其乏"。《宋史·夏国上》。

　　⑥　"其邻近族帐争博粜粮斛"。《续资治通鉴长编》卷七四。

　　⑦　熙宁二年（1069年）文彦博上书说"近又闻西界不稔，斛食倍贵，大段将牛、羊、青盐等物裹私博，斛斗入番，不惟资假盗粮，兼妨沿边及时计置收籴军储"，故他请求禁止宋人与西夏人私相交易。《潞公文集》卷一九。

在西夏与北宋互市时期，双方贸易有三种合法形式：贡使贸易、榷场贸易以及和市贸易。此外，北宋与西夏之间的走私贸易也相当普遍。

贡使贸易指的是西夏贡使在朝贡活动之外，在进贡沿途与北宋百姓进行的贸易活动。这种贸易方式为西夏带来了显著的经济效益。北宋通常对党项及其他族群的贡使所携带的商品实行等价交换原则，并常免除应缴的商税。[①] 因此，西夏贡使常携带价值数万贯的商品至汴京交易，从而获得丰厚的利润。[②] 西夏贡使有时也携带私货进行交易，引发宋人的热烈购买，因此获得巨大利润，致使北宋一度禁止这类交易。贡使贸易的主要受益者是西夏的贵族阶层。[③]

榷场贸易则是在指定的地点，由官方和私人参与的贸易活动。1007 年，北宋答应党项首领的请求，在保安军设置榷场[④]，从此双方开展了榷场贸易。宋"以缯帛、罗绮易驼马、牛羊、

---

① 当时北宋已经有多种税收制度，贡使贸易是官方贸易的一种，也是需要缴税的。大中祥符七年（1014 年），北宋又免去夏使私人携带物品应征的商税。"鄜延路钤辖张继能，言赵德明进奉人挟带私物，规免市征，望行条约。上曰：'戎人远来，获利无几，第如旧制可也。'"《续资治通鉴长编》卷八三。转引自李华瑞：《宋夏关系史》，中国人民大学出版社 2010 年版，第 236 页。

② 嘉祐七年（1062 年）夏使贺正旦"其所贸易约八万贯"。据苏轼估计，"每一使赐予贸易，无虑得绢五万余匹，归鬻之其民，匹五六千，民大悦。一使所获，率不下二十万缣"。《宋文鉴》卷五五。夏使节"再以他物计之，一使所获，不下三十万缣，故以进奉为利"。吴广成：《西夏书事》卷二七。转引自漆侠：《辽宋西夏金代通史叁：社会经济卷下》，人民出版社 2010 年版，第 835 页。

③ 夏毅宗李谅祚（1047—1068 年）时期，"朝廷岁赐谅祚金帛，四族常分其半，首领入贡，辄货易图利，故四族盛强"。《乐全集》卷三六。转引自李华瑞：《宋夏关系史》，中国人民大学出版社 2010 年版，第 236 页。

④ 赵德明请许蕃民赴保安军榷场贸易。《续资治通鉴长编》卷六六。转引自漆侠：《辽宋西夏金代通史叁：社会经济卷下》，人民出版社 2010 年版，第 835 页。

玉、毡毯、甘草，以香药、瓷漆器、姜桂等物易蜜蜡、麝脐、毛褐、羱羚角、硇砂、柴胡、苁蓉、红花、翎毛"[1]。除了官方进行的贸易，双方的民间商贩也可以凭官方颁发的营业凭证[2]合法进入榷场参与贸易。这种贸易形式是宋夏贸易中规模最大的一种，给双方均带来了好处。对北宋而言，榷场贸易收入部分补偿了西夏进贡带来的损失；对西夏而言，则能获取财政收入，并为百姓提供价格较低的生活必需品。

和市贸易则是由双方百姓在双方政府的许可下所开展的贸易活动。与榷场贸易不同，和市贸易收取商品税，但政府不直接参与。和市贸易的规模远小于榷场贸易。宋夏双方均可根据需要设置和市市场，和市市场多在西夏界内，而北宋方的和市市场主要在麟州一带。[3] 和市贸易对双方的边民比较重要，边民主要通过和市贸易互换生活物资。由于和市地点都在边境地区，停止和市贸易对双方边境地区百姓的生活有巨大冲击，而对其他百姓则影响不大。

宋夏之间的走私主要有如下三种情况。第一，由于法律不严、官吏懈怠等原因，北宋边民会在未取得官方许可的情形下私自与西夏人进行贸易。[4] 第二，北宋边境地区的官民出于对利

---

[1] 《宋史·食货志下》。转引自李华瑞：《宋夏关系史》，中国人民大学出版社 2010 年版，第 239 页。

[2] "官给客人公据，方听与西人交易"。《温国文正司马公文集》卷五〇。转引自漆侠：《辽宋西夏金代通史叁：社会经济卷下》，人民出版社 2010 年版，第 836 页。

[3] 李华瑞：《宋夏关系史》，中国人民大学出版社 2010 年版，第 238 页。

[4] 尽管北宋规定边境地区的合法贸易需要获得官府的许可证，但北宋边民在未取得官府发给的"公据"的情况下"与西人交易者，日夕公行"。《司马光奏议》卷三五。转引自李华瑞：《宋夏关系史》，中国人民大学出版社 2010 年版，第 238 页。

益的追求，主动走私违禁品，如兵器和铜钱等。[1] 而西夏官方则
会主动派人到边境地区来获取这些北宋禁止出口的物品。[2] 第
三，西夏不经北宋同意而自立榷场、和市市场以诱使北宋边民
进行贸易。[3] 在宋夏和平相处时期，北宋对此类贸易的管理并不
严格，但是在宋夏交恶时期，北宋会采取严厉的手段禁止边民
与西夏进行任何形式的私下贸易。[4]

北宋对西夏的制裁

在北宋与西夏的经济互动过程中，北宋对西夏的青白盐贸
易实施了多次经济制裁，尤其是在双方发生军事冲突时，北宋
会禁止与西夏之间的任何贸易活动。由于西夏对北宋的茶叶和
绢丝等产品极为依赖，这种贸易的中断对西夏居民的生活造成
了显著的负面影响。为确保制裁的有效实施，西夏犯边之际，
北宋便会严格禁止边民与西夏人进行私下交易，并对违反者施
以严厉的法律制裁。[5] 但北宋对西夏的"禁盐令"和"断绝贸

---

[1]　庆历五年（1045 年），宋廷诏西北三路沿边州军有以堪造器物鬻于化外者，以私相交易律坐之，仍编管近里州军。参见《宋会要辑稿》食货六七之一。转引自李华瑞：《宋夏关系史》，中国人民大学出版社 2010 年版，第 239 页。

[2]　例如，大中祥符年间，赵德明遣人于庆州"赍违禁物窃市于边"。《续资治通鉴长编》卷七一。转引自李华瑞：《宋夏关系史》，中国人民大学出版社 2010 年版，第 239 页。

[3]　例如，范仲淹言，"环州永和寨西北一百二十里有折姜会，庆州东北百五十里有金汤、白豹寨，皆贼界和市处也"。《续资治通鉴长编》卷一三四。金汤、白豹"为蕃汉交易之市，奸商往来，物皆丛聚"。《续资治通鉴长编》卷一三五。转引自漆侠：《辽宋西夏金代通史叁：社会经济卷下》，人民出版社 2010 年版，第 836 页。

[4]　如"自夏人攻庆州大顺城，诏罢岁赐，严禁边民无得私相贸易"。《宋史·食货志下》。转引自李华瑞：《宋夏关系史》，中国人民大学出版社 2010 年版，第 239 页。

[5]　李华瑞：《宋夏关系史》，中国人民大学出版社 2010 年版，第 237 页。

易"的制裁各有成败。

北宋曾以"禁盐令"对李继迁部族施行过经济制裁。994年，李继迁攻打灵州，北宋发兵将李继迁赶至沙漠，同时以禁盐作为武器进行经济上的打击。当时的转运副使郑文宝认为，李继迁等人所占地方在平夏①以北，那里都是不毛之地，李继迁等人只能通过贩卖青白盐来换取粮食。郑文宝请求宋太宗禁止青白盐贸易，并让官府允许北宋商贩在当地贩卖解盐。② 通过这种手段，解盐贸易的税收能为朝廷带来收益，同时削弱李继迁的经济基础，达到不战而屈人之兵的效果。宋太宗采纳了这一建议，下令在陕西以西禁止私自与西夏进行青白盐贸易，并将违反者处以死刑。朝廷还鼓励民间互相监督，对举报者给予奖励。但是，这一禁令实施数月后，李继迁势力因缺乏粮食转而劫掠北宋边境城池。与此同时，由于北宋商人难以从解盐中获得高利润，多数人放弃了解盐生意。这导致关陇地区居民缺乏盐源，其他羌族部落因此骚扰北宋边境。面对边境的动荡局势，宋太宗被迫撤销禁令，恢复青白盐贸易。③ 995年，宋朝再次尝试禁盐，但不久后又因关中地区出现骚乱而撤销，郑文宝因此

---

① 平夏大致在今宁夏回族自治区固原市原州区一带。
② 北宋时，山西解池产的盐，价格比西夏的青白盐高。
③ "淳化四年，转运副使郑文宝建议以李继迁聚徒为寇，平夏之北，千里不毛，徒以贩青白盐栾粟麦以充食，愿禁之。许商入贩易解盐，官获其利，而戎人以困，继迁可不战而屈。太宗从之，下诏自陕西以西有敢私市戎人青白盐者，皆坐死，募邻里告讦差定其赏，行之数月，犯法者甚众，戎人乏食，寇掠边郡，内属万余帐，稍稍引归继迁。商人贩解盐少利。多取他路……关陇民无盐以食，而境上骚扰。乃命知制诰钱若水驰传视之，因下诏尽复旧制。"《宋会要辑稿》食货二三。转引自李华瑞：《宋夏关系史》，中国人民大学出版社2010年版，第245页。

被贬。①

　　本来，北宋希望李继迁放弃对夏州的控制，也曾授予李继迁官职。② 但李继迁坚持对党项故土的控制，不达目的不罢休。③最终，在经济封锁和军事进攻均告失败的情况下，北宋被迫向李继迁妥协。997年，宋真宗授予李继迁"夏州刺史，充定难军节度使、夏银绥宥静等州观察处置押蕃落等使"，从而使党项前首领李继捧失去的党项故土再度被西夏占据。

　　尽管宋夏达成了短暂的和平，北宋对西夏的盐禁却未曾放松。1000年，主战派梁鼎主持陕西边政，继续禁止青白盐贸易。④ 此后，北宋再未解除对青白盐贸易的禁令。在德明和元昊时期，西夏曾多次试图说服北宋放开盐禁，如在宋夏庆历议和时，李元昊请求宋廷允许销售十万青白盐，但遭到拒绝。然而，在实际操作中，宋夏边境地区的青白盐走私难以禁绝。由于宋廷的"榷盐体制"将盐资源牢牢控制在官方手中，加之官方在盐的运输和调配上存在缺陷，北宋的解盐常常不能及时运抵西部地区，致使陕西等地百姓面临盐荒。而且，由于西夏青白盐

―――――――――――

　　① 至道元年（995年）宋廷再次采纳郑文宝的建策"禁戎人卖盐"，结果不久又"致关中绎骚"，郑文宝也因之被贬。参见《宋会要辑稿》职官六四。转引自李华瑞：《宋夏关系史》，中国人民大学出版社2010年版，第245页。

　　② 991年，李继迁收复夏州。北宋闻讯派大军围攻夏州。李继迁害怕不敌北宋，但为了保住对夏州的控制权，表示投降。宋太宗授李继迁银州观察使，赐名赵保吉。994年，李继迁与归附北宋的李继捧发生军事冲突，李继迁舍弃银州逃走，宋下令废毁夏州城。此后，李继迁与北宋迁回交战，频频截获北宋粮草。北宋对李继迁的进攻无功而返。

　　③ "遣牙校李光祚至京修贡，表求蓄任，意不得夏州不已也。"《西夏书事》卷六。

　　④ 《宋会要辑稿》食货三六。转引自李华瑞：《宋夏关系史》，中国人民大学出版社2010年版，第245页。

味甘价廉，边境地区居民对其需求巨大，导致青白盐走私大受欢迎。

综上所述，北宋对西夏的"禁盐令"实际上是一次失败的制裁尝试。严格的制裁措施对北宋自身造成了严重的负面影响，由于未能妥善对受损者进行补偿，制裁的所有成本最终由边境地区居民承担。这种不可持续的做法导致受损者为了生计铤而走险，参与走私活动，最终导致制裁失败。北宋在与西夏的"盐战"中本可以采取更有效的策略，如降低解盐的价格与西夏进行价格战，或通过技术改进降低解盐的采掘和运输成本，甚至可以将四川乃至福建、浙江等地的盐运至宋夏边境以应对西夏的倾销。鉴于北宋在财力、技术水平和人口素质上的优势，这些策略是完全可行的。

在宋夏关系恶化期间，北宋多次采取了断绝与西夏贸易的策略，以此对实施军事行动的西夏进行制裁。西夏建立初期，为迫使宋朝承认其独立地位，夏景宗李元昊在 1040 年至 1042 年多次对宋朝发动军事攻击。在抵抗西夏的军事进攻的同时，北宋还断绝了与西夏的贸易关系。[1] 这一时期，西夏的牛羊产品只能销售给辽，而当地绢丝价格大幅上涨。[2] 失去了与宋朝的贸易后，西夏由于连年战争导致财政困顿、物价飙升，民众生活陷

---

[1] "元昊反，即诏陕西、河东绝其互市"。沈青崖等：《陕西通志》，景印文渊阁四库全书第 551 册，商务印书馆 2008 年版，第 392 页。转引自孙方圆：《从屈野河"侵耕"事件看宋夏边疆危机的管控》，《理论学刊》2021 年第 3 期。

[2] 西夏"用兵来，牛羊悉已卖契丹，一绢之直为钱二千五百"。《续资治通鉴长编》卷一三八。转引自漆侠：《辽宋西夏金代通史叁：社会经济卷下》，人民出版社 2010 年版，第 836 页。

入困境。尽管西夏在军事上取得了一定的胜利，但经济的恶化也使其遭受重创。这促使双方都希望达成和议，但谈判多次陷入僵局。1043 年，辽介入调停，促成了宋夏和谈。1044 年，西夏派出使臣向北宋提出和议条件，要求北宋承认西夏的独立地位并册封李元昊为国主，作为交换，西夏将向北宋称臣并接受赏赐。宋朝接受了这些条件，并同意在保安军（今陕西志丹县）及高平寨（今宁夏固原市）等地设置榷场。1046 年，双方约定在保安军和镇戎军两地开设榷场进行贸易，每年交易两千匹马和一万头羊。[①] 从制裁效果来看，宋朝对西夏的经济制裁削弱了西夏，抑制了其进一步对宋朝进行军事打击的能力。宋夏和谈的促成，既是因为北宋的经济制裁，也是因为辽在北宋重赂下的调停参与。

　　在天圣至嘉祐年间，北宋还通过断绝贸易制裁李谅祚时期的西夏。这一时期，北宋与西夏在屈野河划界问题上的纠纷不断，双方频繁发生边民侵耕、边兵交战与边官交涉。屈野河位于北宋麟府路境内（今陕西神木市、府谷县一带），是一条具有战略价值的河流，适合耕种和屯兵。在宋辽夏三方鼎立的时期，麟府路成为三方交界的关键地点。北宋和西夏双方都希望占领屈野河，以维护各自的军事优势。尽管《庆历和议》明确了双方的政治关系，但并未详细划分麟府路的边界，导致屈野河成为遗留问题。嘉祐初期，西夏占领北宋屈野河，北宋官员庞籍

---

① "保安军、镇戎军榷场，岁各市马二千匹，博买羊一万口"。《续资治通鉴长编》卷一五九。转引自漆侠：《辽宋西夏金代通史叁：社会经济卷下》，人民出版社 2010 年版，第 836 页。

建议禁绝宋夏贸易，以此打击西夏。庞籍认为，如果双方断绝贸易，西夏经济将恶化，西夏民众将归咎于策划了占领屈野河的西夏权臣没藏讹庞，这将为后续行动提供机会。宋廷遂禁绝与西夏的所有贸易。[①] 最终，由于互市和走私贸易被禁，西夏物价飞涨，民怨沸腾，西夏高层因此陷入内讧。1061 年 4 月，李谅祚设计削弱了没藏讹庞的势力并开始亲政，同年 6 月与北宋就屈野河问题达成协议。[②] 从制裁效果来看，这是北宋对西夏的一次成功制裁，不仅引发了西夏高层的内讧，也促成了屈野河问题的解决，且未引起西夏的军事报复。回顾整个过程，该问题的解决也依赖于当时的宋辽夏关系。虽然西夏在屈野河占有军事优势，但宋夏关系在《庆历和议》后趋于平稳，加之辽夏关系的恶化和西夏政局变化的影响，双方最终通过政治谈判达成了各守河岸、互不越界的协议。

北宋制裁西夏取得成功的前提之一是辽夏关系的恶化。当辽夏关系紧张时，西夏面临两线作战的压力，对北宋发起军事报复的可能性大大降低。这充分说明了军事能力保障对经济制裁成功的重要性。如本书理论部分所强调的，制裁与经济战直接以经济手段追求政治目标，虽然跳过了军事环节，但实际上也需要准备一定程度的军事力量以应对或阻遏受制裁方诉诸武

---

① 北宋有官员提出："西人侵耕屈野河地，本没藏讹庞之谋，若非禁绝市易，窃恐内侵不已。请权停陕西缘边和市，使其国归罪讹庞，则年岁间可与定议。"宋廷"诏禁陕西四路私与西人贸易者"。《续资治通鉴长编》卷一八五。转引自孙方圆：《从屈野河"侵耕"事件看宋夏边疆危机的管控》，《理论学刊》2021 年第 3 期。

② 孙方圆：《从屈野河"侵耕"事件看宋夏边疆危机的管控》，《理论学刊》2021 年第 3 期。

力报复的可能。当制裁方追求的政策目标远超经济工具的适用范围时，制裁也将升级为经济战，甚至最终发展为军事冲突。在北宋对李继迁施以"禁盐令"，试图让其放弃对党项故土的控制权并对北宋称臣的案例中，北宋所追求的政治目标远远超出了"禁盐令"的适用范围，导致制裁难以成功。而后北宋对西夏两次断绝贸易的制裁取得成效，都是在辽夏关系恶化的大背景下实现的。有了辽的牵制，西夏对北宋发起军事报复的可能性就大大降低了，"断绝贸易"的制裁带给西夏的经济损失就成为西夏难以承受之重，因此议和自然成为西夏不得不考虑的政策选项。

第三节　明朝对蒙古的经济分化

明蒙百年博弈

14 世纪，新兴的明朝与蒙古之间开展了长期的政治、军事及经济较量。1368 年（明朝洪武元年，元朝至正二十八年），明军北征攻打元大都，导致元朝政权退回北方草原。尽管如此，元朝的政治和军事结构依然存在，直接控制的军队人数超过一百万。依靠这股强大力量和传统政治法统，元朝始终图谋"恢复中原"。直至 1388 年（明朝洪武二十一年，北元天元十年），在捕鱼儿海之战中，明军彻底击败元军主力，紧接着元朝的最后一位皇帝为其权臣所杀，"大元"国号随之废止。取而代之的是，起用成吉思汗定下的国号"大蒙古国"，但这一政权很快又分崩离析，重回部落状态。黄金家族统领的本部被明人称为"鞑靼"；居住在天山以西的卫拉特部被称为"瓦剌"；居住在大兴安岭东南部嫩江流域的兀良哈部则归顺明朝。明朝允许兀良哈部朝贡、互市，成为明藩篱，并在此基础上建立了三个羁縻卫所，称为"朵颜三卫"，其地理位置大致"自大宁前抵喜峰口，近宣府，曰朵颜；自锦义经广宁至辽河，曰泰宁；自黄泥洼逾沈阳、铁岭至开原，福余"[①]，这些区域成为明朝九边防御体系的重要组成部分[②]。

　　残存的蒙古政权自然是明朝的心腹大患。为以"虏"治"虏"、分而治之，明廷对蒙古各部采取"逆革顺赏"之策[③]：对于归顺明朝的部落，册封其首领，允其朝贡、互市，是为"顺赏"；对于敌视明朝的部落，则坚决实行经济封锁和军事打击，称为"逆革"。因蒙古各部在农业、手工业和贸易等领域对明朝处于"不对称相互依赖"的不利地位[④]，明朝从而在上述领域获得对蒙古各部的结构性权力[⑤]，则不论是"顺赏"还是"逆革"，便都成为明廷将自己的结构性权力施加于蒙古各部的不同方式。通过"逆革顺赏"，明廷可以在蒙古内部培养"对明朝贡互市特殊利益集团"，同时打击顽固分子，一打一拉之间，明廷便可在蒙古

　　① 《明史·朵颜传》。转引自于默颖：《明蒙关系研究：以明蒙双边政策及明朝对蒙古的防御为中心》，内蒙古大学 2004 年。
　　② 额德：《明代朵颜卫源考》，《内蒙古民族大学学报（社会科学版）》2001 年第 3 期；特木勒：《"庚戌之变"与朵颜卫的变迁》//中国蒙古史学会：《蒙古史研究：第 7 辑》，内蒙古大学出版社 2003 年版，第 10 页。
　　③ 赵文：《明神宗"逆革顺赏"策略对明蒙关系带来的影响》，《中南民族大学学报（人文社会科学版）》2013 年第 5 期。
　　④ 关于"不对称相互依赖塑造权力"的理论，参见：罗伯特·基欧汉、约瑟夫·奈：权力与相互依赖：第 3 版，门洪华译，北京大学出版社 2002 年版，第 11-12 页。
　　⑤ 关于结构性权力理论，参见：苏珊·斯特兰奇：国家与市场，杨宇光等译，上海人民出版社 2006 年版。

统治集团内部塑造有利于亲明路线的权力结构，进而可以在明蒙"双层博弈"① 中取得优势权力地位。蒙古兀良哈部因"归顺"而受"封贡互市"之"赏"，成为明朝在蓟辽北境的坚定盟友和坚固藩篱，便是明廷采取上述策略所收获的丰厚战略回报。

自捕鱼儿海之战元廷崩溃之后，蒙古军事贵族集团基本放弃了征服中原的梦想。他们与明朝之间的冲突，更多地反映了经济需求的延续，而不仅仅是政治斗争的延伸。自达延汗复兴蒙古本部至俺答汗初期，草原地区逐渐稳定，战乱显著减少，蒙古各部的人口开始迅速增长。但脆弱的草原畜牧业经济基础已无法满足日益增长的需求。嘉靖朝辽东巡抚苏志皋指出："（蒙古）迩年生齿日繁，又益汉人之半，射猎不足以供之"②，因之"锅釜针线之具，缯絮米菽之用，咸仰给汉"③，蒙古各部必须从中原地区获得必要的农产品和手工业制成品才能生存下去。长期督师九边、深谙蒙古内情的万历朝兵部尚书王崇古一针见血地指出："北虏散处漠北，人不耕织，地无他产，虏中锅釜线之日用，须借中国铸造，绸缎绢布之色衣，惟恃抢掠。"④而粮食和纺织品、金属等手工业制成品都是生活必需品，需求价格弹性极小，其供给却高度垄断在明朝手中，造成蒙古各部

---

① 关于外交与国内政治的"双层博弈"理论，参见：Robert D. Putnam, "Diplomacy and Domestic Politics: The Logic of Two-Level Games," International Organization, Vol. 42, No. 3, 1988, pp. 427 - 460。

② 岷峨山人：《译语》。转引自陈永升：《板升与俺答汗时期土默川地区的开发》，《中山大学研究生学刊（社会科学版）》1998 年第 1 期。

③ 《明经世文编》卷三一七，王崇古《确议封贡事宜疏》。转引自金昌林：《"俺答封贡"的历史背景与意义》，《中南民族学院学报（哲学社会科学版）》1991 年第 2 期。

④ 《明经世文编》卷三一七，王崇古《确议封贡事宜疏》。转引自于默颖：《明蒙关系研究：以明蒙双边政策及明朝对蒙古的防御为中心》，内蒙古大学 2004 年。

"不对称地依赖"明朝的农业和手工业生产能力，敏感且脆弱；由此明朝在农业、手工业等生产领域也就对蒙古各部享有巨大的结构性权力，而这种生产领域的结构性权力，具有向贸易领域乃至安全领域转化的有利趋势。

首先，单一而脆弱的畜牧业经济基础迫使蒙古各部依靠人力和畜力与中原地区的农产品和手工业制成品进行交换。这种交换呈现为两种形态：暴力掠夺和贡市贸易。即如明人所言，"计所以得之者，唯抢掠与贡市二端"[1]。罗纳德·哈里·科斯把"对他人造成损害的权利"看作一种生产要素，生产要素的使用能为其所有者创造价值[2]，则暴力也可以是一种生产要素。明廷若不许蒙古朝贡，不许互市，蒙古军事贵族集团便诉诸暴力，充分使用其"对他人造成损害的权利"这种生产要素，来获取要素收益；但若明廷迫于蒙古军事压力，允其朝贡互市，则蒙古在获取巨大经济收益之余，战争潜力势必大增，进而有能力对明朝施加更大的军事压力。隆庆五年（1571）俺答封贡后，明廷内部对此争议颇大。万历十八年（1590）兵科给事中张贞观上疏，充分表达了对蒙古将贡市收益转化为战争能力的深刻担忧：

> 中国款虏岁以百万计，和款二十年，则已饱虏二千万矣！虏有二千万之增，则中国有二千万之损，即虏不渝盟，中国亦且坐困，恐异日忧方大耳！[3]

---

[1] 《大明实录》卷二六二。转引自于默颖：《明蒙关系研究：以明蒙双边政策及明朝对蒙古的防御为中心》，内蒙古大学 2004 年。

[2] 卢现祥、朱巧玲：《新制度经济学》，北京大学出版社 2007 年版，第 210 页。

[3] 《大明实录》卷二二六。

但实际上，蒙古军事贵族集团在"战争掠夺"与"朝贡互市"这两种交换方式之间更加偏好后者。对于蒙古统治者而言，战争掠夺往往只是手段，目的则是迫使明廷允其朝贡互市。以明史上著名的"庚戌之变"为例，嘉靖二十九年（1550，农历庚戌年），蒙古右翼突破宣府、大同防线，越古北口直下京师，围城三日，然而俺答汗所求者不过"予我币，通我贡，即解围，不者岁一虏尔郭"①。"庚戌之变"后，蒙古右翼更是连年南下掳掠，近边百姓深受其害，但明朝史官对其真实动机洞若观火："虏自壬寅（1542）以来，无岁不求贡市，其欲罢兵息民，意颇诚恳"②；蒙古右翼连年寇边，不过是撬动明廷改变对其经济制裁和封锁政策、允其朝贡互市的杠杆和筹码罢了。

蒙古军事贵族集团在享有军事优势的情况下，为何更加偏好"朝贡互市"，甚至只是将战争掠夺作为迫使明廷允其朝贡互市的手段？这首先是因为，根据蒙古各部的习惯法，封贡所得收益主要归于统治集团，而掳掠所得却要平均分配：

> 群夷（蒙古各部部众）上所掳获于群酋（各部首领）而莫之敢匿，群酋上所掳获于虏王（大汗）而莫之敢匿，虏王得若干，余以颁群酋，群酋得若干，余以颁群夷③；……

---

① 叶向高：《四夷考》，中华书局1991年版，第82页。转引自赵发：《阿勒坦（俺答）开发丰州的策略逻辑》，《西部蒙古论坛》2019年第2期。

② 《大明实录》卷三六四。转引自伊克昭盟《蒙古民族通史》编委会：《蒙古民族通史：第三卷》，内蒙古大学出版社1991年版，第313页。

③ 萧大亨：《北虏风俗·战阵》，明刊本。转引自胡凡：《论明穆宗时期实现"俺答封贡"的历史条件》，《中国边疆史地研究》2001年第1期。

（蒙古）入寇则利在部落，通贡则利在酋长①。

由此可见，蒙古各部贵族在战争掠夺中实际获利不多，反而是通过贡市贸易的方式获得厚利，这种"合法权利的初始界定会对经济制度运行的效率产生影响，权利的一种安排会比其他安排带来更多的产值"②，当然会促使蒙古各部统治集团为了获取"更多的产值"而选择封贡互市作为权利安排的首要选项。

其次，蒙古军事贵族集团偏好"朝贡互市"，也是因为"战争掠夺"实在是一种成本过高的交换方式。嘉靖、隆庆两朝凡四五十年，在明蒙长期冲突中直接战死的蒙古将士不下万人。③蒙古右翼首领俺答汗承认，在与明朝的冲突中，蒙方"虽尝抢掠些许，人马常被杀伤"④。故此俺答汗认为，"抢掠虽获有人畜，而纱缎绝少，且亦自有损失，计不如贡市"⑤。

此外，在明蒙长期冲突中，明军方面为削弱蒙古的战争潜力，也不时出塞扫荡草原，同样给蒙古造成了巨大的创伤，极大推高了战争掠夺的"交易成本"。明军"守边将士每至秋月草枯，出塞纵火，谓之烧荒"⑥，其攻击范围"近者五六十里，远

① 《明经世文编》卷二五八，赵时春《北虏纪略》。转引自于默颖：《明蒙关系研究：以明蒙双边政策及明朝对蒙古的防御为中心》，内蒙古大学 2004 年。

② 罗纳德·哈里·科斯：《社会成本问题》//《企业、市场与法律》，盛洪、陈郁等译校，上海三联书店 1990 年版，第 92 页。

③ 于默颖：《明蒙关系研究：以明蒙双边政策及明朝对蒙古的防御为中心》，内蒙古大学 2004 年。

④ 《北狄顺义王俺答谢表》。

⑤ 《大明实录》卷二六二。转引自赵发：《阿勒坦（俺答）开发丰州的策略逻辑》，《西部蒙古论坛》2019 年第 2 期。

⑥ 《日知录》卷二九，四部备要本。

者三五百里"①，致使"边外野草尽烧，冬春人畜难过"②，从而使草原畜牧业经济基础遭到沉重打击。除"烧荒"外，明军也时常乘虚直捣蒙古后方老营，谓之"捣巢"或"赶马打帐"③。王崇古督师九边时，"每督陕西延宁各镇官兵出边捣巢，节年共斩首千余级"④。嘉靖三十九年（1560），大同总兵官刘汉出师直捣丰州（今呼和浩特东白塔村），"擒斩一百五十人，焚板升略尽"⑤。

从后来的史实看，明军长期坚持采用由以下三种策略构成的战略组合：长期坚持严密的封锁制裁与经济战，间歇性开闭互市，不时出塞"烧荒""捣巢"。通过这种方式，明军力图"断绝敌人的基础性力量来实现最终目标"⑥，即"使敌人在心理上和物质上丧失平衡，以奠定胜利的基础"⑦，取得了丰硕的战略回报。"频年战伐而骄侈淫纵，部众亦厌苦，稍离心矣"⑧。长期的战争和封锁制裁与经济战使蒙古各部民众陷入"爨无釜，

---

① 于默颖：《明蒙关系研究：以明蒙双边政策及明朝对蒙古的防御为中心》，内蒙古大学 2004 年。

② 《北狄顺义王俺答谢表》。

③ 于默颖：《明蒙关系研究：以明蒙双边政策及明朝对蒙古的防御为中心》，内蒙古大学 2004 年。

④ 《明经世文编》卷三一七，王崇古《确议封贡事宜疏》。

⑤ 《明史·鞑靼传》。

⑥ B. Liddell Hart, Strategy: The Indirect Approach, London: Faber and Faber Limited, 1967, p. 164. 转引自严鼎程：《李德哈特间接路线战略思想研究》，中共中央党校 2018 年。

⑦ 李德·哈特：《战略论：间接路线》，钮先钟译，内蒙古文化出版社 1997 年版，第 6 页。

⑧ 《明世宗实录》。转引自于默颖：《明蒙关系研究：以明蒙双边政策及明朝对蒙古的防御为中心》，内蒙古大学 2004 年。

衣无帛"无茶则病""日无一食，岁无二衣"① 的困境。由于铁器奇缺，蒙古牧民在分子嫁女时，只得把一口锅打破分成两半；实在没有锅，便只得以皮囊煮肉为食。② 蒙古各部生活困窘至斯，不但极大削弱了其战争能力，更磨灭了其斗争意志。蒙古各部民众厌战求和的愿望逐渐强烈，使得蒙古军事贵族统治集团在处理对明关系问题、进行相关决策时，面临内外部"双层博弈"的巨大压力。

俺答汗的"进口替代"与"产业-商业-军事内外双循环"战略及其破产

明军于嘉靖三十九年（1560）捣巢丰州的军事行动，也具有重大战略意义。蒙古右翼汗廷所在的丰州滩（明清时期因蒙古土默特部居住而得名，又称前套平原或呼和浩特平原）水草丰美，土壤和气候条件非常适宜农耕，总面积约 1 万平方公里。俺答汗为了提高蒙古各部对明朝农产品和手工业制成品的需求价格弹性，从而缓解乃至摆脱对明朝的"不对称相互依赖"，防止明朝在生产和贸易领域的优势转化为军事领域的优势，决定实行"进口替代"的战略性产业政策，着手发展自己的农业、手工业产业链。他计划将丰州滩开发成为蒙古右翼的农业和手工业生产基地。

---

① 《明世宗实录》。转引自金昌林：《"俺答封贡"的历史背景与意义》，《中南民族学院学报（哲学社会科学版）》1991 年第 2 期。

② 金昌林：《"俺答封贡"的历史背景与意义》，《中南民族学院学报（哲学社会科学版）》1991 年第 2 期。

从嘉靖二十五年（1546）开始，俺答汗开始着手吸引汉人技术移民，开发丰州滩。① 他对经由各种渠道被动或主动来投的汉族居民，均无偿提供牛羊牲畜，并"给瓯脱地（荒地），令事锄耨"②，同时轻徭薄赋，"岁种地不过粟一束，草数束，别无差役"③。俺答汗甚至仿效中原皇帝为鼓励农业发展而行"亲耕礼"的传统制度④，亲自下地耕种，以作垂范："是年（嘉靖二十五年，1546）四月，俺答阿不孩及兀慎娘子见砖塔城（即丰州），用牛二犋耕，城约五六顷，所种皆谷、黍、蜀、秫、糜子，又治窑一座，大欢，以为偃旗息鼓归休田野，岂不大愉快哉！"⑤俺答汗主持的丰州滩农业发展计划大获成功。当时生活在丰州滩的蒙古各部民众将汉族移民建造居住的房屋称为"板升"，因而"板升"也成为丰州滩"开发区"的别称。⑥ 史载板升地区"其耕具有牛有犁，其种子有麦有谷有豆有黍，此等传来已久，非始于近日。惟瓜瓠茄芥葱韭之类……种种俱备"⑦，因而"虏

---

① 许慧君：《明代板升的社会效应与历史影响》，《内蒙古大学学报（哲学社会科学版）》2012 年第 1 期。

② 方逢时：《大隐楼集》卷一六《云中处降录》。转引自陈永升：《板升与俺答汗时期土默川地区的开发》，《中山大学研究生学刊（社会科学版）》1998 年第 1 期。

③ 《筹辽硕画》卷一。转引自陈永升：《板升与俺答汗时期土默川地区的开发》，《中山大学研究生学刊（社会科学版）》1998 年第 1 期。

④ 董纪平：《北京先农坛与皇帝亲耕》//中国紫禁城学会：《中国紫禁城学会论文集：第六辑上》，紫禁城出版社 2011 年版，第 9 页。

⑤ 岷峨山人：《译语》。转引自陈永升：《板升与俺答汗时期土默川地区的开发》，《中山大学研究生学刊（社会科学版）》1998 年第 1 期。

⑥ 许慧君：《明代板升的社会效应与历史影响》，《内蒙古大学学报（哲学社会科学版）》2012 年第 1 期。

⑦ 萧大亨：《北虏风俗·耕猎》。转引自赵发：《阿勒坦（俺答）开发丰州的策略逻辑》，《西部蒙古论坛》2019 年第 2 期。

数万，仰食板升收获"①。王崇古也称："今板升农业，亦虏中食物所资。"②

板升地区的发展不限于农业，手工业也取得了长足的进步。为了获取手工业生产技术和工匠，俺答汗甚至在嘉靖二十五年（1546）派使者到大同，帅"五十骑到堡。索我木工、画工、铁工，往丰州盖城"③。为了获取大量汉人技术移民，俺答汗除了派兵掳掠、勒索工匠之外，更以重利诱惑汉人工匠来投，"造甲胄一副酬以一驼，良弓一张或利刀一把酬以一马，半角弓酬以一牛，羊角弓酬以一羊"④。蒙古右翼还大量走私、掳掠手工业原料以满足新兴手工业所需，"其始掠布帛，继则取刃器取釜，今乃接战夺甲，得车焚轮，是渐知贵铁也"⑤。在俺答汗的"产业政策"下，造纸、烧窑、冶缎、兵器、制衣、首饰及生产、生活用具的手工作坊和匠户在板升地区蓬勃发展，农牧产品加工、衣帽鞋和铁器，甚至弓弩、甲胄等都能实现自主生产。史载板升地区军事手工业产品"弓用铺筋，矢用铁镞，尤精强"⑥，"甲胄以铁为之，或明或暗，制与中国同，最为坚固，矢不能

① 《明穆宗实录》。
② 王崇古：《散逆党说》，见《登坛必究》卷三七。
③ 瞿九思：《万历武功录·俺答列传上》。转引自韦占彬：《明代蒙古诸部对归顺汉人的任用及其军事影响》，《曲靖师范学院学报》2008年第2期。
④ 瞿九思：《万历武功录·俺答列传下》。转引自陈永升：《板升与俺答汗时期土默川地区的开发》，《中山大学研究生学刊（社会科学版）》1998年第1期。
⑤ 萧大亨：《北虏风俗·教战》。转引自赵发：《阿勒坦（俺答）开发丰州的策略逻辑》，《西部蒙古论坛》2019年第2期。
⑥ 瞿九思：《万历武功录·俺答列传中》。转引自陈永升：《板升与俺答汗时期土默川地区的开发》，《中山大学研究生学刊（社会科学版）》1998年第1期。

入"①，并且出现了专门交易上述手工业制成品的市场②。板升地区的汉族移民人口也很快增长到了 5 万余人③，而当时蒙古左右翼人口总数据估计也不过三四十万人④。到了嘉靖三十六年（1557），俺答汗在丰州"起造五塔和八座大板升"⑤，属于蒙古的农业、手工业生产基地和贸易都市似乎就要拔地而起，蒙古似乎就要形成农业-手工业自主生产能力，构建产业-商业-军事内外双循环体系，摆脱对明朝的不对称相互依赖，瓦解明朝所享有的对蒙结构性权力格局。

然而，俺答汗实施的这一经济政策虽初见成效，却反讽地使蒙古右翼陷入了一个巨大的战略困境。蒙古草原的游牧经济基础本身就脆弱，对明朝农产品和手工业制成品存在刚性需求。面对明朝在生产和贸易领域所占据的结构性优势，蒙古似乎无力回天。蒙古与明朝之间长达百年的博弈，根本上依赖于游牧骑兵的机动性优势，以及由此在有组织暴力领域形成的比较优势。这种优势，作为一种对他人造成损害的力量，可以转化为

---

① 萧大亨：《北虏风俗·教战》。转引自赵发：《阿勒坦（俺答）开发丰州的策略逻辑》，《西部蒙古论坛》2019 年第 2 期。

② 杨绍猷：《俺答汗评传》，中国社会科学出版社 1992 年版，第 41 页。转引自陈永升：《板升与俺答汗时期土默川地区的开发》，《中山大学研究生学刊（社会科学版）》1998 年第 1 期。

③ 瞿九思：《万历武功录·俺答列传下》。转引自陈永升：《板升与俺答汗时期土默川地区的开发》，《中山大学研究生学刊（社会科学版）》1998 年第 1 期。

④ 明宣大学督翁万达称："（蒙古）年来收养残畜，兼之掳我生口，日滋月息，即今小王子、吉囊、俺答诸部落，可三四十万。"参见李东阳：《西北备边事宜状》，见《明经世文编》卷五四。转引自陈永升：《板升与俺答汗时期土默川地区的开发》，《中山大学研究生学刊（社会科学版）》1998 年第 1 期。

⑤ 《明穆宗实录》。转引自赵发：《阿勒坦（俺答）开发丰州的策略逻辑》，《西部蒙古论坛》2019 年第 2 期。

一种有效的生产要素。但这种依赖于对明朝施加负外部性的生产要素，并不能使蒙古完全摆脱或至少缓解对明朝的"不对称相互依赖"。在俺答汗这位雄才大略的领导者看来，唯有发展蒙古自身在相关领域的自主生产能力，才能从根本上缓解或解除对明朝的结构性依赖。然而，蒙古若发展定居农业和手工业，虽然可以提升自主生产能力，却也意味着牺牲游牧特有的机动性。农地和手工业工场、设备、窑址等固定资产无法随牧民迁徙，这迫使蒙古必须放弃其在有组织暴力领域的机动性优势。一旦失去这一优势，游牧民族作为重要生产要素的有组织暴力便会贬值。如果蒙古坚持其游牧特性，则任何尝试发展的替代性定居农业和手工业生产基地都难以抵御明朝的军事攻击。

嘉靖三十九年（1560），当大同总兵官刘汉率军深入丰州，俺答汗耗费十余年心血建立的板升农业、手工业经济开发区被毁于一旦，"擒斩一百五十人，焚板升略尽"[1]，俺答汗试图发展"进口替代"产业以实现独立自主的"产业-商业-军事内外双循环"战略宣告破产。

明朝与蒙古右翼的封贡互市

隆庆五年（1571）三月，明朝与蒙古右翼达成和议，双方化干戈为玉帛。明朝册封俺答汗为顺义王[2]，俺答汗则接受明朝册封、奉明朝为正朔，其统治范围称为"大明金国"[3]。隆庆五

---

① 《明史·鞑靼传》。

② 《明穆宗实录》。转引自赵文：《明后期对蒙古策略探究》，中央民族大学 2009 年。

③ 胡钟达：《明与北元-蒙古关系之探讨》，《内蒙古社会科学》1984 年第 5 期。

年五月，在受封庆典上，俺答汗"对天叫誓"，起誓"永不犯中国……若有哪家台吉进边作歹者，将老婆孩子、牛羊马匹尽数赏给别夷"①。同时明廷通令禁止九边出塞"烧荒""捣巢"；双方还共同商定了各自应遵守的"规矩"。② 随后，双方共同宣誓"天王佛祖证我盟誓，两家有违，遭此锋利"③。

　　然而，在蒙古历史文献中对俺答汗封贡的政治内涵的解读与中原史书截然不同。蒙古军事贵族集团认为，"封贡互市"并非意味着蒙古向明朝称臣，而是明朝在蒙古的武力胁迫下主动请求给予蒙古贡赋和税收以求安宁。例如，《汉译蒙古黄金史纲》记载，俺答汗在攻打明朝、袭击城池时，大明皇帝因恐惧而缴纳贡赋和税收，并赐予俺答汗顺义王的称号。④《蒙古源流》也描述了俺答汗攻打明朝、造成明人恐惧的情景，并称明朝赠予俺答汗顺义王的称号以及金印以求和解。⑤ 美国历史学家赛瑞斯（Henry Serruys）在分析蒙汉两种文献后指出，蒙古人传统上认为明朝的赏赐是对他们的贡赋，如果不给贡赋，他们会采

---

　　①　《三云筹俎考·封贡考》。转引自金昌林：《"俺答封贡"的历史背景与意义》，《中南民族学院学报（哲学社会科学版）》1991年第2期。

　　②　金昌林：《"俺答封贡"的历史背景与意义》，《中南民族学院学报（哲学社会科学版）》1991年第2期。

　　③　刘应箕：《款塞始末》，见薄音湖、王雄：《明代蒙古汉籍史料汇编：第二辑》，内蒙古大学出版社2000年版，第92页。转引自金星：《明朝对左翼蒙古拒贡政策原因探析》，《广播电视大学学报（哲学社会科学版）》2016年第1期。

　　④　朱风、贾敬颜：《汉译蒙古黄金史纲》，内蒙古人民出版社1985年版，第45页。转引自金星：《明朝对左翼蒙古拒贡政策原因探析》，《广播电视大学学报（哲学社会科学版）》2016年第1期。

　　⑤　《蒙古源流》卷六，合校本第399-400页；乌兰：《〈蒙古源流〉研究》，辽宁民族出版社2000年版，第364页。转引自于默颖：《明蒙关系研究：以明蒙双边政策及明朝对蒙古的防御为中心》，内蒙古大学2004年。

取报复行动。他提到，虽然我们习惯认为"北虏"向明朝朝贡并承认后者的宗主权，但实际上明朝是为了获得蒙古的称臣和北边的相对安全而付出贡赋。在这种情况下，蒙古人将这种贡赋视为明朝对蒙古的贡赋，而非相反。[1]

事实上，在蒙古严重不对称地依赖明朝，明朝对蒙古享有不可撼动的结构性权力，且坚定不移地对蒙古实施长期封锁制裁与经济战，并以间接路线战略持续不断削弱蒙古本就脆弱的经济基础，导致蒙古上下内外交困已极的情况下，蒙古文献对俺答封贡政治含义的上述解读，也只能理解为是迫于"双层博弈"的内部压力，为了在政治上对蒙古内部反对派有所交代，而不得不做此言说罢了。毕竟，就连俺答汗的长子黄台吉都不能理解父亲孜孜以求明朝封贡的行为，曾"日夜扼腕曰：'老婢子（指俺答汗）有此兵，而老死沙漠，可笑也'"[2]。然而不论双方在俺答封贡这件事上如何表述，基础的客观事实都是明朝皇帝册封蒙古汗王，而不是蒙古汗王册封明朝皇帝，更何况，蒙古所求于明朝者，也远远超出明朝对蒙古之所求。

蒙古对明朝的经济依赖之深，以至早在俺答封贡之前，蒙古与明朝之间就已经存在密切的私市贸易。如在宣府、大同地区，行市为"一牛易米豆石余，一羊易杂粮数斗。无畜者或驮盐数斗，易米豆一二斗。挑柴一担，易米二三升。或解脱皮衣，

---

① 赛瑞斯：《明代中蒙关系：贡赋制度和外交使臣（1400—1600）》，比利时高等汉学研究所 1967 年版，第 21-25 页。转引自于默颖：《明蒙关系研究：以明蒙双边政策及明朝对蒙古的防御为中心》，内蒙古大学 2004 年。

② 王世贞：《北虏始末志》。转引自陈永井：《板升与俺答汗时期土默川地区的开发》，《中山大学研究生学刊（社会科学版）》1998 年第 1 期。

或执皮张马尾，各易杂粮充食"①。甚至戍边的官军也多有参与私市贸易者。此外，边军"每二人贴一，全不坐哨，专事交通，时以粮银私买货物，深入分定虏帐，交结酋妇，展转图利"②。所谓"每二人贴一"，是指明朝边军中流行的一种合伙图利的商业组织模式，通常是三人结伙，其中一人的粮饷完全充作本钱参与私市贸易，而另外两人则以自己的粮饷供养出资者，共担风险和成本，共享贸易利润。

　　在蒙古与明朝之间的不对称依赖关系中，蒙古对明朝产品的需求具有较低的价格弹性。当明朝加强对蒙古的封锁和制裁时，明蒙之间的走私贸易利润率相应提高，导致更多人冒着违反禁令的风险去追求高额利润。在这种情况下，明廷的贸易禁令逐渐名存实亡。到了隆庆年间，时任宣大总督的王崇古"以充买道饵房之资"为名，干脆每月给每名边军多发关饷三两银子③，实则充为货资，鼓励将士与蒙古牧民互市交易。其后明蒙私市贸易竟然发展到"虏代墩军瞭望，军代达虏牧马"④ 的地步，也就是在双方私市的时候，如有参与市场交易的明朝边军恰好当值，则蒙古军民会主动替他巡逻瞭望，而明朝边军也会替蒙古军民放牧。

---

　　① 　王崇古：《酌许虏王请乞四事疏》。转引自金昌林：《"俺答封贡"的历史背景与意义》，《中南民族学院学报（哲学社会科学版）》1991 年第 2 期。

　　② 　王崇古：《禁通虏酌边哨以惩凤玩疏》。转引自金昌林：《"俺答封贡"的历史背景与意义》，《中南民族学院学报（哲学社会科学版）》1991 年第 2 期。

　　③ 　王崇古：《禁通虏酌边哨以惩凤玩疏》。转引自金昌林：《"俺答封贡"的历史背景与意义》，《中南民族学院学报（哲学社会科学版）》1991 年第 2 期。

　　④ 　陈子龙等选辑：《明经世文编：四》，中华书局 1962 年版，第 3370 页。转引自赵发：《阿勒坦（俺答）开发丰州的策略逻辑》，《西部蒙古论坛》2019 年第 2 期。

隆庆五年（1571）五月的封贡仪式后，明朝在宣府张家口、大同守口堡等地设立了十三处马市，由官方组织、监督和管理，旨在调剂市场货物和筹划流动资金（称"市本金"或"市本"）。参与交易者包括汉族商民和蒙古右翼各部贵族，他们使用自己或官方的资金和商品进行交易。汉族商民获得的马匹优先满足明廷边防军需，其余则供应给内地汉民。蒙古贵族则换回中原的绸缎、布绢、棉花、改机、梭布、针线、梳篦、糖果等各类商品。马市一年一度，时间在 7 月至 10 月。[①] 马市结束后，会在原址开设民市，其交易额一般是官市的三倍。民市与马市的主要区别在于，明朝官方不提供市本金，不购备市场物资，交易完全由商民自行安排。在民市上，蒙古民众以马、牛、羊、驴、骡、皮张、皮裘、木材换取汉族商民的布匹、铁锅、粮谷、农具及估衣等日用杂货。[②] 每逢开市之日，边塞市集上"贾店鳞比，各有名称，如云南京罗缎铺、苏杭罗缎铺、潞州绸铺、泽州帕铺、临清布帛铺、绒线铺、杂货铺，各行交易铺沿长四五里许"[③]，繁盛极于一时。此外，还发展出了月市，每月农历十五举行，时间较短，交易内容更为日常。蒙古牧民以牛羊、皮张、马尾、毡裘、盐碱、柴草、木材等，向汉民换取粮米、布匹、锅釜、耕具、绒线及其他日用杂货。[④] 马市、民市、月市之外，各边"卫口，每月望后（即农历每月十五后），俱有小市"，

---

① 阿萨拉图：《明代蒙古地区和中原间的贸易关系》，《中国民族》1964 年第 1 期。

② 阿萨拉图：《明代蒙古地区和中原间的贸易关系》，《中国民族》1964 年第 Z1 期。

③ 《古今图书集成》职方典卷一五五。转引自赵文：《明神宗"逆革顺赏"策略对明蒙关系带来的影响》，《中南民族大学学报（人文社会科学版）》2013 年第 5 期。

④ 阿萨拉图：《明代蒙古地区和中原间的贸易关系》，《中国民族》1964 年第 Z1 期。

"以抚安穷夷"①。小市多设于沿边墩堡旁，明朝"听虏以牛羊、皮张、马尾易我杂粮、布帛，关吏得税其物，以充抚赏"②。

需要指出的是，虽然朝贡互市如火如荼，但是明廷依然保持了清醒的战略头脑，不论俺答汗如何请求，明廷决不许开茶市。茶叶是另一项垄断在明朝手中而在草原地区需求价格弹性极小的战略性商品，不但蒙古民众"无茶则病"③，青海、西藏等西部地区的"番人"同样"以茶为命"④。"无茶则病""以茶为命"，但又不能自己生产而只能依赖中原供给，则小小茶叶便赋予明朝巨大的结构性权力，而明朝也以茶叶为羁縻西部"番人"的主要战略性商品。如果将茶叶纳入与蒙古通贡互市的范围，蒙古取得茶叶后，以茶叶为战略工具统合"西番"，则可绕过明朝九边防线，进入河湟地区，对明朝造成巨大的地缘政治威胁。正如万历十五年（1587）四月陕西巡按御史杨有仁上疏朝廷所言：

> 洮河地方（今甘南藏族自治州），旧无虏患，只是防番……洮河诸番，岁以茶马招之，使勿与虏合，虏强番弱，以番附虏，难制也！⑤

那么如何做到"使（番）勿与虏合"呢？从经济战的角度

---

① 《明神宗实录》。转引自王苗苗：《明蒙互市贸易述论》，中央民族大学 2011 年。

② 瞿九思：《万历武功录·俺答列传下》。转引自王苗苗：《明蒙互市贸易述论》，中央民族大学 2011 年。

③ 《明世宗实录》。转引自金昌林：《"俺答封贡"的历史背景与意义》，《中南民族学院学报（哲学社会科学版）》1991 年第 2 期。

④ 《明神宗实录》。转引自赵文：《明万历年间对漠南蒙古左右翼策略初探》，《中国边疆民族研究》2010 年第 0 期。

⑤ 《明神宗实录》。转引自赵文：《明神宗"逆革顺赏"策略对明蒙关系带来的影响》，《中南民族大学学报（人文社会科学版）》2013 年第 5 期。

出发，就是要严格控制茶叶这种对"西番"蕴含巨大结构性权力的战略性商品，不使其流入"北虏"。即如万历四年（1576）二月陕西巡按御史傅元顺上疏陈奏茶马事宜所言：

> 番人以茶为命，每岁中马六千有奇，中国恃以制番。近议与西海丙兔开市，即以招番余茶用易虏马，将使番人仰给于虏，彼此势合，贻患匪细。宜照原议，虏市惟易缎绢布粮等物，茶篦仍留招番；一定期限以信遵守。谓每年招番中马日期，洮州茶司定以五月，河州、甘州二茶司定以六月，西宁茶司定以七月，番市告竣，而后虏酋赴市庶经过，中马番族可保无虞，不然恐致骚扰，俱于贡市有裨。①

朝廷对此议深以为然，始终禁止与蒙古开茶市。

尽管茶市并未包含在内，明朝和蒙古之间仍形成了一个包括朝贡、马市、民市、月市和小市等多种形式的完整贸易体系。这一体系覆盖了明蒙之间的多层次、全方位产业分工和交换需求。因此，蒙古对明朝的不对称依赖和明朝对蒙古的结构性权力，最终通过一种长期稳定且制度化的封贡互市形式，逐渐实现了两个民族、两种文明的有机融合。类似于二战后德国和法国通过煤钢联合实现和解、共建市场的方式，奠定了欧洲共同体和欧洲联盟的基础，俺答封贡和互市贸易为明蒙命运共同体的建立以及中华民族大家庭的共建奠定了政治、社会和经济基础。

---

① 《明神宗实录》。转引自赵文：《明万历年间对漠南蒙古左右翼策略初探》，《中国边疆民族研究》2010 年第 0 期。

在 1560 年明军攻占丰州之后，俺答汗开始重建板升。然而，面对明朝成熟的手工业，蒙古新兴的手工业仍显稚嫩。1571 年，随着俺答封贡以及明蒙关系的正常化，互市贸易迅速兴起，导致板升的重要性相对下降。在自由市场竞争中，失去战线保护的幼稚产业难以存活，板升的产业发展因此一度陷入低谷。[①] 然而，在明蒙和解、俺答封贡以及互市贸易的刺激下，大量汉人移民到塞北，尤其是在万历初年，涌入丰州滩的汉民达到了十万之众。[②] 他们带来了农业耕作技术、手工业生产技术和大量熟练劳动力。同时，许多手工业原料也通过正常的互市贸易渠道流入蒙古，解决了当地手工业发展的原材料问题，促进了蒙古手工业的发展。经过一段时间的低谷后，板升继续向前发展，不仅成为蒙古的一个新兴农业和手工业中心城市，而且成为整个明朝社会分工和产业链布局的重要组成部分。后来，明朝将板升赐名为"归化城"，使其成为明蒙经济一体化的象征，同时也是明蒙民族团结友好的标志。

明朝对蒙古左翼的区别对待

俺答封贡之后，蒙古右翼通过获得通贡互市的经济利益和中原王朝的政治认可，显著增强了自身的政治和经济地位。这一转变对蒙古左翼，特别是以土蛮汗为首的漠南部落，产生了显著的战略压力和政治威胁。蒙古右翼不仅掌握了与明朝互市

---

① 陈永升：《板升与俺答汗时期土默川地区的开发》，《中山大学研究生学刊（社会科学版）》1998 年第 1 期。

② 方逢时：《大隐楼集》卷一六《云中处降录》。转引自陈永升：《板升与俺答汗时期土默川地区的开发》，《中山大学研究生学刊（社会科学版）》1998 年第 1 期。

贸易的利益分配权，而且通过封贡获得了政治合法性。这对蒙古左翼构成了重大挑战，激发了土蛮汗的反应："俺答，奴也，而封王，吾顾弗如"①。土蛮汗随后展开一系列武力行动，试图通过威胁明朝来获得通贡互市的同等待遇。

　　然而明廷对蒙古左翼却坚持拒贡战守政策。如前所述，在1368年之后的明蒙百年大博弈中，明廷对蒙一以贯之的大战略就是以"在岸制衡"策略为主轴，贯彻间接路线战略，在蒙古各部间扶弱抑强、强枝弱干，使蒙古各部间维持均势，以"虏"治"虏"、分而治之；而明廷对蒙"在岸制衡"的矛头始终对准蒙黄金家族本部。非黄金家族本部的瓦剌也先汗骤然勃兴统一蒙古而又迅速败亡，从这一历史经验来看，明廷以"统治合法性"而非"客观实力"作为判断蒙古各部强弱的依据，也自有其历史合理性。至嘉靖、隆庆朝，蒙古左翼在蒙古各部中享有黄金家族本部的超然地位，因而也就不可避免地成为明廷"在岸制衡"的主要目标，明廷自然也就不可能允许蒙古左翼通贡互市，甚至要强化战守对抗。从这个角度而言，明廷允许蒙古右翼封贡互市，而对蒙古左翼则坚持拒贡战守之策，未尝不是一种分化离间、强枝弱干、以"虏"治"虏"的战略阳谋。

　　明朝对蒙古左右两翼的不同态度也可以看作明朝通过经济手段分化一个联盟的举措。尽管蒙古左右两翼实际互相不愿意臣服于对方，但二者还是很有可能联合起来进攻明朝，这种情况下，二者构成一个脆弱的联盟。在面对蒙古带来的边患时，

---

① 《明史·张学颜传》。转引自于默颖：《明蒙关系研究：以明蒙双边政策及明朝对蒙古的防御为中心》，内蒙古大学 2004 年。

明廷没有选择力敌蒙古两大势力，而是从实际出发，通过综合运用"在岸制衡"、制裁与经济战的间接路线战略，成功分化了左右两翼，并且在将右翼纳入明朝生产、分工和交换体系，进而实现蒙古右翼与明朝政治经济一体化的同时，继续坚持政治孤立、军事打击和经济制裁三位一体的对蒙古左翼政策。

而以土蛮汗为首的漠南蒙古左翼诸部没有与明廷达成贡市关系，因而常年犯边。尽管土蛮汗也一直不停要求通贡互市，但明廷开出了土蛮汗不可能接受的条件，要求土蛮汗把速把亥等人全部交出来，然后双方可以进行互市。[①] 由于这些人是土蛮汗的族叔及兄弟，土蛮汗不可能将他们献出以求封贡互市，明廷因此也就拒绝对土蛮汗封贡。

明廷对蒙古采取分而治之的手段，让左翼的土蛮汗和右翼的俺答汗彼此争斗。由于俺答汗和土蛮汗不和，明廷就可以利用厚待其中一方去孤立打击另一方的办法。与明廷互市可以增强蒙古右翼的整体实力，使得蒙古右翼和蒙古左翼能够互相抗衡牵制，从而达到分裂蒙古的目的。张居正曾对明廷的分化政策做了原理性的解释：

> 今东虏（即蒙古左翼）于我非有平生恩款之素也，非有那吉纳降之事也，非有执叛谢过之诚也。侵盗我内地，虔刘我人民，其迫胁无礼如此，堂堂天朝，何畏于彼而曲徇之乎？且西虏（蒙古右翼）以求之恩而后得之，故每自

---

① "当执速把亥、黑石炭、歹青、炒花、暖兔、长兔款塞，然后许可。"出自瞿九思：《万历武功录》。转引自薄音湖、王雄：《明代蒙古汉籍史料汇编：第四辑》，内蒙古大学出版社 2007 年版，第 194 页。

挟以为重，今若轻许于东，则彼亦将忽而狎视之……他日
且别有请乞，以厚要于我，启衅渝盟，必自此始，是威亵
于东而惠竭于西也。故在今日，宜且故难之以深钓其欲，
而益坚西虏之心。异日者东虏之敢大举深入，以西虏为之
助也。今东虏有求而不获，则西虏以我之重之也，亦挟厚
赏以自重，必不从东虏矣。虏不得西虏之助，则嫌隙愈构，
大有纵横之术而其势愈孤，而吾以全力制之。纵彼侵盗，
必不能为大患。是我一举而树德于西，耀威于东，计无便
于此者矣。[①]

在这里，张居正点出了允许蒙古右翼封贡互市，而同时坚
持对蒙古左翼拒贡战守，以此令两翼之间心生嫌隙、彼此制衡
的策略。明廷分化蒙古的策略成功维持了蒙古左右两翼的冲突，
并保持了明蒙之间的长期和平。

小　结

明朝对蒙古的整体战略基于生产和贸易领域中不对称的相
互依赖关系及其形成的结构性权力。这一战略以"在岸制衡"
为核心，灵活运用了通贡互市和拒贡战守两种策略，目的是破
坏对手的平衡状态，切断其基础性力量，坚定地执行间接路线
战略。以 1571 年俺答封贡为标志，明朝对蒙古的大战略取得了
显著成功，不仅结束了明蒙百年的大博弈，实际上也结束了中
华民族内部农耕文明与游牧文明之间千年的敌对状态。游牧地

---

① 《张太岳集》卷二九《与张心斋计不许东虏款贡》。转引自金星：《明朝对左翼蒙
古拒贡政策原因探析》，《广播电视大学学报（哲学社会科学版）》2016 年第 1 期。

区逐渐整合进以中原地区为主导的生产、分工和交换体系，为两种文明间的历史性和解奠定了基础。

具体来说，明朝对蒙古左右两翼在不同历史时期采取的"拒贡"策略实际上是一种持续的经济制裁，但这也导致了明朝遭受蒙古的持续军事进攻。实施制裁的一方也需要准备一定程度的军事防御力量以应对受制裁方可能采取的武力报复行为。由于蒙古游牧骑兵具有机动性优势，在军事对抗中明朝往往处于不利地位，这使得明朝的经济制裁常常引发蒙古的军事报复。蒙古同样面临战略困境：如果发展替代性定居农业和手工业，将丧失军事上的机动性优势；若不发展，则陷入对明朝不对称依赖的困境。因此，从战术层面来看，明军在面对蒙古游牧骑兵的机动性优势时处于不利地位；而从战略全局来看，面对明朝在生产和贸易领域的结构性权力，蒙古处于难以维持内部政治经济军事平衡的不利地位。相比之下，后者对蒙古的影响更为根本，使蒙古更为绝望。

在军政层面上，明朝面临的敌人是随时可能结成同盟的两股力量。在这种情况下，明朝初期采取了同时对抗两大势力的策略，这给明朝的边防带来了巨大压力。但当明朝采取"分化政策"，即与一方通贡互市而同时对另一方拒贡战守后，边患得到了根本性缓解。明朝通过灵活运用通贡互市和经济制裁/军事打击策略，人为制造了敌人之间的嫌隙，塑造出有利于自己的地缘政治格局，从而保证了本朝利益。

此外，就制裁策略选择而言，这一案例启示我们，在实行经济制裁的时候，倘若对手是一个成员相对平等的联盟，那么制裁其中的个别成员比制裁整个联盟的效果要好，因为这可以人为制造出差异，导致对方联盟内部分裂。如果制裁对象是联盟中最强者，而优待联盟中的次强者，则可以提升次强者的实力，以促使其挑战所属体系中的最强者，制裁发起者则可坐收渔利。

第四节　本章案例总结

复盘本章分析的三个案例，即西汉与匈奴之间的经济战、北宋对西夏的经济制裁以及明蒙百年大博弈，在制裁与经济战的主题下，可以梳理出若干规律性的认识。所有三个案例，均由三角关系构成基本的结构范式，均属三方博弈，都涉及中原王朝与地方政权之间的长期博弈，中原王朝都使用了制裁与经济战的武器作为其配合传统战争的政策工具。然而最终的结果却各不相同：汉匈博弈的结局是匈奴灭亡、退出历史舞台；在宋夏博弈中，尽管双方实力对比在所有三个案例中最为悬殊，北宋实力远胜西夏，却以前者最终失败而告终；而在明蒙百年大博弈中，尽管明朝未能再创汉灭匈奴那样的历史辉煌，但却取得了中原农耕文明与草原游牧文明之间的大和解，双方在产业分工和交换上深度整合，实现了经济政治一体化。何以出现如此重大的差别？有哪些经验教训可以吸取？

首先，在这三个案例中，中原王朝与主要对手的政治关系不同，面临的权力格局也大不相同，由此决定了中原王朝所追求的战略目标各有不同，进而使得中原王朝所使用的手段和政策组合存在重大差异。

在政治关系上，西汉与匈奴是完全对立而互不统属的两种文明、两大民族、两个政权；北宋则视西夏为反叛的地方割据政权；明蒙政治关系最为复杂，明朝视元朝为正统王朝，认为自己继承了元朝的正朔，那么对于建立元朝的主体民族就不能以外邦人视之，而认为其同样为中原王朝皇帝的子民。

在以实力为基础的权力格局上，"西汉—匈奴—西域"形成一个顶角尖锐的等腰三角形，西域分散且弱小，居于三角形的底边，而西汉与匈奴基本势均力敌，形成了三角形的两条斜边，而与底边交会形成的夹角度数颇大。可以认为西汉与匈奴是两大地缘政治棋手，而西域则是两位棋手争夺的地缘政治棋盘；两位棋手中，谁能控制西域，谁就能堵住另一位棋手的扩张通道，并极大压缩对方的战略空间和战略选项。"北宋—辽—西夏"则形成了三足鼎立的局面，西夏虽实力最弱，但却力量集中且顽强，是一位称职的地缘政治棋手，而非他人争夺的目标；北宋则扮演着一个次级强权的角色，综合实力远超西夏，甚至经济和军事潜力超过辽，但由于在"双层博弈"中面临朝内政治因素的巨大掣肘，因而潜力转化成有效实力的比例不高，长期处于辽的有效压制之下，在对西夏的战略博弈中，处处受到辽的掣肘，尤其是在经济制裁中，辽往往扮演着"黑骑士"或"侠客"的角色，使得制裁有效性大打折扣，而北宋对此毫无办法。在"明朝—蒙古右翼—蒙古左翼"这一权力格局中，右翼的实力远强于左翼，而左翼是黄金家族本部，在政治合法性上居于强势地位，由此就在左右两翼之间形成一种不同维度的脆弱均势；而在军事维度上，左右两翼都对明朝享有游牧骑兵的机动性优势，对于明朝平衡其战线的努力施加了难以克服的、巨大而持久的压力；但是在生产和贸易领域，明朝对左右两翼却享有难以动摇的结构性权力优势，使得蒙古各部维持内部政治经济军事平衡变得极其艰难。明蒙之间形成了不同维度力量的脆弱平衡局面。如果说在前两个案例中，中原王朝与地方政权之间是在一个二维平面上竞争，那么在最后一个案例中，明朝与蒙古左右两翼之间却是在一个三维立体空间中博弈。

战略目标是政治关系和权力格局这两个核心变量的函数。西汉既然与匈奴互不统属、完全对立，则随着双方实力对比的消长，西汉自然决心彻底消灭匈奴。在北宋眼里，西夏只是一个地方叛乱割据政权，但却军事强悍，旁边还有强大的辽"在岸平衡"，因此完全吞掉西夏似乎是不现实的，于是迫使西夏归顺臣服就成了最佳方案。而明朝的目标则是要蒙古各部统治集团承认明朝继承元朝天命的合法性，称臣纳贡，永为朝廷藩篱。

政治关系、权力格局、战略目标这三个核心变量决定了不同时代中原王朝的战略。既然西汉的战略目标是彻底消灭匈奴，那么就一定要选择在春季出塞讨伐匈奴，这样可以利用破坏草原人畜孕育新生命的劳动力、畜力再生产周期，以暴力进行逆周期调节，斩草除根。同时，西汉一定要在西域建立强大的控制权，"断匈奴右臂"，以避免对匈经济战中匈奴获取替代物资供应，并压缩匈奴的战略空间。而对于北宋来说，在处理西夏问题时，永远面临辽这个"在岸平衡"力量的掣肘，且西夏内部团结，力量集中，在军事上是一块不好啃的硬骨头，因此只能主要依赖经济制裁的办法来迫使西夏让步。然而由于辽这个"黑骑士"或"侠客"的存在，经济制裁的效力大大降低。而西夏也可以用其掌握的食盐资源，在制裁与反制裁的较量中反过来打破北宋的战线平衡，使得北宋颇为被动。而明朝从政治伦理上认为"番人也是朕之赤子"①，自然不能再像汉伐匈奴那样选择在春季出塞扫荡，而是在秋季出边"烧荒"，目标只是"断绝敌人的基础性力量"，即进一步削弱对手的经济基础和战争潜力，而不是要逆周期消灭对手的劳动力再生产，在政策选择上，也更多地倾向于以封贡互市的办法，将对方整合进自己的生产分工和交换体系，实现政治经济一体化，而不是追求如汉灭匈奴那样彻底消灭对手。

总之，任何国家在发起制裁与经济战之前，首先要清楚判断目标国与本国的政治关系的性质。谁是我们的敌人？谁是我们的伙伴？谁是我们的朋友？在何种条件下这三重身份会互相转化？这些是制裁与经济战的首要问题。

其次，要在三维立体空间中建立权力结构模型，搞清楚其中的力学原理和变化规律，搞清楚不同主体在这个三维立体权力空间中的定位以及在各种力量维度上的特点和强弱对比，按照扬长避短的原则，根据不同的问题领域，设定战略目标和策略组合。战略目标要清晰可辨，目标与手段要相称。

---

① 《明神宗实录》。转引自赵文：《明后期对蒙古策略探究》，中央民族大学 2009 年。

最后，在制裁与经济战的具体战略制定和策略选择上，要尽量选择间接路线战略，要设法使敌人在心理上和物质上丧失平衡，以产生一个决定性的战果，为胜利奠定基础。这就要求在技术和经济上处于优势的中原王朝运用产业链编辑能力，对需求价格弹性极小的商品实行垄断，塑造敌人不对称依赖于我方的有利局面。

第四章
近现代史上作为战争手段的经济战

近现代史上最重要的两大历史潮流，一是民族国家的兴起，二是由工业革命与交通技术创新推动的经济全球化。两股潮流的同步演进塑造了现代国家之间的不对称相互依赖，当爆发冲突乃至战争时，其中蕴含的权力关系也被决策者利用，打造成经济战的武器。本章选取了两场具有代表性的经济战，分别是陆上霸权法国和海洋霸权英国之间的经济相互封锁，以及世界大战中经济战线的多主体博弈。在这两个案例中经济战并非最主要的斗争手段，仅为军事对抗的补充手段，但依旧表现出了大国经济战惊人的破坏力，其中的经验教训值得后世警觉。

第一节 拿破仑对英国的"大陆封锁"

大陆封锁是拿破仑在法兰西第一帝国时期对英争霸最核心的外交政策组合，他试图通过破坏英国与欧洲大陆国家之间的贸易从经济上击溃英国这个在自己称霸征途上的头号对手。

英法两国的对立由来已久。自 17 世纪起，法国成为欧洲大陆的霸主，而英国逐渐建立起海上优势。到了 18 世纪和 19 世纪，英法之间在海洋、殖民地控制及贸易等多个领域展开了全面竞争。两国间最重要的冲突则在于对欧陆霸权的争夺。拿破仑继承了革命党人的政治和军事创新，在大众激情、社会经济的全面动员与他本人的军事天才和政治野心的结合下，法国战无不胜，征服和控制了几乎整个欧洲大陆。在 1793 年到 1815 年，欧洲其他国家为抵抗法国的扩张与侵略，多次组建反法同盟。在这些反法同盟中，英国不仅是最坚定的成员，也是最慷慨的赞助者，在欧洲各国鼓动反法情绪，策划和组织反法斗争。英国不仅担心法国大革命带来的意识形态冲击颠覆英国制度和传统，更忌惮法国在欧洲权势的急速膨胀对自己的安全构成威胁。为保障自身安全，英国必须恢复欧洲均势，确保不会出现统一的欧洲强权国家。与此同时，拿破仑也清楚地知道，只有击败英国，他的欧陆霸权才能真正巩固和持久。

在实行大陆封锁前，拿破仑已经尝试过利用他熟悉的方式，通过正面的军事冲突与英国一决高下，但均以失败告终。1798 年，他远征埃及，试图切断英国与印度之间的主要通道，但法军的海上舰队被英国海军在尼罗河河口海战中击败，缺乏补给的陆军远征部队只好悻悻而归。随后，拿破仑试图与俄国沙皇保罗一世合作，联合西班牙、丹麦对英国发动从海上到陆地的全面战争。然而保罗一世遇刺导致这个计划流产。到了 1805 年，拿破仑采用"调虎离山"战术，以一部分舰队为诱饵牵制、调离驻守在英国沿岸的英国海军，暗中派陆军精锐奇袭英国本土，希望扬长避短，通过地面的决战来征服英国。但由于一系列的战术失误，法西联合舰队最终被英国海军围堵于加的斯港，并最终在特拉法尔加海战中被英国海军彻底歼灭。此后，法国在海洋上已无力与英国抗衡，拿破仑转而通过陆上优势对英国施加压力。于是，一个旨在通过陆地封锁来窒息英国经济发展和社会稳定的战略应运而生，即著名的大陆封锁体系。[①]

前所未有的封锁

18 世纪末，英国凭借其海外殖民地的丰富资源，与欧洲大陆国家建立了广泛的贸易联系。1783 年 9 月，《巴黎和约》（又称《美英凡尔赛和约》）签订后，英国与法国进入了短暂的和平时期，两国间的贸易迅速恢复。受亚当·斯密自由贸易理论和法国重农主义思想的影响，英法两国签署了《艾登-雷内维尔协定》，互相降低关税。英国降低了对酒类、油类和奢侈品的关税，作为回报，法国降低了对英国羊毛、棉织物、陶器、五金用品等的进口关税。这一时期，英国纺织业在技术和分工体系的改良下，生产力得到显著提升，其物美价廉的产品对法国经济产生了巨大冲击，尤其是在像巴黎和鲁昂这样的工业发达地区，导致了大量工厂倒闭和工人失业，引发经济失序。因此，在大革命爆发后，法国国民议会中出现了保护主义思潮，主张抵制英国的工业制成品。

1793 年，法国在与第一次反法同盟的战争中向英国宣战，

---

① 时殷弘：《法国大革命、拿破仑和国际政治的变更》，《欧洲研究》2005 年第 6 期。

导致《艾登-雷内维尔协定》作废。战争爆发后，英国政府命令皇家海军和私掠船攻击法国商船，抢劫货物并击沉船只，这一行为扩大到所有试图进入法国港口的中立国船只。英国最初的目标是对法国实行武器和军需物资的禁运，但不久后扩大到谷物和面粉，以围堵法国的农产品出口。紧接着，英国议会将禁令扩大至中立国，禁止任何国家与法国及其殖民地进行贸易往来。作为报复，法国政府禁止任何经由英国生产或加工的商品流入法国，随着战争的发展，这一禁令的适用范围随着法国对荷兰和比利时的吞并而扩大。英国商人因此遭受重大打击，失去了进入欧洲内陆的主要入海口。

法国政府开始思考在军事和经济两条战线上的斗争策略。1796 年，法国长老会议（Conseil des Anciens）在一份关于对英贸易的报告中指出："与英国人斗争的方式不在于沙场而在于工坊。相比于士兵，工匠对其更为重要。通过其工业和贸易，它（英国）足以收买外国为其提供防御。我们更应致力于使其制造业瘫痪而非征服其盟友。"法国希望通过经济混乱迫使英国签署和平协议。时任法国驻雷根斯堡的全权公使安东尼·伯纳德·凯拉德（Antoine Bernard Caillard）提议："为实现这个目标（达成和平协议），我们需要采取全面的手段闪击英国。在德国的部分地区实行对英国的商品禁令是不够的，我认为共和国应秘密联合盟友，对英国发起全面而统一的商品禁运……我们应该在声明中强调，除非达成和平协议，否则这一反击措施必然到来。"[1]

---

[1] Ali Laïdi, Histoire mondiale de la guerre économique, Tempus Perrin, 2016, pp. 386 - 388.

拿破仑不是大陆封锁的首创者，但却将法国革命党人的政策构想加以落实。《亚眠和约》签订后，和平仅维持了一年多，1803 年英国再次向法国宣战。特拉法尔加海战后，法国海军主力覆灭，使得攻击英国本土的计划失败。然而，拿破仑在陆地上所向披靡，耶拿战役胜利后，他认为已掌控欧洲大陆，决定以陆权回应法国在海面上遭受的封锁和羞辱。

1806 年 11 月 21 日，拿破仑颁布《柏林敕令》，标志着大陆封锁的开始。在敕令中，拿破仑指责英格兰不遵守国际法，无视文明世界的惯例，滥用封锁权，并宣布对等反击是必要和正当的。柏林敕令扩大了对英经济封锁的范围，包括所有法国及其盟国的商业、书信和人员往来，断绝与英国及其殖民地的联系。随后，法国陆续与俄国、普鲁士、西班牙等国签订条约，颁布《米兰敕令》，完善大陆封锁政策，使得大多数欧洲国家加入对英国的经济封锁。封锁对英国商贸造成了沉重打击，丹麦和普鲁士倒向法国尤为关键，而葡萄牙和西班牙在法军南下后也不得不执行禁运令。拿破仑还宣布任何与英国有勾连嫌疑的商船和货物为合法征收物，激励民间力量执行封锁政策。

大陆封锁在经济战的历史上有里程碑式的意义，封锁的历史由来已久，但这是第一次建立了横跨大陆、揽括数国的经济战线。在法兰西第一帝国内部也进行了全面的经济战争动员，整个国家由上至下的行政体系都被调动以服务于该政策的落实。拿破仑建立了并在几年内不断完善着大陆封锁体系的顶层架构，动员以军队为主力，以行政长官、海关、警察为辅助的整个国家机器在帝国全境实行对英国的封锁。

起初，对英国的封锁颇有成效。1808 年，英国陷入了经济危机。第一季度出口额从上年同期的 9 000 英镑下降到了 7 244 英镑，第二季度则从上年同期的 10 754 英镑降至了 7 688 英镑。英国工厂陷入危机，出现了大规模的工人失业。① 拿破仑在向国民代表的陈述报告中难掩喜悦："英格兰……眼看着它的货物被整个欧洲拒绝，它的船只满载着无用的财富，在这片广阔的海洋上漂泊。它假装统治着海洋……但却无法找到一个可以接纳它的港口。"②

千疮百孔的防线

拿破仑对暴力和管制的迷信及对市场力量的轻视让他低估了封锁的难度。初看起来，市场似乎是易于管制的——派几个执法人员或者士兵到港口查扣、征税、没收，便可将英国商品阻绝在外，但市场长期扭曲的结果是在管制之坝的内外两侧形成巨大的价格落差，它带来的政策阻力是累积性的，并且有很强的渗透性和风险性。

大陆封锁伊始，法国内部就存在不少漏洞。在封锁之下，糖、咖啡、香料、茶、可可、皮革、织物等商品短缺，价格飞涨，为走私商提供了丰厚诱人的利润。帝国机器内部也遭到了渗透，海关、警察与走私商相互勾结，往往只象征性地扣押一小部分英国货物。帝国士兵不仅对非法贩卖视而不见，而且为了获取私利或贿赂为英国商品大开绿灯。甚至帝国的私掠船与

---

① Ali Laïdi, Histoire mondiale de la guerre économique, Tempus Perrin, 2016, p. 398.

② Exposé de la situation de l'Empire présenté le 24 août 1807, Correspondance de Napoléon Ier, n° 13.063.

海军也参与了走私，他们假装攻击、扣押英国货船，实际上却是购买这些船只运载的货物，并以战利品的名义在欧陆销售。而在被法国控制的其他国家，实施封锁的官员除了因私利而对走私罔顾不问之外，不少官员出于对法国侵略者的仇恨或对受影响底层百姓的同情，也没有严格地执行对英国商品的禁令。因此，大陆封锁并未如预期的那般使英国商品在欧陆消失，拿破仑政府对边境的封锁越严格，走私就越猖獗。

回顾本书第一章所述制裁与经济战的基本理论，拿破仑的政策违反了弹性-垄断原则和压力-波动理论。虽然就欧陆和英国双方各自具有比较优势的产品而言，欧陆的农产品在国民生活中更为重要，需求价格弹性更小，英国的初级工业制成品需求价格弹性较大。但是，农产品的垄断性并不强，英国可以与许多国家开展农产品贸易，甚至从自己在北美、印度次大陆上广袤的殖民地进口农产品，这样做顶多要付出更高的运输成本。而且，拿破仑也不应通过一个接一个的条约，以打补丁的方式完善封锁体系，这使英国对大陆封锁有了充足的心理、物质和政策准备。同时，经济战与军事战争一样，需要完整的作战体制和严密的战斗队伍。拿破仑时期法国的国家建设和国家能力还不足以支撑封锁体系的运作，而经济战人才队伍的培养和建设需要多学科交叉支持和长期投入。

在法国逐步收紧英国在欧陆的经济命脉的同时，英国也采取了积极的反制措施。英国开始对所有商船及私人船只进行登临检查，不论这些船只是否拥有中立国国籍。在这场战争中，英国不再承认任何中立国的存在，迫使各国在英法之间做出选择。任何禁止英国船只停靠的港口都被视作敌方港口，并对前往这些港口的船只进行调查和征税。1807 年，英国海军对哥本哈根发动轰炸，几乎完全摧毁了丹麦的海军力量。这一行动是基于英国情报系统的判断，认为丹麦可能正在倒向法国一方，因此英国决定先发制人，摧毁可能威胁其在北海-波罗的海航线的丹麦海军。

然而，对大陆封锁政策最严重的冲击来自拿破仑本身的违背行为。对英贸易的中断导致法国中南部的葡萄酒厂商和谷物农场主商品滞销，这些地区成为走私贸易的重灾区，他们向巴黎施加政治压力，要求特许向英国出口本地农产品。连年的战争和高昂的封锁成本使法国国库亏空，急需补充资金。拿破仑因此同意通过授权发放许可证的方式，放宽部分商品对英国的出口，以此清理库存并补充国库。

这一政策对大陆封锁政策造成了毁灭性的打击。首先，它使大陆封锁在道义上的正当性受到广泛质疑。拿破仑的特许权仅授予法国人，激起了欧陆盟友和中立国的强烈不满。它们认为大陆封锁是法国对欧陆国家的欺骗，其真实目的是垄断对英国的食品贸易。其次，特许权政策使走私变得更为便利和安全。英国甚至利用这一政策控制了不少法国船只，公然突破大陆封锁将商品运回欧陆。再次，拿破仑对黄金的重商主义迷思——希望通过特许出口和封锁进口来耗尽英国的黄金储备，迫使英国政府破产。然而，金本位制在国际贸易中具有天然的调节和平衡作用。随着英国黄金的减少，英国本土商品价格下降，使得对英出口变得更加困难，而英国商品出口竞争力却在增强。

试图通过重商主义贸易耗尽英国黄金储备的想法违背了市场逻辑，注定会失败。[①] 最后，拿破仑同意向英国出口谷物等粮食，导致战略上功亏一篑。1808 年，英格兰因粮食歉收而面临饥荒威胁，但拿破仑因信息落后而放开了粮食出口，未能对英国造成关键打击，反而缓解了其通胀压力。

《柏林敕令》颁布三年后，大陆封锁未能达成目标。英国虽在经济上受到打击，但并未投降。英国甚至发动舆论战，弗朗索瓦·迪弗努瓦（François d'Ivernois）[②] 撰写的小册子《大陆封锁对不列颠群岛贸易、金融、信贷和繁荣的影响》上的打油诗讽刺了拿破仑的封锁："你的封锁什么也没封上，多亏了你的一时兴起，你希望使之忍饥挨饿之人，只会死于营养过剩。"[③] 大陆封锁引发的通胀和物资短缺激起欧陆民众的愤怒，在被法国控制的欧洲国家，封锁和特许权被视为法兰西帝国专制统治的象征，使它们的民族意识觉醒。拿破仑不再是资产阶级的解放者，而是压迫者，为封锁同盟的分崩离析埋下了伏笔。

同盟的崩溃

在实行大陆封锁的同时，法国试图建立一个基于民法典的欧陆体系（le système continental），这一体系涵盖了拿破仑对欧

---

① 翟东升：《关键在波动而非压力：从拿破仑大陆封锁体系的失败看经济战规律》，《江海学刊》2019 年第 1 期。

② 弗朗索瓦·迪弗努瓦，瑞士籍律师、作家和政治家，1796 年被英国国王乔治三世授予骑士爵位，是法国大革命和拿破仑的坚定批评者。

③ François d'Ivernois, Effets du Blocus continental sur le commerce, le finances, le crédit et la prospérité des îles Britanniques, Nabu Press, 2011.

洲政治、社会和经济的整体规划。在经济领域，除了封锁措施外，最主要的方针是"法国优先"的保护主义政策。这一时期，法国工业迅速发展，尤其是纺织业。例如，Richard Lenoir 和 Oberkampf 这两家领军企业在《柏林敕令》发布后的产量扩张达到了 50%～100%，1805 年法国印花棉布的产量较两年前增加了 80 万件以上[①]，填补了英国产品离开市场后的空白。

但这种经济发展并未惠及其他欧洲国家。拿破仑试图将欧陆转变为法国工业的原材料供应地和最终消费市场。欧洲盟国和被征服国家被迫购买法国的原材料或加工产品，以替代原本自英国的进口。大陆封锁的成本由包括法国在内的所有欧陆国家承担，而经济上的主要受益者却是法国。在这场经济战中，拿破仑向其他欧洲国家索要一切，几乎不给予任何补偿。显然，拿破仑并没有意图引领欧洲各国共同发展经济，而是仅希望取代英国在欧洲产业链中的位置。在构建欧洲市场内循环的问题上，拿破仑政府依然陷入了重商主义的误区，与利用特许权耗尽英国黄金储备的策略相似。拿破仑政府只是希望其他欧洲国家购买法国产品，而不愿进口任何外国商品。

拿破仑未能充分认识到，其盟国在政治和经济利益上与法国存在明显的分歧。或许他没有意识到这些差异会对其陆上军事力量造成何等后果。其他欧洲国家的统治者并不像法兰西第一帝国高层那样深切感受到英国霸权的威胁，更重视与英国的

---

① Branda Pierre, "Les consequences economiques du blocus continental," https://www. napoleon. org/histoire-des-2-empires/articles/les-consequences-economiques-du-blocus-continental/. 本书所有网络链接的最后访问时间均为 2024 年 3 月 26 日，以下不再重复。

双边贸易，配合实行大陆封锁主要是出于对法国军事威慑的恐惧。此外，拿破仑试图将以民法典为基础的制度和文化强加于其他国家，未能察觉这种战略冒进对维护大陆封锁同盟的危险，甚至认为，由于法国在对抗英国方面付出了巨大代价，因此收取补偿是合理的。

封锁造成的经济危机和信任危机削弱了法国统治的民意基础。在法国控制区，尤其是内陆地区的居民并未目睹英国海军的暴行，他们看到的更多是法国军队的占领、官员的盘剥、生活成本的上升和法国产品的风靡。因此，对他们而言，大陆封锁更像是法国侵略者的暴行和欺骗，而不是对英国的经济战。一些学者认为，拿破仑期望的欧陆体系注定无法成功。当时欧洲各国经济产业缺乏互补性，尤其是在英国海军切断了法国与海外殖民地的联系后，原材料普遍短缺。尽管这个问题部分由于产业政策和技术创新而有所缓解，但原材料优先供应法国，没有减轻其他国家的困境。① 拿破仑不断从其他国家抽取资源，主要是为了维持庞大的军队和行政体系，这成为欧陆体系固有的枷锁。

大陆封锁引发了欧洲各国各阶层的普遍不满，这些矛盾的积累最终导致了崩溃。瑞典、葡萄牙、西班牙等国的反抗被法国军事力量镇压。1810 年，俄国决定重新开放与英国的贸易往来，这成为拿破仑决定入侵俄国的导火索，最终导致法兰西第

---

① Branda Pierre, "Les consequences economiques du blocus continental," https://www. napoleon. org/histoire-des-2-empires/articles/les-consequences-economiques-du-blocus-continental/.

一帝国的解体。随着拿破仑在随后的战役中连连失利，被流放至厄尔巴岛，大陆封锁这一空前的经济战政策也随之终结。

大陆封锁的经验教训

拿破仑领导的法兰西第一帝国，其兴也勃，其亡也忽。我们在英法两强争霸世界的博弈视角下，总结大陆封锁这一规模空前的经济战策略的经验教训。

对于拿破仑来说，第一条教训在于，大陆封锁体系的战略目标总体上是含混不清的。在英法两国彼此都坚信对方是最重要的战略竞争对手的背景下，大陆封锁的目标不太可能仅仅如《柏林敕令》所言，要求英国取消对法国的海上封锁。即便拿破仑的本意真是如此，英国政府也不会轻易如他所愿放松对法国的遏制。那么大陆封锁的目标究竟是要通过经济政策使英国内部动荡，从而创造将其击溃的机会，速战速决赢得世界霸权，还是要通过该政策帮助法国垄断欧陆各国的工业制成品市场，最终使法国实现工业化赶超？

前者是以经济市场手段实现政治和战略目标，应在极短的时间内制造巨大的经济波动，搅乱对手的社会经济，乃至让敌方决策中枢在突如其来的压力下停摆或屈服。纵观历史上的制裁和禁运案例，假如制裁方没能在威胁要实施或者刚开始实施制裁时有效地迫使对手让步，那么通常很难依靠时间的推移和压力的累积而获得成功。因此，经济战成败的关键之处在于战胜对方内部的自我调整机能，主要思路就是要在短时期内制造巨幅的市场波动，即价格的暴涨暴跌，导致资本与劳动力等各种资源产生严重的错配和浪费，进而致使对方内部信用链条断裂，出现大面积的倒闭、通胀、失业和社会动荡。故此，在战术安排上不能一味打压，而是要推波助澜，其中包括在上升期的"哄抬"和下降期的"打压"，从而制造或利用"不利于敌而操之在我"的供求波动。这需要深入把握整个国际价格体系波动的时机、结构和影响，找好时机来发动经济战，方可事半功倍。

从这种思路出发，拿破仑不应该急着对英国实施对等报复与封锁，而是宜先寻求相互开放贸易，甚至主动在贸易中"吃亏"以诱惑英国形成对法国的经济依赖。比如，利用其帝国的财力和信用，向英国低价倾销粮食，并大规模抬价收购、储存英国棉布。这样的政策组合将导致英国国内工业出现大规模的扩张，大量的信贷、劳动力投向棉纺织业，则英国粮农将因为无利可图而转种其他作物。该政策持续数年后，突然在某个冬季，联合尽可能多的主要经济体，包括欧洲大陆各国和南北美洲，宣布对英国全面禁运粮食和棉布，并宣布对英国的所有公私债务作废。此举将导致英国粮食供应出现明显缺口，价格暴涨，带动通货膨胀率上升，生活成本上升；棉布产业供给严重过剩，价格暴跌，大规模裁员、破产，信用链条断裂。对于普通英国民众而言，失业与通胀两大因素将导致他们普遍陷入贫困，在寒冷困顿的冬季和青黄不接的春季，生存将是他们面临的最紧迫问题。在此情景下，法国再发动暗中扶持的"英国良心"大肆鼓吹，把所有这一切噩梦的根源归结于英国政府同拿破仑作对的欧陆政策。随着城市贫民、爱尔兰等地的分离主义势力、陷入破产境地的棉纺织业和银行业等英国各种内部力量加入到抱怨、抗议和反对的共振中，英国政府将很难再维持对抗性的欧陆政策。

但与这个设想相反，拿破仑几乎每一步都踩错了节奏。首先，他在解决了来自陆地的威胁后，第一时间宣布了大陆封锁政策。而此时，由于英国的海上封锁政策，英法贸易本来就已陷入低谷。更何况第一次反法同盟战争期间，英国人对于法国对英封锁的记忆还历历在目，英国不可能毫无准备，更不可能就此被吓退。其次，拿破仑也没有在封锁前秘密建立广泛的制裁联盟，而是通过一道道相互补充的政令，威逼利诱各国相继加入。甚至关键国家丹麦，还是在英国的战略误判下意外地倒向了法国一方。这导致拿破仑的封锁无论在力度上还是在突然性上都不如人意。最后，拿破仑的禁令非但没有刺痛英国社会内部的脆弱点进而引发政局动荡，反而促使英格兰强化了与苏格兰、爱尔兰、加拿大等殖民地的经济联系，英国海权控制下相对落后地区的生产与贸易得到了发展的空间。英国经济虽然经历了波动，但最终大陆封锁使英国社会的韧性大大增强。而在最关键的1810—1811年，法国对谷物等粮食的特许出口更是解了英国政府的燃眉之急，从制裁择时的角度看这无疑是错过了赢得经济战的最佳窗口。这一决定也体现出拿破仑对经济战的目标和收益并没有清晰的认知，为了微小的经济利益放弃了潜在的巨大政治利益。

以棋局为喻，妙手杀招本应出其不意，令对手先疑惑后震惊，最后在计时器的跳动下心力交瘁而投子认输。拿破仑虽是战争天才，在经济战场上却犹如稚嫩的棋童，招招都落入对手意料、算计之中。

如果拿破仑大陆封锁的主要目的是推行保护主义的贸易政策，实现法国工业对英国的赶超，那么他就不应该实行全面的封锁，而应促进两国之间的人员往来以促进技术的传播，再配合关税、产业政策等手段保护和促进弱势产业的发展。事实上，封锁对法国工业的发展卓有成效。法国北部对封锁政策的执行较为严格，而法国南部由于濒临西班牙，走私更为猖獗，在封锁期间北方的纺织厂发展迅速而南方的同行大多倒闭关门。[①] 限于本章的主题，关于这方面将不做过多的探讨。

对拿破仑来说，第二条教训是，"法国第一"的欧陆体系过于贪婪，成本分摊不均现象严重，逐渐发展成为同盟体系的政治脆弱点。

拿破仑既希望借助封锁摧毁英国的商业和工业体系，又不希望本国的产业受到影响。对法国来说，大陆封锁政策一方面保证了国内工业品市场免受英国商品的竞争，另一方面几乎把整个欧陆变成法国工业的原材料产地和产品销售市场，使法国工业得到很大的发展。拿破仑试图动员整个欧陆的力量来对抗英国，却仍然在内心和政策实践中固守自己"法国皇帝"的定位，试图在维持对英商品禁令的同时，建设一个等级制的、有利于法国制造业的欧洲市场，也就是说，他要欧洲各国市场向法国单向开放。

---

① Chavagneux Christian, "Un protectionnisme napoléonien efficace!" Alternatives Économiques, Vol. 344, 2015, p. 80.

　　拿破仑的战略目标和他愿意付出的成本不匹配，多出来的成本则希望由盟友分摊。与英国争霸是法国的政治目标，其他国家的决策者没有动力去配合拿破仑完成他自己的宏图霸业。因此，大陆封锁将英国工业品驱逐出大陆，本应促进欧陆各国工业的发展，但是拿破仑坚持"法国高于一切"，强迫其他欧陆国家接受不平等的商务条约并承担大陆封锁带来的绝大部分损失，沉重地打击了其他欧陆国家的农业和工商业。因为对英贸易的人为中断，欧陆各国的出口收入剧降，进口消费品严重短缺，经济危机导致的失业和饥荒也在欧陆的底层人民中间蔓延。而同时，以法国官员或贵族为主的特权阶级在封锁中收受贿赂、大肆寻租，走私贩等违法乱纪者赚得盆满钵满。不公放大了同盟的脆弱性，叠加被法军侵略而产生的民族主义情绪，最终酿成欧洲各国的起义。拿破仑不得不反复使用战争手段来维持这一体系，从而消耗了大量的军事和政治资源，最终导致帝国的溃败。

　　第三条教训是，拿破仑没有意识到道义与信任是合作中的稀缺资源，他的大陆封锁不是毁于盟国的背叛，而是毁于法国官员乃至他本人的监守自盗。

　　《柏林敕令》将大陆封锁称为"文明"对"野蛮"的回击，大陆封锁体系的成败与拿破仑的政治威望高度绑定。法国官员和军队的腐败导致走私从大陆封锁诞生的那一刻起就从未停止过，愈演愈烈，甚至法国政府不少高级官员的家族也与走私贩有关联。这说明在实行大陆封锁前，拿破仑并没有做好充分的准备并完成国内动员。走私问题如附骨之疽，在损耗法国国力的同时，快速地降低了同盟对封锁政策的信任。拿破仑只能不断对封锁政策加码以打击走私，这看似明知不可而为之，但在事实上，战略决策往往是开弓没有回头箭，一旦放松封锁即会被视为软弱的表现。在写给路易·波拿巴的信中，拿破仑这样写道："当王不知道如何令他人服从时，他就不是王。"[①]

后来，法国的特许权制度则彻底摧毁了同盟对法国的信任和大陆封锁在道义上的正当性。如前文所述，拿破仑在 1810 年 7—8 月颁布了一系列法令，授予部分法国商船出口谷物和葡萄酒的专属特权。随后，他决定亲自管理欧洲的所有海上交通。没有拿破仑明确签署的许可证，任何船只均不得离开或进入欧洲港口。最后，他还要求所有进入欧洲的货物均必须由法国商人在欧洲大陆分销。为此，英国人给他起了一个新绰号："走私皇帝"（The Imperial Smuggler）。这引起了同盟的强烈愤怒和怀疑：大陆封锁究竟是为了报复英国，还是法国为垄断欧洲贸易而撒的谎言？

原本，一个内部相对公平的欧洲贸易体系在把英国排除在外的同时也能帮助拿破仑在欧洲的统治维持较强的合法性。它可以让拿破仑政权与欧洲各国的统治阶层形成共同利益，并在各国内部扶植起一批亲法的新兴社会势力。从这个意义上讲，奥斯特里茨战役之后的大部分战争本来是可以避免的，法国主导的欧洲大陆政治经济格局本来也可以持续下去，法国进而可以在之后的一二十年里最终彻底击败英国。然而天才般的炮兵军官拿破仑，缺乏对经济、金融和外交的领悟力，因而把他从战场上

---

① Ali Laïdi，Histoire mondiale de la guerre économique，Tempus Perrin，2016.

赢来的帝国输给了市场和人心。得道多助，失道寡助，莫过于此。

第二节　世界大战中的经济战

　　1914—1945 年是上一轮"逆全球化"浪潮席卷的时期，这一时期内发生了两次世界大战和一次大萧条，以及随之而来的严重贸易保护主义浪潮。在这个过程中，德国与日本同盟、苏德战争和太平洋战争等重要事件的爆发，都与经济战场上的"第二战线"——经济攻防战紧密相关。尽管本书专注于制裁与经济战的主题，但我们必须强调经济战仅是全面战争的一部分。在两次世界大战期间，实际的武装冲突无疑是主要矛盾，是事态发展的核心动力，而经济战则起到了辅助作用。正如本书第一章所述，军事对等是政治和经济决策的基础。在两次世界大战及其间隔的近二十年中，政治因素是各方主要的考虑，经济利益则是为战争和政治目标服务的手段。回顾两次世界大战中的经济战策略，有助于我们深化对经济武器的理解，并更有效地维护当今世界大国之间的和平。

　　在 20 世纪 20 年代的欧洲，第一次世界大战的记忆深刻影响了人们对国际关系和战争的认知。一战期间，各国不仅大规模使用了坦克、潜艇和毒气弹等新兴武器，还首次组建了专门的经济战部队。因此，为了全面理解二战中的国际经济与贸易角逐，必须从一战的历史背景出发，深入分析各方的行为模式和经济战策略。一战中经济战的实践奠定了经济制裁模式，战后各国普遍将制裁视为维护和平的法宝，兼具道德意义和低成本优势。然而二十年之后，经济制裁的"达摩克利斯之剑"却成为激发轴心国扩张领土野心的核心原因，德国和日本的领导人不惜一切代价试图保证资源安全和经济自给自足。本意在于维护和平的制裁工具，成为猜疑链和事态恶性循环的起点之一。

一战对德取胜的法宝

在一战期间，经济战成为各国用以打击对手的重要武器，并逐步发展出全面经济战的战略思想。这种战略涉及动员所有可能的贸易和金融工具来打击敌国的目标。经济战的手段包括但不限于对关键物资的战略抢购、通过抛售行动使敌国的债券和货币贬值、实施禁运甚至全面封锁导致物资匮乏、破坏对手的工商业设施等。其目的并非直接消灭对方有生力量，而是削弱对方支撑战争的能力。更进一步，全面经济战意味着通过对敌国平民施加痛苦，打击敌方士气和抵抗精神，从而促使其投降或爆发政治动乱。

一战中的经济战可分为陆上和海上两条战线。陆上的经济战主要由法国领导。1915 年 9 月 10 日，协约国在法国巴黎召开情报会议，设立了中央联合办公室（le Bureau central interallié），目的在于交换情报和加强对德国的封锁。此次会议后，与会国纷纷组织了专职的经济战情报部门，例如英国的战争贸易情报部、法国总参谋部下设的电报管理局（Section du Contrôle Télégraphique）等。[①] 这些部门专注于为经济战提供情报支持，对政府、军队及

---

① Ali Laïdi, Histoire mondiale de la guerre économique, Tempus Perrin, 2016.

各公司收集的数据和材料进行分析，挖掘有影响力的情报。通过对国内各部门经济情报的统一管理和利用，经济战部队能够从全局角度制定更有效的战略和计划。[①]

法国的经济战策略主要包括以下几个方面：首先，通过情报限制、打击同盟国与中立国间的关键物资贸易，建立黑名单，特别是切断同盟国对粮食、烟草、咖啡、金属等军需物资的进口渠道；其次，跟踪德国战争工业的组织和发展，根据情报指导作战部队对敌方工厂、铁路等设施进行破坏；最后，与协约国财政部门合作对德国实施金融封锁，阻止德国的外部融资，还允许德国使用黄金购买某些奢侈品和特定消费品，以期消耗德国的黄金储备。[②]

与法国在陆地的经济战相辅相成的是，英国利用其强大的海军对德国实施海上封锁。英国在对德宣战后立即启动了海上封锁。尽管当时的国际法允许中立国与交战双方保持通商往来，但英国在 1909 年签署的《伦敦宣言》（London Declaration）中所倡议的这一权利并未阻止其行动。英国迅速将粮食、饲料、棉花、金属等物资列入对德贸易的违禁品名单。对德国来说，最致命的是英国的禁运政策限制了其与北欧三国的贸易，德国在铁矿这一重要的战略物资上对北欧三国存在严重依赖。因此，针对北海的封锁和反封锁对整个战略具有重要意义。

---

① Michaël Bourlet, "Jean Tannery (1878 - 1939) à l'origine de la guerre économique," Guerres mondiales et conflits contemporains, Vol. 214, No. 2, 2004, pp. 81 - 95.

② Fabien Senger, "L'intelligence economique de l'armee francaise durant la grande guerre de 1914 - 1918," Revue internationale d'intelligence économique, Vol. 9, 2017, pp. 111 - 123.

德国也做出了反击，为突破英国的海上封锁，发动了无限制潜艇战。德国政府认为，英国虽然有强大的工业能力，但其经济的脆弱性在于一旦失去外国进口来源，本国的粮食就无法实现自给自足。1916 年爆发了世界范围的粮荒，德国判断法国和意大利的经济已经濒临崩溃，两国完全依靠海上补给维持社会的运转，英国也面临着饥荒的威胁。因此，德国希望通过潜艇战打击英国的粮食进口，切断法意的海上生命线，逼迫协约国进行谈判。在日德兰海战后德国已经意识到其海军无力与英国舰队进行海面上的对等决战，而潜艇的造价低、建造周期短，因此德国决定用潜艇攻击目标海域的所有船只，破坏协约国的补给能力，威胁中立国切断与协约国的贸易往来。这个战术在一开始起到了不错的效果，协约国面临着大面积的饥荒、失业和极度的物资匮乏。德国一度成功地弥补了其海军力量的劣势，使形势朝着有利于己的方向发展。

但德国高层没有意识到的是，无限制潜艇战不是点亮了胜利的曙光，而是点燃了吞噬自身的烈焰。在经历了最初几个月的攻击后，英国找到了抵御潜艇战的武器，那就是军舰护航制度。同时，英国通过对自身经济结构的调整，很快恢复了社会的稳定。但无限制潜艇战击沉了数艘美国商船，引起了美国民众的愤怒，随后在齐默尔曼电报事件①爆发后，美国上下一片哗然，一向奉行孤立主义的威尔逊总统决定对德国宣战，成为一

---

① 齐默尔曼时任德国外交部长，在一封发给德国驻墨西哥大使的密电中提议和墨西哥结盟进攻美国。这封电报被英国情报部门截获并转交给美国。该事件是美国向德国宣战的重要原因之一。

战的关键转折点。[①] 美国参战彻底收紧了德国脖子上的绞绳，美国政府要求各中立国限制与同盟国的贸易，任何与美国产品相关联的商品都不允许流入同盟国境内。

在美国参战后，德国的经济问题更加严重，从制造武器所需的钢铁、棉花到养活士兵所需的粮食，几乎一切军需物资的供应都非常紧张。相比于军事上的困窘，更严重的是德国国内百姓的生活难以为继，粮食和日用品极度短缺。而协约国部队在美国的支持下，再度焕发了战斗力。最终，在经济封锁和军事失利的共同作用下，德国发生政变并最终投降。德国战败的主要原因是经济和资源无力继续支撑其军事行动，长期封锁和经济战的袭扰使其经济社会日益脆弱，而非军事上某场战役中的溃败。在残酷的经济封锁下，德国大约有 73 万人死于饥饿，工业产值降至战前的一半左右。[②] 无限制潜艇战显然起到了加速德国战败的作用，德国海军参谋部过分地估计了潜艇战的经济后果，预期高度工业化的英国可能在几个月内被围困致死是盲目的乐观。[③] 事实上，德军这种对"速胜论"的盲目迷信在一战中贯穿始终，在发动战争前德国政府就相信能够实现速胜，因此没有对粮食等战略物资进行充足的囤积准备，导致了后续一

---

① 关于美国介入一战的原因，许多学者从不同的角度出发阐述了不同的观点：有学者认为美国为维系与协约国的贸易关系必然会参战，也有学者认为是崛起的、侵略性的德国对美国造成了威胁，但不可否认的是，无限制潜艇战是美国在 1917 年对德宣战的重要诱因。详见张福财：《齐默尔默电报泄密与美国参战：试析一战后期美国缘何参战》，《佳木斯大学社会科学学报》2002 年第 1 期。

② Chickering Roger and Förster Stig, Great War, Total War: Combat and Mobilization on the Western Front, 1914 - 1918, Cambridge University Press, 2000.

③ 邱建群：《对 1917 年无限制潜艇战研究中几个问题的再认识》，《史学集刊》2014 年第 2 期。

系列的战略被动。

　　后人往往指责一战的战胜国在战后太过贪婪，沉重的战争赔款在德国人心中埋下了仇恨的种子，导致了二战的爆发。这种后见之明难以反映真实的情况。一战对交战双方都造成了巨大的经济破坏，尽管英法凭借着较强的韧性和美国的支援最终赢得了胜利，但国内经济也一片狼藉。德国的投降证明了经济武器的可怕，因此在英法眼中，继续通过经济手段永久性地削弱德国的实力尤其是军事力量，不失为一种选择。一方面，战争结束后协约国成员立刻陷入了猜疑的链条：经济武器是否会再次发动？下次又将指向谁？此时，欧洲各国财政情况都不容乐观，美国成了欧洲的债主——英法对美国分别欠下了47亿美元和40亿美元的债务。另一方面，美国的商界和政界都不愿迈出减免德国战争赔款的第一步，同时催促欧洲各国偿还战争债务，这显得威尔逊总统提出的"宽厚对待战败国"主张是慷他人之慨。[①]

　　在随后的二十年里，伴随着资本主义危机和大萧条，各国间的关税战、贸易战、货币战此起彼伏。与此同时，以德国为代表的战败国国内经济状况持续恶化，严重的通货膨胀使中产阶级几近消失，普遍的饥饿和战争赔款的羞辱令右翼民族主义逐渐成为德国主流的政治思潮。战争的乌云重新聚拢在欧洲的上空。

---

　　① 黄琪轩：《对外经济战略、大国关联利益与战后秩序：两次世界大战后美国对外经济战略与德国问题》，《当代亚太》2016年第3期。

国际联盟制裁意大利失败

在 1935—1936 年，国际联盟（League of Nations）对意大利发起的经济制裁常被视作典型的失败案例。制裁既未能阻止意大利对埃塞俄比亚的侵略，也未能加强欧洲国家对国际联盟所倡导的"集体安全"概念的信任。[①] 实际上，制裁起到了相反的效果：一方面，国际制裁加剧了意大利国内的民族主义情绪，巩固并加强了墨索里尼的权力，最终导致意大利与希特勒统治的德国结成了德意同盟；另一方面，国际联盟其他成员认识到了英法在实际行动上的软弱，这进一步导致了国际联盟实质上的失效。

对墨索里尼来说，入侵埃塞俄比亚是必然之举，而背后是英法两国的默许甚至纵容。20 世纪 30 年代的全球资本主义经济危机导致意大利国内政治经济动荡，对外扩张成为墨索里尼巩固权力的必要手段。此外，在 1896 年的第一次意埃战争中失利对意大利来说是国耻，获得这场侵略战争的胜利将为墨索里尼赢得巨大的国内声誉和政治资本。他相信，此次行动不会遭到强烈的外部干预，英法两国会维持其绥靖政策，正如纳粹德国的扩军和日本对中国东北的侵略所证实的那样。与此同时，墨索里尼与时任法国外交部长的皮埃尔·赖伐尔达成的秘密协议进一步坚定了他的信念。在协议中，赖伐尔允许意大利在东非

---

① George W. Baer, "Sanctions and Security: The League of Nations and the Italian-Ethiopian War, 1935–1936," International Organization, Vol. 27, No. 2, 1973, pp. 165–179.

"放手去干"（free hand），这在墨索里尼看来是法国对意大利军事行动的默许。[①]

英法对意大利的纵容有结构性原因。1933 年希特勒掌权并使德国退出国际联盟，德国在纳粹统治下的迅速军事扩张成为英法最严重的安全威胁。同时，苏联的崛起也给这两个老牌强国带来挑战。英法之间也存在不少分歧。法国深感德国的军事威胁，因此要求英国在自己与德国发生冲突时给予明确的安全承诺。然而，英国并不愿意与法国捆绑同行。在英国政府看来，只要德国不发展能威胁到英国本土及海洋利益的军事力量，它便倾向于在欧洲大陆形成"法国-苏联-德国"相互制衡的格局。因此，在 1932—1934 年的日内瓦裁军会议上，英国提出的"麦克唐纳计划"实际上是为了缓和自己与德国的关系，并适当限制法国。[②] 在这种"法英德苏"四方角力格局下，意大利并非冲突的焦点，甚至成为各方争相拉拢的对象。作为大国竞争中的次要矛盾，意大利获得了最大的行动空间。

英国和法国都曾考虑将意大利作为中欧地区制衡德国的棋子，但由于意大利法西斯与德国纳粹在政治光谱上的接近性，英法在对意大利的制裁问题上表现出犹豫不决。它们担心过于强硬的制裁措施可能会把墨索里尼推向希特勒阵营。因此，英法共同认为，维持与意大利的紧密联系，阻止其倒向德国，是首要任务。这导致它们在对意制裁时排除了军事或海上封锁等

---

① G. Bruce Strang, "Imperial Dreams: The Mussolini-Laval Accords of January 1935," The Historical Journal, Vol. 44, No. 3, 2001, pp. 799 – 809.

② Carolyn J. Kitching, Britain and the Geneva Disarmament Conference: A Study in International History, Palgrave Macmillan, 2003, pp. 130 – 156.

准军事手段。[①] 牺牲埃塞俄比亚的利益以换取墨索里尼在欧洲的中立，对英法来说似乎是一笔划算的交易。只要意大利的野心不触及欧洲，不威胁到英国在埃及、红海的航线或法国在北非的殖民地利益，英法和意大利之间就不会存在重大矛盾。[②] 在这方面，法国比英国更为迫切地希望获得意大利在抗击德国方面的支持。1935 年 1 月签署的《法意罗马协定》中，法国自愿让渡了在埃塞俄比亚和吉布提的大部分利益，以换取墨索里尼在军控问题上支持法国对抗德国。这份协定的重要内容，即法国对意大利侵略埃塞俄比亚的默许，在当时并未公开。协定签订后，法国在处理意埃问题上主张和平解决，甚至在国际联盟中否决了对意大利实施石油禁运的提案，表面上看似公正，实则极度偏袒侵略者。

面对意大利的侵略和英法的绥靖，国际联盟中的小国和弱国只能采取更积极的外交行动争取对意实施制裁，以维护国际联盟的集体安全。在 1934 年意大利准备入侵时，埃塞俄比亚已经意识到危险。埃塞俄比亚政府向国际联盟秘书长发出请求，要求对意大利实施武器禁运，并将冲突提交国际联盟仲裁。但意大利利用其在国际联盟中的地位，阻挠制裁议程，并加速对战略物资的抢购。直到 1935 年 10 月 3 日意大利正式发动侵略战争后，国际联盟才宣布对意大利进行经济制裁，包括武器禁运、某些金属和橡胶等军工原料禁运、禁止进口意大利产品以及对

---

① 梁占军：《意埃战争爆发后法英在对意制裁问题上的合作与分歧》，《历史研究》2001 年第 4 期。

② 周希奋、周耀明：《1935—1936 年埃塞俄比亚战争期间英、法的绥靖政策》，《暨南大学学报（哲学社会科学版）》1980 年第 4 期。

意政府实行金融管制等措施。[1]

虽然这些制裁措施看似名目繁多，但关键的、有效的措施如海上封锁和石油禁运并未实施。意大利经济高度依赖国际联盟成员，其 70％ 的对外贸易与国际联盟成员进行。[2] 意大利缺乏战争所需的铁矿、煤炭、石油等资源，这些原材料的供给被切断将严重影响意大利的战事。意大利 76％ 的进口依赖海上贸易，英国海军完全有能力切断这类通道。[3] 然而，英法两国并未执行这些有效的制裁手段，反而纵容国内公司通过中立国瑞士与意大利继续贸易往来。尽管受到的制裁没那么有效，意大利经济仍受到严重冲击，里拉贬值 25％。如果战争持续，其黄金储备将在 9 个月内耗尽。由于禁运，意大利国内通胀严重，但墨索里尼的权力反而因为国际联盟的制裁而得到巩固，因为制裁激起了国内支持战争的民族主义情绪。意大利国民普遍认为，英法两国已经瓜分了非洲乃至大半个世界，历史上未受这两国侵略的国家屈指可数，因此英法的谴责以及英法带头发起的对意制裁是虚伪且贪婪的表现。

长期以来，英国对意大利抱有乐观期待，其对意外交政策有两个目标：一是避免破坏与意大利的关系，防止意大利与德国结盟；二是作为国际联盟的维护者，履行保护成员集体安全的责任，通过制裁迫使意大利停战。英国政府在这两个目标之

---

① 杨泽喜：《20 世纪 30 年代国际联盟对日、意经济外交的失败》，《理论月刊》2010 年第 4 期。

② 齐世荣：《试析意埃战争前夕英国的"双重政策"》，《世界历史》1989 年第 5 期。

③ 齐世荣：《论英国对意大利的外交政策（1936 年 7 月—1938 年 11 月）》，《历史研究》2002 年第 1 期。

间寻找平衡，因此表现出犹豫不决。法国由于未获英国的安全承诺，更努力与意大利保持良好关系，阻碍国际联盟实施有效的制裁措施。出于对自身利益的考量，英法两国都不愿承担制裁的义务，而其他小国又无力实施制裁，导致制裁名存实亡。英法对意大利的绥靖政策和秘密外交也严重破坏了制裁的正当性，结果是导致国际联盟提出的集体安全愿景破碎。制裁应符合道义或国际法，否则难以达成国际共识形成合力，构建同盟的成本也将大幅增加。

事实上，即便国际联盟上下一心制裁意大利，只要没有对其进行海上封锁，在当时的国际环境中制裁也难以奏效。美国、德国和日本这三大经济强国都不是国际联盟成员，不需要履行对意制裁的义务。意大利在遭受制裁后，其石油进口转向了美国，在1935年1月至10月，从美国进口的石油仅占意大利总进口量的6.3%，而在10月至12月这一数字飙升至17.8%。① 德国也意图拉拢意大利来牵制英法，在制裁期间大力发展与意大利的贸易。这些制裁联盟之外的经济强国使得对意制裁的效果大打折扣。

正是在上述多种因素的综合作用下，国际联盟的经济制裁没有给意大利带来太大阻碍。1936年5月5日，埃塞俄比亚首都亚的斯亚贝巴沦陷，皇帝海尔·塞拉西流亡英国，意大利快速的胜利反而令国际联盟措手不及，直到当年年底才取消对意大利的经济制裁。与此同时，英法"霍尔-赖伐尔计划"（Hoare-

① 周希奋、周耀明：《1935—1936年埃塞俄比亚战争期间英、法的绥靖政策》，《暨南大学学报（哲学社会科学版）》1980年第4期。

Laval Pact）被曝光。在该计划中，英法两国外交官员密谋承认意大利在埃塞俄比亚的主权，毫不留情地出卖了国际联盟成员的合法权益，其他成员深感受了大国的欺骗，英国难以再兜售其对集体安全的保证。英法的另一个目标也未能实现，1936 年墨索里尼与希特勒组成"柏林-罗马轴心"，不仅因为两国政权在意识形态和合法性来源上的相近，而且因为英法在对意制裁上表现出来的软弱与不负责任，让希特勒与墨索里尼认为英法政府没有做好战争的心理准备，这进一步激发了德意侵略扩张的野心。英法对意制裁最大的问题是目标与手段的不匹配，这一点在学界已是共识。墨索里尼是政治动物，最在乎的是政治权力和政治声望。对埃塞俄比亚的侵略本身就是一场由意大利民族主义驱动的"雪耻之战"，英法的制裁反而进一步激化了意大利国内的民族主义情绪，巩固了法西斯政权的统治。英法不愿意付出高昂的代价来以军事手段阻止意大利，希冀仅通过经济制裁来使法西斯政权让步。这种象征性的制裁不仅无效，而且进一步暴露了英法的虚弱。

引爆战争的石油禁运？

二战中的东方战事由日本挑起。德国的总体战理论和国防经济体系在日本政府尤其是军方高层中大受欢迎，他们认为为应对 20 世纪的战争，必须占领资源充沛的领土、建立自给自足的工业体系。当时，日本经济高度依赖对外贸易，特别是石油、钢铁等战略资源的本土生产能力十分匮乏。从理论上讲，日本的主要贸易伙伴如果实施经济制裁，能够对其社会经济造成沉重的打击，并有效削弱日军的实力。相较于制裁德国或意大利，制裁日本更有可能迫使日本政府做出妥协。然而，从日本发动九一八事变侵占中国东北，到发动七七事变全面侵华，直至偷袭珍珠港，国际社会的经济制裁未能有效遏制日本军国主义的扩张野心。在对日制裁上的拖延与犹豫既源于美国和英国保全自身利益的绥靖心理，也源于这两国选择了错误的经济制裁策略。

1931年日本入侵中国东北后，国际联盟虽然发布了两次要求日本撤军的行政令，但并未有强制执行的手段，加之日本作为常任理事国，否决了国际联盟的提案。此后，国际联盟呼吁成员对日本实施经济制裁，断绝商务往来，但各成员普遍缺乏执行此类制裁的意愿。特别是一战后实力大减的法国和英国，相比东亚地区的状况，它们更担忧在欧洲崛起的德国对其构成的威胁。美国虽不是国际联盟成员，不受制裁命令约束，但国内的经济大萧条使得美国难以分心他顾。在当时，美国与日本的进出口贸易占美国外贸总额相当大的比例，因此美国商界并不愿意冒犯日本。在美英法三国的相互推诿下，日本即便明目张胆地违反国际法，仍未遭受到实质性的有效制裁。

在日本发动全面侵华战争后，美国的反应依旧以象征性的抗议为主，未采取如禁运钢铁、石油等关键物资等强力的制裁措施。美国的反应限于外交声明和宣传活动，只对向日本出售飞机等限量军火交易实施了所谓的"道德禁运"。尽管日本的扩张行为损害了美国的在华利益，与美国所主张的"门户开放"原则背道而驰,但由于多种原因,美国政府并不愿在中国问题上与日本彻底决裂。首先,美国无论是国会还是民间,普遍持有孤立主义的外交政策倾向,担心军火商和财阀的贪婪会将美国推入战争的泥潭。因此,美国倾向于保持中立,不介入任何国际纷争,以免承担维护世界和平的责任。这种思潮在1935年前后两部法案的出台中得到了体现,分别是1934年禁止向未清偿战争债务的国家提供贷款的《约翰逊法案》(Johnson Act)和1935年对交战双方实施武器禁运的《中立法案》(Neutrality Act)。[①] 其次,从美国国内的角度来看,尽管到了1937年美国社会经济已经逐渐从大萧条中恢复,但对经济衰退的恐惧仍然压倒了对地缘政治的考量。为了维护美日之间的经贸往来,美国政府在制裁日本方面只采取了象征性的行动。最后,美国政府不断向日本出口关键物资,意图诱使日本在占领中国东北的基础上继续"北进",以达到通过日本遏制苏联的目的。

英国政府在对日制裁方面同样表现出犹豫不决。相较于美国,日本军队在中国及东南亚的行动对英国的利益构成了更大的威胁。但在对意制裁失败的背景下,英国对制裁工具的使用变得极为谨慎。英国内阁在对日制裁问题上面临着进退两难的局面:若制裁力度过小,则担心重蹈对意制裁的覆辙,不但无助于遏制日本在东亚的扩张,还可能招致日本对英国的敌意,甚至将日本推向"柏林-罗马轴心"。若制裁过于严厉,一方面

---

① 黄凤志:《太平洋战争爆发前英美远东政策的比较研究》,《内蒙古民族大学学报(社会科学版)》2002年第3期。

英国没有余力进行严格的海上封锁，在一战后英国海军实力不复当年，没有信心兼顾亚太和欧洲两大战区；另一方面，与英国在东亚的利益相比，欧洲局势更引发英国内阁的担忧，英国的战略能力有限，难以保护"日不落帝国"的庞大遗产。[1] 因此，英国政府一如既往地抱有侥幸心理，将遏制日本的希望寄托在美国身上，而不愿承担对日制裁的任务。

英美之间的互相推诿是 1940 年之前日本得以肆无忌惮地侵略而未遭到实际制裁的重要原因。日本国土面积狭小、资源紧缺，在经济上对外部高度依赖。1939 年，日本进口商品额中有约 40％来自美国控制的经济区，约 22.3％依赖英国控制的经济区。[2] 日本战争机器的"七寸"在于石油的供应。1939 年进口自美国的石油占日本总需求量的 85％。因此，如果英美能够齐心协力对日本采取严格的制裁措施，必将对其经济造成重创，削弱日本的战争能力。但英美两国谁都不愿承担对日制裁的主要责任，美国认为英国在印度和东南亚的利益更大，因而英国应承担主要的制裁成本，而英国则认为美国作为日本主要的石油和钢铁进口来源国，为日本的侵略行为提供了重要的战略物资，应停止这种"资敌"行为。在对日制裁的具体问题上，更深层次的矛盾是美英之间缺乏战略互信。一战后，美国实力迅速上升使英国感到不安，两国在经济、金融、地缘政治上展开了长达数十年的霸权争夺。英国担心在对日制裁上美国"口惠而实

① 马丁：《试析七七事变后英国在对日经济制裁问题上的犹豫态度》，《历史教学（下半月刊）》2015 年第 10 期。

② 牧野邦昭：《经济学家眼中的日美开战：破解秋丸机关"传说中的报告"之谜》，周颖昕译，社会科学文献出版社 2023 年版，第 42 页。

不至"，导致英日关系恶化后美国坐收渔利。[①]

在 20 世纪 30 年代后期波诡云谲的国际局势中，英美政客总是对德意日的好战分子抱有幻想，软弱无力的制裁不仅未能阻止战争，反而进一步激发了日本的侵略野心。1937 年召开的《九国公约》缔约国布鲁塞尔会议上，中国代表曾要求对日本实施石油禁运，但遭到美国代表的拒绝。美国将石油禁运视为对日外交中的一张王牌，因此，即使在日本击沉美国舰艇"帕奈号"、侵占海南岛并谋划在中南半岛等东南亚地区的侵略后，美国也未真正实施石油禁运，而是不断与日本进行交涉，采取了如冻结部分日本在美资产等轻度制裁措施。

日本政府高度重视经济战，攫取资源、保证供给在其对外侵略目标中拥有极高的优先级。1939 年，预感到世界大战一触即发，日本军界高层特别设立"陆军省战争经济研究班"等机构对经济战进行研究，通过对日本势力范围内物资的自给程度判断日本的战争实力。除了对本国经济进行检视外，上述机构还对世界其他主要大国（英、美、德、法、苏）的经济体制、经济脆弱性、动员能力以及开战可能的经济影响等问题进行了分析和预判。许多研究结论指向日本及其盟友在战争经济上的劣势。例如：在英美联手的情况下战争经济能力将远超日本，若开战日本必败；德国的战争经济能力已经接近上限，苏德战争如果陷入持久战，纳粹德国将陷入危险。面对这种局面，日本军部的经济研究人员提出了许多政策建议，包括学习纳粹德

[①]　黄凤志：《太平洋战争爆发前英美远东政策的比较研究》，《内蒙古民族大学学报（社会科学版）》2002 年第 3 期。

国的国防经济体制、切断英国与其东南亚殖民地之间的补给线、利用美国的自由主义体制拖延其战争经济动员等。[①] 当时日本的军政高层事实上对战争经济能力的对比有着清醒的认知。

1940 年前后，国际局势快速变化。英美逐渐看清日本军国主义与德意轴心的本质相同，不再对争取日本抱有幻想，而是警惕并准备在亚洲战场上与日本交锋。在美国国内，随着与日本的摩擦加剧和民众对中国的同情，政府中主张对日强硬的政治势力话语权日益增强。罗斯福总统早就意识到日本的野心不限于中国东北三省乃至全中国，1937 年他就曾发表"隔离演说"警告美国准备迎接未来的灾难。但这场演讲在孤立主义者的煽动下引起了轩然大波，迫使他只能改口称坚持中立政策。随着形势的变化，罗斯福决定采取更强硬的态度，于 1940 年宣布不再续签 1911 年签订的《美日通商及航海条约》，清除了美国政府对日本实施石油、钢铁等物资禁运的法律障碍。这对日本造成了意想不到的打击，日本政府未料到坚持孤立主义 20 余年的美国此时会强硬地介入，于是加速了对重要物资的抢购和对东南亚的侵略。

1940 年 6 月，纳粹德军进攻法国、荷兰、比利时、卢森堡并获得了压倒性的胜利，激发了日本政府对法国和荷兰在东南亚的殖民地的野心。法国、荷兰投降后留下的殖民地成为"无主之地"，并且两地拥有丰富的石油、矿产和橡胶资源，足以使日本摆脱对美国的依赖。6 月 29 日，日本外相有田八郎在东京

---

① 牧野邦昭：《经济学家眼中的日美开战：破解秋丸机关"传说中的报告"之谜》，周颖昕译，社会科学文献出版社 2023 年版，第 60 - 82 页。

发表"大东亚共荣"宣言，将中南半岛、菲律宾等划入其中。日本对东南亚资源的觊觎激怒了美国政府，美国本土无法自产天然橡胶且只有较少产量的锡矿，东南亚地区是这两种原材料的主要产地和美国的主要进口来源。7月26日，美国宣布将废铁和石油纳入出口许可证制度下进行管理[1]，为实施出口禁令做好了法律准备。9月26日，美国政府宣布禁止出口废铁至除英国外的西半球国家。罗斯福政府希望以这些制裁措施，警告日本停止在东南亚的扩张。与之前的制裁相比，这轮制裁更具强制性且具有实际效果，但对日本而言并非致命一击。为应对可能的制裁，日本在进攻东南亚前已囤积足以使用四年的废铁，并加大了对本土冶金业的投资。

1940年9月，日本正式与德国、意大利签订《德意日三国同盟条约》，形成轴心国军事同盟。1941年6月苏德战争爆发后，日本政府认识到与英美苏的战争随时可能爆发。摆在日本政府高层面前的是两个战略方向：向北配合德国进攻苏联与趁北方威胁减小之机向南进攻获取资源。由于石油短缺，日本无法支持同时在南北两线的作战，为此关于"北进"还是"南进"的问题在日本军政界引发了激烈的辩论。最终，由于苏德战场前景不明，而南进控制东南亚地区则能够帮助日本彻底解决资源不足的短板，1941年7月2日的御前会议上，日本内阁决定即便是冒着激怒英美提前开战的风险，也要"南进"占领中南半岛南部。

作为对日本入侵中南半岛南部的回应，英美政府终于在

---

[1]　USA Office of the Historian, Proclamation No. 2417, https://history.state.gov/historicaldocuments/frus1931－41v02/d136.

1941 年 7 月和 8 月决定对日本实施冻结资产的措施和严格的石油禁运，却没想到禁运直接引爆了太平洋战争。在当时日本及其控制地区每年的石油产量仅能支持日本海军一个月的行动消耗，而其国内库存总共仅能满足至多两年的需求。石油禁运不仅会增加前线作战的困难，而且在可见的未来，日本经济将因缺乏能源而陷入停摆。日本高层对石油禁运的后果十分清楚，也明白对美开战胜算极低。日本无法支持与美国的持久战，日本军方寄希望于德国在欧洲战胜英国，使美国孤立无援从而无心继续战争，最终与日本议和。为实现上述战略愿景，日本就需要利用英国海军主力被牵制在欧洲战场、美国尚未开始战争动员的时间窗口，摧毁英美海上运输力量，这是日本偷袭珍珠港、发动太平洋战争的主要逻辑。

显然，日本对美开战风险极高，取胜的一线希望寄托于数个有利于日本的假定：日本海军能迅速摧毁英美的海上运输力量并使其短期无法恢复；德国能与苏联议和，并在两年之内令英国屈服；美国国内厌战情绪高涨，在英国战败后会与日本进行和谈；等等。日本军政高层也意识到了开战的风险，1941 年下半年日本内阁下属"总力战研究所"通过模拟演练已经做出了"对英美开战日本大概率失败"的判断。但即便拥有对日美国力差距的清醒认知和战争后果的正确判断，日本政府最终还是做出了向英美开战的决定。一方面，日本国内普遍存在冒险主义倾向，无法接受因石油禁运"不战而溃"、日本帝国野望功败垂成的结果；另一方面，日本决策层缺乏绝对权威，陆军、海军、政府在集体决策中出现了群体极化的现象，各派势力为争权将对外关系一步步推向战争的悬崖。^① 1941 年 12 月，经过 4 个月的谈判，日本高层认为石油禁运问题已经没有回旋的余地，坐以待毙注定导致日本自 20 世纪 30 年代以来东亚战略的失败，还可能面临主战派发动军事政变的风险，不如孤注一掷，太平洋战争由此爆发。

　　纵观 1931 年至 1941 年近十年间的英美对日制裁历程，可以看到，在 1940 年之前英美对日政策中充斥着绥靖主义、对日妥协与幻想。美国具备极佳的条件来制裁日本，后者在关键物资上极度依赖美国供应，一旦美国断供，日本政府将不得不收缩其侵略行为。然而，由于对日战略上的忽视和对绝对经济收益的追求，美国低估了日本的野心和向日本出口石油"以肉喂虎"的风险。而进入 1940 年之后，美国政界在对日制裁问题上存在严重的分歧：以罗斯福总统为首的"鸽派"强调欧洲在美国对外战略中具有最重要的地位，美国不值得为了在亚洲的利益与日本开战，对日石油禁运不仅不能阻止日本侵华的步伐，反而将逼迫日本进攻荷兰在东南亚的殖民地；另一边，以财政部长摩根索、助理国务卿艾奇逊等人为代表的"鹰派"则认为制裁不会导致日美开战，对日软弱反而将鼓励日本的侵略行为。

　　在 1941 年 7 月至 8 月的内阁会议上，罗斯福最初的政策设计仅为冻结日本资产和将对日石油出口限制在 1935 年的水平，不允许向超出部分颁发出口许可证。然而该政策在执行时遭到了"鹰派"官员在技术细节上的阻拦。在 1940 年 12 月美国财政

---

　　① 牧野邦昭：《经济学家眼中的日美开战：破解秋丸机关"传说中的报告"之谜》，周颖昕译，社会科学文献出版社 2023 年版，第 104 - 128 页。

部首次冻结日本在美资产时，部分日资提前从美国银行系统中出逃。艾奇逊当时兼任外资管制委员会主席，他认为日本必须先使用这部分出逃的资本来支付进口石油的费用，拒绝解冻已被美国政府控制的资金。此时，罗斯福赴纽芬兰与丘吉尔会晤，并不知道由于艾奇逊在资金问题上的阻挠，新政已经成为对日本事实上的全面石油禁运。待9月罗斯福知晓此事，英日两国政府和美国公众都已认为石油禁运是既成事实，因此只能默许现状，停发对日出口石油的许可证。①

　　二战中的美国对日石油制裁案例能够帮助我们理解本书第一章中制裁与经济战的基本原理。首先，从弹性-垄断理论来看，对日本的其他制裁都不致命，唯有对石油和废铁的禁运是对日本的撒手锏。这两种商品对于日军作战而言是刚需，需求价格弹性非常小，并且除了美国之外当时日本无法找到替代的进口来源。其次，从认知差异角度出发，美国社会和大多数政商人物或秉持孤立主义传统，或没能认识到美日贸易的战略潜能，因此很长一段时间内对日制裁措施十分有限。如果美国在更早的时候采取严厉的石油禁运措施，阻遏日本在东亚的扩张，日本没有投入过高的战争成本或许还能接受美国的要求。而到了1941年，美国的政治诉求已经超越了经济制裁手段的作用边界，太平洋战争的爆发根源在于两国的利益冲突已经无法调和，经济制裁仅起到了加速作用。日本为了继续推进其在亚洲的侵略行为，不惜与美国开战。经济手段和政治目标一旦不匹配，

① Irvine H. Anderson, "The 1941 De Facto Embargo on Oil to Japan: A Bureaucratic Reflex," *Pacific Historical Review*, Vol. 44, No. 2, 1975, pp. 201 - 231.

则有很大概率发生军事介入。有学者认为，1937 年以前对日本实施最严格的石油禁运可能能够实现经济制裁的目标，胁迫日本政府放弃在东亚的扩张行动；而进入 1937 年以后禁运只能作为削弱日本战争能力、压缩其战略选择空间的工具，已经无法使日本的战争机器停止了。[①] 最后，经济制裁政策的制定必须考虑目标国的社会结构和政治环境。当时美国政策的制定者和执行者中，不少人低估了日本军队和政府高层的极端民族主义和冒险主义倾向，仍试图通过极限施压迫使日本放弃对亚洲的野心。但东条英机关于发动战争却说："人总得有个时候闭上眼睛，纵身一跳。"美国的制裁加强了日本海军等主战派、激进派在政府中的话语权，加速了战争的爆发。

跨越 20 年的再度交锋：英德经济战的第二回合

意大利和日本得以在长期内违反国际准则且未受到相应制裁，这在很大程度上是因为德国牵制了欧洲主要国家的战略关注。希特勒从德国在第一次世界大战的失败中吸取了教训，决心避免德意志第三帝国重蹈覆辙。因此，自 1933 年起，希特勒将德国的经济发展重点放在两大主题上：一是摆脱过去十多年的经济危机；二是构建一个在战时能自给自足、抵御外部干扰的经济体系，以应对可能的全面经济封锁。希特勒曾表示："对于那些把生存建立在对外贸易上的国家来说，这是十足的军事弱点。由于我们的对外贸易要通过英国控制的海域，因此，运

---

① 　David A. Baldwin, Economic Statecraft, Princeton University Press, 2020, p. 177.

输安全比外汇更成问题……如果把保证我们粮食供应的问题放在优先地位，为此所需要的空间只能在欧洲寻找，而不是按照自由资本主义的观点，去剥夺殖民地。"① 希特勒对经济封锁的忌惮可见一斑。

1932—1937年，德国经济政策的主导者是时任经济部长及军事经济全权总办的亚尔马·沙赫特，其主要任务是增加德国的外汇储备和增强德国的战略物资生产能力。在外贸方面，沙赫特通过进出口管制调整德国的外贸结构，在增加战略物资进口的同时对德国工业实行贸易保护和出口补贴。德国通过与贸易伙伴直接签订双边结算协议，绕开外汇市场，减少外汇储备不足对进出口贸易周转的影响。在国内经济发展方面，为服务纳粹的军事扩张计划，沙赫特为德国工业发展确定了优先级，即首先发展军工，其次加强国产工业替代品的发展，再次发展食品工业，而民用工业则优先级最低。沙赫特的改革取得了巨大成功，德国的对外贸易盈余在1934—1937年增加了22倍多，军事工业能力也得到了显著提升。1937年，希特勒委派赫尔曼·戈林制定了进一步增强德国经济独立性的"四年计划"，该计划以战争为背景假设，将重要工厂从边境搬迁到内陆，改种提供更高热量的作物，并加快对周边国家的物资抢购。

除了国内改革，希特勒的外交和战争计划也紧密围绕确保德国经济自主。1939年德国闪击波兰，除了扩张领土，希特勒还意在占据波兰丰富的农业和矿产资源。对奥地利、捷克斯洛

---

① 胡杰：《苏德战争爆发前的纳粹德国外贸政策》，《学习月刊》2010年第14期。

伐克等国的侵略，也旨在增强纳粹德国的经济安全。除了武力侵略，希特勒还在大国之间施展外交手腕，利用它们之间的矛盾和空隙为战争机器供血。1939—1941 年苏德战争爆发前，德苏关系进入蜜月期。德国向苏联提供低息贷款购买德制工业设备，苏联则供应粮食、石油和原材料。苏联还同意日本通过西伯利亚铁路向德国输送物资。接下来的两年，德苏达成多项经济协议，扩大双方贸易额，允许德国通过阿富汗、伊朗、罗马尼亚等地运输物资。1940 年签署的经济协议中，苏联甚至同意帮助受封锁的德国从第三国购买战争物资。[①] 纳粹德国还向中立国发出威胁，宣布任何单方面改变与其他国家经济往来并损害德国利益的行为，均将被视为敌对行为，将失去中立国地位。德国希望中立国在物资出口上优先考虑德国，而非接受英国的战略抢购。

　　1939 年战争初期，为避免激怒中立国（特别是美国），英法未实施全面的对德封锁。它们采取的政策是发布对德禁运清单，主要包括燃料、武器等军用物资和贵金属等重要原材料，并要求所有船只接受英国海军的检查。在制度上，英国借鉴一战经验，建立了协调一致的经济战机构经济战争部。1937—1942 年，由弗雷德里克·利斯-罗斯担任总干事。在他的指导下，经济战争部先从情报入手，召集经济学家、统计学家和军事专家，利用英国商业网络来收集关于德国与世界其他国家贸易的情报，特别关注中立国战略物资进出口的战时变化，分析这些货物是

---

　　① 胡杰：《二战初期英国对德经济战中的日本因素》，《今日南国（理论创新版）》，2009 年第 5 期。

否绕开封锁运往德国。在微观层面，利用伦敦作为金融中心的优势，从保险公司、信贷公司处获得德国企业及其贸易伙伴的数据，列出包括 278 个个人或企业的黑名单供海军拦截。在经济战争部的情报支持下，开战后数月内英法缴获了大量拟运至德国的物资，包括钢铁、金属、石油、粮食、咖啡等，总量约占德国开战前进口商品的 10%。[1]

为扩大对德国的经济封锁，英国积极开展外交活动，说服中立国加入制裁联盟。对东南欧和拉美国家，英国主要采取战略抢购政策。1940 年成立的联合王国商业公司便是这一计划的实施工具，以高价收购战略物资，向这些国家供应英国工业制品，目的不在营利而在执行政府的外贸政策。对北欧国家和美国等传统中立国，英国初期做出让步，只要德国购买的物资未大幅增加便允许其船只通航。同时，同盟国对这些国家做出军事和经济安全承诺，以贷款、贸易优惠等措施吸引中立国加入制裁阵营。对亲德的中立国如西班牙、葡萄牙、日本，英国采取"萝卜加大棒"模式，给予优惠贷款和贸易优惠，条件是它们要与德国保持距离、减少对德贸易。[2] 英国还与跨国公司谈判。在美国奉行孤立主义的背景下，英国外交官与美国外贸公司接触，强调德国对世界稳定的威胁。英国的系列措施对德国对外贸易造成了毁灭性打击，后者进口量锐减 43.4%，国内经济受到严重影响，食品、化工、纺织等行业原料短缺，钢铁部

---

① Ali Laïdi, Histoire mondiale de la guerre économique, Tempus Perrin, 2016, p. 463.
② 胡杰：《欧洲中立国与二战初期英国对德经济战（1939—1940）》，《陕西理工学院学报（社会科学版）》2013 年第 2 期。

门积压大量无法出口的存货。

希特勒对封锁并未坐以待毙，而是以更残暴的方式报复参与制裁的国家。德国海军要求所有进入波罗的海的船只都接受检查，直接击沉可疑目标。面对英国的战略抢购，德国以战养战：通过入侵和剥削，获得石油储备、原材料和劳动力。捷克斯洛伐克、奥地利、波兰、丹麦、挪威、卢森堡、荷兰、比利时、法国陆续成为供血者。德国的经济战策略还包括破坏英国金融系统的稳定，希特勒亲自领导的伯恩哈德行动（Operation Bernhard）制造了大量假英镑，通过空投或第三方贸易流入英国市场，意图造成经济紊乱。尽管希特勒在战前做了充足准备，但他在战略上仍迷信"速胜论"，未料战争长期化，封锁给德国带来了巨大困难。因此，希特勒将目光转向苏联丰富的油气和粮食，期望入侵苏联能缓解物资短缺。但苏军在莫斯科的顽强抵抗使希特勒的计划陷入僵局。太平洋战争爆发后，美英加强了对德国的海上封锁，向中立国施压，要求中立国断绝与德国的贸易。在东西两线战场失利波及德国经济，盟军空袭炼油厂、兵工厂等工业设施和交通线路。失去造血能力的纳粹军队在盟军攻势下溃不成军，德国的败局已成定局。

世界大战中经济战线的启示

两次世界大战期间，众多国家纷纷动用经济武器，制裁与反制裁、经济进攻与经济防御的战术屡见不鲜，提供了研究经济战规律的绝佳案例。然而，历史不会简单重演，其发展融合了必然性因素与偶然性因素。因此，在概括两次世界大战中的经济制裁与战术规律时，必须在抽象原则和具体情境之间进行权衡，并采用多主体博弈的视角进行深入分析。

首先，经济制裁和战争的成功取决于系统工程和长期准备。所谓系统工程，是指构建从上到下的包括决策、指挥、协调和执行的全面体系。以二战中的英国为例，经济战争部成为第二战线的核心机构，在内阁的授权下广泛动员国家的各个领域，通过商业渠道收集经济情报，利用外交途径与其他国家进行谈判，协助军警完善敌对封锁。相较于军事行动的指挥调度，经济战需要动员整个社会甚至全球各国服务于战争目标的各种资源，因此，经济战的总参谋部必须具备高效的信息处理能力、决策水平和丰富的知识储备。无论是实施经济制裁还是开展经济战，情报工作都是不可或缺的前期准备。经济情报不仅能揭示敌方经济体系的脆弱点、分析产业链的关联性以切断"供血"渠道，还能助力长期追踪研究及时发现封锁体系的漏洞。比如，对德封锁后，北欧三国的战略物资进口激增，英国便通过历史数据对比及时发现这一变化，展开抢购和外交行动。在数字化时代，这一教训尤为重要，数据安全与经济安全相辅相成，共同构成国家总体安全的关键支柱。对于防守方来说，物资储备和经济结构调整是意识到经济安全风险后的长期准备工作。

其次，经济武器不是"四两拨千斤"的神器，其效果与付出的成本成正比，且存在作用上限。在对意大利和日本的制裁中，发起国未能形成合力，国际联盟成员之间、英美之间互相推诿，不愿承担主要责任和较大代价。有能力实施制裁的大国一旦退缩，制裁联盟将陷入群龙无首的局面，每个国家都希望成为"搭便车者"，都希望不付出经济代价就能获得安全保障。宝贵的外交资源和谈判机会被浪费在同盟内部争执中，错失了制裁的关键时机，使意大利和日本的侵略行为得以成行。轴心国侵略与剥夺所获得的经济利益在战争初期远超国际制裁带来的负面影响，对同盟国的依赖并未达到改变侵略决策的程度。即使全力发动经济制裁也未能遏制轴心国的扩张野心。特别是，英国对意大利的制裁不仅设定了过高的目标，而且试图一举多得，既要维护国际联盟的威望，又不得罪墨索里尼。对对方战略意图的过分乐观估计导致错误理解野心家的真实目的。因此，经济制裁存在作用上限，在上述例子中，国家间矛盾已超越经济手段的适用范围，经济战只能作为军事对抗的辅助手段。

最后，在势均力敌的经济战中，对中立国的争夺常常决定战争的胜败。实际上，除非一国与外界完全隔绝，否则在全球经济体系中完全中立的国家是不存在的。与交战双方的贸易额、商品结构等因素可能有利于一方。例如，美国在抗日战争中看似中立，但它对日本的石油和钢铁出口实际上是侵华日军的动力来源。地理位置关键的中立国常常是经济封锁的难点，难以说服其政府不成为战争中的二道贩。争取手段包括威逼与利诱，英德两国的不同做法产生了截然不同的结果。威逼手段成本低，但难以持久；利诱手段代价大，却能获得更持久的支持。手段选择并无优劣之分，德国的错误在于战争策略与形势脱节。原本计划的闪电战最终变成消耗战，在长期斗争中遭到反噬。

第五章
现当代美国对外的经济制裁与经济战

经济制裁是美国尤为青睐的外交工具，以至有学者将美国戏称为"美利坚制裁国"。[①] 在核武器、生化武器和远程导弹不断扩散的时代，大国间直接军事冲突的赌注如此之高，以至理性的美国总统通常不将战争作为确立大国间权力关系的优先政策选项。即便在面对中小型国家时，战争对美国决策者而言也是成本效益相当低的选项。比如二战结束以来的近八十年里，美国在朝鲜、越南、阿富汗、伊拉克等多个中小型国家的战争迁延日久，所付出的财务、生命和政治代价都非常巨大，对其国力和国运的影响显而易见是负面的。正如本书在前言中引用国务院前参事时殷弘所言——"帝国，是习得的"，美国的制裁与经济战之术也经历了不断成熟的历程。美国在对大大小小的经济体实施制裁时则取得了堪称惊人的成就，其中最大的成果

---

① Daniel W. Drezner, "The United States of Economic Sanctions: The Use and Abuse of Economic Coercion," Foreign Affairs, Vol. 100, No. 5, 2021, pp. 142 - 154.

是在美苏争霸中不战而屈人之兵，靠经济战和思想战加速了苏联的衰落。本章叙述的另一组案例则体现了美国对中小型国家进行制裁与经济战时，战略战术逐渐发展成熟的历程。

第一节　里根政府的对苏经济战

苏联幅员辽阔，拥有强大的军事力量、广泛的政治影响和与美国比肩的核武器储备，但在经济上却存在短板。长期实行计划经济体制导致国民经济结构失衡，以重工业为中心的发展模式压制了其他行业的增长潜力，轻工业和农业生产效率低下，物资短缺成为常态。在尖端科技领域，尽管苏联在核武器与核能、航空航天工业、军事工业等方面一度走在世界前列，但进入20世纪80年代后，科技创新步伐放缓，西方国家在信息技术革命方面把苏联远远甩在了后头。这使得苏联在包括粮食和高科技产品在内的许多战略物资上依赖国际市场，为美国对苏联实施经济战略提供了契机。冷战初期，苏联就面临着经济结构失衡、生产效率低下、部分物资短缺的问题。70年代，中东石油危机导致国际油价飙升，苏联经济因此获得了短暂的快速发展。但这时的苏联领导层被短期的繁荣所迷惑，忽略了内部的矛盾和隐患，盲目地对外扩张，进行过多的激进投资，最终导致了80年代末的经济危机。

尽管苏联的崩溃主要是由内部原因引起的，但美国的干涉也发挥了加速作用。从苏联成立之初到东欧发生剧变，美国一直尝试着利用经济手段削弱乃至颠覆苏联政权。其中，20世

80 年代初，里根政府发起的对苏经济战最具代表性。

美国对苏发起经济战

由于意识形态上不可调和的差异和争夺世界霸权的实际矛盾，美苏关系长期存在着强烈的排斥力。除了在第二次世界大战期间为共同对抗轴心国短暂联手以及在 20 世纪 70 年代的关系暂时缓和外，两国间的经济摩擦和较量几乎从未停歇。十月革命取得胜利后，协约国阵营出于对布尔什维克政权与德国暗中勾结、破坏协约国对德经济封锁的担忧，对新生的苏维埃政权实施了贸易禁运和经济干涉。[①] 在这个封锁联盟中，美国政府的态度最为坚决，将苏维埃政权视为对资本主义文明的根本威胁，拒绝承认苏维埃政权的合法性。当时的国务卿查尔斯·埃文斯·休斯表示，除非苏维埃政府彻底改变其社会主义经济制度，否则美国不会与其进行贸易谈判。[②] 即使在一战结束后欧洲国家已解除对苏联的封锁，美国民间对苏贸易蓬勃发展，美国官方仍维持对苏贸易限制，采取增加关税、限制信贷等歧视性措施。直至 1933 年美苏正式建交，鉴于大萧条后国内经济复苏的需求和对抗希特勒的战略考虑，美国政府才取消歧视性政策，给予苏联最惠国待遇。

纳粹德国入侵苏联后，美苏关系大幅改善，美国以贸易、租借和援助等方式为苏联提供了大量战争物资。战后虽然苏联

---

① Norbert H. Gaworek, "From Blockade to Trade: Allied Economic Warfare Against Soviet Russia, June 1919 to January 1920," Jahrbücher Für Geschichte Osteuropas, Vol. 23, No. 1, 1975, pp. 39 - 69.

② 刘金质：《美苏关系中的经济制裁》，《政治研究》1984 年第 2 期。

经济遭受毁灭性打击，但其强大的军事实力和国际威望，仍使美国将其视为自己夺取世界霸权的主要挑战。罗斯福去世后，美国政府内部"反苏派"逐渐占据上风，苏联也对加入美国主导的战后世界经济贸易体系充满犹疑，两国经贸往来断崖式下降。杜鲁门政府终止了与苏联的贸易协定，随后以国家安全为由停止向苏联交付相关机器设备，希望借此拖延苏联战后重建进程。1949 年，美国国会通过《出口管制法》（Export Control Act），赋予总统权力来限制向社会主义国家出口战略物资和设备，并在随后几年大幅提升对苏联和其他社会主义国家的进口关税。在一系列政策的影响下，美苏之间的贸易额由 1946 年的 2.13 亿卢布下降至 1950 年的 720 万卢布，到 1953 年仅剩 40 万卢布。[1] 美国政府还通过马歇尔计划和巴黎统筹委员会，限制其他资本主义国家与苏联的贸易往来。在这一系列政策下，两大阵营之间的经济往来降至冰点。

在冷战前 15 年，经济战主要作为政治斗争和军事斗争的辅助手段。柏林危机、古巴导弹危机等事件使美苏之间险些开战，对可能的核战争的恐惧迫使双方冷静下来，地缘争夺降温，转而寻求维持现状。20 世纪 60 年代中期至 70 年代，在中东石油危机、苏伊士运河危机和对越侵略战争失利后，美国在国内外陷入困境，经济滞胀，政治丑闻频发，面临反殖民运动和社会主义运动的挑战。相反，苏联则表现出强劲势头，在西方的军事威胁和经济遏制下，其经济实力和国际威望反而与日俱增。

---

[1]　沈志华：《经济漩涡：观察冷战发生的新视角》，开明书店 2022 年版，第 202 页。

此时，包括尼克松和基辛格在内的美国政府高层对美苏争霸的前景产生悲观预期，认为有必要缓和与苏联的关系。苏联也希望与西方国家开展更密切的经济往来，以此增强苏联的综合国力，扩大与西方和平相处的物质基础。因此，美苏进入了政治与经济关系的缓和期。在这一时期，美苏贸易有所发展，总体上苏联对美进口需求远高于美国对苏进口需求。根据苏联的统计，在 20 世纪 70 年代苏联对美贸易进口额约是出口额的 6.7 倍。在这个时期，美国与苏联签署了长期的粮食贸易协定，美国成为苏联主要的粮食进口来源国之一。

美苏关系的缓和时期随着里根总统的就职而结束。里根的上台与美国国内对苏联的强烈反感有关，基辛格的缓和策略被苏联视为美国软弱的表现，因此苏联在第三世界大力支持政变和革命，使美国战略界对苏联带来的威胁日益担忧。1979 年苏联入侵阿富汗后，美国政界对缓和策略的不满达到顶点，国会内部爆发激烈的抗议，总统卡特被迫放弃缓和政策，实施粮食制裁，取消对苏联的粮食出口。但民主党的这一急转弯未能赢得选民的认可，反苏情绪强烈的选民将坚定的反苏分子里根送入白宫。里根并非传统政客，他的对苏战略没有瞻前顾后，而是坚定地执行他的反共保守主义理念。

与此同时，里根政府内的强硬派领导人成为经济战的策划者和执行者，其中最重要的是中情局局长威廉·凯西（William Casey）和国防部长卡斯帕·温伯格（Caspar Weinberger）。威廉·凯西在二战期间曾担任美国经济战委员会的顾问，1944 年被委任调查纳粹德国如何绕开盟军封锁获取物资，并规划进攻德国本土时的经济战策略。在那时，他就展现出无视国际法、为达目的不择手段的极端现实主义特点，甚至曾违反《日内瓦公约》招募战俘作为间谍。凯西在美国政界拥有丰富的经历，曾在尼克松政府中担任副国务卿，负责经济事务。作为里根竞选委员会主席，他帮助里根赢得大选，因而深获里根信任。但里根就任后并未任命凯西为国务卿，为了进入政府核心，凯西选择接受中情局局长的职位，并努力提升该职位在国家战略中的重要性。为此，凯西要求随时能进入总统办公室面见里根且无须预约，同时要求加入内阁，因而被视为历届中情局局长中最有权力的一位。卡斯帕·温伯格是犹太裔，在担任国防部长前曾任联邦贸易委员会主席，因此他的对苏战略并不局限于军事，而是综合经济、外交等多种手段来削弱苏联国力。在任内，他大幅扩大了美国国防预算和军备规模，并主导了包括"星球大战"战略防御计划在内的多项科技改革。理查德·艾伦和威廉·克拉克等人也是对苏强硬派的核心成员，共同策划了里根对苏联的经济战。

里根政府的经济战始终以削弱苏联国力、赢得美苏争霸为目标，不会因苏联改变某项政策而停止。卡特总统曾以粮食禁运制裁苏联，抗议其入侵阿富汗，但未料到设想中的"封锁圈"会被轻易瓦解，各国粮商在利润的驱动下未严格执行粮食禁运政策。苏联几乎未受损，反倒是美国农业生产者和利益集团蒙受损失，这也成为卡特连任失败的原因之一。里根吸取教训，他认为单一领域制裁对苏联的威力有限，且需付出巨额成本。苏联政治意志坚定，难以通过经济制裁改变其决策。因此，里根采取包括经济战在内的全面战略，攻击苏联经济和政治体系弱点，限制其对外政策空间，引发苏联内部经济混乱和政治动荡。

在里根时期的对苏经济关系中，美国国家安全决议指令（National Security Decision Directive，NSDD）展示了从限制苏联军事能力到破坏苏联产业能力和贸易体系，最终颠覆苏联政权的经济战升级过程。1982 年 5 月 20 日，里根政府通过国家安全决议指令第 32 号文件（NSDD 32），明确将经济作为与军事、外交、政治、情报并列的五大国家战略支柱之一。为减轻苏联带来的军事威胁，经济战略需要设法限制苏联的军费开支，同时利用苏联最大的劣势——经济实力来瓦解其联盟体系。由于苏联军事实力的井喷式扩张，美国在军事方面已然处于劣势，其与苏联对抗的最大依仗就是强大的经济实力和工业体系。而在经济上围堵苏联则必须建设经济战的统一战线，这其中不仅要实现西方资本主义国家的联合，同时要争取第三世界国家的支持，避免资源流向苏联，所以还需要给予这些国家援助以及附加条件的投资。① 这些构想随后很快就由威廉·凯西等人落实。凯西大幅增加了中情局的雇员数量，对整个苏联阵营的经济情况做了详细的跟踪调查和资料汇总。他从巨量情报中做出判断，苏联在不断对外扩张的同时还需要维系包括古巴、越南等国在内的联盟体系，在经济上已经出现疲态。凯西利用随时能与总统面谈的特权，每周向里根汇报情况，使总统在外交上

_____

① NSDD Digitized Reference Copies，"NSDD - 32 US National Security Strategy，" https://www. reaganlibrary. gov/public/archives/reference/scanned-nsdds/nsdd32. pdf.

更加积极地推动针对苏联的经济封锁。1982 年 11 月 29 日，在国家安全决议指令第 66 号文件（NSDD 66）中，里根明确指出国家安全原则是未来东西方经济往来的基础，并要求盟友尽快在减少对苏联天然气的依赖、加强技术禁运和收紧信贷三个方面采取实质性措施。加拿大、英国、日本、法国、联邦德国、意大利的代表与里根政府达成了共识，同意在上述领域配合美国的行动，在不助长苏联军事实力或战略能力的前提下进行经济往来。① 尽管这些国家并不公开承认与苏联展开了经济战，但事实上已经与美国结成了统一战线。

1983 年 1 月 17 日颁布的国家安全决策指令第 75 号文件（NSDD 75）《美国与苏联的关系》是里根时期美国对苏战略最全面的阐述，其中将制造苏联内部压力从而动摇其统治根基作为三大对苏战略之一。② 美国政府认为，苏联此时正处于权力继承的特殊时期，通过经济手段向苏联高层施压迫使其进行制度改革具有可行性。因此文件明确提出，在美国对苏经济政策中，战略和外交政策目标与直接经济利益目标同等重要。具体而言可以分解为以下几个目标：首先，限制苏联扩充军事实力是一切经济往来的基础前提，即严格控制与军事相关的核心技术或设备流入苏联境内；其次，通过技术禁运、贸易限制加重苏联结构化改革的压力和资源配置的负担，迫使苏联在卡脖子的关

---

① NSDD Digitized Reference Copies, "NSDD‑66 East-West Economic Relations and Poland-Related Sanctions," https://www.reaganlibrary.gov/public/archives/reference/scanned-nsdds/nsdd66.pdf.

② NSDD Digitized Reference Copies, "NSDD‑75 U.S. Relations with the USSR," https://www.reaganlibrary.gov/public/archives/reference/scanned-nsdds/nsdd75.pdf.

键产品和薄弱部门发展上花费大量的财政资源；再次，降低苏联利用贸易、能源供给和金融领域的相互依赖反制西方国家的风险；最后，仅在双方互利且不会产生对苏经济依赖的前提下，允许各盟国与苏联进行某些非战略性商品的贸易。除了设定这些目标外，第 75 号文件还就之前美国与盟国的协定做了更加具体的规划，利用巴黎统筹委员会、经济合作组织、北约等平台落实对苏联的天然气制裁与先进技术禁运。里根政府认为，经济战作为对苏战略的支柱之一，无论苏联高层是选择更极端激进的举措还是向西方释放善意、寻求合作，上述目标都应该长期坚持。

在经济战的总体方针下，美国政府从情报、外交等领域做出了许多的努力，针对苏联体制的经济和政治弱点发起攻击。在 20 世纪 80 年代初，中情局大幅加大对苏联及其周边国家的渗透，并与英国、法国、以色列等国的情报部门开展了一系列的合作，联手增强在欧洲和中东地区的情报能力和反间谍能力。与此同时，中情局招募了大量经济专家和财经记者作为经济战的智囊和参谋，并邀请心理学家和精神病学家对各国官员进行心理分析，以寻找苏联政治经济体系的脆弱之处进行打击。在外交上，美国在苏联周边地区制造了不少麻烦，增加苏联维系联盟体系的成本。比如，暗中为阿富汗抵抗组织提供军事物资，为波兰团结工会提供贷款和援助，促进东欧国家的自由化进程，等等。

美国对苏联的经济战是里根政府全方位压制苏联总体战略的重要一环，既有强硬派实权人物支持下的顶层设计，也有国家机器的执行与民间的配合。同时，经济战的开展与在外交、军事、情报等领域的努力是不可分割的。在下文中，我们将就美苏经济战的三个主要"战场"——技术封锁、能源制裁和对苏联盟友的打击分别展开讨论。

技术封锁与谍战

美国针对苏联的技术封锁，第一个目标是限制并延缓苏联在军事实力方面的进步。为此，美国严禁本国及盟国企业向社会主义国家出口能增强其"战争潜力"的物资，包括工业产品、军需产品和核能产品三大类。其中后两者基本上被完全禁运，而工业产品的出口则受到严格的审查与数量限制。巴黎统筹委员会的成员国企业在向社会主义国家出口这些物资时，需要获得特别的许可证，审批权的归属取决于产品的交易情况和敏感程度，对于具有战略意义的商品，必须得到巴黎统筹委员会的许可，而一般商品的出口则可以由成员国自行决定。[①] 美国政府中的强硬派意图尽可能扩大禁运范围，不仅包括高科技产品和技术，还包括可能助力苏联实现技术突破的原材料。即便是民用商品的出口也受到了阻碍，在美国政府的倡议下，巴黎统筹委员会设立了军事专家委员会，负责提供咨询意见并审查军民两用技术转让，以阻止苏联采用替代技术。甚至苏联科学家的国际学术活动也受到了限制。

尽管战略禁运和技术封锁在维持西方军事技术领先方面有

---

① 菲利普·汉森：《80 年代西方对苏联的战略禁运》，何学仁、卢国洪译，《国际经济评论》1990 年第 11 期。

效，但在禁运范围等细节上，美国和欧洲国家存在矛盾。欧洲
国家在经济上与苏联互补性强，依赖苏联的廉价能源和广阔市
场，而苏联则对欧洲国家的高科技产品需求巨大，双方贸易关
系紧密。以联邦德国为代表的欧洲国家虽然紧随美国政策，但
也不希望在外交上完全得罪苏联，而是在两大霸权之间进行有
偏向的平衡，因此在禁运范围上与美国产生矛盾。美国政府对
美企在欧子公司的长臂管辖令欧洲政界感到不快，美国政府要
求这些公司遵守对苏联的出口管制，欧洲政界认为这种治外法
权违反了国际法原则。相较之下，反倒是欧洲本土企业在执行
禁运方面更加配合，不仅因为相比苏联，美国是它们更重要的
贸易伙伴，也因为当时世界上大多数先进专利和应用都来自美
国，企业从长远发展角度考虑，必须维护与美国政府的关系。

　　技术封锁的第二个目标是加剧苏联的财政问题，将苏联从
资本主义生产网络中孤立出来，限制其获取先进的西方商品和
技术，从而减慢苏联经济改革和产业设备升级的速度。自 20 世
纪 60 年代美苏太空竞赛以来，赶超、超越西方的先进技术成为
苏联领导人的共识，特别是在军备、航空等关键领域的竞争更
为激烈。时任苏共中央总书记的勃列日涅夫坚持东西方对抗的
外交思维，即便在美苏关系的缓和期也大举扩张军力。他长期
负责国防工业和航空工业的发展，成为苏共中央总书记后将军
人和军工集团的支持视为掌权的重要支柱，总是设法满足军队
的要求。[1] 西方对苏联的技术禁运使苏联不得不为军事科技竞赛

---

[1]　陆南泉：《苏联走近衰亡的勃列日涅夫时期》，《东欧中亚研究》2001 年第 6 期。

支付更高昂的成本，阻碍了其军事实力升级。苏联为获取技术付出了远超市场价格的代价，且难以获得最先进的技术，这进一步限制了苏联的财政空间。

尽管技术禁运给苏联造成了一定的财政负担，但影响并不致命。一方面，彻底的技术封锁成本巨大，西方一些中小公司愿意铤而走险，通过走私或瞒报向苏联出口敏感技术和产品。另一方面，苏联政府对过度依赖西方技术引进怀有戒心，技术禁运促使苏联制定产业政策来刺激国内技术进步。尽管难以实现技术追赶，但逆向工程和仿制提高了苏联生产低端替代品的能力。

苏联应对技术禁运最直接、最主要的手段则是技术间谍。随着东西方技术力量差距的不断扩大，苏联既没有时间也缺乏足够的能力通过自主研发实现追赶。因此，在西方的技术禁运下，苏联使用了最发达的部门之一——间谍机构来加以应对。这场经济谍战是由苏联军事工业委员会（VPK）领导指挥的，两大情报机构苏联国家安全委员会（简称克格勃）第一司的 T 局和苏军总参谋部情报总局（简称格鲁乌）的技术和管理局承担了主要的任务，从西方国家获取技术、工艺和科技信息，以便实现科技赶超并辅助苏联高层的决策。同时，苏联国家科学技术委员会、科学院与外贸部也参与了这一行动。[1]

西方国家最初并未意识到苏联情报机构的深度渗透，直到

---

[1]　王连志：《"VPK"：苏联的科技谍报机构》，《国际问题资料》1985 年第 13 期。

20 世纪最大的间谍案之一"告别"事件的曝光。① 化名"告别"的间谍维特洛夫提供了近 4 000 份机密文件，揭露了数百名苏联特工和西方双面间谍的身份，从而揭开了苏联领导的全球性经济技术间谍网络的面纱。这些特工大多服务于苏联的经济谍战，在军事、航空、计算机、电子技术等领域窃取了大量机密信息。他们分属不同机构，各自独立获得资金支持，各司其职。其中，克格勃占比最大，其特工遍布西方各国，通常以外交人员身份作为掩护，享受外交豁免权保护。格鲁乌技术和管理局主要监控西方国家的军事应用进展；苏联国家科学技术委员会专注于工业产品和市场研究，追踪西方市场创新动态；苏联科学院负责追踪西方基础科学发展，虽多为合法的学术交流，却也是整体谍战的一环；苏联外贸部下属国家对外经济关系委员会则购买外国技术助力苏联经济发展。苏共中央分管各经济部门的委员会确定需求，由苏联军事工业委员会指挥上述机构完成情报

---

① 弗拉基米尔·维特洛夫（Владимир Ветров）的官方身份是苏联外交官，曾在巴黎和蒙特利尔有着丰富的任职经历，但实际上他是克格勃 T 局航天航空线的一名技术间谍。出于个人生活或意识形态的原因，他在 1981 年主动和法国领土监视局（DST）联络，向对方提供了极高层级的机密，包括苏联如何在西方窃取、搜集科技情报以及数份苏联间谍名单。这次接触令法国领土监视局感到十分震惊，他们担心法国负责对外情报工作的对外情报与反间谍局（SDECE）已经遭到了克格勃的渗透，故直接将情报上报给了直属领导内政部长。为了降低苏联对法国情报部门的怀疑，法国领土监视局将维特洛夫的代号命名为英语"FAREWELL"（"告别"），试图让苏联认为这是英国或美国情报机关的线人。在法国总统密特朗得知有关"告别"间谍的情报后，立即将其作为法国外交的重要抓手。此时法国左翼政党执政，密特朗内阁中竟然有四名法国共产党成员，美国政府对法国在冷战中的站队不免产生怀疑。为了化解与美国的嫌隙，密特朗 1982 年 7 月 19 日在渥太华举行的 G7 峰会上和里根分享了这条情报，证明法国的立场依然与西方盟友一致。"告别"提供的情报很快受到了美国中情局局长威廉·凯西的重视，并且迅速与法国领土监视局展开了合作。"告别"案是 20 世纪后期最重要的间谍案件之一。

窃取任务。除秘密渠道外，苏联还在开源渠道搜集情报，通过收集文件、参展、商业洽谈等方式确定西方技术发展程度和方向。

经济与科技间谍对苏联实现技术追赶、缓解财政压力至关重要。美国中情局报告显示，苏联每年窃取的约10万份文件中，90%非公开，大量间谍以外交人员、留学生、旅客身份进入西方国家窃取技术，重点包括半导体、计算机、通信、航空航天技术等。仅克格勃每年便收集 25 000～40 000 份信息报告和12 000～13 000 份技术样本，情报价值数亿卢布，使苏联在某些科技领域追平甚至超越西方。

针对苏联的情报战，西方国家采取了系列反制措施。首先，西方各国驱逐了一大批涉嫌从事间谍活动的苏联外交官。其次，由于间谍活动不单单针对美国，英法等欧洲国家都受到了损害，作为报复，各国加大了对苏联的禁运力度，扩充了巴黎统筹委员会的禁运清单。最后，美国还利用苏联对间谍的依赖进行战略和战术上的反制。在战术上，美国中情局通过克格勃在西方的渠道暗中向苏联走私有问题的工具和软件，以此浪费苏联的人力物力，甚至破坏苏联重要的基础设施。例如，1982年苏联西伯利亚输油管爆炸事故①的原因，就是苏联在管道控制元件中设置了错误的程序，而该设备正是美国中情局有意"供应"给苏联的。更为致命的是，北约夸大或虚构一些情报，并故意泄露给克格勃以迷惑苏联高层。里根政府抛出了后来被

---

① 此事件是否真实存在尚有争议，美国方面的有关档案至今尚未解密。苏联克格勃官员称，西伯利亚输油管道从未发生过类似灾难。

称作"星球大战"的战略防御计划后，苏联通过各种渠道确认
该信息的"真实性"，并因此投入了大量的财政资金进行虚无
缥缈的军备竞赛。苏联过于依赖情报，最终却遭到了假情报的
反噬。

综合以上可见，谍战与情报活动是未来经济战的核心环节
之一。在美苏冷战中，情报体系和间谍队伍已经发挥了举足轻
重的作用。但在未来，除了传统的情报人员外，对开源情报的
搜集、整理、分析，以及结合网络攻防、人工智能等新技术的
情报技术也至关重要。未来我国需要培养、建设一支具有跨学
科背景的经济战人才队伍，并设立专门的机构来管理和任用。

能源制裁

苏联的石油和天然气资源极为丰富，这些资源的贸易是其
重要的外汇来源。1984 年数据显示，苏联已探明的石油储量高
达 86.3 亿吨，占世界总探明储量的 9%，位列世界第三大储油
国。在天然气领域，苏联的优势更加明显，已探明储量占全球
总探明储量的 42.63%，产量占全球总产量的 34.6%，均居世界
首位。第二次世界大战后，苏联与欧洲国家之间的能源贸易迅
速发展。苏联不仅看中了这些贸易在经济上带来的硬通货收入，
还长期将其作为一种政治工具，以此来改善与西欧国家的外交
关系，削弱它们与美国的同盟关系。因此，苏联向西欧国家提
供了优惠的油气价格，以此换取它们出口的先进技术和设备，
尤其是与能源开采和运输相关的产品。其中，大口径管道贸易
成为双方合作的重点领域。随着主要的石油产区从巴库油田逐

渐转移到更远的西伯利亚，苏联不得不依赖安全、稳定且成本较低的管道运输方式，但由于技术限制，苏联不得不从西欧购买大口径管道、涡轮机等设备。而欧洲国家也乐于从苏联获得廉价、稳定的能源供应。苏联的石油外交在一定程度上削弱了美国对苏联的遏制。因此，美国利用北约、巴黎统筹委员会等组织多次干预，以防止能源贸易助长苏联的军事实力和战略能力，要求西欧盟友减少从苏联的能源进口。中东石油危机爆发后，欧洲对苏联的能源依赖加深。此时，尼克松政府的对苏政策也从遏制转向缓和，试图通过加强经济联系来维持美苏之间的和平，并促使苏联进行改革。在这个时期内，美苏关系得到了改善，双方在能源技术上展开了多项合作。但这个"蜜月期"随着里根上台后强硬派在政府中的崛起而告终。1982 年初，里根听从强硬派的建议，对苏联发动了经济战。在这场经济战中，能源领域成为主要战场。美国的行动分为两方面：一方面是阻碍西西伯利亚油气管道的建设，阻止苏联通过管道出口能源来获得硬通货和高科技产品；另一方面是迫使沙特增加石油产量，通过操纵使国际油价下跌来打击苏联的石油出口。通过这两方面的行动，美国希望大幅削弱苏联的出口能力和对西欧国家的政治影响。

西西伯利亚天然气管道项目，连接西伯利亚气田与西欧，全长近 4 500 公里。一旦建成并投入运行，该项目将每年为欧洲国家输送 400 亿立方米天然气，预计可为苏联带来高达 90 亿美元的年收入。1981 年，苏联外债高达 240 亿美元，且 20 世纪 80 年代初期国内经济增长乏力，已显衰退迹象，因此这笔收入对于苏联来说至关重要。美国国防部长卡斯帕·温伯格向里根总统提出建议，对西欧盟友施加外交压力，以破坏或延缓该项目的建设。温伯格认为，若不采取行动，这项合作不仅会增强欧洲对苏联天然气的依赖，还可能提供苏联用于反制的工具，并间接助力苏联的军事建设。他警告称，若能源出口受阻，苏联将不得不在军事能力升级和保障民生物资（主要是粮食）之间做出艰难选择。他提出三项政策建议：停止与苏联签订新的能源协议；美国公司及其子公司退出西西伯利亚天然气管道项目，并禁止欧洲公司接手这些工程；禁止向苏联提供低于市场利率的信贷。

与此同时，美国国务卿黑格持有更为审慎的观点。他担心过度干预天然气管道项目会激起欧洲盟友的不满，甚至可能导致西方阵营分裂。黑格认为，试图通过经济战削弱甚至颠覆苏联是不切实际的。他主张，在保持大西洋两岸团结的基础上，应使用经济制裁手段来表达美国对苏联的不满。审慎派的立场不无道理，对天然气管道项目的制裁在盟友内部引发了显著分歧。法国、联邦德国和意大利等作为该项目的主要受益者，拒绝与美国合作。[1] 里根要求欧洲公司也服从美国的禁令，停止履行或取消已经签订的合同，此举引发了法国总统密特朗和英国政府的反对，两者均以保护本国公司的利益为由拒绝执行美国的禁令。西欧国家的抗议不仅因为美国的长臂管辖，还因为美国在对苏制裁上展现了双重标准。美国在要求盟友制裁苏联的

---

① Tyler Esno, "Reagan's Economic War on the Soviet Union," Diplomatic History, Vol. 42, No. 2, 2018, pp. 281 – 304.

同时，依然与苏联续签了粮食贸易协定。里根政府辩称，根据卡特时期的经验，粮食禁运只会损害美国农民的利益。

尽管遭遇了来自欧洲盟友的阻力，但里根政府还是成功地阻止了天然气管道项目的建设计划。西欧国家同意缩减对苏信贷；同意终止在天然气、石油领域对苏联的技术转让，并且不再签署新的天然气贸易协议。技术、设备、资金的短缺导致原本计划的双管道建设最终只得改为单管道建设。因部分零件遭受西方禁运，苏联政府不得不额外花费至少价值 10 亿美元的硬通货来寻找替代品。更重要的是由于制裁造成的额外时间成本和人力成本，最终管道项目比计划晚了 10 年，直到 1999 年才建成。①

美国对苏联能源经济的打击还包括另一种重要手段，即通过操纵国际石油价格，压低苏联这一能源出口大国的收入。为了实现这一目标，美国政府采取了主动措施，包括暂停战略性石油的购买，并呼吁欧洲盟友降低石油储备，以减少市场对石油的需求。此外，美国中情局局长凯西频繁秘密访问沙特，劝说沙特王室增加石油生产。考虑到沙特是世界第一大产油国，其产量约占欧佩克总产量的四成，以及其庞大的石油储备能迅速影响市场价格，这一策略颇具影响力。美国的建议也符合沙特的利益，因为沙特当时不仅面临伊朗和也门局势的不稳定，还因苏联入侵阿富汗而感到受威胁。因此，沙特为阿富汗抵抗势力提供支持，旨在牵制苏联。降低油价，限制苏联的战争能

---

① 薛小荣、高民政：《来自外部的革命：戈尔巴乔夫时期的苏联改革与西方的遏制战略》，天津人民出版社 2017 年版，第 331 页。

力，成为沙特的核心战略。作为回报，美国承诺以军事援助和军售为沙特提供安全保障，并保证一旦苏联能源退出欧洲市场，沙特将优先填补市场空缺。

在美国的游说下，1985 年 8 月沙特大幅增加石油产量，从每日约 200 万桶激增至每日约 900 万桶。这导致国际原油价格从每桶 30 美元迅速跌至每桶约 12 美元。苏联的出口收入因此损失近 100 亿美元，几近腰斩。此外，苏联的军火贸易作为另一重要的外汇来源，也受到重创。国际石油价格暴跌导致苏联军火的主要中东买家购买力大幅下降，苏联军火销售额在 1986 年也随之大幅减少。石油、天然气、武器和黄金收入占了苏联硬通货总收入的 80%，而前两者的收入又占总收入的三分之二。[①] 苏联在 20 世纪 70 年代中东石油危机后曾享受油价上涨带来的经济红利，但随着油价的急剧下跌，苏联财政陷入困境，进而影响其对周边地区的干预能力，这为苏联解体埋下了伏笔。

回顾本书的弹性-垄断理论，苏联油气资源的需求价格弹性很小，但是美国的打击手段则是降低苏联对欧洲油气供应的垄断程度，帮助欧洲盟友实现能源供应多元化。可见，在制裁中需求价格弹性和垄断程度并非相加关系而是相乘关系，两者缺一不可，共同决定商品蕴含的政治权力高低。

对苏联盟友的打击

技术封锁和能源制裁主要削弱苏联的财政造血能力，而对

---

① 德瑞克·李波厄特：《50 年伤痕：美国的冷战历史观与世界下》，郭学堂、潘忠岐、孙小林译，上海三联书店 2012 年版，第 650 页。

苏联盟友的打击则是给苏联放血，并逐渐令苏联丧失国际政治威信。美国围绕苏联的外交政策展开了一系列破坏行动，其中不仅使用经济攻势，而且以消耗苏联财政资源为核心目标，展开心理战、信息战和情报战。美国暗中支持苏联内外的反对派与敌人，例如波兰团结工会与阿富汗抵抗组织，消耗苏联的国力和对外行动能力，最终破坏苏联的联盟体系。

支持阿富汗抵抗组织令苏联无法从阿富汗战争中抽身，是美国及其中东盟友的重要目标之一。阿富汗作为中亚地缘政治的缓冲区一直备受瞩目，1979 年底苏联入侵阿富汗后，美国卡特政府就实施了经济制裁、抵制奥运会等政策。里根总统上台后，在阿富汗问题上比其前任更为坚决强硬，他将对阿富汗抵抗组织和其他反共组织的支持作为外交政策的核心之一。里根和美国政府中的强硬派希望将苏联军队束缚在阿富汗战场，直到苏联的财政无法继续支持其武装占领阿富汗为止。在 1981—1982 年，美国为阿富汗游击队提供了价值约 5 000 万美元的各类援助，而这个数字很快在 1983 年升至 8 000 万美元，最高峰的 1984 年美国政府提供的援助达到 1.2 亿美元。[①] 美国的援助不仅在数量上快速增加，在质量上也有所提升。起初，美国为掩人耳目，降低与苏联直接发生冲突的风险，多从埃及购入苏式武器再借道巴基斯坦输入阿富汗境内。但埃及提供的武器质量不尽如人意，为此美国中情局局长威廉·凯西亲自前往开罗，要求埃及政府为阿富汗游击队提供更好的装备。他还继续拓宽

---

① Barnett R. Rubin, The Search for Peace in Afghanistan: From Buffer State to Failed State, Yale University Press, 1995.

"采购渠道",从沙特、巴基斯坦等进口适合山地作战的装备甚至骡子等牲畜,最终建立了一张由巴基斯坦向阿富汗游击队输送物资的交通网。除了直接的物资援助,美国还为阿富汗游击队提供各种情报,不仅包括苏军的行动信息,还包括苏联石油设施和天然气管道的位置信息以供游击队突袭。美国的舆论攻势也是其公共外交的武器之一。根据国家安全决议指令第 77 号文件(NSDD 77),美国国家安全委员会成立了专门的工作组来研究如何通过媒体增加各国民众对阿富汗游击队的同情,并引发民众的反苏情绪。美国培训了一批阿富汗抵抗组织成员充当战地记者,并定期通过使领馆公布战况和苏联侵犯人权的情况,以此打击苏联的国际声望并获得美国民众的支持。

美国对阿富汗抵抗组织的援助加重了苏联的财政负担。根据美国中情局的估算,在 1979—1986 年的 7 年间,苏联政府在阿富汗战场上花费了 95 亿~150 亿卢布,并且逐年增加。尽管苏联采取了一系列措施来降低成本,例如增加人力的投入、减少机器设备的使用、采取更保守的战术以及要求阿富汗政府支付军费等,但战争开销仍在持续上升,由前期的每年约 20 亿卢布上升至每年约 30 亿卢布。[①] 原因之一是随着战争的推进,阿富汗游击队深深藏匿于山区,苏军不得不出动大量直升机用于侦察。而美军专门为阿富汗游击队设计、制造的便携式地对空武器"毒刺导弹"正是直升机的克星,给苏军造成了大量损失。这场战争令苏联高层觉得难以为继,1986 年时任苏共中央总书

---

① CIA, "The Costs of Soviet Involvement in Afghanistan," https://www.cia.gov/readingroom/docs/DOC_0000499320.pdf.

记的戈尔巴乔夫在党代会上称阿富汗是"流血不止的伤口",苏联将于三年后全面撤出。

相比美国在阿富汗战场的骚扰,令苏联更加难以对付的是美国在东欧各国的秘密行动。东欧国家在地理上是苏联和西方阵营之间的战略缓冲区,在经济上是苏东同盟体系的重要组成部分,在政治上与苏联更是"唇齿相依"的关系。东欧各国的执政集团大多由苏联扶持,而苏联也需要这些卫星国来证明自己与美国"平分天下"的对等地位。① 因此,美国对东欧国家的秘密行动更加触及了苏联的核心利益,在经济上美国联合西方盟友通过停贷、加息等方式,造成东欧各国出现信贷紧缩,迫使莫斯科帮忙救市;在政治上美国秘密援助反苏势力的地下运动,并利用美国之音和欧洲自由电台的播报对苏联进行心理战,攻击社会主义制度,揭露社会主义社会的阴暗面,鼓吹西方价值观。而这其中的波兰位处欧洲中心,民间一直存在很强的天主教传统和反苏情绪,1956 年苏联血腥镇压波兹南事件更令波兰人民与苏联离心离德。因此,波兰成为美国秘密行动的重点。

美国从多个方面搅乱波兰的局势,不仅成功地利用了波兰在苏东同盟体系中的社会脆弱点——宗教问题,而且对波兰工人运动的支持使其在整个社会主义语境下具有至高的正当性。美国中情局局长凯西曾多次秘密与教皇保罗二世会面,商议如何煽动波兰人民的反苏情绪,借助宗教的力量削弱苏联的对策。

---

① 许加梅:《评析冷战时期美国、苏联和东欧国家三角关系》,《俄罗斯中亚东欧研究》2009 年第 5 期。

保罗二世出生于波兰，具有强烈的波兰民族主义倾向，厌恶苏联对波兰的掌控。这位反共教宗的继位不仅在波兰引发了民众对苏的敌对情绪，也影响了其他东欧天主教国家如立陶宛、匈牙利等对苏联的态度。在梵蒂冈的支持下，波兰的天主教会很快成为波兰反对派的庇护所，教堂成为联络站，宗教弥撒则成为反对派合法集会、宣讲的场合，最重要的反苏势力波兰团结工会最初就是通过弥撒集会组织起来的。在苏联宣布对波兰实施军事管制、逮捕了一大批异见分子后，教廷成为美国在波兰最重要的情报来源。有关波兰团结工会的情报通过宗教网络不断传递给里根，而美国的资金和情报、特勤力量也帮助教会在最艰难的时刻保住了波兰团结工会的火苗。美国对波兰团结工会的支持不限于资金和先进的通信工具、广播电台、印刷机等物质支援，还提供关键情报和系统的社会运动训练。波兰团结工会很快发展壮大，引发周边东欧社会主义国家反对团体的效仿，并最终动摇了苏联的统治基础。

除了这些秘密行动，美国公开的经济制裁也为波兰政府和苏联政府带来了财政上的麻烦，在动乱的背景下，美国和其欧洲盟友以苏联镇压反对派为由收紧银根，迫使苏联政府充当波兰政府的贷款担保人。然而此时，苏联本国的对外贸易已经消耗了其大部分外汇储备，其能够获得硬通货的渠道——石油和天然气出口也受到了阻碍，因此无力为波兰提供援助。财政困难使得饥饿与对政府的不满在波兰同步蔓延。与此同时，美国还联合其他盟友降低金价、提高粮价，令苏联的硬通货短缺问题更加深重。

类似的情况不仅出现在波兰和东欧,在东南亚、安哥拉、尼加拉瓜等地的骚乱背后也都有美国的暗中活动。[1] 在破坏苏联同盟体系的同时,美国编织的反苏包围网也在逐渐成形——无论在意识形态上与美国有多大的分歧,无论其统治手段多么残酷糟糕,只要愿意同美国一道收紧苏联脖颈上的绳索,里根政府就乐意与其称兄道弟。沙特、巴基斯坦、南非、智利等国组成的驳杂的反苏同盟出现在苏联每一个重要战略方向上,苏联的扩张导致其与几乎所有重要大国都存在关键矛盾,堵死了苏联外交的腾挪空间。里根卸任时,美苏之间的攻守之势已然逆转,苏联陷入了四面楚歌的境地。

苏联决策者的错误认知

在制裁与经济战中,决策者的认知和选择在很大程度上决定着成败。苏联决策者中不乏能人干将,但是每个时代的主流认知都有其局限性。回顾二战结束至苏联解体近半个世纪苏联在对外经济关系中的错误认知,我们试图从苏联内部探究其为何错失改革的良机、在经济战中陷入被动。

1942—1945 年,美国通过《租借法案》向苏联输送了大量物资。根据历史学家的研究,盟国的援助占同期苏联国内产值的 10%~14%。[2] 以"租借"这种战时特殊贸易形式,美苏之间实际上建立了高度的经济相互依赖。罗斯福去世后,白宫中主张对苏强硬的右派官员占据上风,试图以租借条件作为谈判筹

---

① 白建才:《论冷战期间美国的"隐蔽行动"战略》,《世界历史》2005 年第 5 期。
② 沈志华:《经济漩涡:观察冷战发生的新视角》,开明书店 2022 年版,第 88-93 页。

码要求苏联在政治外交上让步。美苏对战后世界经济体系的构想存在诸多分歧，租借问题只是其中的一方面。随着两国意识形态对立、地缘政治矛盾的升级，美苏政府高层间的战略互疑逐渐加深。美国愈发笃信苏联的"扩张"本性，拉拢苏联共同构建战后全球经济秩序的幻想破灭，遏制苏联成为主流的战略主张。苏联则感到了经济上巨大的不安全感，拒绝加入布雷顿森林体系、拒绝降低本土和东欧地区的贸易壁垒、退出马歇尔计划谈判，一步步与美国主导的全球经济新秩序切割。经济脱钩和安全疑虑相互作用、彼此叠加，美苏关系在1945—1947年螺旋式下滑，并最终发展为冷战，全球经济形成东-西"两个阵营"的格局。

冷战铁幕落下后，苏联不仅需要摆脱战时和美国建立的经济依赖关系，还必须肩负起实现社会主义阵营经济复苏的责任。1947年，苏联在拒绝加入马歇尔计划后，要求东欧国家不得加入。此举加强了苏联对东欧国家的控制，但也令在经济上本就弱势的苏联必须独自承担对东欧国家的援助责任。1949年1月，苏联和东欧五国在莫斯科成立"经济互助委员会"（以下简称经互会），以对抗马歇尔计划。经互会的底层设计遵从马克思政治经济学原典，根据"两部门"理论优先发展各国的生产资料部门，快速发展工业。在执行上，经互会将苏联的计划经济模式照搬至其他成员国，成员国之间、经互会与外部国家间的贸易都需要以年为单位提前统一规划。

按照斯大林原本的构想，社会主义阵营与资本主义阵营将成为相对立的"两个平行市场"，"两个对立阵营存在之经济结果，就是统一的无所不包的世界市场瓦解了，因而现在就有了两个平行的也是互相对立的世界市场"[①]。在斯大林看来，世界市场的分裂将导致可掠夺的资源减少、销售条件恶化，最终导致失业增加、资本主义总危机加深。然而实际上，斯大林构想的"平行市场"从未真正实现。1953 年斯大林逝世后，赫鲁晓夫不仅在政治上对斯大林进行清算，也将其对外经济政策改弦易辙，主动寻求扩大与资本主义国家的贸易。赫鲁晓夫时期，苏联与西方发达国家的年贸易总额由 1953 年的 7.47 亿卢布增加至 1964 年的 27.68 亿卢布，年均增长率为 12.6%。而在勃列日涅夫时期，贸易额进一步增加至 1982 年的 377.41 亿卢布，年均增长率为 15.6%。[②] 斯大林构想的是以独立和安全为特征的"平行市场"，其继任者在使苏联与西方缓和关系的同时，却通过贸易形成了受制于人的经济权力结构，在产业和金融上陷入了对外依赖。

苏联对西方国家的经济依赖，集中体现为苏联对以美元为主的硬通货的庞大需求。在苏联从资本主义阵营进口的商品中，美西方垄断程度高、可替代性较低的机械设备与粮食原料两项占比很高。根据苏联外贸统计年鉴的数据计算，1974—1989 年向非社会主义阵营国家购买上述两类商品所花费硬通货的价值，占苏联对外贸易总额的 50%～60%。[③] 除了商品贸易外，苏联对安哥拉、越南、埃塞俄比亚等第三世界国家的援助也消耗了大

---

① 斯大林，《苏联社会主义经济问题》，人民出版社 1958 年版，第 22 页。
② 数据来源："ВНЕШНЯЯ ТОРГОВЛЯ СССР"，由本书课题组成员计算。
③ 数据来源："ВНЕШНЯЯ ТОРГОВЛЯ СССР"，由本书课题组成员计算。

量的硬通货。[①] 而苏联获得硬通货的能力有限，主要依靠出口黄金、油气等矿产资源和来自西方国家银行的信贷。根据美国中情局的估算，苏联在 1971 年的硬通货总债务约为 18 亿美元，净债务约为 6 亿美元。而在 1989 年，苏联的总债务达到了约 478 亿美元，净债务达到了约 333 亿美元，18 年间的年均复合增长率高达 25%。[②] 在大宗商品价格高企时，苏联的国际收支尚能维持平衡。而当油价、金价在里根政府的操纵下下降，西方国家银行集体收紧对苏贷款时，苏联对西方国家的进口依赖却显现出了强大的惯性。大量进口西方机械设备后，苏联的工业官员普遍存在"造不如买"的思维，民用工业的技术水平和工程水平相比西方停滞不前。[③] 能源贸易不仅无利可图，而且陷入了恶性循环——油气行业高度依赖西方的机械设备，而为获得进口设备所需的硬通货则必须扩大油气产量，为此只能进口更多的采掘和运输设备。

当戈尔巴乔夫上台时，苏联内部经济改革乏力，遭遇了来自官僚集团的巨大阻力；外部债台高筑，所欠西方国家银行的债务多为短期贷款，现金流难以为继。美国政府一方面持续施加压力，另一方面以经济援助、增加国际信贷和解除技术封锁作为诱饵，迫使戈尔巴乔夫放弃对苏联势力范围内国家的控制，并根据西方标准推行经济政治改革。尽管老布什总统曾承诺将

---

① 德瑞克·李波厄特：《50 年伤痕：美国的冷战历史观与世界下》，郭学堂、潘忠岐、孙小林译，上海三联书店 2012 年版，第 650 页。

② CIA, "USSR: The Cost of Aid to Communist States".

③ И. И. 皮丘林、粟瑞雪：《苏联对外经济活动中的几个错误》，《俄罗斯中亚东欧市场》2011 年第 11 期。

尽快废除冷战对贸易造成的障碍，并向苏联提供一定的人道主义技术援助、鼓励私人投资者在苏投资，但实际上这些承诺大多未能兑现。美国政府利用戈尔巴乔夫渴望获得西方援助以支持苏联国内政治经济改革的心理，诱导戈尔巴乔夫放弃对苏联外围空间的干预，规制其改革向西式选举政治和市场经济靠拢。在诸如德国统一、立陶宛独立等重大事件中，苏联并未强烈反抗或干预，这进一步促进了加盟共和国的独立倾向，催化了苏联解体的进程。但美西方的贷款及援助并未如期到来，除了少量的粮食和药品等"人道主义物资"外，资本主义集团并未提供足够的财政支持。戈尔巴乔夫的改革和退让加速了苏联的解体。

从后世的视角分析苏联在经济战中落败的原因，可以总结出三个主要的认知错误。

第一，苏联对经济形势的判断总是过于简单且乐观，因此错过了数次推进经济改革的良机。战后苏联与美国在经济上分道扬镳，确实部分源于美苏经济体制差异过大、实力差距悬殊，担心苏联经济被美西方裹挟。以斯大林为首的苏联领导层认为，失去了苏联市场的巨大需求，美国一定会因生产过剩而陷入经济危机。[①] 这一代苏联领导层经历了 20 世纪 30 年代的大萧条和第二次世界大战，在这个历史时期，苏联的战时经济体制展现出了相比其他体制的优越性，掩盖了计划经济体制缺乏活力、过于僵化的弊端。斯大林等人没有意识到资本主义经济体制在凯恩斯思想的影响下，已经能够通过政府的介入缓解经济危机，

---

① 沈志华：《经济漩涡：观察冷战发生的新视角》，开明书店 2022 年版，第 441 页。

坚持认为计划经济体制是最有效且稳定的制度。因此，苏联拒绝了罗斯福在世时美国政府开出的优渥条件，从世界市场中割裂出来并坚持计划经济体制。同样，在70年代能源价格高涨时，苏联政府并没意识到苏联经济发展过于依赖能源的隐忧，将大量外汇资源投入到对外援助、推进世界革命中。尽管既得利益者和官僚集团的反对也是经济改革步履维艰的原因，但顶层政策方针的失误才是根本原因。

第二，苏联的认知错误体现为对外经济战略的错位。在政治上，苏联是社会主义阵营国家的领袖；在军事上，苏联与美国比肩，为世界两极；然而在经济上，自赫鲁晓夫推翻斯大林的"两个平行市场"理论后，苏联在世界市场上的地位与美国的其他附庸国没有本质区别。为了获取硬通货，苏联曾一度大量出口黄金。苏联的黄金储备从1955年的约9 083万金衡盎司快速减少至1965年的3 135万金衡盎司，在10年内减少了65.48%。① 此时，布雷顿森林体系的内在矛盾已经有所显现，黄金数量的不足令世界市场出现流动性短缺，苏联出口的大量黄金反而帮助美国增强了美元的联系汇率制。②

而在经互会内部，苏联也没有建立合理的分工体系。当初在苏联的压力下，东欧各国拒绝加入马歇尔计划，因此苏联不得不承担帮助东欧国家振兴经济的责任。东欧各国照搬苏联的计划经济体制，由于自然资源方面的禀赋，苏联在经互会中扮

---

① 1金衡盎司＝31.103 476 8克。数据来源："ВНЕШНЯЯ ТОРГОВЛЯ СССР"，由本书课题组成员计算。

② Oscar L. Altaian, "Russian Gold and the Ruble," Staff Papers（International Monetary Fund），Vol. 7, No. 3, 1960, pp. 416－438.

演了向其他国家提供能源和原料的角色。苏联在联盟中最有工业潜力和科研能力，反而承担了资源型国家的角色，通过资源出口积累了对经互会其他成员国的巨大顺差。这不仅阻碍了苏联摆脱对资源出口的依赖，而且本质是向经互会其他成员国无偿地输送商品，因为这些国家没有能力向苏联出口其需要的商品。反之，苏联和其他独联体国家高度依赖从西方进口的机械设备等高科技产品。

第三，苏联长期保有美元等于"美金"的错觉，没能发展基于自身主权信用的货币。苏联的外贸面向两个市场，采用两种结算模式。在与经互会成员国交易时，社会主义阵营内部使用"转账卢布"作为计价单位。尽管在法律意义上苏联规定了"转账卢布"与卢布等价，且与黄金保持一定的比值关系，但是"转账卢布"却不能兑换成卢布或其他硬通货，仅作为记账单位发挥结算功能。而在与资本主义阵营国家进行贸易往来时，苏联必须使用硬通货进行支付，通常为美元或与美元挂钩的当地货币。一言以蔽之，苏联对东欧国家的顺差仅仅是纸面上的数字，无法换回任何商品，也无法流通；而苏联与资本主义阵营国家的逆差却是真实的、必须兑付的。

1971年，尼克松政府关闭黄金与美元的兑换窗口，美元与黄金脱钩，汇率实现自由浮动。美元的发行从此基于美国的国家信用，而国际货币体系则成为"美元本位制"。美国政府从此获得了通过扩大国债规模不断发行货币的"超能力"。而苏联作为世界霸权的两极之一，其对以美元为核心的国际贸易硬通货的追求，实际上大大增强了美元的信用。因此，当美国政府以指数级的速度扩大国债规模时——从 1971 年的 4 082 亿美元上升到 1991 年的 35 980 亿美元[①]，苏联依然受制于西方商业银行的信贷。

认知偏差归根结底是人的判断失误，而集体认知错误的原因在于缺乏系统性的研究，制定政策时缺乏必要的知识。苏联政权的主体是一个大陆民族，在商业和经济治理方面天然不如海洋民族敏锐。多年来计划经济的发展模式也导致苏联的经济官僚在与资本主义国家的同行打交道时，缺乏学科意义上的"共同语言"和知识储备。在布雷顿森林会议筹备的过程中，根据美国专家回忆，苏联专家不仅英语不甚流利，还需花费大量时间来弄懂经济学名词的基本含义。[②] 苏联派出的外交官、经济官员都不甚了解国际经济如何运行，莫斯科的决策层对加入战后全球经济秩序就更为犹豫了。因此，苏联错失了在后世看来进行经济改革、融入世界市场的良机。而在美苏争霸的后期，苏联内部体制僵化，经济改革难以推行；对外部的依赖过深，外债最终成为苏联"病急乱投医"的诱因。错误的认知相互叠加造成了致命的经济后果，在制裁与经济战的博弈中，对经济规律和经济现象认知水平的高低决定成败。

苏联的经验教训

里根政府对苏经济战的模式在美国战略界的影响依然深远，

---

① Gross Federal Debt（FYGFD），https://fred. stlouisfed. org/series/FYGFD.

② 沈志华：《经济漩涡：观察冷战发生的新视角》，开明书店 2022 年版，第 151 - 159 页。

从克里米亚危机至今，美国政府对俄罗斯的制裁战略和手段，如金融制裁、能源禁运禁售、技术封锁等，与苏联时期惊人相似。在联合欧洲盟友围堵俄罗斯的战略安排上，也似乎踩着历史的韵脚。

与迅速崛起的苏联相比，美欧等老牌资本主义国家在经济、外交、政治上拥有深厚的积累，其政策手段常令苏联措手不及。首先，美国及其盟友相较于苏联，在承受经济战带来的压力方面显然具有更大的耐受力，其经济、社会和政治体系具有很强的韧性。美国对欧洲的军事保护与政治渗透，比苏联和欧洲国家之间经济上的互惠关系或相互依赖更为重要。在促进盟友经济发展方面，美国相比苏联构建了更为公平、可持续的分工体系和规模更大的市场。苏联在经济战中并非败给美国，而是败给美国主导的全球市场。其次，经济数据和指标只能反映短期趋势，而中长期的经济增长需要依靠高质量发展。苏联在 20 世纪 70 年代狂追猛进的部分原因是中东石油危机带来的短期价格红利，但此时苏联高层并没有就经济结构中如军事开支过高、工农业比重不合理、经济运转效率低下等问题进行有效的改革。此时，信息革命正悄然在美国酝酿，最终推动了新一轮经济周期。苏联在经济战中并非败于 1991 年苏联解体，而是败于长期的体制僵化、积弊难返。最后，美国政府对经济规律和经济战的理解比苏联高层更深刻。最典型的例子是 1971 年美元与黄金脱钩后，美元成为信用本位货币，苏联高层依然将美元当成"美金"，将货币主权拱手相让。苏联没能发展自主的货币体系和金融体系，致使其面临财政困境时只能依赖西方的援助并接受西方的改革方案。苏联在经济战中并非败于美国的精明战略设计，而是败于苏联决策层对经济博弈的错误认知。

这场针对苏联的经济战由尼克松无意铺垫、里根骤然发动，最后在老布什任上收官。三任美国总统的对苏政策恰巧与本书第二章描述的"战前塑造形势（建立依赖）—战时制造波动—战后修复结构"经济战略相契合。从尼克松时期的美苏关系缓和、建立经贸关系，到里根时期的激烈经济对抗，再到老布什对戈尔巴乔夫的虚情假意援助，这整个过程实际上完成了建立相互依赖、快速施加经济压力摧毁对方经济体系、逼迫对方在政治上妥协、战后按自身利益重建经济依赖的全过程。在尼克松主导的美苏关系缓和期间，尽管苏联经济和军事实力大幅增强，但对西方的依赖也日益加深，成为其经济体系的弱点。里根利用这一弱点和苏联的过度扩张，全面围剿苏联，破坏其产业发展，耗尽其财政能力，迫使苏联在混乱和惶恐中进行激进改革，对老布什的改革方案唯命是从。美国为苏联设下了绞索，而苏联却自行走向终结。

苏联经济的衰退和崩溃主要是内部矛盾累积、部门间发展不平衡、激进改革失控造成的结果。但本书认为，美西方的制裁与经济战对苏联领导层和民众预期、认知的影响，实际上可能比直接经济损失还要致命。美国在 20 世纪末经济的腾飞是多方面因素共同作用的结果，并且信息技术等创新的出现带有一定偶然性。然而，处于经济困境中的苏联对自由化药方的偏信导致了激进的经济改革。美国的对苏经济战略在其中起到了塑造预期的作用。苏联认为只要制裁取消、融入经济全球化就能获得发展。正如本书反复论述的，认知与事实的错位、决策者的判断，是关乎成败的重要变量。

制裁的择时除了要考虑经济的基本面外，政治角度的考量也尤为重要。在前文，我们曾讨论过经济制裁与经济战的政治择时，对应本案例即是在苏联最高权力交接的时候"诱惑"新任领导人改变政策。新任领导人往往愿意在政策上有别于前任，并且急于通过经济发展获得政绩，进而巩固权力的合法性，因此也更容易接受制裁发起国提出的条件。

里根时期的美苏争霸对中国有着深刻的启示。改革开放以来，中国深度地融入了美国主导的世界经济体系，中国和美国及其附庸的经济相互依赖达到空前水平。2017年特朗普发动贸易战，中美经贸脱钩的趋势愈演愈烈。通过回顾美苏经济战的历史，我们不难在其中发现美国在经济战政策上有着很强的路径依赖。比如，联合盟友对战略性产业进行打压封锁：在对苏战略中的表现是能源制裁和技术封锁，今日则演变为对中国芯片、电动汽车等高科技企业的打压；开展灰色行动消耗财政资源、引起经济社会混乱。

中美经济战与美苏经济战有着质的区别，美国对外经济战略的"路径依赖"也能成为中国实施反制裁、反经济战的武器。中美之间的经济相互依赖恐怕很难简单地说谁更具有主导权，在今天的全球生产网络中，美国想要围堵中国所需的成本将几何式地增加。在高端科技领域，美国也许存在着不小优势，但一方面中国产业正在奋起直追，个别领域甚至实现了局部反超；

另一方面，中国拥有全世界最齐全的产业体系，对外贸易产品多元，美国很难像制裁苏联的石油出口般掐住中国的外贸渠道。

苏联的经验教训启示我们应该如何建立"操之在我"、互利互惠、平衡发展的对外经贸关系。中美间的经济较量如果发展成为持久战，对世界市场的争夺将成为焦点之一。其中，长期性、根本性的变量是世界人口的变迁趋势。未来拥有消费意愿的人口将集中在年龄结构年轻的发展中国家，日益老龄化的美日欧等发达经济体将逐渐丧失市场权力。党的十八大以来，中国经济外交成绩斐然。围绕"一带一路"倡议，中国企业在共建国家通过基础设施建设、贸易、投资，建立了紧密的合作关系，推动了区域内的经济繁荣。这不仅增强了中国企业的竞争力，还为对象国提供了更多的发展机遇。这不仅是基于中国长远利益的谋篇布局，更是通过打造开放、包容、普惠、平衡、共赢的新型经济全球化，赢得经济竞争中"人心"的关键。

第二节 美国对中东国家的经济制裁

美国对数个中东国家实施了长达近半个世纪的制裁，在此过程中，美国积累了丰富的对外经济制裁经验，相关机构设置日益完善，制裁手段不断推陈出新。此外，美国政府巧妙地利用了国内外社会的同情心，以人质危机、反恐调查等名义推进制裁法案，在国会立法过程中顺利过关，并逐步突破国际规则的限制，最终获得了广泛的长臂管辖特权。通过对美国制裁中东国家案例的详细梳理和分析，我们可以深入了解美国对外制裁与经济战"武器库"的升级历程——这包括从单边制裁向推动多边制裁联盟和次级制裁的转变，以及从单一经济手段扩展至经济手段、军事手段、舆论手段并行的"混合战争"模式等。

战争是政治的延续，经济制裁和经济战亦如此。本章的各个案例均对制裁的背景进行了详细介绍。在这四个案例中，各方的政治信任已难以恢复，美国对这些国家进行制裁的本质目的在于颠覆其政权，而非期望它们在具体问题上做出妥协。因此，根据本书第一章的定义，缺乏退出机制或实际上从未中断的制裁，本质上是美国对这些国家进行的经济战，对目标国民众造成了严重且持久的伤害。

伊　朗

伊朗是中东地区的反美先锋，而美国政府自 1979 年以来接连不断地以各种名目对伊朗实施全方位的制裁。伊朗的地理位置关键，曾是美国积极拉拢的对象。礼萨汗在二战期间为盟军提供了重要支持，确保了亚欧大陆东西方的交通畅通。他试图通过石油租让权来吸引美国，以此排除苏联和英国在伊朗的势力。[1] 随着冷战的展开，美国越来越重视伊朗的地缘战略价值。杜鲁门政府深入介入伊朗与英苏之间的纷争，使美国逐渐成为对伊朗具有显著外部影响力的国家。1953 年，美国协助巴列维国王发动政变，推翻摩萨台政府，重掌政权，开启了长达 26 年

---

[1]　范鸿达：《伊朗与美国：从朋友到仇敌》，新华出版社 2012 年版，第 6 页。

的美伊关系蜜月期。美国视伊朗为中东、印度洋地区遏制苏联的重要阵地，巴列维政权在美国的援助下巩固了国内统治，甚至在美军的援助下不断扩军，以增强地区影响力。

然而，在美伊政府间合作不断加深、伊朗社会逐渐西化的同时，伊朗国内贫富差距急剧拉大。伊斯兰保守派和社会主义进步势力对巴列维政府及其背后的美国日益不满。1978 年，伊斯兰革命爆发，宗教领袖霍梅尼上台。他曾因反对美国人在伊朗享有治外法权而被流放长达 15 年，其政治立场鲜明反美。德黑兰人质危机爆发后，霍梅尼利用此事件团结各派势力，为伊朗新政权涂上了反美的底色。随后发生的两伊战争、海湾战争和苏联解体等事件在地区格局动荡、世界秩序巨变的背景下，为伊朗政府提供了重新选择对美政策的机会。但两国之间深层的地缘矛盾、政治和文化差异难以弥合。在美国方面，人质危机和恐怖袭击事件使美国民众对伊朗政府怀有深刻敌意，再加上以色列及犹太团体在美国对伊政策中的深度干预，即使伊朗政府渴望走出孤立，美伊关系依然难以缓和。

美国对现今伊朗的经济制裁始于 1979 年的德黑兰人质危机。伊斯兰革命的爆发推翻了巴列维王朝的统治，随即发生的德黑兰人质危机成为美伊交恶的直接原因。在巴列维政权倒台之后，伊朗革命机关怀疑美国驻德黑兰大使馆藏有机密情报，认为美国正通过大使馆策划国王复辟，企图颠覆革命政权。因此，伊朗革命领导层煽动并利用了部分激进学生的反美情绪，占领了美国大使馆，并将其中 52 名美国公民扣押作为人质。伊朗政府提出了一系列要求，包括交出巴列维国王，审判美国驻伊使馆人员的间谍罪，并要求美国就其过去对伊政策道歉。这一行为严重违反了国际法的基本准则，无视外交权和基本人权，震惊国际社会，并在美国国内激起了对伊朗伊斯兰政权的强烈仇恨。尽管卡特政府对伊斯兰政权抱有某种幻想，但在国家利益和尊严面前，美国不可能接受伊朗的要求。考虑到当时正值美苏冷战的关键时期，以及美国总统大选的临近，对伊朗采取直接军事行动可能导致地区局势迅速恶化，甚至影响美国在全球的战略布局。美国政府也无力承担人质在军事行动中可能的伤亡风险。综合考虑维护国家利益和确保人质安全的双重目标，卡特政府最终决定采取经济制裁和外交谈判相结合的策略来应对这场人质危机。

　　人质危机发生后，美国政府先是采取了一些象征性的制裁措施，包括暂停对伊朗的军火销售和暂停从伊朗进口原油。接着，伊朗财政部宣布提取其在所有美国银行的存款，以抗议美国的金融霸权。这一宣示性的行为给了美国一个实施制裁的契机。美国宣布伊朗对美国的国家安全构成"非同寻常"的威胁，并援引总统在国家紧急状态下的权力，冻结了伊朗政府及其附属机构在美国的资产。这一行为虽然存在巨大的法律争议，但在国际社会的默许下得以执行。美国随后逐步加大了制裁力度，次年宣布与伊朗断交，并禁止美国公民和企业与伊朗进行贸易和投资往来。此外，美国还对在美的伊朗公民实施了严格的审查。虽然这些制裁措施对伊朗造成了一定压力，但效果有限。由于欧洲对伊朗石油的巨大需求，伊朗可以通过中间商绕开美国的禁运。然而，资产被冻结导致的外汇短缺使伊朗里亚尔迅速贬值，政府不得不采取多重汇率制度来保证民众基本需求，利用出口石油获得的财政资金补贴居民进口消费品。尽管如此，政府财政负担仍然沉重，换汇黑市泛滥，1980 年至 1983 年伊朗的通货膨胀率维持在 20％左右。[①] 但是在政治上，美国的制裁使伊朗政府更加团结，霍梅尼利用这一机会进一步打压民主派势力，将国内的经济困境归咎于美国的外部压力。正如本书在第一章探讨过的制裁压力的传导机制，政治家在权力面前较少考虑经济收益。对他们而言，受制裁带来的不便和财务损失，可能远远比不上因政治威望受损而下台所带来的损失和风险。因此，全面的制裁在特定情况下非但不会伤害制裁对象，反而可能帮助其获得威望与支持。

在制裁行动未能取得显著成效后，卡特政府一方面加快了通过外交谈判和特种行动等手段来营救人质的进程，另一方面认识到仅靠美国的单边制裁难以对伊朗政府施加足够的压力。因此，美国开始尝试构建一个多边制裁机制来围堵伊朗。美国通过联合国、北约等国际组织，呼吁其盟友冻结伊朗资产、限制与伊朗的贸易往来，并要求伊朗偿还债务。尽管安理会通过了第 461 号决议，要求伊朗释放人质，但并未明确规定各国必须对伊朗实施经济制裁。在美国总统大选临近之际，卡特政府向欧洲盟友施压，声称如不参与对伊制裁，美国将采取武力行动解救人质。担忧美国的行动可能促使伊朗倒向苏联阵营，西欧各国决定支持美国的多边制裁提议，纷纷减少了对伊朗的石油

---

① 冀开运：《伊朗综合国力研究》，时事出版社 2016 年版，第 97 页。

进口。^① 在美国及其西方盟友对伊朗实施制裁后，伊朗国内的经济环境进一步恶化。同时，新成立的伊朗革命政权还面临着来自伊拉克萨达姆·侯赛因的威胁，两伊之间的紧张局势日益加剧，这使得霍梅尼更加希望早日摆脱国际孤立的困境。1980 年 7 月，伊朗前国王巴列维在开罗去世，伊朗扣押人质的主要理由不再存在。因此，在阿尔及利亚政府的调解下，美伊双方根据《阿尔及尔协议》，伊朗同意释放人质，而美国则解除了对伊朗的制裁，并承诺不干预伊朗内政。[2]

人质危机的发生和解决深刻影响了美伊关系后续的发展。美国领导层放弃了对伊朗伊斯兰政权的拉拢幻想，转而将其视为美国国家安全的威胁和地区性的敌人。在 1979—1980 年这轮对伊朗的制裁中，美国政府利用了国际社会和国内社会的同情，为对外经济制裁清除了法律障碍，并成功建立了多边制裁联盟，为今后实施次级制裁和挑战国际贸易规则奠定了基础。1984 年，里根政府将伊朗列为恐怖主义支持国，并通过了第 12613 号行政令来对伊朗实施制裁，禁止进口伊朗的所有商品和服务。

冷战结束后，美国与伊朗的关系仍然充满敌对性，其根本目的在于推翻伊朗的伊斯兰政权并扶持一个新的代理政权。为此，美国历届政府以支持恐怖主义、追求大规模杀伤性武器、侵犯人权、洗钱等多种理由，对伊朗实施了一系列制裁，并持续试图组建对伊制裁联盟，威胁第三国切断与伊朗的正常联系。

---

① 蒋真：《伊朗人质危机：美国对伊制裁的起源》，《史学集刊》2022 年第 5 期。

② Hossein Alikhani, Sanctioning Iran: Anatomy of a Failed Policy, I. B. Tauris, 2000.

制裁与反制裁构成了美伊关系的核心主题，其中美国的制裁在遏制伊朗方面发挥了作用，同时避免了直接的武力干预，以较为温和的方式表达其反对与报复立场。对伊朗来说，美国的制裁成为其反美的主要依据，为其内部团结及地缘政治愿景提供了合理性。长达40余年的对伊制裁，使美国对外经济制裁的法理基础日渐完善，且在与盟友的反复博弈中，对制裁霸权的运用愈发成熟，可以说是丰富了美国对外制裁的策略库。

在老布什政府时期，海湾战争严重削弱了伊拉克的国力，使伊朗无可争议地成为波斯湾地区的首要强国。为维护美国在中东地区的利益，除了加强美军在波斯湾地区的存在，美国政府还以各种理由对伊朗施加越来越严厉的单边制裁，试图遏制伊朗的发展。其中，针对伊朗石油贸易的制裁尤为严重。1995年，克林顿政府签署的第12957号行政令《禁止与伊朗石油资源有关的特定交易》，对伊朗石油工业进行了精准打击，禁止美国个人或实体在伊朗境内开发石油资源或为其提供资金和担保。随后，第12959号行政令《禁止有关伊朗的特定交易》则是全面的贸易和技术制裁，将对伊朗的投资限制扩大到政府控制的海外资产等更广泛的范围，同时几乎完全封锁了美伊之间的贸易往来。该行政令体现了两大不对称性：一是贸易和投资并重，但投资禁令更为严格；二是同时对伊朗的进出口实施严格管制，但对伊朗出口的制裁更为苛刻，目的是耗尽伊朗的外汇储备，导致金融市场混乱。1997年，克林顿政府追加实施的第13059号行政令进一步扩大了对美伊贸易的限制范围，明确间接参与贸易活动也属于制裁范围，进一步细化了与伊朗贸易的技术规定，对第 12959 号行政令进行了补充和强化。

克林顿政府时期的对伊制裁，尽管表面上以维护地区稳定、保护人权、压制恐怖主义、阻止伊朗发展大规模杀伤性武器等为由进行，但其根本目的依旧是企图颠覆伊朗的伊斯兰政权，从而消除伊朗在波斯湾地区对美国利益的威胁。这一时期，美国对伊经济制裁的一个标志性事件是《达马托法》的通过，该法案由参议员达马托提出，以伊朗支持恐怖主义为由，禁止外国公司对伊朗能源产业进行超过 4 000 万美元的投资。此行为激起了国际社会，尤其是欧洲盟友的反对，因为欧洲国家与伊朗的经贸关系密切，《达马托法》所主张的长臂管辖权严重侵犯了欧洲企业的权益。作为回应，欧盟不仅诉诸 WTO 争端解决程序，还制定了阻断法以反对美国的域外法权。正如本书第一章所述，制裁发起方需尽可能多地动员行为体加入自己的阵营，但此举代价巨大。在美伊制裁问题上，欧盟是一个关键的第三方，《达马托法》完全无视其利益，自然引起了欧盟的强烈反对。

2002 年，伊朗的秘密核试验被发现后，伊核问题迅速成为美伊关系的核心议题。小布什政府将伊朗核档案提交联合国安理会，并联合西欧国家推动联合国安理会制裁伊朗的决议。从 2006 年到2008 年，联合国安理会陆续通过了四项决议，要求伊朗停止铀浓缩实验及相关活动，否则将对特定单位和个人进行制裁。小布什总统采取了有限接触政策，拒绝在伊朗停止核试验前与伊朗政府就此问题进行交流。因此，伊核问题一度陷入谈判僵局。奥巴马政府时期，美国同意无条件就伊核问题与伊朗进行协商。然而，2009 年伊朗大选期间的国内政局动荡使伊朗政府对美国产生警惕，拒绝了美国提出的交换核燃料计划。在这种情况下，美国说服欧洲盟友共同推动联合国第 1929 号制裁伊朗的决议。但最终通过的决议未能达到美国的预期目标，决议删除了对伊朗能源产业的制裁内容，仅在弹道导弹和重型武器的研发和进口上对伊朗进行了限制。美国政府因此继续使用单边制裁工具，于 2010 年通过了《对伊朗全面制裁、问责和撤资法》。根据该法案，一次性向伊朗出售价值超过 100 万美元油气设备的公司将受到美国的制裁，同时对向伊朗出口敏感技术的国家实施出口限制。紧接着，欧盟也通过了类似的提案，美欧绕过联合国对伊朗能源产业实施了制裁。

另外，美国还通过环球银行金融电信协会（SWIFT）等国际组织对伊朗进行贸易和金融封锁。根据美国《2012 财政年度国防授权法》，与伊朗中央银行进行石油交易的金融机构将受到制裁，该机构所在国所有的金融机构与美国银行体系的联系将被切断。[①] 2012 年 3 月，美国对欧盟和 SWIFT 施压，要求后者取消伊朗金融机构的会员资格。美国试图使用这种方式切断伊朗中央银行与全球金融网络的联系，打击伊朗政府。在几年时间内，美国和欧盟对伊朗的能源、冶金、制造业等多个领域采取了多项制裁措施，并且以次级制裁的形式强迫其他国家遵守对伊朗的贸易封锁。奥巴马政府时期，美国对伊朗的制裁呈现出"聪明制裁"的特征。奥巴马先后签署的第 13553 号、

---

① 岳汉景：《伊核问题破局多角透视》，社会科学文献出版社 2018 年版，第 55 页。

第 13599 号、第 13606 号、第 13608 号行政令，覆盖范围逐渐扩大，制裁对象分别是：伊朗政府及军方的若干高级官员及其家人；伊朗政府，伊朗中央银行及其他金融机构；伊朗政府特定部门，军方特定部门和特定的固定宽带运营商；阻碍前述相关行政令实施的非美国（并不限于伊朗）个人和实体等。

无论是有限接触还是无条件接触，无论是出于"宣示性"动机还是有实际的政策企图，美国制裁的核心目标都是制造伊朗国内的经济危机，进而引发社会动荡，甚至政权更迭。相比之下，解决人权问题、反恐问题乃至核问题都是辅助性的目标。[1] 有研究发现，2011—2014 年的国际制裁使伊朗的实际GDP 下降了 17％以上。[2] 国际制裁还导致伊制造业就业增长率整体下降 16.4％，劳动密集型产业和严重依赖进口投入的产业的劳动生产率下降尤为显著。[3] 但是经济上的打击并没能实现颠覆伊朗政权的目标，2013 年伊朗的总统换届平稳过渡，尽管温和派候选人鲁哈尼强势战胜了强硬保守派候选人，但是西方希望的场景如"阿拉伯之春"并没在伊朗发生。这不仅与伊朗的文化特色、国内政治格局、反美传统以及当时的国际环境有关，外部制裁带来的聚旗效应也是重要原因。伊朗在历史上曾多次

---

① 岳汉景：《伊核问题破局多角透视》，社会科学文献出版社 2018 年版，第 62 页。

② Orkideh Gharehgozli, "An Estimation of the Economic Cost of Recent Sanctions on Iran Using the Synthetic Control Method," Economics Letters, Vol. 157, 2017, pp. 141 – 144.

③ Ali Moghaddasi Kelishomi and Roberto Nisticò, "Employment Effects of Economic Sanctions in Iran," World Development, Vol. 151, 2022, pp. 1 – 13.

在外部势力的干预下发生政变，因此对美国的制裁相当警惕。伊朗民众充分认识到核试验的重要性以及伊朗本该享有的核权利，对伊朗政府的强硬态度有较高程度的支持，也更能接受制裁带来的经济困窘。经济制裁的作用有其局限性，虽然各类制裁措施已经对伊朗经济造成了严重打击，但痛感却难以传导至政治和安全议题上，伊朗的核进程受到阻滞但从未停止，内政外交路线趋于温和但未改弦更张。伊朗在反制裁方面同样富有策略，善于在危机中寻找转机，面对奥巴马政府的强力制裁，伊朗积极采取多种措施以减轻金融制裁和石油禁运带来的经济、政治和外交冲击。伊朗政府在经济上采取多管齐下的策略以消除制裁的负面影响，在外交与军事上积极亮相，以应对西方的外交孤立和军事威胁，同时加强社会管理以稳定国内民心。[1] 尽管颠覆伊朗政权的企图落空，但美国对伊制裁也达成了最低层级的目的，即推动伊朗政府重回谈判桌，对话协商解决伊核问题。[2]

2015 年 7 月，美国联合中、法、德、俄、英五国与伊朗达成了历史性的《联合全面行动计划》（JCPOA，即伊核协议），这标志着多边制裁的结束。但这个和解期并不持久，特朗普政府上台后，美国单方面宣布退出伊核协议。这一决策既反映了特朗普的强硬外交作风，也表明了对协议执行效果的不满。受到伊朗执法监管环境、反洗钱措施和融资体系透明度不足等因

---

[1] 赵建明：《制裁、反制裁的博弈与伊朗的核发展态势》，《外交评论（外交学院学报）》2012 年第 2 期。

[2] 王锦：《试析美国对伊朗制裁的有效性》，《现代国际关系》2014 年第 4 期。

素的影响①，伊朗银行未能重新融入全球金融体系，使伊朗在伊核协议后的金融恢复受阻，缺乏与国际体系配合的积极性。随之，美伊关系又回到了制裁与反制裁的旧轨道。特朗普任内签署的五项制裁行政令突出强调了伊朗在恐怖主义、地区冲突、军备控制等方面对美国的威胁，制裁手段主要集中在金融领域，包括冻结资产和禁止在美国开设代理账户和汇通账户②等。这些制裁措施不仅针对贸易双方，还包括持有以伊朗里亚尔计价的大额资产的第三方，显著地体现了次级制裁的特征。特朗普政府的制裁策略被用作全球经济竞争的工具，以此打压竞争对手，如中国华为。③ 此外，特朗普政府扩大了制裁范围，覆盖伊朗的多个工业部门。2019 年初签署的第 13902 号行政令明确将伊朗建筑、采矿、制造、纺织等行业的工作人员及其交易和提供便利的第三方列入精准制裁名单。

相较于特朗普政府，欧洲国家普遍希望继续在伊核协议框架下解决问题。面对美国通过 SWIFT 施加的压力，欧洲国家被迫寻求新的支付报文系统——贸易互换支持工具（INSTEX），

---

① International Monetary Fund. Middle East and Central Asia Dept. , "Islamic Republic of Iran: Selected Issues," https://www. elibrary. imf. org/view/journals/002/2017/063/article - A001 - en. xml? rskey=CPOKJK&result=32.

② 根据《美国联邦法规》（2011 年修订版），汇通账户是由在美国证券交易委员会和商品期货交易协会注册的金融机构为外国银行维护，外国银行批准其客户直接或通过子账户参与美国银行业务的代理账户。汇通账户是代理账户的一种，代理账户则是一般意义上为外国金融机构开立，代理其支付或完成其他与之相关的金融交易的账户，这里的外国金融机构通常涵盖了银行、证券、期货、共同基金等，而汇通账户只针对外国银行；同时，汇通账户允许外国银行的客户直接或者通过子账户参与美国银行业务，但代理账户不保证外国金融机构的客户可以直接参与美国银行业务。

③ 王锦：《特朗普政府制裁手段特点分析》，《现代国际关系》2020 年第 2 期。

以期提供一个绕过制裁的新型交易体系。然而，此体系并未实现预期效果。在欧伊贸易结构中，欧盟主要从伊朗进口石油等能源产品，而伊朗从欧盟进口制造业产品，这导致欧洲面临显著的次级制裁风险。INSTEX 由英、德、法三国共同发起，创建背景是欧洲国家与伊朗贸易受到美元支付体系的约束，因此迫切需要绕过 SWIFT 以维护自身利益。INSTEX 与伊朗的特别贸易和金融机构（STFI）联合，通过一个封闭的金融系统完成债权债务的互换，将跨境支付转化为国内支付。主要针对食品、农产品和药品等人道主义贸易，不受除欧盟以外第三方的制裁约束。然而，由于交易风险和成本过高，INSTEX 并未成为欧洲国家和伊朗绕开美国制裁的有效解决方案。此外，许多欧洲企业，如法国的道达尔和丹麦的马士基，也因规避风险而选择退出伊朗市场。

伊朗采取了多项政策来应对美国的制裁。在国内政治方面，伊朗政府强调了伊斯兰政权的合法性，批评了西式民主和资本主义制度的问题，同时打压国内的亲西方势力，并扶持本土派人士。伊朗在面对美国的压力时，既勇于斗争，又善于斗争，即使在伊核协议谈判顺利时，也没有过分信任美国，而是积极为自身积累筹码。自 2011 年以来，伊朗最高领袖哈梅内伊不断强调"经济圣战"和"抵抗经济"的重要性，要求伊朗的经济发展必须实现"独立自主"和"社会公平"。这不仅是对霍梅尼治国理念的传承，也是对美国长期经济制裁和极限施压的反制准备。在具体政策上，伊朗鼓励发展进口替代产业和经济结构多元化，强调经济民族主义，同时也通过一些灵活的"灰色经济"通道，如利用阿联酋作为与外界沟通的跳板,通过复杂的"影子银行"金融网络绕开国际制裁,继续与外界保持商业联系。

新冠疫情暴发后,伊朗反制裁的声音被赋予了更多道义合法性。伊朗政府官员和社会各界人士通过多种渠道在国际上发声要求解除制裁,伊朗也屡次尝试向国际金融机构申请贷款。尽管美国的制裁立场没有根本改变和松动,疫情背景下人道主义援助等议题关注度的上升确实改变了美伊两国间的安全态势。[①] 总体来说,伊朗积极而有力的反制措施即便没有彻底改变其所处的被制裁环境,也至少为其留下了赖以生存的土壤,从而能够抵抗美国数十年的制裁以自我保全。在美国单方面退出伊核协议后,伊朗也在探索利用道义上的优势进行反制裁。例如 2020 年底,为就伊朗顶级核物理学家法赫里扎德遇袭身亡事件发起报复,伊朗议会正式通过了此前还在酝酿中的《反制裁战略法》。该法规定,若伊核协议各方不解除对伊朗的制裁,伊朗政府将停止联合国对其核设施的视察权。伊朗在坚持自身安全战略的同时,艰难地探索面对经济制裁的破局之道。

伊拉克

冷战后期,美国采取了对伊朗和伊拉克的双重制裁战略,这主要通过对伊朗的单方面制裁和在联合国批准下对伊拉克的多国联合制裁来实现。[②] 我们将探讨美国如何推动多边制裁框架

---

① 秦天:《美国与伊朗在波斯湾地区的安全博弈及其新进展》,《国际研究参考》2020 年第 6 期。

② Sasan Fayazmanesh, The United States and Iran: Sanctions, Wars and the Policy of Dual Containment, Routledge, 2008.

的建立，以及伊拉克政府所采取的反制措施。

美国在 20 世纪 90 年代对伊拉克实施制裁的背景是科威特战争和随后的海湾战争。伊拉克和科威特之间的领土争议长期存在，从 1961 年科威特独立开始，伊拉克政府多次向科威特提出领土要求，均遭拒绝。两国之间的经济纠纷也频繁发生，特别是在两国边界的油田地区。科威特的油田浅而丰富，油质优良，加之科威特的采油技术优于伊拉克，其经济发展远超伊拉克。[①]伊拉克由于内部经济困难和对科威特领土的渴望，以及在两伊战争期间美国支持下的军事扩张，为发动战争做好了准备。伊拉克入侵科威特之后，萨达姆拒绝遵守联合国安理会的撤军决议。联合国安理会随后授权以美国为首的多国部队对伊拉克进行军事打击，海湾战争随之爆发。在战争期间，经济制裁与军事行动相辅相成，对伊拉克政府形成了双重压力。战争的主要目标是迫使萨达姆无条件从科威特撤军。

在海湾战争期间，美国对伊拉克采取了金融和贸易制裁，包括冻结伊拉克政府资产、禁止伊拉克对外贸易以削弱其作战能力。1990 年 8 月，美国总统发布了第 12722 号行政令，主要内容包括冻结伊拉克政府控制的资产，禁止从伊拉克进口商品和服务，禁止向伊拉克出口商品、服务和技术，禁止美国个人或实体与伊拉克进行贸易或为其提供便利。随着战争的持续，美国加大了制裁范围和力度，陆续发布了多个行政命令。后续的法案扩大了制裁范围，将"伊拉克政府"的定义扩展为包括

---

① 肖翠英：《伊拉克入侵科威特背景》，《国际研究参考》1990 年第 9 期。

伊拉克政府所有机构及其控制的个人和实体。同时，法案明确禁止美国个人或实体直接或间接为伊拉克的国际贸易提供任何形式的经济资源，包括咨询和法律服务在内的商业活动也受到制裁。

美国对伊拉克实施的制裁措施，后来被联合国多边制裁所借鉴。在伊拉克入侵科威特的当天，即 1990 年 8 月 2 日，联合国安理会全票通过了第 660 号决议，要求伊拉克撤军，为后续的制裁奠定了基调。紧接着，安理会通过第 661 号决议，援引《联合国宪章》第七章，禁止从伊拉克和科威特进口商品，并禁止向其出口非人道主义物资。鉴于伊拉克经济和外汇收入严重依赖石油出口，而其粮食需求又高度依赖进口，联合国和美国的制裁使得伊拉克的经济遭受重创，国民的基本生活受到严重影响。

1991 年初，伊拉克在多国部队军事压力和国际制裁的双重作用下，不得不停止侵略行为并宣布无条件投降。海湾战争的结束并不意味着对伊拉克经济制裁的终止。美国政府意识到，必须打压萨达姆政权的野心，并开始对伊朗和伊拉克实行双重遏制战略。但美国政府也并未乘胜追击，美国国内对是否推翻萨达姆政权并没有达成一致意见。反对者认为，推翻萨达姆政权所需的军事行动可能导致更大规模的伤亡。在苏联解体后，中东尚不存在足以威胁美国地区性主导地位和石油利益的力量，因此没必要付出高昂的成本来推翻萨达姆政权。而且，推翻萨达姆政权可能促使伊拉克国内亲伊朗政权的上台。

在海湾战争结束至"9·11"事件爆发这段时间内，美国的制裁策略逐渐由传统制裁向聪明制裁转变，尽管制裁力度未有减弱。这与联合国逐渐放松制裁、推出"石油换食品"等纾困协议形成鲜明对比。相较于联合国的制裁，美国对伊拉克的制裁没有明确的退出机制，其核心仍是对萨达姆政权的压制。美国经济制裁的重点由战时的全面封锁转为对特定行业的严格限制，尤其集中在武器和石油领域。例如，1992 年老布什总统签署的第 12817 号行政令，旨在精准打击伊拉克政府的石油财政，决定将伊拉克来源于原油贸易的资产冻结，并由美国金融机构转移至纽约联邦储备银行。

在维持对萨达姆政权的强力制裁之外，美国还经常干预联合国对伊拉克的人道主义援助。继海湾战争结束后，安理会通过了允许伊拉克以石油换取食品和药品等人道主义物资的决议，以规避制裁影响。在随后的十年中，安理会逐步放松对伊拉克的经济制裁，直至 2003 年完全结束这些多边经济制裁。在这期间，美国采用了各种手段来阻挠联合国对伊拉克的人道主义援助，例如通过美国代表在联合国的游说活动改变援助规则，使美国能够单方面阻止伊拉克进口人道主义物资。此外，美国还质疑联合国相关机构提供的人道主义状况报告，指控其夸大了伊拉克人道主义危机的程度及范围。[①] 美国这些举措的目的在于确保其单边制裁的有效性。尽管这些措施导致伊拉克的石油收入大幅下降和经济衰退，但并未能根本打击萨达姆政权，反而增强了其对伊拉克经济的控制力。伊拉克政府以对抗制裁和维

---

① Joy Gordon, Invisible War: The United States and the Iraq Sanctions, Harvard University Press, 2010.

护国家安全为由，对市场化部门实施垄断，如实行居民粮食配给制度和发放特许经营许可证等。甚至一些海外的伊拉克反对派也因无法向国内亲属汇款而在反制裁议题上与伊拉克政府站在同一阵线。

"9·11"事件后，反恐成为美国国家安全战略的重点。美国政府单方面宣称伊拉克藏匿大规模杀伤性武器并暗中支持恐怖活动，以此为由对伊拉克实施军事打击。由于未获得联合国批准，美国试图通过将对萨达姆政权的制裁包装成维护伊拉克人民福祉的行为，来获取制裁的正当性。小布什政府首先冻结了众多伊拉克政要、官员及其家属在美国管辖范围内的资产，充公了包括伊拉克中央银行在内的广义上的伊拉克政府资产，随后宣布这些被冻结的资产将被用于援助伊拉克民众和战后重建。在美国政府主导成立的伊拉克发展基金中，伊拉克政府的大量石油收入被存储在美联储账户中。这一基金实际上提供了掠夺伊拉克石油收入的途径，获得重建合同的美国公司未能履行其责任，排名前十的承包商在伊拉克获得了至少价值720亿美元的项目，但它们既未完成项目，也未向伊拉克公司支付相应的基金份额。① 在萨达姆倒台后，美国政府继续利用制裁手段操控伊拉克内政，以危害伊拉克的和平稳定，妨碍战后经济重建、政治改革和人道主义援助等理由，对伊拉克的个人和实体实施精准的金融制裁。

美国对伊拉克的主要制裁手段是资产冻结和石油禁运，最

---

① 黄培昭、柳玉鹏、王逸：《伊拉克，在美国留下的废墟上挣扎》，环球网，https://world. huanqiu. com/article/47yFzrdGshL。

终通过军事行动推翻了萨达姆政权。然而，在两次海湾战争及其间的十多年中，经济制裁的作用相对次要。这是由制裁与经济战的基本原理决定的。战争是通过将经济资源转换为军事能力来追求政治目的，而制裁与经济战则是直接利用经济手段来追求政治目的。后者的有效性基于双方在军事上保持均势，且都不愿意付出巨大代价或使用军事手段来解决问题。但在伊拉克的情形中，无论是入侵科威特还是支持恐怖组织，都已经触及美国动武的红线，因此不能单纯依靠制裁来解决问题。而且，在苏联解体后，伊拉克和伊朗这样的地区强国已经失去了"较小威胁者"的有利地位，美国在对它们实施制裁甚至军事干预时不再存在外部顾虑。

利比亚

自 1969 年通过政变上台以来，卡扎菲一直反对西方国家，这是其"革命民族主义"政策的核心部分。在经济政策上，卡扎菲推行了伊斯兰社会主义经济模式。① 他将美国控制的石油公司收归国有，并迫使美国撤出在非洲的最大军事驻地——惠勒斯空军基地，导致 20 世纪 70 年代美利紧张关系加剧。卡扎菲政府策划的多起恐怖袭击使两国关系进一步恶化。里根总统上台后，对利比亚实施了制裁，禁止进口利比亚石油以及向利比亚出口油气技术设备。1986 年 4 月 5 日，德国柏林发生爆炸案，有美国军人因此丧生。美国政府随后宣称，涉嫌实施这起爆炸

---

① 韩志斌：《利比亚政治危机的历史探溯》，《阿拉伯世界研究》2012 年第 2 期。

案的恐怖分子得到了利比亚政府的支持，并进行报复，对利比亚首都的黎波里和第二大城市班加西进行了空袭，造成上百名居民伤亡，使得两国关系降至冰点。美国政府冻结了利比亚在美国的资产，但由于利比亚多年前已经逐步降低在美资产储备，此举效果有限。①

1988年"洛克比空难"②的发生使美国与利比亚的关系彻底破裂，这起针对平民的惨烈事件使卡扎菲政府受到了国际社会的孤立。自此，美国不断以反恐、人权问题以及试图获取大规模杀伤性武器为由，制裁卡扎菲政府，实质目的是促使利比亚政权更迭。"洛克比空难"后，美国政府对利比亚实施了一系列制裁措施，包括航空禁令、武器禁运和外交制裁，并禁止利比亚进行国际贸易。然而，美国的制裁并未收到预期效果，利比亚最主要的贸易伙伴是欧洲国家，而西欧国家高度依赖利比亚提供的价格优惠的原油。例如，在1994年第一季度，仅英、意、德、法、西五国就占了利比亚石油出口83％的份额。③利比亚通过与欧洲的石油联系，并在阿拉伯国家金融系统的支持下，在全球范围内广泛投资，以保护海外资产不受冻结。1995年，美国财政部确认，分布在40个国家的103家金融机构都与利比亚有紧密关系。利比亚政府控制的公司在海外的投资范围极广，

---

① 田中青：《美国对利比亚的经济制裁能得手吗?》，《国际问题资料》1986年第3期。
② 一架泛美航空PA103号班机在途经苏格兰洛克比上空时，突然发生爆炸导致飞机坠毁，机上所有259名乘客和机组人员以及地面11人全部遇难。经过调查，这场空难被认定为恐怖袭击事件，爆炸是由一枚行李舱中的定时炸弹引起的。调查人员最终认定，这起恐怖袭击事件是由利比亚情报机构策划和实施的。
③ 高世军：《西方制裁与利比亚的对策》，《西亚非洲》1995年第3期。

包括房地产、采矿、医疗设备等行业，其中油气行业是投资的重点。这些措施有效地反制了美国的制裁，因此美国开始考虑如何切断利比亚与其他国家的经济往来，并致力于推动联合国对利比亚实施多边制裁。

1992年，受英美推动，联合国以"洛克比空难"为由对利比亚实施了制裁。联合国制裁的主要目的是促使卡扎菲政府回应有关恐怖袭击的指控。起初，联合国对利比亚实施了外交制裁和文化交流制裁，要求各国降低与利比亚的外交关系等级，并禁止向利比亚出口武器和航空设备。在收到卡扎菲政府冷淡的回应后，联合国于1993年进一步升级制裁。安理会第883号决议要求各国冻结利比亚政府控制的海外资产，并停止向利比亚转让石油技术。但该决议也留有一个漏洞，为减轻对石油贸易的影响，对决议通过后的利比亚能源收入和农业出口收入免于冻结，但要求各进口国为这些资金开设专项账户。很明显，尽管联合国的制裁范围广泛，但其力度难以满足美国的期望。

美国政府意识到，要对利比亚施加足够的经济压力，必须限制甚至切断其与欧洲的经贸联系。对此，欧洲各国提出了强烈抗议。1996年，美国政府以利比亚不配合联合国的决定、资助恐怖组织和研发大规模杀伤性武器为由，通过了《达马托法》。该法案的主要内容是对在利比亚投资超过4 000万美元的外国公司实施制裁，这种做法被认为是美国的"治外法权"，引发了欧洲国家的抗议。在美国单边制裁下，美国公司退出了利比亚石油市场，但欧洲公司迅速填补了这一空缺。随着制裁法案的实施，欧洲公司不得不权衡在利比亚投资的利弊，出于对美国报复和高额罚款的担忧，它们纷纷停止了与利比亚的合作，给利比亚经济带来了较大打击。伴随着油气设备和技术的禁运，依赖石油出口的利比亚经济结构逐渐难以维持。据1999年中国驻利比亚使馆人员描述："多年的国际制裁使进口渠道不畅，物价上扬，商品极为匮乏……药品极为短缺，一般老百姓就只好忍受病痛的煎熬与折磨。"① 除了国内的经济压力外，国际局势的变化也令卡扎菲政权压力倍增。苏联解体后，卡扎菲多年依赖的"老大哥"倒台，给他带来了极大的震动，因此利比亚的外交战略开始悄然转变。

1999年，为响应国际社会的要求，利比亚主动将两名参与"洛克比空难"的嫌疑人交给联合国特别法庭审判。联合国安理会在审判结束后撤销了对利比亚的经济制裁。尽管如此，美国仍坚持对利比亚施加制裁，并将《达马托法》的有效期延长了五年。美国对利比亚的制裁目的并非仅仅促使利比亚政府做出政策上的改变，更是希望颠覆卡扎菲政权。卡扎菲坚持独立自主的外交政策和经济建设路线，他对国内石油产业具有完全的控制权，加上利比亚储量丰富、质量优良的原油资源，为其提供了充足的财政资源。此外，利比亚的第一产业和金融系统基本独立于外界影响，国家修建的人工大运河耗资330亿美元，完全依赖国内融资，未涉及外债。② 在外交上，卡扎菲早期倡导阿

---

① 李红杰：《国际制裁下的利比亚》，《亚非纵横》1999年第2期。
② 田文林：《"以压促变＋武力颠覆"：利比亚危机再评估》，《国际研究参考》2020年第7期。

拉伯民族主义，遭到以色列和美国以外犹太游说团体的反感。后来他转而呼吁非洲国家联合，多次提议建立基于贵金属的非洲统一货币，试图颠覆美国的货币霸权，触动了美国的敏感神经。卡扎菲还经常在外交场合发表反对西方殖民统治和霸权主义的强烈意识形态言论，使美国更加迫切地希望消除他的影响。因此，美国一直通过经济压力来促使利比亚政权的更迭，不会仅因利比亚在"洛克比空难"问题上的态度转变而撤销经济制裁。

"9·11"事件后，美国的中东政策重心转向反恐。阿富汗的塔利班政权和伊拉克的萨达姆政权在美军攻势下迅速倒台，这给卡扎菲政府带来了巨大的震撼，迫使其重新考虑与西方国家的关系。利比亚政府在多个领域向美欧示好：在历史遗留问题上，同意向"洛克比空难"遇难者家属支付高额赔偿金；主动宣布放弃获取大规模杀伤性武器以取信于西方；向西方石油公司开放市场。在2004年和2005年的两次利比亚油田招标中，美国公司成为最大的赢家。卡扎菲急切改善与美国的关系，不仅是为了打破利比亚在外交上的孤立状态，恢复经济秩序，还考虑到家族利益和政权交接问题。卡扎菲的次子赛义夫被视为潜在的接班人，他自幼接受西式教育，其外交战略和价值观与卡扎菲大相径庭，致力于通过与西方接触和国内改革来实现利比亚的"民主化"，以获得国际社会的认可。尽管赛义夫未在利比亚政府中担任正式官职，但作为卡扎菲慈善基金会的主席，他参与了许多重要的外交活动，包括利美关系的破冰。2003年，赛义夫秘密会见英国情报官员，为后来布莱尔访问利比亚和利

美恢复外交关系铺平了道路。① 简言之，外部压力和内部改革派
势力的上升共同促使卡扎菲向西方伸出了橄榄枝。

　　美国政府"接受了"利比亚的示好，从 2004 年开始逐步解
除对利比亚的旅游禁令，恢复了两国外交关系，并取消了一系
列制裁措施。美国这一转变的背后，一方面是出于自身全球战
略的需要：处于关键地理位置的利比亚若能重新用作美国的军
事基地，将使其成为反恐部署的区域中心，同时影响非洲和中
东地区。此外，美利关系的正常化也有助于向伊朗、朝鲜等寻
求大规模杀伤性武器的国家展示示范效应。另一方面，与利比
亚和解也符合共和党政府的利益：在宣传上，将利比亚的转变
描绘为全球反恐战争和经济制裁的重大胜利，展示了"不战而
屈人之兵"的战略智慧；在现实利益上，美国石油公司可以重
返利比亚市场，获得丰厚利润——回顾历史，在里根总统宣布
对利比亚实施制裁之前，美国石油公司在利比亚的日产量曾达
到 100 万桶。石油巨头作为共和党背后的大金主，在美利关系问
题上进行了大量的游说工作。

　　然而，尽管美国表面上已经充分认可了卡扎菲政权，摘掉
了给利比亚贴上的"支持恐怖主义国家"和"无赖国家"等标
签，美欧高层也与卡扎菲进行了外交互访，但美国颠覆卡扎菲
政权的策略并未消失，而是以更隐蔽的手法继续在利比亚社会
内部施加影响。美西方在利比亚社会和政府内部扶植了一批反
政府势力和异见人士，长期围绕腐败问题、族群冲突、分配不

---

　　① 吴冰冰：《卡扎菲与美国共同打造"利比亚模式"》，《世界知识》2008 年第 20 期。

公等社会脆弱议题制造矛盾，成为利比亚局势的不稳定因素。

卡扎菲政权没有在制裁的高压下屈服，反而在看似"温暖"的外交环境中引来了灭顶之灾。2011年，"阿拉伯之春"波及利比亚，民众抗议迅速升级为武装冲突，国家陷入内乱。美欧国家没有给卡扎菲政权控制局势的机会，而是借机干预，"趁你病要你命"，通过经济制裁和武装介入等方式影响利比亚政局。2011年2月26日，联合国安理会通过第1970号决议，冻结卡扎菲家族在成员国境内的资产，禁止成员国向利比亚政府出售武器装备。卡扎菲政权对军队的信任有限，主要依赖本部族军队和外国雇佣兵来维持国防秩序。但资产遭冻结后，由于无法支付雇佣兵的报酬，军队战斗力受到严重削弱。随着北约部队的轰炸，利比亚政府的威信日益下降，反对派和地方部族武装逐渐占据优势。2011年10月20日，卡扎菲在老家苏尔特附近被虐杀，长达42年的卡扎菲政权终结，利比亚随后陷入更深的动乱。

如本书之前提到的，经济制裁制造波动的方式有两种：一种是通过"脱钩"切断经贸联系，另一种则是在长期制裁后，在被制裁国与外界之间因制裁积累的压差下，通过威逼利诱使被制裁国部分放弃原本的政治主张，并在经济、话语权甚至军事上给予被制裁国国内反对派支持，从而引发内部激烈的政治斗争。这也是波动的体现之一。在利比亚案例中，美国的经济制裁明显结合了边缘军事行动、舆论战、信息战等手段，成为颠覆政权的工具。后续这些手段改变了被制裁国民众的预期与集体认知，促使经济压力转化为政治压力。

叙利亚

叙利亚位于中东地区的心脏地带，是连接亚洲、非洲和欧洲的关键节点。它北接土耳其，东邻伊拉克，南界约旦，西临地中海，西南与巴勒斯坦和以色列毗邻，这一独特的地缘环境使其成为国际博弈的焦点地区。1946 年叙利亚独立后，国内政治长期处于动荡之中，政变频繁。文官政府与军人集团的争斗、国家发展方向的争议、族群冲突、城乡差异、外部势力的干预等因素，使得叙利亚难以实现国内团结，与埃及的短暂合并也以失败告终，独立民族国家的构建历经挫折。直到 1970 年，哈菲兹·阿萨德在一系列政变后掌握了绝对权力，通过整合复兴党的政治势力、军警机构和阿拉维派宗教力量，叙利亚的政局才得以稳定，进入了为期 30 年的阿萨德时代。

叙利亚面临的长期内忧外患促使阿萨德采取在复杂矛盾中寻找平衡的统治策略，军队和复兴党成为他实现统治的两大支柱。阿萨德深知控制军队的重要性，因为他亲历了之前的数次军事政变。在他执政期间，叙利亚的军队规模迅速扩大，军人的社会地位和待遇显著提升。他还构建了由军队、警察和情报部门组成的国家安全体系，在关键岗位上安插亲信，重点提拔阿拉维派军官，以个人忠诚和族群利益确保对强力部门的控制。[1] 独立初期的叙利亚社会高度分裂，传统政治精英依赖种族、宗派和地区支持，代表地主和城市精英利益，难以满足渴

---

① 王新刚、颜鹏：《叙利亚军人政治的历史演变、成因及特点》，《中东问题研究》2005 年第 2 期。

望社会改革的新兴阶层和青年的需求。在这种背景下，主张民
族主义和社会主义的激进政党，如复兴党，迅速崛起。复兴党
在军队、知识分子和小资产阶级中有强大影响力，因重视农民
和土地问题而获得农民支持。该党以阿拉伯统一、自由和社会主
义为核心原则，强调改善民众的物质生活和经济发展的公平性。
复兴党不仅有完整的纲领和意识形态，还建立了严密的组织体系，
分支机构遍布各地。阿萨德是党内的重要领导人，经历多次党内
路线斗争，最终排除异己，掌握最高权力。阿萨德融合复兴党的
"魂"与军队的"体"，形成了"军政合一"的威权主义统治模式。

依靠在军队和复兴党内的绝对权威，阿萨德使叙利亚的内
政外交表现出务实性。在第二次中东战争中，得益于美国的介
入，阿拉伯国家在政治上取得了胜利，这一成就使整个阿拉伯
世界欢欣鼓舞，泛阿拉伯主义迅速赢得民心。一方面，阿萨德
坚定地抗击以色列对阿拉伯国家的侵略，始终不与以色列单独
媾和；另一方面，他成功地在美苏两大国之间进行斡旋，使叙
利亚成为中东地区一个不可忽视的力量。在国内经济方面，虽
然复兴党早期的土地改革和国有化运动较为激进，但阿萨德上
台后开启了"纠正运动"，并逐步放开对私营经济的管制。① 20
世纪八九十年代，叙利亚国内经济萧条，社会矛盾激化，加上
苏联解体改变了国际局势，阿萨德进一步放开对私营经济的管
制，鼓励国内外私人资本在叙投资。

在美苏两大国之间，阿萨德的立场早期偏向苏联，但后期

---

① 王新刚：《阿拉伯复兴社会党及其理论与实践》，《西北大学学报（哲学社会科学版）》2002 年第 3 期。

也尝试改善与美国的关系。然而，与以色列的冲突和美以之间的特殊关系，成为叙利亚与美国进行外交活动的重大障碍。由于叙利亚地理位置的重要性，美国视控制叙利亚为实现保护以色列和遏制伊朗两大地缘战略目标的手段。但叙利亚的政治自主性强、经济韧性高，并长期宣扬社会主义与阿拉伯联合，因此，美国对叙利亚的打压和颠覆策略符合其既定战略。[①] 20 世纪 70 年代，美国国会陆续颁布了《国际安全与武器出口控制条令》和《出口管制条令》，以反恐为由限制与特定国家的贸易。自 1979 年美国国会首次发布"支持恐怖主义国家"黑名单起，叙利亚一直被列入，受到严格的经济制裁和人员往来限制。尽管两国曾在黎以停火、反恐和伊拉克问题上有短暂合作，但美国并未因此取消对叙利亚的制裁。犹太团体和以色列的游说团体是反对美叙关系改善的核心力量，也是美国经济制裁的主要推动者。美国当局曾试图拉拢叙利亚抗衡伊朗，但受到犹太势力影响的美国国会要求叙利亚承诺停止支持恐怖组织、从黎巴嫩撤军、与以色列和谈等，否则将坚持对叙的强硬立场。这些要求实质上是逼迫叙利亚放弃阿拉伯复兴主义，承认以色列对其控制地区的主权，这是阿萨德政权难以接受的条件，因此美叙两国关系的主基调是对抗和冲突。

20 世纪 80 年代，叙利亚经历了一次严重的经济衰退。虽然这次衰退的根本原因在于阿萨德政府的经济政策失衡，但美国的制裁也对此产生了一定影响。在 70 年代，受国际油价高涨和

---

① 田文林：《从"颜色革命"到"混合战争"：叙利亚危机再评估》，《国际研究参考》2020 年第 3 期。

阿拉伯国家持续援助的推动，阿萨德政府制订了庞大的工业发展计划，旨在快速实现工业化和军事现代化，以抵御以色列的威胁。这导致了国家主导的大量工业投资项目和基础设施建设的实施。然而，政府对农业发展的财政支出占比很低，对粮食作物的价格上限设定进一步加重了农民的负担。叙利亚的工业主要生产国内消费品和国防军备物资，国营经济效率低下，腐败问题严重，出口创汇能力有限。城市商人和特权阶层追求西方生活方式，导致叙利亚的贸易赤字进一步扩大。80年代，国际油价的急剧下跌导致叙利亚出现严重的输入性通货膨胀，黎巴嫩内战和国内严重的旱灾导致政府预算飙升，造成了财政和贸易的双重赤字。通货膨胀使工人和中下层国家雇员的生活负担大增，大量失地农民进城谋生则造成城市贫困人口的增加，经济失衡和社会问题共同动摇了阿萨德的统治基础。[1] 这场危机最终在阿萨德的铁腕掌控和大刀阔斧的改革下得以平息。[2] 叙利亚进一步放松对私营经济的管制，并着重发展农业和石油产业以缓解双赤字问题。

虽然这场危机与美国的制裁没有直接关系，但美国在1986年叙利亚经济衰退最严重时，以"辛达维"事件[3]为由增加了关

---

[1] Volker Perthes, "The Syrian Economy in the 1980s," Middle East Journal, Vol. 46, No. 1, 1992, pp. 37 – 58.

[2] 贫富分化并不必然造成政局动荡，关键是经济实力和政治权力的分布是否同构。阿萨德家族对私营经济的警惕出于对逊尼派崛起的担心，阿拉维派依靠政治裙带关系能够在国营经济中获得巨大利益，但是一旦放开对私营经济的管制，逊尼派中的城市商人和地主很可能在经济上重新获得优势地位，进而可能寻求与之相匹配的政治权力。

[3] 尼扎尔·辛达维，本籍为约旦，被怀疑受雇于叙利亚情报部门。1986年4月17日，他指使女友携带炸药登上从伦敦飞往以色列的班机，登机安检时被以色列航空安全员查获。如若袭击计划成功将使百余人遇难。

键的制裁措施，包括取消向叙利亚发放进出口信贷和小麦采购特许证，这无疑加剧了叙利亚的饥荒问题和外汇短缺问题。在这个时期，美国中情局确实拟定了多个计划以推翻阿萨德政权，但最终没有实施。[①]

2000 年，阿萨德去世后，次子巴沙尔继任叙利亚总统，并开始努力改善叙美关系。[②] 但这种努力由于第二次海湾战争的爆发而很快受挫。巴沙尔试图在外交上缓和与西方国家的紧张关系，在内政上则将经济发展作为优先事项，推进自由化改革。在美国的中东政策重心转向遏制伊拉克、推翻萨达姆政权的背景下，巴沙尔对美国的行动给予了一定的配合，美国也做出回应，默许叙利亚成为联合国安理会非常任理事国。这似乎预示着叙美关系的转机。然而，"9·11"事件的发生加速了美国颠覆萨达姆政权的进程。叙利亚反对美国的激进行动，反对美国入侵伊拉克，并在战后收容了一些逃亡的伊拉克高官，向伊拉克提供军事援助。美国还指责叙利亚支持黎巴嫩和巴勒斯坦的恐怖组织、拒绝从黎巴嫩撤军以及破坏巴以和平进程，并试图研发大规模杀伤性武器。因此，在 2003 年底，美国参众两院相继通过法案，对叙利亚实施了一系列制裁，包括冻结叙利亚在

---

① CIA："Syria：Scenarios of Dramatic Political Change," https://www. cia. gov/readingroom/docs/CIA-RDP86T01017R000100770001 - 5. pdf.

② 巴沙尔不是阿萨德家族原计划中的政权继承人，但阿萨德的长子巴西勒在 1994 年意外死于车祸，阿萨德才决定让在英国从医的巴沙尔回国继承权力。阿萨德晚年不断帮助儿子扫清障碍，许多军队和党内元老被剥夺权力，取而代之的是一些新人。这些人缺乏经验和对基层组织的掌控力，导致巴沙尔的政权并不稳固，因此他急于通过经济发展和外交打开局面，以获得民间支持和合法性。同时，巴沙尔受西方意识形态的影响较大，上台后的政策容易被美国的制裁和制裁威胁左右。

美国的资产、禁止对叙军售、禁止向叙利亚出口非食品和药品的民用产品、禁止美国企业在叙投资、禁止叙利亚飞机进入美国领空以及限制外交等措施。这次制裁在政治意义上大于实际影响。当时的叙利亚新闻部长哈桑表示,美国对叙的威胁并不新鲜,只是近来程度加剧,但"叙利亚决不会关闭与美国政府对话的大门"①。不可否认,这种制裁对叙利亚构成了重大的政治压力。②巴沙尔随后频繁出访周边国家,试图寻求欧洲和阿拉伯国家的支持与经济合作,以对抗美国在国际上对叙利亚的孤立。这表明叙利亚在面对外部压力时并未选择屈服,而是寻找新的国际合作和支持,以保持其政治独立和经济发展。

在随后的几年里,美国陆续以叙利亚策划刺杀黎巴嫩前总理拉菲克·哈里里、国内腐败问题和人权危机等为由,对叙利亚政府及其多位高级官员实施了制裁。这些制裁主要针对巴沙尔的家族成员和亲信,包括岳父、军事情报局局长阿西夫·苏尼,表亲兼叙利亚最大电信公司董事长拉米·马赫卢夫等人。制裁措施包括禁止对叙投资和出口、冻结资产、禁运武器以及发布旅行禁令等。与对伊朗的制裁相比,这些措施并不算特别严格,美国政府没有限制其他国家与叙利亚的贸易往来。但美国对叙利亚的干预不仅仅是经济战,更是融合了舆论战和边缘军事行动的"混合战争"。2005 年,小布什政府在以色列智库的游说下启动了"建设性不稳定"政策,意图通过制造地区局势

---

① 徐启生:《美国为何制裁叙利亚》,https://www.gmw.cn/01gmrb/2003 - 12/19/19 - 7C61C10D1A5E333448256E000080F925.htm.

② 王新刚:《美国的制裁与叙美关系演变》,《西亚非洲》2004 年第 6 期。

的混乱来颠覆反美政权，支持傀儡政府上台，其中叙利亚是此政策的重点目标。具体做法包括：煽动舆论攻势，设立"叙利亚自由广播"，为记者和社会活动者提供培训；资助叙利亚反对派，由专业的智库和情报人员为他们提供策略建议；策反叙利亚政府官员，对叙利亚社会进行渗透；等等。①

2011 年，美国所种下的种种不稳定因素在叙利亚国内动乱中爆发，动乱迅速升级为内战，这场战争至今仍在撕裂这片曾经的绿洲。叙利亚内战的问题极其复杂，不仅在全球层面上涉及美欧与俄罗斯的角力，在地区范围内还混杂了沙特、伊朗、土耳其和以色列的博弈。在叙利亚境内，各方势力加入火并行列，同时还涉及宗教矛盾、地缘冲突、族群争端等因素。内战爆发后，美欧对巴沙尔政府的制裁力度加大，但在这一阶段，制裁的作用相对有限，各方的军援才是主导战场局势发展的关键因素。因此，本书不过多探究这一时期的制裁细节。

美国的制裁确实在叙利亚内战爆发前后加剧了叙利亚国内冲突的累积和发酵。首先，从政治路线上看，巴沙尔在美国的威逼利诱下实际上放弃了阿拉伯复兴主义，动摇了其家族和复兴党执政的合法性。巴沙尔同意从黎巴嫩撤军，并配合国际社会调查黎巴嫩前总理哈里里被刺案，同时接受了联合国安理会提出的在"以领土换和平"的基础上与以色列进行谈判的要求。2008 年，他在巴黎"地中海峰会"上决定与以色列短期内达成和平协议，并正式与黎巴嫩建立外交关系。外交政策的转变意

---

① 田文林：《从"颜色革命"到"混合战争"：叙利亚危机再评估》，《国际研究参考》2020 年第 3 期。

味着叙利亚在避免与以色列发生军事冲突的同时，主动放弃了与黎巴嫩之间的特殊关系，从而与阿拉伯"同胞兄弟"划清界限。巴沙尔政府的这种妥协和外交方向的转变，一方面体现了萨达姆政权被推翻之后对美国军事力量的忌惮，另一方面是受到美国经济制裁传递的威胁信号的影响。阿拉伯复兴主义不仅是阿萨德掌握政权的根基，也是团结叙利亚各势力、推动国家和社会现代化的重要精神支柱。[①] 因此，巴沙尔政府在外交政策和意识形态上的背离，无疑削弱了其政权的稳定性，减弱了政府与民众之间的联系，进而可能导致国内不满情绪的上升和政治动荡的加剧。

其次，在经济发展方面，叙利亚政府长期对向市场经济转型持谨慎态度，而美国的制裁进一步限制了叙利亚经济发展的资金来源和有效投资。在叙利亚以国有经济为主导的体制中，阿拉维派由于政治优势，在商业领域占据了有利地位。然而，一旦私有化进程得以推进，主要是城市商人和地主受益，其中多数是逊尼派穆斯林。叙利亚当局担忧逊尼派在经济实力上超越阿拉维派后可能进一步追求政治权力，甚至威胁到现有政权。2005年，巴沙尔政府启动了大规模的市场化改革，提出放弃长期以来的中央指令性政策，加速推进社会主义市场经济建设。这一改革导致了叙利亚国内贫富差距的扩大，很多农民失去了土地。尽管叙利亚政府鼓励投资，但由于美国的制裁，外商直接投资受限，且主要来源于海湾阿拉伯国家。这些投资多集中

---

① 王新刚、马帅：《叙利亚阿萨德时期威权主义与政治稳定探析》，《西北大学学报（哲学社会科学版）》，2016年第3期。

在服务业和房地产业，未能促使叙利亚融入全球价值链。因此，这些投资对经济发展和就业的贡献有限，并未显著提升叙利亚的全要素生产率，更不用说推动叙利亚的工业化和现代化进程，反而加剧了社会经济分化。

叙利亚经济的困境和内战的爆发与其依赖农业和石油的产业结构密切相关，特别是国际油价的波动对其财政收入产生了重大影响。石油出口占叙利亚出口总额的 60% 以上，而且其侨汇、外援和外来投资主要来自经济与油价高度相关的海湾国家。2006 年起叙利亚遭遇连续四年的旱灾，导致粮食短缺和高达 30% 的通货膨胀。尽管国际油价的上涨在最初两年暂时掩盖了经济危机的苗头，但随后的数年内，经济危机愈演愈烈，最终与其他矛盾共同引发了内战。巴沙尔推行的激进自由化转型政策不仅体现了其自由主义经济学思想，也受到了美国撤销制裁和提供援助的诱惑。然而，这种改革加剧了国内的贫富分化和社会矛盾，导致大批农民失去土地。

最后，美国的经济制裁还导致了一系列意料之外的后果，削弱了叙利亚政府对国家经济的管理能力。由于出口限制，叙利亚不得不通过黑市或中介公司获取关键商品，如石油产业零部件。这导致政府无法掌握真实的经济数据，经济管理能力减弱，同时通过非法渠道获取的商品价格更高、质量低劣，加速了财富流失。制裁迫使叙利亚政府在关键行业放松管制，给予商人特权以满足国内需求，导致国家治理失败的现象加剧。

美国对中东国家制裁与经济战的演变与进化

美国对伊朗的遏制策略主要是经济制裁，辅以军事威慑和边缘军事行动。而在处理伊拉克问题时，经济制裁被用作热战的辅助手段。在利比亚和叙利亚的情形中，由于最初缺乏充分理由来发动军事打击，美国转而采取了推动"颜色革命"和"混合战争"等手段来实现其颠覆两国政权的目标。在这一过程中，美国实施的经济制裁一方面限制了被制裁国政府的财政能力，另一方面导致了这些国家的经济困难，为被制裁国内战的爆发创造了条件。

从这些案例中可以看出，美国颠覆他国政权的手段不断迭代升级，其中经济制裁只是其组合拳的一部分。最初，美国主要使用单边贸易禁运作为经济制裁的主要工具；随后演变为依赖国际金融网络的次级制裁；最终，美国结合经济战、信息战、舆论战甚至局部武装冲突，采用精准制裁模式，有效地将经济压力转化为政治压力。在此过程中，美国建立了完善的制裁法律体系和行政机构，并在长臂管辖方面突破国际法底线，得到部分国家的默许和配合。

美国对中东四国的经济制裁本质上是以颠覆政权为目的的经济战。在苏联解体后，美国更加肆无忌惮地使用经济制裁作为武器，但这实际上损害了美国的制裁能力。首先，维持制裁联盟和进行次级制裁需要耗费巨大的成本，近年来欧洲各国已在制裁伊朗、俄罗斯等问题上与美国产生分歧。如果主导国不愿承担制裁的主要成本，仅仅依赖"价值观外交"，可能会逐渐失去支持。其次，缺乏退出机制的制裁只会使被制裁国更加顽强抵抗，美国不得不直接发动战争或依赖被制裁国内部动乱。最后，经济制裁的本质在于破坏经济相互依赖，或称之为"脱钩"。随着美国频繁进行次级制裁，国际社会正在形成一个"反制裁"联盟。这些国家虽然在意识形态、政治制度、经济结构和发展程度上各不相同，却因美国的制裁而联合起来。出于对美国制裁的担忧，越来越多的中立国家在贸易和货币制度上采取双重策略，以保证本国的政治独立性。

第六章
俄乌冲突中的制裁与经济战

苏联解体后，俄罗斯和乌克兰成为两个独立的政治实体，联合继承了苏联时期建立的输欧天然气管道网络。这些跨国管道穿越俄乌两国，使乌克兰掌握了关键的权力，决定着天然气是否能顺利输送至欧洲。在俄罗斯需要向乌克兰支付一定比例管道过境费的同时，乌克兰又高度依赖俄罗斯的廉价天然气供给。在两国关系持续恶化的大背景下，关于天然气费率的争端逐渐升级，双方利用相互依赖关系进行制裁和施压，以谋求谈判优势。

俄乌两国的矛盾在 2014 年克里米亚危机后进一步加剧，直至 2022 年 2 月爆发全面冲突。面对这一冲突，俄罗斯事先进行了反制裁的准备，而西方国家对俄罗斯实施的制裁力度超出了许多国家的预期。俄罗斯、乌克兰、美国和欧洲在俄乌冲突中的激烈多方博弈，提供了一个研究制裁与经济战的宝贵案例。

第一节　旷日持久的俄乌天然气争端

俄乌天然气争端是指从 2004 年开始，俄乌两国就天然气供应、运输与价格等问题展开的一系列博弈与谈判。其间，乌克兰的政局几经动荡，俄罗斯数次切断过境乌克兰的管道天然气供应，双方就该问题不断达成协议，又不断再起冲突。在这一事件中，争端的主体不仅是俄乌两国，高度依赖俄罗斯天然气供应的欧洲诸国也是不可忽视的一方力量。

作为资源禀赋雄厚的大国，俄罗斯坐拥天量的天然气储备，在天然气市场上拥有难以匹敌的影响力与谈判地位。而乌克兰却是一个标准的"贫气国"，其探明天然气储量仅为俄罗斯的 2.31％。[①] 但苏联时期的遗留问题却让乌克兰有了在天然气管道运输问题上与俄罗斯"叫板"的底气。在苏联时期，几条西向的天然气管线得以相继修建，它们分别是 1978 年修建的"联盟"天然气管线，1983 年修建的"乌连戈伊-波马里-乌日哥罗德"天然气管线，1988 年修建的、与"乌连戈伊-波马里-乌日哥罗德"管线在乌克兰汇合的"进步"天然气管线等。这些天然气管线途经乌克兰，对欧洲各国来说是至关紧要的能源"生命线"。1991 年，苏联解体，乌克兰独立，并与俄罗斯、白俄罗斯两国组成了"独立国家联合体"。此时，从俄罗斯通往欧洲诸国的约 95％天然气均需通过乌克兰。过境管线在给乌克兰带来寻

[①]　CIA，"The World Factbook，"https：//www.cia.gov/the-world-factbook/field/natural-gas.

租利益的同时，也使其拥有了相当大的结构性权力，这为未来俄乌两国长久的争斗埋下了伏笔。

1992年8月20日，俄乌两国政府签署了关于通过乌克兰供应和运输天然气的第一份协议，俄罗斯承诺每年向乌克兰供应约700亿立方米天然气，乌克兰则须每年协助俄罗斯向欧洲输送超过1 000亿立方米的天然气。协议同时禁止了乌克兰进行天然气转口贸易的权力。[1] 学界通常认为俄乌天然气风波起源于2004年乌克兰的"橙色革命"，但事实上，争端与天然气"制裁武器化"的序章在20世纪90年代已经揭开。1992年下半年，乌克兰的能源债务问题变得越发尖锐。由于无力偿还天然气债务，乌克兰不断寻求扩大贷款额度，导致其对俄罗斯的债务不断累加。从1993年开始，俄罗斯先后数次以未偿付款项为由暂停、减少了对乌天然气输出。但事实证明，这一举措近乎无效——乌克兰可以随意"盗取"过境天然气以满足自身需求，而俄罗斯对此毫无办法。围绕债务问题，两国先后协商达成了多种解决方式，如延期偿债、以物偿债、股权转让、债务重组等。自1998年起，俄罗斯不再直接对乌出口天然气，而是以价格远低于国际市场水平的天然气作为"过境费"。争执、谈判、"丑闻"[2] 与新协议的签订贯穿了整个90年代，俄罗斯常常对乌做出让步。

---

① ПРАВИТЕЛЬСТВО РОССИЙСКОЙ ФЕДЕРАЦИИ: Постановление Правительства Российской Федерации от 19. 08. 1992 г. № 596，http://government. ru/docs/all/3945/.

② 乌前总统列昂尼德·库奇马在接受德国《明镜周刊》的采访时曾直言："俄罗斯每年通过我国向西方输送1 300亿立方米的天然气。如果从中抽取10亿立方米（天然气），这只不过是微不足道的一小部分。"

对此，有俄罗斯学者认为，20 世纪 90 年代的俄罗斯在处理俄乌关系上抱有所谓的"老大哥情结"——俄罗斯总是以损害自己利益的方式向乌克兰提供经济援助，却对乌克兰在政治上的不妥协感到恼火。[①]

俄乌"斗气"：经久不断的冲突

尽管多有争执，20 世纪 90 年代俄乌两国并未在天然气问题上爆发极其严重的冲突。但在 2004 年乌克兰爆发"橙色革命"、亲西方政客尤先科上台后，俄乌关系急转直下，情势开始发生变化。

争端起源于俄乌双方对天然气过境费与天然气价格的再商定。2004 年，俄罗斯天然气工业股份公司与乌克兰石油天然气公司签署了一项为期五年的协议，该协议为乌克兰进口俄罗斯天然气设定了每千立方米 50 美元的固定价格。但是这一协议需要两国每年签署合同，这为俄罗斯利用天然气发难提供了机会。尤先科执政后，乌方公司提出提高天然气过境费，而俄方公司同意的条件是将原有补贴性的每千立方米 50 美元的价格提高至每千立方米 260 美元的对欧出口均价。双方围绕天然气价格、渐进还是直接提价等问题展开了为期数月的争执。俄罗斯一改 20 世纪 90 年代的对乌态度，在天然气问题上立场强硬。一方面，随着年关将至，俄罗斯的谈判地位将越来越有利，因为缺乏供气合同将导致对乌断气的合理化；另一方面，尤先科政府的亲

---

① Метленко Е. А. , ""Газовый» конфликт между Россией и Украиной: опыт разрешения в 1992 1999 гг," Via in tempore. История. Политология, Vol. 24, No. 19, 2012, pp. 192 - 196.

西方态度使得俄罗斯再也不想向乌克兰提供能源价格补贴，并希望通过提高天然气价格打击尤先科政权，以扭转让俄罗斯觉得如鲠在喉的乌克兰外交政策。①

当时，乌每年的天然气消费量约为 800 亿立方米，其中 250 亿立方米来自俄罗斯。尤先科声称乌克兰已与土库曼斯坦达成每年供应 400 亿立方米的天然气合同，因此"不存在短缺问题"。但事实上，2005 年乌克兰从土库曼斯坦就进口了 380 亿立方米天然气，2006 年供应合同的增量只有 20 亿立方米。此外，俄方公司也与土库曼斯坦达成了协议，把从后者进口的天然气由 100 亿立方米增至 300 亿立方米，仅第一季度就订购了 150 亿立方米——这几乎囊括了土库曼斯坦该季度的天然气生产总量。② 这一举措明显是政治性而非经济性的，旨在釜底抽薪般地恶化乌克兰的天然气供应。此外，虽然土库曼斯坦向乌克兰出口天然气的比例更大，但俄罗斯对其结构性权力要大得多——正如乌克兰对俄罗斯天然气出口欧洲的影响一样，土库曼斯坦的天然气也需要通过俄罗斯天然气管道进入乌克兰。

2006 年 1 月 1 日，在双方仍未达成协议的背景下，俄罗斯中止了对乌克兰的天然气供应，标志着此次危机达到高潮。断气仅仅持续了四天，俄乌两国就在 1 月 4 日签署了为期五年的天然气供应合同。合同采取了一个折中的方案，即将每千立方米 230 美元的俄罗斯天然气与低价的中亚国家天然气通过中间商

---

① 宋国友、高群博：《经济地理、政治版图与不对称相互依赖的权力效用：以俄罗斯阻止乌克兰加入北约为例》，《世界经济与政治》2012 年第 9 期。

② OAO "Газпром"，"Российско - украинский газовый конфликт: последствия для российской стороны - 3，" https://eegas.com/ukrtran3 - ru. htm.

"俄乌能源公司"混管输送给乌克兰，使单价压低到每千立方米95美元，乌克兰收取的过境费则提高了约47%。协议签署后，俄乌双方均宣布己方"获胜"。

这一协议同样不是俄乌天然气冲突的终局，甚至不能被称作中场休息的"哨声"。协议签订后，乌克兰内部出现了激烈的政治斗争，前总理季莫申科借新的天然气供应协议猛烈抨击尤先科政权，并披露称双方在协议中达成的天然气交易价格只适用于6个月，而非公布的5年。以总理尤里·叶哈努罗夫为首的政府因此遭到了议会解散。天然气截留问题也一直纠缠不清。在断气发生后，乌克兰并未能成功从土库曼斯坦获取天然气，而法国、意大利、奥地利、匈牙利、波兰和斯洛伐克均报告天然气供应量急剧下降，俄罗斯对此指责乌克兰窃取了价值2 500万美元的出口欧洲的天然气。此外，新协议涉及作为第三方的中亚国家，而协议签署方只有俄乌两国。在土库曼斯坦要求上调天然气价格后，合同规定的价格就处于一个尴尬的位置，这又成了不稳定的来源。事实上，无论是俄罗斯还是乌克兰，对这一妥协的结果都心怀不满。

2007年末至2008年初，俄罗斯数次以断气、减少天然气供应来威胁乌克兰偿还所欠债务。这一威胁在2008年3月3日再次被付诸实施。俄方公司以乌克兰仍未偿还15亿美元的债务为由，将输乌天然气减少了50%。作为对供应减少的回应，乌克兰威胁要切断通往欧洲的天然气管线。2008年3月5日，双方宣布分歧得到了解决，对乌天然气供应全面恢复。

2008年末，又一场争端开始酝酿。这次争端好似对2006年的复制——俄罗斯提出每千立方米 250 美元的供应价格，但乌克兰方面坚持认为这一单价太过昂贵。在谈判过程中，俄罗斯采取了不断加价的"极限施压"策略，并最终宣布了每千立方米 450 美元的价格。2009 年 1 月 1 日，俄罗斯停止向乌克兰供应天然气。危机爆发后，相似的情况再次上演，几乎所有购买过境天然气的欧洲国家都在不同程度上报告了供应量减少。管道过境为乌克兰带来的结构性权力使俄罗斯无法利用天然气供应对乌克兰进行"聪明制裁"，因为制裁成本可以被其轻易地转嫁给进口俄罗斯天然气的欧洲诸国。1 月 7 日，俄方公司不得不完全中止输送过境乌克兰的管道天然气。过境天然气被截留的问题在于缺乏天然气的运输控制机制，欧洲成为俄乌争斗中的"人质"。而在此次危机中，各方尝试建立了相关机制。1 月 12 日，俄乌欧签署了保障供应的条款，但协议在其后几天并未得到有效执行。乌总理季莫申科直接拒绝了斯洛伐克的输气要求，理由是来自俄罗斯的天然气未得到完全供应。[①] 值得注意的是，斯洛伐克在此次危机中临时性地转向了俄"亚马尔-欧洲"天然气管线，捷克与波兰也在一定程度上采用了这条管线来获取天然气[②]，而这一在 20 世纪 90 年代末投入运行的天然气管线的建设目的就是绕开乌克兰以直接对欧输气。在俄乌双方几轮高级别会谈后，1 月 19 日，纠纷最终得到了解决：俄罗斯以欧洲市价优惠 20% 的价格对乌输气，过境费仍维持在 2008 年的每千立方

[①] Українська Правда, "Тимошенко не дасть газ Словаччині, бо самій мало," http://web. archive. org/web/20090124053052/http://pravda. com. ua/news/2009/1/14/87682. htm.

[②] 具体内容可见报告："The Russo-Ukrainian Gas Dispute of January 2009: A Comprehensive Assessment".

米 1.7 美元，同时消除了中间商，实行直接的双边贸易。1 月 20 日，天然气供应恢复，危机落下帷幕。

2010 年，亲俄的亚努科维奇当选乌克兰总统。在其执政期间，俄乌关系良好，双方的天然气争端也暂时平息，还签订了《哈尔科夫协议》，以天然气优惠换取延长俄罗斯在塞瓦斯托波尔的海军基地租约。美国在乌克兰策划的第二场颜色革命——"广场革命"爆发，亚努科维奇于 2014 年初被迫下台。克里米亚危机爆发后，俄乌双方剑拔弩张。俄罗斯取消了对乌天然气的折扣、撕毁了《哈尔科夫协议》，使对乌出口单价大幅跃升 80%。在乌克兰未满足俄罗斯预支天然气费用的要求后，6 月 16 日，俄罗斯对乌克兰再次断气。值得注意的是，经过多年的替代化努力，此时欧盟对经乌输送天然气的依赖已经下降到了需求的 15%。[①] 在此次断气风波中，乌克兰采取了"逆向购气"的措施，即从欧盟进口天然气，这削减了俄罗斯的制裁效力。在对俄制裁与欧盟对乌逆向供应天然气的背景下，当欧洲多国提出加大天然气供应时，俄罗斯断然拒绝。[②] 10 月 30 日，经过多轮谈判，一项新的协议最终达成。在乌克兰对俄支付部分款项后，12 月 9 日，天然气供应恢复。

2006 年、2008 年与 2014 年爆发的俄乌天然气争端最为严重。2014 年后，双方在债务偿还、合同履行、价格谈判等问题

---

① Elena Mazneva and Daryna Krasnolutska, "Russia Cuts Gas to Ukraine While Maintaining Flow to EU," https://www.bloomberg.com/news/articles/2014-06-16/ukraine-faces-russian-gas-cutoff-as-payment-talks-fail.

② Андрей Колесников, "Реверсивные реверансы: Европе намекнули, что ради Украины ей газа не добавят," https://www.kommersant.ru/doc/2569482?from=doc_vrez.

上仍争执不休。在经历 2015 年的争端后，乌克兰于当年年末完全停止了从俄罗斯进口天然气。天然气问题时至今日仍是俄、乌、欧、美四方政治博弈的焦点之一。在漫长的博弈过程中，俄乌两国均制定了提高本国结构性权力的策略。有趣的是，双方似乎均将这种相互依赖关系视为需要摆脱的"政治负资产"，并以不同手段推进了天然气领域的"脱钩"进程。

俄乌之间的"去依赖"过程

经久不断的俄乌天然气争端实际上是一种复杂的多主体博弈：对于俄罗斯而言，天然气出口是其经济命脉所在，必须由本国完全掌握。因此，抛开过境费和乌克兰"盗取"过境天然气的经济问题不谈，无论乌克兰政权是否持亲俄态度，从国家安全角度出发，能源出口通道的多样化也是俄罗斯必须逐步推进的。但不可否认的是，乌克兰的政局变动、几次天然气争端及克里米亚危机加速了俄罗斯天然气管线替代性建设的进程。表 6-1 展示了俄罗斯供应欧洲的各条天然气管线的情况。可以看到，苏联解体后，俄罗斯所有供应欧洲的天然气管线均有意避免过境乌克兰。

表 6-1　供应欧洲的俄罗斯天然气管线

名称	投入使用时间	满载额度（亿立方米/年）	是否过境乌克兰
北极光	20 世纪 70—80 年代	460	是
联盟	1978 年	320	是
乌连戈伊-波马里-乌日哥罗德	1983 年	280	是

续表

名称	投入使用时间	满载额度 （亿立方米/年）	是否过境 乌克兰
进步	1988 年	260	是
托尔若克-斯摩棱斯克- 马济尔-多利纳	1994 年	320	是
亚马尔-欧洲	20 世纪 90 年代末	330	否
蓝溪	2003 年	160	否
北溪-1	2012 年	550	否
北溪-2	—	550	否
南溪	2014 年取消（未完工）	—	否
土耳其溪	2020 年	315	否

　　乌克兰则十分抗拒替代性管线的修建，因为它不但会削减其经济收入，而且会使其失去手中对俄谈判的筹码，在欧洲能源格局中被逐步边缘化。同时，俄罗斯在天然气供给中的垄断性地位是乌克兰的心腹大患。在当时，乌克兰的石油和天然气开采量分别仅能满足本国需求的 10％～12％和 20％～25％。[①]除俄罗斯供应的天然气外，其第二大供应国土库曼斯坦的天然气也需经过俄罗斯境内的天然气管道。如果说乌克兰掌握着俄罗斯对欧出口的"财源"，那么俄罗斯就掌握着乌克兰能源进口的"命脉"。争端中俄罗斯几次三番的断气，已然将俄乌两国的战略信任消磨殆尽。因此，乌克兰也在过去十余年中不断推进天然气"去俄化"进程。

　　如图 6-1 所示，在 2006—2016 年，乌克兰每年进口自俄罗

----

① 柳丰华：《乌克兰对外政策中的能源因素》，《俄罗斯中亚东欧研究》2004 年第 1 期。

斯的天然气总量总体上是递减的。在 2014 年的天然气危机中，乌克兰通过欧洲各国的"逆向供应"来抗衡俄罗斯的断气制裁。而自 2015 年 11 月起，乌克兰停止向俄罗斯购买天然气，并完全通过欧洲各国的"逆向供应"满足自身需求。这种进口方式的利弊非常显著，由于欧洲天然气供应也依赖从俄罗斯的进口，乌克兰必然要在转口贸易过程中被欧洲"薅羊毛"。在这一过程中，乌克兰需要多付约 10% 的能源价格。[①] 但是，从欧洲进口天然气避免了乌克兰被俄罗斯随时拿捏的窘境，俄罗斯再也无法以断气作为制裁手段来实现某些战略目的。此外，从国家稳定发展的角度出发，俄乌两国每年在天然气领域的争端与扯皮带来的是极大的不确定性，而工业生产对能源与材料的波动非常敏感。事实上，不可预知的波动有时比经久不断的制裁压力带

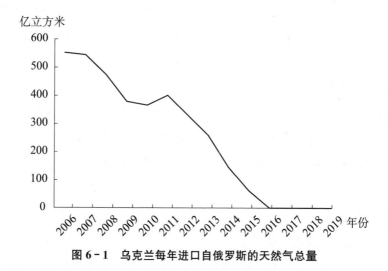

图 6-1　乌克兰每年进口自俄罗斯的天然气总量

① TASS, "Украина продолжает переплачивать более 10% за газ из Европы по сравнению с российским," https://tass.ru/ekonomika/5362706.

来的伤害更大。譬如在 2009 年，乌克兰就因天然气争端而不得不关闭了部分炼钢厂与化工厂。因此，从欧洲进口天然气也可以消除这一极不确定的政治性因素，保障国内生产的稳定。

欧洲国家显然不希望俄乌两国的争端影响本国天然气的正常供应，且俄罗斯输气方式的多样化显然是符合本国利益的，这在上述几次天然气争端的对比中可以清楚地体现出来。在 2006 年与 2008 年的危机中，诸多欧洲国家被断气；而在 2014 年的天然气危机中，俄罗斯对乌克兰的断气并未显著影响对欧洲国家的天然气输送。图 6-2 显示了欧洲进口自俄罗斯的天然气中，过境乌克兰的管道天然气占比。

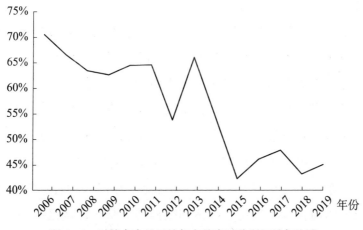

图 6-2　过境乌克兰天然气占俄出口欧洲天然气比重

由图 6-2 可以看到，在 2013—2015 年，过境乌克兰的天然气在俄罗斯出口欧洲国家的天然气中占比急剧降低，绕过乌克兰修建的"北溪-1"天然气管线"厥功至伟"。因此，欧洲国家热衷于调停俄乌天然气争端，并积极拓展替代性的天然气输送渠道。

但必须明确的一点是，欧洲对外政策并非完全出于从国家利益出发的现实主义考虑。除却美国对欧洲诸国内政的干预外，欧洲各政府的决策也掺杂了相当比例的意识形态因素。因此，一些国家甚至反对俄罗斯相关输欧天然气管线的建设。

美国则是天然气争端中的一个重要境外干预势力。美国的利益诉求在于将乌克兰纳入北约体系、阻碍俄罗斯与欧洲的天然气合作、离间俄乌关系。因此，从 2014 年时任美国助理国务卿的维多利亚·纽兰在电话中与驻乌大使对乌新政府人选指手画脚，到美国对"北溪-2"天然气管线修建的百般阻挠，美国试图极力遏阻俄欧修建新天然气管线以避免俄欧形成经济上的紧密联系。

俄乌双方在天然气领域的"脱钩"也可以从天然气争端的变化中窥探一二。在 2006 年与 2008 年的争端中，围绕天然气的制裁博弈非常迅速，双方在几天之内就不得不达成协议，因为无论是俄罗斯还是乌克兰，维持制裁的长期化都对本国不利，能源缺口将极大程度地使乌克兰的工业生产瘫痪、扰乱其经济秩序，而对欧天然气出口的全面停滞也是俄罗斯所不能接受的。这种关系与其说是"互依"，不如说是"互损"。但在 2014 年，对俄罗斯而言，经乌克兰转运到欧洲的天然气比例已减少到了约 50%，这意味着只有约 15% 的欧洲天然气供应依赖乌克兰的管道。同时，乌克兰自身已将国内天然气消费量减少了近 40%，自俄罗斯进口的天然气也已大幅减少。① 因此，俄、乌、欧三方

---

① Jon Henley, "Is Europe's Gas Supply Threatened by the Ukraine Crisis?" https://www.theguardian.com/world/2014/mar/03/europes-gas-supply-ukraine-crisis-russsia-pipelines.

均有了长期"折腾"的底气,这是 2014 年俄乌双方僵持不下,对乌天然气制裁持续半年之久的重要原因之一。

总而言之,俄乌在天然气领域"脱钩"确有实现的土壤,俄罗斯需要实现出口渠道的多样化,乌克兰需要保障本国基本的能源安全,双方在天然气价格与过境费问题上近乎零和博弈。在此基础上,美国的外部干预与俄乌双方的战略选择导致俄乌双边关系恶化,乌克兰在两次颜色革命中推翻相对亲俄的政府带来的地缘政治后果,招致了俄方在天然气问题上的反复施压和断气制裁,这种互动关系形成了此般"脱钩"的正反馈循环,即乌克兰产生亲西方政权—俄罗斯利用天然气对乌施压—乌克兰寻求摆脱对俄天然气的依赖—俄罗斯加紧修建替代性管线—双方政治信任大幅下降—新一轮冲突酝酿。我们可以肯定地说,这一结果对俄乌两国而言是无可非议的"双输"。因此,我们有必要以史为鉴,从中剖析得出有利于国家政策制定的启发性结论。

评估与启示

在俄乌天然气争端这个例子当中,从相互依赖关系来看,双方都拥有对对方的"结构性权力",且对权力关系的认知存在较大分歧,这导致了制裁与施压的反复发生。

管道的过境使乌克兰拥有了结构性的权力杠杆,使之能够以此要挟俄罗斯在过境费等问题上让步。尽管作为贫气国的乌克兰长期存在严重的对俄依赖,但利用过境的天然气管道,乌克兰能够减少俄罗斯断气制裁带来的部分伤害,并将制裁的负面影响转嫁给欧洲诸国。通过复盘 2006 年与 2008 年的断气风波可以发现，俄罗斯在危机爆发后面临着两难抉择，要么不对乌实行天然气禁运，要么放弃所有过境乌克兰管道的天然气出口来制裁乌克兰——后者的制裁成本显然太过高昂。

但是，时间却站在俄罗斯一边。因为无法忽视的事实是，虽然先前修建的管道已是既成事实，但绝不代表俄罗斯会守着过境乌克兰的管道不放，而不去寻求建设绕过乌克兰的新管线。在前面我们已经介绍了俄罗斯管道天然气"去乌克兰化"的努力与成效。因此，虽然乌克兰拥有的天然气管线是能够提高其结构性权力的"限时工具"，时间却站在俄罗斯一边，替代性管线的修建会不断减少俄罗斯的对乌依赖，乌克兰却面临着收入流失与谈判地位下降的现实。事实上，乌克兰的政治精英背负的任务是如何利用既有的天然气管线来维护自身"对俄统战价值"，但显然，他们做得并不好。

从宏观的国际政治角度分析，乌克兰处于西方世界与俄罗斯的交界处。当两强剑拔弩张之时，留给小国的游走空间极为有限，小国可能不得不"选边站队"。但当两强之间的竞争尚有余地时，上策应是"间于齐楚"，而非择一事之，如此才能使国家利益最大化。但这种路线选择需要微妙高超的外交艺术，有能力执行的政治精英寥寥无几。中策是慎重地"择主而事"，并适时"待价而沽"。下策则是对外政策反复无常，在两强之间左右横跳。自苏联解体以来，在很长的时间内，俄罗斯与西方国家都并非尖锐对立，甚至俄罗斯一度抱持着亲西方的态度。因此，对于乌克兰而言，较好的外交政策不是"亲俄"抑或"亲西方"，而是"两边讨好"，施展精妙的平衡外交。但是，乌克兰的政治分裂和乌克兰政权立场的摇摆不定，导致西方和俄罗斯在乌政治斗争中越卷越深。乌克兰在现实中选择了最不利于本国利益的外交道路——在亲俄与亲西方的两端反复横跳，甚至甘当试探俄罗斯核心利益的"马前卒"。

　　事实上，乌克兰只有一个选择，即拒绝与防范美俄双方对乌内部政治进程的渗透和干预，坚定不移地执行平衡外交。因为无论是美西方国家还是俄罗斯，与任何一方交恶的后果都是乌克兰难以承受的。在后苏联时代，美国建立了无可置疑的单极霸权，主导着世界的政治经济秩序，乌克兰疏远美西方国家显然不明智；而俄罗斯掌控着乌克兰的大部分天然气供给，乌克兰与俄交恶将极大影响其经济的正常运行。有估计指出，在2006 年的天然气争端中，当进口天然气的价格达到每千立方米85 美元，乌化工厂将面临亏损；当价格达到每千立方米 105 美元，乌炼钢厂的利润将归零。[①] 事实证明，即使手握过境管道，俄罗斯的制裁对乌克兰的影响仍不容小觑。

　　但是，乌克兰国情与政治制度产生的"化学反应"，使其根本不拥有执行平衡外交的选项。乌克兰西部与东部存在显著的民族认同与政治倾向分裂。乌克兰西部为乌克兰语区，文化更贴近欧洲国家，在政治态度上更加亲西方；东部为俄语区，文化更贴近俄罗斯，也是传统的亲俄势力所在地区。苏联解体后，乌克兰推行的西式党争民主巩固了这一分裂结构，党争成了民

---

　　① 新华社、中国日报：《乌克兰从俄争到一口气》，http://news.sina.com.cn/w/2006-01-05/02537895289s.shtml。

族斗争，以政党竞争为核心的代议制民主这样的制度安排，为乌克兰民族的内部分裂提供了合法的制度化平台。① 因此，乌克兰在内政上的民族斗争愈演愈烈，在外交上又丧失了左右逢源的能力。最终，乌克兰沦为北约威慑俄罗斯的"马前卒"，与俄罗斯彻底决裂，却又未被美西方国家真正接纳。从目前来看，乌克兰显然是几方中最大的输家。

从结果来看，俄罗斯几次在天然气问题上采取的经济制裁显然并未达到扭转乌克兰亲西方政府外交决策的目的。在多次的天然气制裁中，乌克兰民众对俄罗斯的政治信任逐渐被消磨殆尽，最终完全摆脱了对俄天然气的依赖，并在政治上完全站到了俄罗斯的对立面，成为俄地缘政治上的一个棘手问题。俄罗斯的问题在于将断气这种制裁手段当作对乌克兰施压的"常规武器"，在政治谈判中频繁使用，以寻求于己有利的结果。但是，数次对乌制裁的事实再次证明了这样的道理：制裁是边际效用递减的经济武器，前一次制裁会削弱下一次制裁的效力，因为制裁对象并非一成不变，而是会根据外界压力主动或被动地进行自我调整。

因此，可以说俄罗斯在一定程度上"滥用"了天然气制裁。制裁本身存在着诸多隐性成本，包括但不限于对本国经济的损害、与制裁对象关系的恶化等。俄罗斯的经济制裁争取到的仅仅是短期内天然气的经济利益，却给本国的地缘环境带来了长远的负面影响，乌克兰全面倒向西方使俄罗斯付出的各方面成

---

① 杨光斌：《俄乌战争与世界政治之意识形态驱动力》，https://www.aisixiang.com/data/132149.html。

本要远大于几年中以断气威胁争取到的天然气额外收益。此外，与乌克兰的问题相同，俄罗斯同样缺乏对乌外交的灵活性，在天然气谈判中对乌克兰逼迫太甚。诚然，乌克兰在初期的购气价格要远低于欧洲买家，截留俄罗斯天然气的行为也时有发生，但俄罗斯应长远地考虑价格抬升带来的政治与经济上的机会成本，而非仅仅通过横向比较，得出俄罗斯在对乌售气中"吃亏"的结论。这才是大国决策应有的气量与理性的态度。

虽然指出俄乌双方各自的决策失误是必要的，但必须点明的是，前文对乌克兰与俄罗斯决策的批判并未将两国的决策同时纳入考量。仅凭一方的努力就能够扭转悲剧的"反事实推论"显然难以站住脚，因为国际政治是一个互动的过程。只要一方缺乏缓和的默契，双方在近乎零和博弈的议题上就会陷入对抗的恶性循环，最终走向必然的"双输"结局。然而不幸的是，除了双方领导人的个人性格因素，一些结构性问题使俄乌双方均缺少执行灵活外交的条件。譬如，前文提及的乌克兰的民族结构与制度选择，使本应基于国家长远利益的外交决策不但成为维护地区利益与民族利益的工具，而且成为政客攫取权力的手段，这反过来极大地侵害了乌克兰的国家利益。此外，乌克兰和俄罗斯在独立后的政治结构也是重要原因之一，"党争民主＋寡头政治"的畸形结构使双方的能源寡头都有巨大的能量来左右相关领域的政策制定。这极大地压缩了双方政治精英的决策空间，并推动了俄乌两国在能源领域的根本性对立。

第二节　俄乌冲突背景下的对俄制裁与应对

2022年2月21日，俄罗斯总统普京签署命令，宣布承认"卢甘斯克人民共和国"和"顿涅茨克人民共和国"的独立地位。24日，普京批准了对乌克兰东部顿巴斯地区的特别军事行动。随后，美欧多国宣布对俄实施名目众多的制裁措施，西方国家政府、跨国公司、主流媒体和国际组织，掀起了制裁俄罗斯的巨大浪潮，形成了声势浩大的"制裁联盟"。与此同时，美西方还努力利用其在经济金融领域的实力地位以及政治和意识形态的话语权，要求广大发展中国家配合对俄的制裁行动，对俄实行全面孤立和"极限施压"，企图"兵不血刃"击垮俄罗斯。截至2024年2月12日，美国及其盟友已对俄罗斯施加了19 282项制裁[①]，俄罗斯已经"遥遥领先"伊朗，成为遭受制裁最多的国家。此次制裁浪潮对俄罗斯乃至世界产生了极为深远的影响，也成为制裁研究中不可多得且不能绕开的重要案例。

俄罗斯在冲突前的反制裁准备

后冷战时期，乌克兰问题的首次爆发是2014年的克里米亚危机。在2014年2—3月还不到一个月的时间内，俄罗斯迅速取得了对原属乌克兰的克里米亚的实际控制权，美西方因此对俄

---

① https://www.castellum.ai/russia-sanctions-dashboard.

罗斯展开了自1991年以来规模最大的联合制裁。在这一背景下，俄罗斯开始了持续至今的、涉及多领域的反制裁应对。俄罗斯的反制裁准备涉及战略资源、金融基础设施、科技产品与金融资产等多个领域，这些未雨绸缪的应对措施成了2022年俄乌冲突中俄方对抗美西方全方位高压制裁的先手牌。

1. 战略资源的重新配置

作为世界上领土面积最大的国家，俄罗斯坐拥丰厚的战略储备，其粮食与油气产量皆位居世界前列，俄罗斯与欧洲也基于油气形成了较深的经济相互依赖。2021年，俄罗斯约1/2的原油、3/4的天然气、1/3的煤炭出口至欧洲。一旦俄欧关系破裂，对欧天量的能源出口就将面临威胁，这是俄罗斯不得不解决的问题。对此，俄罗斯在2014年的克里米亚危机后加快了"转向东方"战略的推进速度，力求摆脱国际孤立状态、降低对西方国家的过度依赖，并缓解急转直下的地缘政治情势。

2014年5月，俄罗斯迅速与中国就谈判了20年的《中俄东线天然气合作项目备忘录》达成协议，并签署了《中俄东线供气购销合同》。根据这一合同，东线"西伯利亚力量"将在21世纪20年代对华输出峰值达到年供应量380亿立方米的天然气。2022年2月，俄方公司与中石油签订长期供应协议，将东线天然气年出口峰值提高了100亿立方米，增加到480亿立方米/年，这一峰值计划将于2025年达到。然而，鉴于俄东西天然气管线无法联通，这一增量无法成为对欧天然气出口的替代选项。2022年1月，"东方联盟"天然气管线的可行性研究完成。这将成为"西伯利亚力量-2"管线的延续，使俄对华供气每年增加

500 亿立方米，并可作为对欧出口的替代。[①] 上述合作内容表明，中俄已建立了高度的能源相互依赖，成了事实上的"能源联盟"。

俄罗斯与土耳其的关系在近几年大幅波动。2015 年，俄土双边关系由于土耳其击落俄军机而迅速恶化，而在 2016 年，俄土两国关系却快速回温。这一变化引得众说纷纭，而俄土之间的天然气战略对接是避不开的重要原因之一。2016 年，俄土双方签订了《"土耳其溪"管道建设协议》，该管道于 2020 年正式投入使用，总容量达 315 亿立方米。其战略价值在于绕开了乌克兰直接对欧输气。一旦乌克兰有变，对欧断气的尾部风险将被大大降低。而在对欧供气方面，俄罗斯于 2021 年下半年罕见地大幅空置了其在欧洲的储气设施。在天然气价格高企的背景下，这一举动在当时多被解读为俄向欧洲施压，以期实现长期合同签订与加快"北溪-2"天然气管线投入使用的步伐。但在俄乌冲突爆发后，过少的现货天然气储备为欧洲带来了巨大的麻烦，使之无法全力打击俄罗斯的对欧天然气出口。

除开油气出口，2014 年至今，俄罗斯的粮食生产结构也发生了重要变化。以 2014 年 8 月普京签署第 560 号总统令为起点，俄罗斯开启了农产品的进口替代进程。得益于俄罗斯丰厚的自然禀赋与农产品替代的较低门槛，其农业部门的产量在进口管控之下连年攀升。俄国家统计局发布的 2021 年农业统计汇编显示，在 2010—2020 年的十年内，俄诸多农产品实现了完全自给，

---

① https://www.gazprom.ru.

农业总产值在十年内增加了 162.7%，其中农作物总产值增加了 231.4%，诸如谷物和植物油等产品类型的自给率已经达到 150%以上，使俄罗斯成为相关农产品的净出口国。同时，俄罗斯对农业原料的进口依赖程度也已显著降低。[①]

2. 金融基础设施的替代性建设

2014 年克里米亚危机后，俄罗斯开始着手准备替代性金融基础设施的建设。在这一背景下，俄央行开始着手开发金融信息传输系统（SPFS），希望其在俄罗斯遭受金融制裁时能替代现行的 SWIFT 系统，承担国内与国际金融交易中报文传输的功能。2017 年，SPFS 正式投入使用。在 2022 年 4 月的国家杜马会议上，俄央行行长埃尔薇拉·纳比乌林娜称，绝大多数俄罗斯银行与 12 个国家的 52 个外国组织均已接入了 SPFS。[②] 同样是在 2014 年，俄国家杜马通过了修改《国家支付系统联邦法》的法案，增加了设立国家支付卡系统（NSPK）的法律条文。2015 年，NSPK 发放了第一批 Mir 卡以作为对美国威士卡、万事达卡的替代性产品。在政府力量推动下，Mir 卡迅速扩张，俄境内绝大多数 ATM 机也已经实现了对其兼容。[③] 2021 年俄央行年报数据显示，Mir 卡的发行量占比 32.5%，市场占有率达到了 25.7%，并有 14 个国家接受了用 Mir 卡支付。[④]

---

① https://rosstat.gov.ru.

② TASS, "Набиуллина сообщила о присоединении 52 организаций из 12 стран к российскому аналогу SWIFT," https://tass.ru/ekonomika/14400897? utm_source=yandex.ru&utm_medium=organic&utm_campaign=yandex.ru&utm_referrer=yandex.ru.

③ RT, "Russia's Banking System Has SWIFT Alternative Ready," https://www.rt.com/business/382017-russia-swift-central-bank/.

④ 年报具体内容见俄央行官方网站：https://www.cbr.ru/eng/。

在建设替代性金融基础设施的同时，俄罗斯还寻求将本国的金融基础设施国际化，使之脱离美国外国资产控制办公室（OFAC）的监视与管控。实现国家间报文传输与支付系统的替代性方案要更加困难。对此，俄积极推动将本国的 SPFS 与中国的人民币跨境支付系统（CIPS）、NSPK 与中国的银联对接，如2017年中俄两国合作推动了银联-Mir 借记卡的发行。另外，俄罗斯还通过外交努力寻求与金砖国家合作，并提出了整合金砖各国支付系统、打造"金砖支付"的构想。

3. 科技产品的进口替代战略

2014年9月，俄罗斯政府批准了《促进工业进口替代计划》，计划涉及电子、军工、农业等24个领域，这些领域的进口替代在近几年内得以逐步推进。[①] 如 Promobit 公司研发了搭载俄产 Elbrus 和 Baikal 处理器的 BITBLAZE 笔记本电脑。这种替代性的科技产品优先供应给俄公共部门，虽然在市场上毫无竞争优势，但至少意味着俄罗斯在高端制造行业有了初步进展。在政策层面，俄罗斯于2019年通过了《俄罗斯联邦网络主权法》，并编制了替代性的国产互联网产品清单，以鼓励国产软件的进口替代。这些举措都使俄罗斯在一定程度上摆脱了相关领域的过度对外依赖，巩固了俄罗斯的信息安全。

2014年的克里米亚危机使俄罗斯遭受了国防工业领域的"硬脱钩"，而高度的相互依赖在对俄罗斯造成巨大损失的同时，也揭示了其所面临的严峻现实。俄前副总理德米特里·罗戈津

---

① https://frprf.ru/zaymy/prioritetnye-proekty/? docs=334.

曾指出，到 2018 年，俄罗斯将不得不更换从北约和欧盟国家进口的 640 种零部件中的 571 种。[①] 因此，俄罗斯大踏步地推进其军工领域的进口替代。斯德哥尔摩国际和平研究所的数据显示，俄罗斯在 2014—2018 年的军火进口下降了 76%，其中从乌克兰进口下降额度占总下降额度的 71.2%。[②] 例如，俄罗斯船舶与直升机发动机的进口替代成效卓著，船舶发动机已经克服了对乌依赖，实现了完全的自主生产；在直升机发动机领域，诸如型号为 TB3-117BMA 的乌造发动机已被俄造 VK-2500 发动机取代，AI-222-25 发动机也实现了完全本土化生产。[③]

此外，俄罗斯还积极推动国产大飞机 MC-21 的飞行测试，批准了 2024 年医疗行业进口替代计划等。从经济性角度看，实现进口替代的成本显然远比直接进口高，但这是获得安全和战略自主而不得不支付的代价。

4. 金融资产的结构性调整

在 2014 年的克里米亚危机之后，"去美元化"就成为俄罗斯对抗美西方制裁的举措最为显著的标签之一。2018 年，俄央行、财政部与经济发展部三部门联合制定并提交了去美元化计划。财政部长安东·西卢安诺夫称，到 2024 年，俄罗斯将建成完整的激励制度，以鼓励进行对外经济活动的俄公民使用本国货币来结算。在寻求欧元、人民币等非美元融资渠道的同时，俄政

---

① Андрей Князев, "Импортозамещение как двигатель экономики," https://www.putin-today.ru/archives/22808.

② https://www.sipri.org/.

③ Юферев Сергей, "Импортозамещение в российском ВПК. Результаты," https://top-war.ru/163525-importozameschenie-v-rossijskom-vpk.html.

府通过加强监管、打击黑市、强化外币使用限制等措施来减少对美元的使用。从 2019 年起，俄罗斯更是直接关闭了用美元支付油气的窗口。可见，其"去美元化"是"胡萝卜加大棒"的组合拳。

从具体数据来看，截至 2022 年 1 月，即 2022 年 2 月对乌大规模开展军事行动之前，美元资产仅占俄央行总资产的 10.9%，不到 2018 年占比的 1/4。同时，俄央行已经将美国长期国债持有量下调到了极低水平。美财政部数据显示，截至 2021 年 11 月，俄央行对美债持仓仅 24 亿美元，而在 2010 年 10 月俄的美债持仓曾达到峰值 1 763 亿美元。在 2021 年，俄罗斯清空了其主权财富基金中 35% 的美元资产，转而增加人民币、欧元和黄金的资产份额。[①] 俄罗斯还不断增持黄金，其黄金储备已经从 2014 年的 1 035.2 吨上升至 2022 年的 2 301.6 吨，增加了约 1.2 倍。值得一提的是，这些黄金全部贮存于俄罗斯本土，而非美国。

俄乌冲突中的对俄制裁

2022 年 2 月 21 日，普京签署命令，承认"卢甘斯克人民共和国"和"顿涅茨克人民共和国"的独立和主权，并命令俄罗斯军队进驻。作为对普京的回应，美国总统拜登签署了一项行政命令，对卢甘斯克和顿涅茨克两地区施加了 50 项经济制裁，

---

① Павел Казарновский, Иван Ткачёв, Антон Фейнберг，"Власти решили полностью отказаться от долларов в ФНБ，"https://www.rbc.ru/finances/03/06/2021/60b896829a7947ff39ed48fb.

而欧盟对此的回应是增加了对 5 名克里米亚杜马选举参与者的个人制裁。美西方对俄罗斯的全面制裁自此展开。2 月 23 日，欧盟对俄罗斯追加了高达 365 项的制裁措施，包括禁止从卢甘斯克和顿涅茨克的非政府控制区进口货物、出口限制、金融禁令以及对俄罗斯个人的旅行禁令与资产冻结。① 2 月 24 日，俄军进入乌克兰境内，俄乌双方武装冲突就此展开。从类别划分，美西方的对俄制裁主要可以分为四大领域：货币金融制裁、化石能源制裁、商贸物流制裁与其他经济制裁。

1. 货币金融制裁

美西方对俄施加了名目众多的金融制裁，涉及银行、企业与个人的多项金融活动。其中，影响最大的当属动用 SWIFT 系统所施加的制裁。2022 年 2 月 26 日，美国与欧盟多国宣布采取联合行动，将选定的俄罗斯银行从 SWIFT 系统中移除，并承诺限制出售"黄金护照"，以防止与俄政府有密切联系的人进入被制裁国的金融系统。② 受此影响，多家俄罗斯银行被踢出 SWIFT 系统。此外，美国与欧盟对俄罗斯采取了广泛的金融限制措施，包括禁止俄罗斯进入其资本与金融市场、断绝与俄罗斯央行的金融往来、阻碍俄罗斯获取美元与欧元、禁止向俄罗

---

① Council of the EU, "EU Adopts Package of Sanctions in Response to Russian Recognition of the Non-government Controlled Areas of the Donetsk and Luhansk Oblasts of Ukraine and Sending of Troops into the Region," https://www.consilium.europa.eu/en/press/press-releases/2022/02/23/russian-recognition-of-the-non-government-controlled-areas-of-the-donetsk-and-luhansk-oblasts-of-ukraine-as-independent-entities-eu-adopts-package-of-sanctions/.

② The White House, "Joint Statement on Further Restrictive Economic Measures," https://www.whitehouse.gov/briefing-room/statements-releases/2022/02/26/joint-statement-on-further-restrictive-economic-measures/.

斯人提供加密钱包等一系列举措。

2. 化石能源制裁

2022年3月，拜登签署了禁止进口俄一切化石能源的行政命令，欧盟委员会的第五套制裁措施也禁止了煤炭等固体化石燃料的进口。6月，欧盟委员会公布了就原油制裁达成共识的第六套制裁措施，要求在6个月内停止购买俄海运原油、在8个月内停止购买俄石油产品。① 2022年12月，欧盟理事会就对俄实施每桶60美元的石油价格上限达成一致；2023年2月，欧盟理事会将折价/海运/溢价石油产品的价格上限分别定为每桶45/60/100美元。② 此外，为了限制俄罗斯利用"影子船队"来规避石油价格上限，"G7＋"采取了密切监控对第三国出售邮轮的措施。其他形式的能源制裁措施包括：完全禁止对俄罗斯煤炭的进口、限制俄罗斯液化石油气的对欧出口、出台对俄能源投资禁令、禁止出口特定炼油技术等。③ 而早在2022年3月8日，欧盟委员会就提出了名为"REPowerEU"的能源计划，旨在实现能源供给多元化、摆脱对俄能源的高度依赖。④ 5月18日，该计划细节被披露：短期内，欧盟寻求在2022年末将天然气储存设施填充至80％，以避免重蹈2022年初能源储量不足的覆辙；在

① European Commission Representation in Cyprus, "Russia's War on Ukraine: EU Adopts Sixth Package of Sanctions Against Russia," https://cyprus. representation. ec. europa. eu/news/russias-war-ukraine-eu-adopts-sixth-package-sanctions-against-russia-2022 - 06 - 03_en.

② https://www. consilium. europa. eu/en/policies/sanctions/restrictive-measures-against-russia-over-ukraine/history-restrictive-measures-against-russia-over-ukraine/.

③ https://eu-solidarity-ukraine. ec. europa. eu/eu-sanctions-against-russia-following-invasion-ukraine/sanctions-energy_en.

④ https://ec. europa. eu/commission/presscorner/detail/en/IP_22_1511.

2027 年前实现多个清洁能源指标的提升；在 2030 年前实现对俄化石燃料的完全独立。

3. 商贸物流制裁

美西方国家对俄罗斯实施了严格的物流限制与贸易禁运。根据欧盟的第五套制裁措施，除部分豁免外，在欧盟的俄白两国货运公路运营商的商业活动被全面禁止，两国货运卡车无法进入欧盟领土，不得不在边境实现货运交接。悬挂俄罗斯国旗的船只被禁止驶入欧盟港口与通过欧盟船闸。^① 曾占俄市场份额超过 50％的全球前三大航运公司丹麦马士基、瑞士地中海航运、法国达飞海运停止接受来自俄罗斯港口的订舱，并随后宣布退出俄罗斯与白俄罗斯两国市场。此外，制裁带来的海关检查也导致俄进出口效率的急剧下降，货物不得不延长滞留时间。在航空运输方面，欧盟对俄罗斯关闭了领空，拉夫罗夫对日内瓦与贝尔格莱德的访问也先后因此搁浅。同时，波音与空客也收到了飞机与相关零部件的对俄供应禁令。^② 在商品贸易领域，美西方国家对俄罗斯实施了不断加码的禁运制裁。从 2022 年 2 月 3 日到 2024 年 2 月 21 日的十三轮欧盟对俄制裁均包含了对商品及服务的贸易禁运。在制裁伊始，首当其冲的是涉及军工产业链、军民两用及能源开采提炼的产品。随着制裁的逐步完善，美西方国家开始有针对性地对建筑材料、贵金属、钻石等能够给俄罗斯带来较多出口收入的产品类型下达进口禁令，并对"可能有助于

---

① https://ec.europa.eu/commission/presscorner/detail/en/IP_22_2332.

② TASS, "Визит Лаврова в Женеву отменили из-за запрета странами ЕС на пролет его борта," https://tass.ru/politika/13899227? utm_source＝yandex.ru&utm_medium＝organic&utm_campaign＝yandex.ru&utm_referrer＝yandex.ru.

增强俄罗斯工业能力"的民用电子产品及元件、机械零部件及化学生物制品实施出口禁令。① 正如欧洲理事会前主席夏尔·米歇尔所说,欧盟对俄制裁"手段已经用尽",难有新的制裁目标。②

4. 其他经济制裁

除上述制裁外,美西方国家对俄施加了名目众多的媒体禁令、旅行禁令与个人制裁。目前,这些国家几乎已经对俄实行了全方位的高科技和战略产业出口管制。个人制裁则多指向俄统治圈的核心权贵,以及与之关系密切的商业寡头、军队高层与媒体从业者。譬如,风光一时的超级富豪罗曼·阿布拉莫维奇不得不出售著名的切尔西俱乐部,并声称要将出售所得"捐给乌克兰战争的受害者"。③

同克里米亚危机时期的对俄制裁多出自各国官方不同,在此次制裁中,诸多制裁发起国企业也形成了暂停在俄业务乃至退出俄罗斯市场的浪潮。截至 2024 年 3 月,超过 2 000 家跨国企业缩减或暂停了在俄部分业务乃至完全退出了俄罗斯市场,涉及食品、金融、日用、能源、航空和制造等诸多领域。④ 对俄制裁甚至延伸到了诸多本与政治无关的社会组织,国际棋联、国际足联与欧足联等体育协会先后禁止俄罗斯与白俄罗斯举办赛事、参加比赛。迪士尼、华纳兄弟也宣布,暂停在俄罗斯上

---

① https://enterprise. gov. ie/en/publications/eu-trade-sanctions-in-response-to-situation-in-ukraine-. html#16Dec22.

② 财联社:《第十轮制裁措施即将推出! 欧盟高级官员:对俄制裁手段已经用尽了》,https://finance. sina. com. cn/jjxw/2023 - 02 - 21/doc-imyhkrri5229680. shtml.

③ BBC, "Chelsea: Roman Abramovich Says He Plans to Sell Club," https://www. bbc. com/sport/football/60585081.

④ https://leave-russia. org/.

映新的电影和戏剧。英国和爱尔兰多个剧院临时取消了俄芭蕾舞团的演出。甚至猫科动物国际联合会（FIFe）也在官方网站上发布声明，宣布"对俄制裁"。[①]

美西方对俄制裁的效果评估

1. 美西方对俄制裁的经济影响

美国往往善于运用网络性权力，在为权力加杠杆后发动军事战争或经济制裁，以起到更大的功效。我们可以将对俄施行制裁的国家做如下划分：美国及其盎格鲁-撒克逊盟友、日本与韩国等美国的仆从政权、欧洲国家。前两者的步调往往高度一致，因此美欧态度的一致性对制裁联盟的形成至关重要。需要注意的是，此次制裁中，欧洲国家的对俄态度发生了巨大转变，这表现为欧盟与美国在对俄制裁议题上的高度协调。克里米亚危机爆发后，许多观察者认为俄欧关系已经"低至冰点"。然而，与 2022 年俄乌冲突后的局势相对比，克里米亚危机后的俄欧关系远未探底，反而"尚有余温"。欧盟对俄实施制裁显然存在较多顾忌，且并未下定决心与俄罗斯彻底脱钩。除了当时欧盟对俄制裁的力度与范围，2014 年克里米亚危机以后欧盟国家与俄罗斯的合作也证明了这一点。如德国在 2014 年以后事实上秉持着对俄的"双轨政策"，即一方面追随美国对俄威慑与制裁，另一方面"坚定地希望保持与俄的良好关系"，在能源、经贸等领域谋求与俄罗斯的深度合作。当时的欧盟委员会主席容

---

① Minami Funakoshi, Hugh Lawson and Kannaki Deka, "Tracking Sanctions Against Russia," https://graphics. reuters. com/UKRAINE-CRISIS/SANCTIONS/byvrjenzmve/.

克、意大利总理马泰奥·伦齐均于 2016 年参加了圣彼得堡国际经济论坛，意大利更是与俄罗斯签署了总价值超过 13 亿欧元的合同。特朗普当选后，美欧关系出现裂痕，俄欧关系进入上行轨道，且进展势头明显。2018 年，诸多国家元首或政府首脑出席了俄罗斯承办的世界杯足球赛。除外交领域的明显回暖，能源与经贸合作也持续推进。2018 年 9 月，"北溪-2"天然气管线开始铺设作业，并于 2021 年 9 月竣工。[①] 而根据 2021 年俄联邦海关署的数据，德国与荷兰仍分别是俄第二、第三大贸易国。[②] 由此可见，2014 年的危机与制裁完全未使俄欧彻底决裂，这与俄乌冲突引发的制裁大相径庭。

2022 年俄乌冲突爆发后，欧洲紧紧跟随美国的步伐，在诸多领域高度协调，对俄罗斯施加了前所未有的大规模制裁。这种转变使美国拥有了更强大的网络性权力，以对俄罗斯造成更致命的经济创伤。譬如，前文已分析了欧洲对俄罗斯能源的高度依赖，但欧盟仍制定并推行了能源逐步对俄"脱钩"的长期计划。一个稳定的制裁联盟能否成功构建、制裁联盟内部能否就相关议题的意见达成高度一致，这直接关系到制裁的效果。从这点来看，美西方此次对俄制裁显然要比克里米亚危机时期高效。而从制裁的实际效果来看，美西方的制裁的确在诸多领域对俄罗斯造成了严重的冲击。

在欧洲盟友的参与下，美国对制裁形势的塑造更加得心应手，俄罗斯在金融、高端制造等领域遭受了沉重打击。除资产

---

① https://www.gazprom.com/projects/nord-stream2/.

② https://customs.gov.ru/statistic.

冻结外，将俄罗斯的多家银行踢出 SWIFT 系统可以看作美欧在对俄金融制裁合作方面的重大进展，因为在 2014 年的克里米亚危机后，欧洲对利用 SWIFT 系统进行大范围制裁的举措持坚决的反对意见。这一举措的效果立竿见影，叠加海外资产被冻结带来的恐慌，卢布在短时间内大跌 30%，兑美元一度跌破 130∶1 的关口。SWIFT 的制裁在短期内激发了民众的恐慌情绪，并直接引发了对近 1 万亿卢布储蓄的挤兑。[①] 比利时布鲁盖尔智库 2022 年 10 月 26 日的研究报告估计，俄罗斯近 2/3 的银行系统已经失去了与美欧金融系统的联系。[②] 另外，由于缺乏汇款渠道，俄罗斯 21 世纪以来首次出现对外部主权债的软违约，其境内跨国企业的运营也受到了很大的影响，如印度石油公司汇回约 6 亿美元股息的意图便实现得异常艰难。

在高端制造领域，俄罗斯受到了巨大打击。在 2022 年 3 月 28 日收到最后一批飞机之后，俄罗斯已无法从欧美进口飞机、航天器及相关零部件，保险、维修等相关服务与技术支持也全部终止。从短期看，俄罗斯的反制措施极为有限，其最有效的手段是通过了一项针对民航的双重注册法律并扣留所租赁的飞机。然而，扣留的飞机已不能照常飞国际航线[③]，而且随着时间

---

① Alessandro Rebucci, "SWIFT Sanction on Russia: How It Works and Likely Impacts," https://econofact.org/swift-sanction-on-russia-how-it-works-and-likely-impacts.

② Maria Demertzis, Benjamin Hilgenstock, Ben McWilliams, Elina Ribakova and Simone Tagliapietra, "How Have Sanctions Impacted Russia?" https://www.bruegel.org/policy-brief/how-have-sanctions-impacted-russia.

③ Кирилл Соколов и Артём Кореняко, "Росавиация рекомендовала не летать за рубеж бортам с иностранным лизингом," https://www.rbc.ru/society/05/03/2022/62234 0899a794703bda44dc2.

的推移，俄罗斯将面临更多的棘手问题，现有 3/4 的商业飞机来
自制裁发起国，原型号的苏霍伊超级喷气机－100（SSJ100）
70％的零部件来自国外，缺乏相应的零部件与维修服务将给俄
罗斯带来巨大的压力。[①] 能想象到的最严重后果则可以参照已承
受数十年制裁的伊朗，即民航不得不启用老式螺旋桨飞机，且诸
多喷气式飞机的服役年限严重超期。自 1998 年以来，伊朗涉及相
关航空技术的事故超过了 210 起，导致 2 000 多人死亡。[②] 作为航
空工业底蕴深厚的大国，俄罗斯显然不能和伊朗同日而语。因
此从长期看，如果对俄制裁没有缓和，那么俄罗斯能否摆脱如
伊朗一般的窘境取决于其航空工业的进口替代成效。目前，俄
罗斯可以生产作为支线客机的 SSJ100；而采用俄产复合材料机
翼的中长程客机伊尔库特 MC－21 的交付时间一再后延，已经推
迟到了 2025—2026 年。[③] 已有的 SSJ100 同样受到制裁影响，为
其提供 SaM146 型号发动机的合资企业 SuperJet International 无
法再提供相关的技术支持和维护服务，零部件的进口受阻导致
多架飞机停飞。[④] 目前，俄罗斯正加紧推进装配国产 PD－8 型号

---

① Артём Кореняко, Татьяна Цвирова, "На чем российские авиакомпании будут летать после запрета поставок Airbus," https://www. rbc. ru/business/26/02/2022/6218bf3d9a7947a5bed5b1ab?.

② Андрей Бочкарёв, "Как выживает гражданская авиация Ирана в условиях санкций?" https://aviav. ru/kak-vyzhivaet-grazhdanskaya-aviacziya-irana-v-usloviyah-sankczij. html.

③ Meduza, "«Мы все-таки беспокоимся о безопасности—мы же летать будем на этих самолетах». Глава «Ростеха» объявил о переносе серийных поставок MC－21," https://meduza. io/news/2024/02/29/my-vse-taki-bespokoimsya-o-bezopasnosti-my-zhe-letat-budem-na-etih-samoletah-glava-rosteha-ob-yavil-o-perenose-seriynyh-postavok-ms－21.

④ Артём Кореняко, "«ИрАэро» предупредила о проблемах с ремонтом двигателей SSJ из-за санкций Моторы выпускала франко-российская компания PowerJet," https://www. rbc. ru/business/18/04/2022/6259871e9a79473e29be157f.

发动机的 SSJ100 变体——Superjet New 的研发与测试。该机型
于 2023 年 8 月 29 日成功首飞，曾计划于 2024 年投入生产。这
一速度已经远超商用大飞机的正常开发速度，未来俄罗斯民航
的替代能力与安全性仍待检验。

对微电子、IT、汽车零部件等领域的制裁打击同样较为有
效。过去数年，俄罗斯在芯片领域取得了一些进步，但这种进
步尚不足以抵御美西方的制裁。2022 年 5 月 4 日，在英国公布
的制裁名单中，生产 Baikal 处理器的 Baikal Electronics 与生产
Elbrus 处理器的 MCST 赫然在列。除资产冻结外，技术制裁意
味着使用 ARM 处理器架构的 Baikal 芯片无法再获取设计与生产
许可，已获设计许可的 Baikal-M2、Baikal-S2 也会因缺少生产许
可而无法委托代工。[①] 此外，芯片代工渠道的关闭同样给俄罗斯
带来了巨大的麻烦，台积电在第一波制裁中就停止了对俄罗斯
供货。在 IT 领域，甲骨文、微软、亿磐、思科等科技巨头的退
出导致俄罗斯一半以上的行业失去了技术支持，1/4 企业的服务
成本大幅增加。在汽车生产方面，2022 年，俄罗斯的汽车产量
下降逾 60%，2023 年回升了 16%，但仍逊于制裁前的状况。俄
罗斯汽车工业一直严重依赖海外投资、设备和零部件，外资撤
出导致的工厂闲置与缺乏替代性的零部件是其产量下降的主要
原因。俄罗斯副总理兼工业和贸易部长曼图罗夫在 2024 年 1
月 15 日的会议上指出，汽车工业的首要任务仍然是扩大汽车零

---

① Татьяна Исакова, Никита Королев, Юрий Литвиненко, "Британия морозит
«Байкал»," https://www.kommersant.ru/doc/5340202.

部件的生产。①

2. 对舆论的控制

舆论对制裁联盟的形成与制裁持续性的影响至关重要，成功的舆论引导能够团结制裁联盟、安抚受损群体，并对异见群体施以压力。在俄罗斯实施军事行动前，得益于出色的情报能力，美国得知俄罗斯的行动计划后便通过媒体先声夺人，披露称俄罗斯将对乌克兰发动全面战争，并公布了俄罗斯"假旗行动"（false flag operation）等计划，对俄罗斯的军事行动造成了重大阻碍。战争爆发后，美西方国家将舆论枪口持续对准俄罗斯，将此次战争上升为西方价值观的"捍卫之战"。

在舆论浪潮的压制下，本出于逐利目的而出口、投资俄罗斯的诸多西方国家企业都担心背上"协助侵略者"的名声，造成更大的经济损失，因此大规模退出俄罗斯，严重影响了俄罗斯的经济民生。从宏观数据来看，超过 2 000 家外国企业削减、暂停乃至完全取消了在俄业务，但由于俄罗斯进口替代、平行进口等措施的效率不同，不同行业所受的影响各异。

美国高校等"意识形态再生产"机构也下场参与塑造了此轮对俄舆论浪潮。耶鲁大学对在俄罗斯照常营业的公司进行了实时统计，将跨国公司在俄罗斯的退出程度按照 A－F 进行了评分，并毫不讳言地称其工作"激励"了近 1 000 家公司退出俄罗

---

① Татьяна ЛАРИОНОВА, "Мультипликатор развития. Автомобильная промышленность демонстрирует рост," https://transportrussia.ru/razdely/obshchestvennye-slushaniya/21-economy/10805-multiplikator-razvitiya-avtomobilnaya-promyshlennost-demonstriruet-rost.html.

斯。^① 乌克兰的基辅经济学院也在"leave-russia. org"网站上实时更新在俄外资企业的退出与留存状态,并呼吁各企业"停止与俄罗斯的所有业务"。诸多西方主流新闻媒体则对在俄外资企业的撤出与滞留进行跟踪报道。"道德评级机构"(Moral Rating Agency)在网上使用自制的"道德算法"对外国公司撤离俄罗斯的行为进行打分,并对各公司的行为贴上有明显倾向性的评价标签。这些行为给相关在俄企业带来了较大的社会舆论压力。这种舆论压力也是导致跨国公司与社会组织退出俄罗斯、对俄采取制裁措施的重要原因。

从结果看,美国的策略极其成功,欧洲各国紧紧跟随美国的步伐,在诸多领域高度协调,将政治考量凌驾于经济考量之上,对俄罗斯施加了前所未有的大规模制裁。欧洲承担了制裁导致的绝大部分短期成本,并在油气供应等诸多领域受到长期的负面影响。而美国却得以利用制裁带来的欧洲能源供应危机,大量向欧洲出口油气资源,借此"大发横财"。^② 但是,这种成本负担的错配也为制裁联盟埋下了松动的种子。这一点将在下文进行分析。

3. 对"侠客"的防范

在构建制裁联盟的同时,美国必须提防俄方寻找"侠客"以应对制裁。无论是与欧洲多数国家态度迥异的匈牙利和土耳其,还是远在亚洲的印度和中国,抑或是广大的其他中立国家,都能够给俄罗斯提供削弱美西方国家制裁效果的机会。对此,

---

① https://som. yale. edu/story/2022/over-1000-companies-have-curtailed-operations-russia-some-remain.

② 相关数据见 http://www. ftchinese. com/story/001097432?full=y&archive。

美西方国家出台了一系列防范"侠客"的措施。就目前来看，美西方国家取得的成效在于有效阻止了第三国做出明面给予俄罗斯实质性支持的决策。

针对俄罗斯的油气出口，欧盟制定了石油禁运、价格上限等一系列制裁围堵措施。由于欧盟在全球海运保险服务领域占据着支配地位，世界上约95％的远洋船舶要依靠其获得保险服务。尽管俄罗斯拥有替代性的保险公司，但其市场覆盖能力不足以在短期实现替代，这同样影响了俄罗斯的海运原油出口。芬兰能源与清洁空气研究中心（CREA）的数据显示，制裁严重影响了俄罗斯在2023年上半年的石油出口收入，其中在第一季度，俄罗斯每天的损失达1.8亿欧元，石油出口收入环比大幅下降45％。针对第三国从对俄转口贸易中获利的行为，欧盟在第九轮制裁中的一揽子计划让其能够实施限制向第三国出售或出口敏感军民两用商品和技术的措施，即如果欧盟看到某种计算机芯片对一个国家的出口增加了五倍，且该国对俄罗斯的此类出口增加了大致相同的数量，那么欧盟能够采取更严厉的行动来结束这种做法。这种"堵窟窿"的行为会给俄罗斯与外资企业的合作造成更大阻碍。

而对于中国这一威胁最大的潜在"侠客"，美国更是"重点关照"。战争爆发后，美国国务卿布林肯等政府官员持续在公开场合表达对中国态度的关切，并以"脚踩两条船"等字眼对华喊话。这种行为意在反复提醒中方不要对俄施以援助，帮助俄化解制裁伤害。2023年初，俄方试图借道第三国的马甲公司，从中国采购数以百万计的无人机。布林肯立即公开表示"有消息表明中国正在考虑向俄罗斯提供武器弹药"①，以此来迫使中国拒绝俄罗斯的交易请求。而在国家主席习近平访俄过程中，白宫也密集公开表明立场，以遏阻可能的中俄合作。

美西方对俄制裁的不足

1. 波动的制造与修复

首先，制裁来源于相互依赖关系，而制裁行为本身会导致"去依赖化"。因此，制裁是一种"自我削弱的武器"，无论成功与否，每一次经济制裁都存在隐性成本，如 2014 年克里米亚危机时期的对俄制裁就会对 2022 年制裁的效果构成负面影响。在 2014 年，美西方起初的制裁围绕克里米亚展开（正如美西方作为对普京宣布承认卢甘斯克、顿涅茨克两地独立的回应而施加的第一波制裁）。制裁对象包括主导吞并该地区以及希望在克里米亚进行商业活动的个人和实体。在 MH17 航班坠机事件后，美西方加大了对俄的制裁力度，新增制裁涉及能源、外交、军事与金融等多个领域。② 必须承认，这些制裁的确对俄罗斯产生了不容忽视的影响。美国智库大西洋理事会的研究报告估计，克里米亚危机爆发后，2014—2020 年的西方金融制裁使俄罗斯失去了约 4 790 亿美元的外国信贷，每年造成了约 500 亿美元潜在经济增量的损失，占俄罗斯国民生产总值的 2.5～3 个

---

① 北京日报：《布林肯称中国考虑向俄提供武器弹药？中方：不断提供武器的是美方》，https://www.guancha.cn/internation/2023_02_20_680668.shtml.

② Julian Borger, Paul Lewis and Rowena Mason, "EU and US Impose Sweeping Economic Sanctions on Russia," https://www.theguardian.com/world/2014/jul/29/economic-sanctions-russia-eu-governments.

百分点。① 但是，如果对 2014—2022 年美西方对俄制裁进行阶段性评估，一个清晰易得的结论是，俄罗斯的经济在衰退的同时加强了韧性，这使得美西方在诸多领域更难通过制裁施加有效影响。2014 年的制裁一方面并未影响俄罗斯对克里米亚的统治，另一方面在很大程度上没有影响俄罗斯核心的国家能力，反而因为对俄罗斯构成外部压力而使之逐渐在制裁环境下形成了适应性的经济结构。同时，俄罗斯也主动提高自身抵抗制裁的能力，这进一步削弱了后续制裁实施的效力。

2. 制裁联盟的不稳定因素

首先要明确的是，美欧施行制裁所希望达到的政治目的并不相同。欧洲各国希望的是俄乌停火休战，以维持其经济的正常运转；而美国借由战争既谋取经济利益，又希望在削弱俄罗斯的同时牢牢牵制欧洲诸国，巩固美欧"价值观同盟"。因此，倘若战局发生趋向和平的转变，美国并不会轻易松动制裁，而欧洲很可能以解除现有制裁作为谈判筹码，诱使俄罗斯加速和平进程。这种目的错配将使美西方的制裁联盟产生裂痕。

此外，成本承担的不协调可能将成为制裁联盟松动乃至瓦解的主要成因。虽然欧盟诸国与美国保持了对俄制裁的高度协调，但显而易见的是，欧洲承担了制裁的绝大部分代价，美国反而从对俄制裁中大获其利。战前的俄欧关系本就对欧洲有利，俄罗斯廉价的能源供给不仅降低了欧洲人民的生活成本，而且

① Anders Åslund and Maria Snegovaya, "The Impact of Western Sanctions on Russia and How They Can Be Made Even More Effective," https://www.atlanticcouncil.org/in-depth-research-reports/report/the-impact-of-western-sanctions-on-russia/#h-the-impact-of-the-western-sanctions.

保障了欧洲高端产业在全球市场的竞争优势。欧洲追随美国的
对俄制裁步伐带来的不仅是俄欧关系的螺旋式下跌、使通胀雪
上加霜的能源价格飙升，更为致命的是产业资本的加速外逃。
美国则是另一番景象，仅对欧天然气出口就让其赚得盆满钵满。
2022 年开始，美国取代俄罗斯成为欧盟最大原油供应国、最大
液化天然气出口目的地，当时预计 2023 年美国液化天然气出口
量有望增长 14.7%。反观欧洲，其在 2022 年的天然气支出成本
增加到了 2020 年的 10 倍、2021 年的 3 倍。欧洲内部对制裁成
本的承担亦非平均：中东欧国家与俄罗斯的贸易关系相对密切，
对能源价格上涨的敏感性更高，这意味着这些国家对制裁带来
的负面影响感知更为明显。[1] 这种成本承担的极度不对等会在很
大程度上左右未来的欧洲政治，其影响将随着俄乌冲突长期化
而逐渐显现。从法国总统马克龙访华强调"多极世界"，并呼吁
"欧洲必须加强战略自主"，到荷兰极右翼自由党党魁海尔特·
维尔德斯赢得选举，并猛烈抨击涌入荷兰的乌克兰难民[2]，再到
斯洛伐克总理罗贝尔特·菲佐声称俄乌冲突始于 2014 年"乌克
兰新纳粹分子的猖獗"[3]，都显现出欧洲越来越难以维持对俄制
裁的一致取向。随着时间的推移，欧美的分歧将愈发明显，而

---

① Nils Redeker, "Same Shock, Different Effects: EU Member States' Exposure to the Economic Consequences of Putin's War," https://www.delorscentre.eu/en/publications/economic-consequences-ukraine.

② Reuters, "Dutch Nationalist Wilders Lashes Out Against Ukrainian Refugees," https://www.reuters.com/world/europe/dutch-nationalist-wilders-lashes-out-against-ukrainian-refugees-2024-02-19/.

③ 参考消息：《斯洛伐克总理：俄乌冲突始于 2014 年》，https://ckxxapp.ckxx.net/pages/2024/02/26/73286aaa66a84b2da81e092d6dab0ab3.html.

一旦未来欧洲民众的愤怒使政治选举中的右翼风暴进一步扩大，美欧关系将产生极大的裂痕，制裁联盟土崩瓦解也并不是不可能。

3. 对制裁对象的选择

美西方国家对俄统治圈的核心权贵，以及与之密切相关的商业寡头、军队高层与媒体从业者实施了广泛的制裁，然而这种制裁可能会适得其反。在一国的危难之际，底层民众往往不得不与国家共患难，但政治精英、经济寡头等王公贵族却更容易弃国而去，甚至为一己之私而出卖祖国。然而，美西方国家对俄罗斯精英的制裁却非常情绪化，制裁在这里已不再是实现政治意图的手段，反而成为最终目的。在本国与海外均有大量资产、"脚踩两条船"的经济寡头（如前文提及的阿布拉莫维奇）的确是极佳的制裁对象，但成功的制裁应该是通过"胡萝卜加大棒"的手段，促成俄罗斯的资本外逃，而非以"赶尽杀绝"的方式截断经济寡头的外逃渠道，使之不得不倒向普京政权。美西方国家没有做到分化瓦解俄罗斯的内部团结，这实际上是对制裁最终效果不利的。

俄罗斯的反制裁

对于此次声势浩大的制裁，俄罗斯并未做出除象征性动作之外的针对性部署。换言之，俄罗斯未曾预料到美西方国家对其军事行动的反应会如此剧烈。但就目前而言，普京政权较好地应对了制裁初期导致的混乱局面，维持了政权与社会民生的基本稳定。梳理俄罗斯在美西方国家制裁发生后的应对举措很有研究价值。

1. 应对"金融核弹"

在制裁发生后，俄罗斯首先要面对的挑战是"金融核打击"导致的汇率暴跌、恐慌性挤兑、股市崩盘及可能出现的全面经济崩溃。2022 年 2 月 28 日，俄央行宣布股市休市，并将基准利率由 9.5％提高至 20％。同日，普京签署了针对西方"不友好行为"而采取特殊经济措施的第 79 号总统令，禁止向境外汇出外汇，并要求出口外汇收入的 80％进行强制结售汇。随后的第 81 号、95 号和 126 号总统令大大强化了金融监管并使以卢布偿还外债的行为合法化。3 月 31 日，普京宣布卢布结算令，决定俄罗斯向不友好国家和地区供应天然气时改用卢布结算。① 这是 2 月 28 日总统令强制结售汇的升级版，只是将结汇主体改为对欧天然气出口商，结汇比例升至了 100％。

2022 年 3 月 7 日，卢布兑美元的汇率收报 136.75∶1，随后走势反转，开启了一波强劲的上行走势：3 月 25 日升破 100，4 月 8 日升破 80，5 月 5 日升破 70，5 月 21 日升破 60。卢布的强势转向，一方面有能源出口保持高位、进口受到制裁限制、资产转移受阻的基本面原因，另一方面也不能忽视在 2 月末至 3 月末这段时间内俄政府密集而强劲的干预政策出台的影响。3 月 24 日，俄罗斯重启股市，结束了历史最长休市期。同时，俄央行双管齐下，通过限制做空与直接干预来保障股市平稳运行。自此，卢布保卫战初战告捷，俄罗斯成功避免了制裁导致的金融崩盘。

---

① 俄联邦总统令具体内容可参考相关链接：http://prezident.org/。

2. 保障经济民生

在美西方的全面制裁下，俄罗斯经济的供给端出现了较大的问题，主要表现为制裁之下本土企业的经营困难、制裁发起国企业大规模暂停业务乃至完全退出俄罗斯市场等。2022 年 3 月 11 日，俄国家杜马通过了支持经济发展的一揽子措施，包括对受制裁企业的"聪明支持"、对中小微企业的反危机贷款计划、暂停对中小企业的定期检查等。[①] 3 月 12 日，俄工贸部与俄气电子交易平台联合推出了基于俄国家信息系统的"进口替代交易所"。这种 B2B 平台使俄罗斯的制造企业能便捷地找到国内的替代供应商，以维持生产的正常运转。俄罗斯计划未来在这一平台引入机器学习，以更好地实现国内产业链的去依附性重构。

针对外国企业的大范围撤离，俄罗斯加紧了对美西方国家在俄企业和资产的收购和重组过程。俄联邦第一副总理安德烈·别洛乌索夫指出，外国企业可能有三种选择：留在俄罗斯、转让股份、主动破产。[②] 而为了遏制最后一种情况的发生，俄政府立法活动委员会于 2022 年 3 月 9 日批准了支持俄罗斯经济的第二套措施，其中包括一项将外国企业财产国有化的机制。相应法案允许法院在来自"不友好国家"的外国个人拥有超过25％股份的企业停止运营时对其实行"外部管理"，以避免公司

---

① Марина Крицкая, "Какие срочные решения по поддержке бизнеса приняты в марте 2022 года," https://kontur. ru/articles/811 # header_811_15.

② Дмитрий Алексеев, "Заводы выстоят: кто выиграет от национализации иностранных компаний," https://iz. ru/1301335/dmitrii-alekseev/zavody-vystoiat-kto-vyigraet-ot-natcionalizatcii-inostrannykh-kompanii.

遭受"有预谋的破产"。[①] 这一措施为外国企业的大范围撤出提供了兜底保障，有效避免了外资企业大范围破产导致的供应紊乱与失业潮。此外，俄罗斯政府成立了外国投资政府控制委员会，负责审批对本国"不友好"司法管辖区的外资企业出售行为。俄罗斯政府要求相关企业折价出售，并向政府缴纳资金。如果折价低于90％，则金额至少为评估报告中资产市场价值的5％，否则需为10％。据英国《金融时报》报道，该委员会每月开会3次，每次审议不超过7份申请。俄罗斯政府通过折价与控制企业售出数量，减缓了外资流出速度。

2022年3月29日，俄罗斯政府的第506号法令允许"平行进口"。在CPI与PPI居高不下的背景下，这一决策有助于对冲其紧缩的货币政策、解决商品供给不足、缓解国内通货膨胀。所谓"平行进口"，是指一国进口商未经在该国享有知识产权的权利人授权，将权利人或经权利人同意在其他国家合法投放市场的产品进口至该国的行为。6月28日，普京签署法令，将"平行进口"合法化。7月29日，俄经济发展部长马克西姆·雷谢特尼科夫表示，通过"平行进口"，俄罗斯已进口了成本约40亿美元的商品。[②] 2023年12月25日，俄政府决定延长平行进口合法期限至2024年，同时缩减进口范围。[③] 俄罗斯对"平行进

---

① 法案内容见统俄党官方电报账号：https://t.me/er_molnia/3003。

② Ринат Таиров, "Объем ввезенного в Россию по параллельному импорту товара достиг почти ＄4 млрд," https://www.forbes.ru/biznes/473105 - ob-em-vvezennogo-v-rossiu-po-parallel-nomu-importu-tovara-dostig-pocti - 4 - mlrd.

③ BRICS COMPETITION, "Russia to Extend the Parallel Import Mechanism for 2024," https://www.bricscompetition.org/news/russia-to-extend-the-parallel-import-mechanism-for - 2024.

口"的合法化不仅有助于缓解因制裁带来的物资短缺、遏制物价上涨，而且可以为因担心次级制裁而拒绝在俄销售的企业提供一个回归俄市场的合法路径。这一措施缓解了贸易制裁带来的社会经济冲击，并为俄罗斯提供了推进替代性生产的时间。值得一提的是，走私已经成为维持俄罗斯军工产出的重要渠道：基辅经济学院和叶尔马克-麦克福尔专家组估计，自 2022 年 2 月以来，俄罗斯军事零部件进口仅下降了 9%。[①]

3. 拓展替代性经贸关系

尽管此次制裁声势浩大，但俄罗斯并非孤立无援，如叙利亚、古巴、朝鲜直接表明了对俄罗斯的支持。此外，还有广大持相对中立立场的"中间地带"，其中许多国家实际倾向于俄罗斯。因此，俄罗斯没有理由不去寻求"侠客"，以化解美西方国家的制裁压力。

美西方国家对俄制裁的最终成效，在很大程度上取决于中国的态度。就目前而言，中国选择了一条折中道路，中俄维持着密切而高度协调的"全面战略协作伙伴关系"，中国并未配合美西方国家对俄罗斯的制裁行动，同时在俄乌问题上保持中立，支持一切有利于和平解决冲突的努力。尽管中国的态度让一些俄罗斯官员抱怨连连，但不可否认的是，中国对俄罗斯应对制裁起到了举足轻重的作用。作为世界第一大工业国，中国是俄罗斯的第一大贸易伙伴，也是其石油、天然气等资源的大买家。

---

① Bohdan Miroshnychenko, "Russia Is Importing ASML Equipment in Parts to Produce Microchips. Why Aren't Sanctions Working?" https://www.pravda.com.ua/eng/articles/2024/01/14/7437218/.

制裁发生后的数月中，中俄月均贸易额较 2017—2021 年增加了64％，俄罗斯自中国的进口额增加了 24％。芬兰能源与清洁空气研究中心（CREA）的研报显示，中国已取代德国成为俄罗斯化石能源的最大买家。考察不同种类的化石能源，中国是俄罗斯最大的石油买家，双方交易额遥遥领先位居第二的荷兰。[①] 此外，除俄东线天然气外，中国还是俄西线天然气的潜在购买者。"东方联盟"管线一旦建成，俄罗斯便可以实现"西气东输"，以应对欧洲的能源"去俄化"。反过来，从中国输入的工业制成品也使俄罗斯得以维持其经济民生的正常运转。如在至关重要的半导体芯片领域，据《日经》统计，2022 年 2 月 24 日至 12 月 31 日，中俄半导体交易的总价值约为 5.7 亿美元，而 2021 年同期仅为 5 100 万美元。[②] 可以说，背靠中国的俄罗斯相当于拥有了一个"大血库"，使其能够在被美西方国家"放血"的同时及时"补血"。良好的对华关系大大加强了俄罗斯自身的抗制裁能力，而这种依赖关系的不对等性加强也为中国带来了机遇。

印度与美俄两方均维持着良好的双边关系，但在冲突爆发后，印度表现出强烈的友俄倾向，这大大出乎美西方国家的意料。莫迪政府拒绝支持联合国谴责俄入侵的决议，大大增加了对俄罗斯石油的采购量，并积极探索卢布-卢比双边结算机制。

---

① 见 CREA 研报，"Financing Putin's War: Fossil Fuel Imports from Russia in the First 100 Days of the Invasion," https://energyandcleanair. org/financing-putins-war/。

② Nikkei, "Special Report: How U. S. -made Chips Are Flowing into Russia," https://asia. nikkei. com/Business/Tech/Semiconductors/Special-report-How-U. S. -made-chips-are-flowing-into-Russia.

数据显示，2022 年印俄双边贸易额增加至 390 亿美元，俄罗斯对印度的出口额增加 3.5 倍，超过 361 亿美元。[①] 从历史上看，印度一直秉持着不结盟的传统，避免单边站队，并与俄罗斯（苏联）一直保持着传统的友谊。双方曾在印巴冲突等议题上高度一致，苏联曾六次为印度行使安理会常任理事国的一票否决权。从相互依赖关系来看，双方一直保持着密切的合作，如俄罗斯一直是印度的主要武器供应商，且愿意在高科技武器领域与印度展开合作。军工领域的合作具有高度的黏性，是高度战略互信的体现，这也是印度与俄罗斯在国际事务上步调协同的重要原因。从地缘政治出发，俄罗斯也需要"以印制华"，并寻求有利于俄罗斯的中俄印大三角关系。因此，在可预见的未来，印度都不会屈从于美西方国家的外交压力而对俄进行制裁。俄罗斯副总理亚历山大·诺瓦克在 2023 年 12 月 27 日表示，俄罗斯当年几乎所有的原油都运往中国和印度，对两者的原油出口量合计占其原油出口量的 90% 左右。[②] 背靠中印两个最强大的"侠客"，俄罗斯更有底气对抗美西方国家疾风骤雨般的全方位经济制裁。

除中印两国外，与广大中立国家的转口贸易也使俄罗斯得以规避对俄制裁。2023 年，德国对吉尔吉斯斯坦的汽车和汽车零部件出口增长了 5 500%，对哈萨克斯坦增长了 720%，对亚美尼亚增长了 450%，对格鲁吉亚增长了 340%。而相关国家与

[①] https://sputniknews.cn/20230331/1049158466.html.

[②] Vladimir Soldatkin and Olesya Astakhova, "Russia Exports Almost All Its Oil to China and India-Novak," https://www.reuters.com/business/energy/half-russias-2023-oil-petroleum-exports-went-china-russias-novak-2023-12-27/.

俄罗斯的贸易额也有所增加。根据中亚分析报告局的数据，2022 年 1 月至 10 月，哈萨克斯坦公司向俄罗斯出口了价值约 5.5 亿欧元的电子设备，是 2021 年同期的 18 倍。① 这些数据显示，欧洲部分企业正通过在南高加索和中亚寻找对俄贸易"中转站"来规避制裁。在微电子领域，尽管俄罗斯受到了严重制裁，但在 2023 年还是进口了价值 17 亿美元的芯片，其中 12 亿美元的芯片由欧洲与美国公司制造。土耳其、哈萨克斯坦和阿联酋等未加入制裁行动的第三国充当了中间商的角色。诸多海湾国家也拒绝对俄施压，美西方国家令欧佩克国家石油增产以抵消对俄制裁带来的大宗商品价格上涨的企图未能实现，且"欧佩克＋"在 2024 年 3 月继续延长其减产协议。② 俄联邦海关署数据显示，2022 年俄罗斯石油和燃料出口额为 3 840 亿美元，大增 43％，高位的石油价格帮助俄罗斯抵消了不少制裁带来的经济压力。

4. 优势依赖关系的武器化

前文列举的反制裁举措多为"被动防御"，事实上，俄罗斯同样在全球产业链中拥有自己的优势关键节点，并处于几种相互依赖关系中的优势位置，这为俄罗斯提供了"主动进攻"的底气。在能源方面，欧洲各国强烈依赖俄罗斯油气供应的事实在此不再赘述。值得一提的是，在制裁发生的前后，俄罗斯曾多次以能源为杠杆来削弱美西方国家对俄制裁的力度。前文已

---

① Mehmet Fatih Oztarsu, "Central Asia: A Lucrative Back Door to Russia," https://cepa. org/article/central-asia-a-lucrative-back-door-to-russia/.

② 金融时报:《"欧佩克＋"成员国延长减产以提振油价》, https://www.ftchinese. com/interactive/144748? topnav＝myft&subnav＝mystories&exclusive.

经讲过俄罗斯在实施军事行动前大幅空置了在欧天然气储存设施，致使欧洲在这之后的较长时间内无力对俄罗斯的天然气供应实施制裁。而在制裁发生后，俄罗斯也数次利用能源以谋求反制。尽管 G7 曾一致表态，拒绝以卢布支付天然气费用，但随着 2022 年 3 月 31 日天然气"卢布结算令"所规定的结算日期逐渐逼近，多国公司不得不接受了俄罗斯的条件，而仍然拒绝以卢布结算的国家则被直接停气。2023 年 8 月 8 日的法令将卢布结算令扩展至农产品，并于当年 11 月 1 日正式生效。①"卢布结算令"巧妙地利用了欧洲国家对俄罗斯的能源依附，避免了天然气交付后俄罗斯外汇收入被冻结的窘境，粉碎了美西方国家耗尽俄罗斯外汇储备的企图。

俄罗斯反制裁的成效与不足

1. 俄罗斯反制裁的成效

需要承认的是，对一个资源丰富、领土广袤的世界强国进行全面制裁，以期实现其军事大战略的根本性转变，这本身就难度极大。从历史传统看，俄罗斯民族在国家危机之下更倾向于强人政治和对外强硬的政策，本身亦长于忍受苦难。被俄罗斯列为"外国代理人"的民调机构"列瓦达中心"的数据显示，2022 年 2 月以来，俄民众对普京及现政权的支持率急剧飙升，且绝大多数时间在 80% 以上徘徊——上一次普京的支持率飙升

---

① AzerNews, "Russia Introduces Mechanism for National Currency Payments for Agricultural Export," https://www.azernews.az/region/216863.html.

到相当程度则正好发生于 2014 年的克里米亚危机时期。① 另外，俄罗斯的政治制度较为封闭，也就是说，统治精英与普通民众较为隔离，"自下而上"的信息传递容易受阻，民众所承受的制裁压力难以向统治精英传导，遑论改变其决策。综合迄今为止俄罗斯应对制裁的表现来看，未雨绸缪的准备确有其效，针对制裁制定的诸多反制措施也化解了部分压力。

在经济战中，制裁对方联盟中与己方经济联系更加紧密的"朋友"，其效果要强于制裁本就与己方对立的"敌人"。按照这个逻辑，俄罗斯向欧洲国家打"能源牌"是正确的应对策略。从事实上看，俄罗斯也的确利用自身优势延缓和阻止了美西方国家的制裁攻势。2021 年下半年空置的储气设施"瞒天过海"，成功给欧洲国家的制裁实施带来了极大阻碍，全力打击俄罗斯的对欧天然气出口成了"心有余而力不足"之事。"卢布结算令"为俄罗斯赢得了宝贵的外汇流入渠道，缓解了其进口与外债偿付压力。

在国际金融体系的形成过程中，欧美国家拥有强大的结构性权力。对于俄罗斯而言，金融基础设施的替代性建设是消解这一权力的重要途径，也在此次制裁中被证明为明智的选择。威士卡与万事达卡退出俄罗斯后，Mir 卡的份额急剧飙升说明了这一支付系统良好的替代能力。俄大型银行在过去数年大幅减少海外资产头寸的行为也显著减少了资产被冻结带来的损失。另外，在国家美元储备被冻结并有被没收危险的情况下，俄罗

---

① https://www.levada.ru/en/.

斯持续数年且卓有成效的"去美元化"显然是明智之举。在制裁发生后，俄金融保卫战应对得当，稳住了国内金融秩序，避免了经济崩盘。

2. 俄罗斯反制裁的不足

尽管俄罗斯在诸多领域未雨绸缪，但其预先准备并不足以应对此次强度远高于 2014 年的制裁浪潮。在科技领域方面，只要产业链的某一环节无法实现替代，所谓的"替代性产品"就容易在更严厉的制裁中难产。前文所述的俄产 Baikal 和 Elbrus 处理器需要委托台积电代工，且其采购量仅占全球芯片的 0.1%，这意味着台积电缺乏游说以求改变制裁的动力。如果说民用科技不可避免地要深度融入全球产业链，那么军工领域诸多零部件的对外依赖则完全是授人以柄。此外，诸多高科技领域的计划开展得太迟、太慢，部分方案明显缺乏现实考量。进口替代的可行性建立在本国禀赋基础上，俄罗斯丰裕的自然禀赋使对农业的扶持产出丰厚的成果，但稀缺的资本与较小的市场这一现实注定使俄罗斯难以在重资产领域通过投入国家力量实现追赶，微电子领域就是其中之一。

尽管通过走私等渠道，美西方国家未能卡住俄罗斯军工制造的脖子，但强化了军工领域的对外依赖。英国调查组织冲突军备研究（Conflict Armament Research）于 2021 年发布的一份研究报告显示，通过分析卢甘斯克和顿涅茨克两地区的俄制无人机，调查人员发现其使用了来自英国、捷克、法国、德国、西班牙和美国制造的零部件。四年后的报告则进一步揭示了相关军工产品的对外依赖，以及实现进口替代的困难。另外，前文提及的 Elbrus 处理器也被俄军方采用。^① 在无法寻求代工的背景下，应用相关芯片的高端武器势必难产。英国皇家研究所的报告指出，应用于伊斯坎德尔-K 系统的 9M727 巡航导弹的诸多核心零部件进口自美国。此外，从火箭炮、防空系统到空射弹道导弹与军用无线电台中均发现了不同国家制造的关键电子元件。^② 因此，美西方国家的相关制裁将严重影响俄军高端武器装备的生产与供应。

此外，尽管俄罗斯对欧洲的能源反制裁措施是正确决策，但其执行得太过犹疑不决，虽然对欧洲国家造成了阻碍，却没达到使之不得不退出制裁联盟的程度。同为对不对称相互依赖的利用，制裁应择时而动，反制裁亦当如此。俄乌冲突爆发后，2022 年 5 月，俄罗斯停止通过"亚马尔-欧洲"管道输气；8月，俄罗斯宣布无限期关闭"北溪-1"管道；9 月，俄罗斯向欧洲输送天然气的"北溪-1"和"北溪-2"管道发生爆炸泄漏。而过境乌克兰的管线并未受到战争的影响，仍在持续向欧洲输送天然气。^③ 图 6-3 展示了 2021 年 2 月至 2023 年 8 月欧盟进口俄罗斯天然气的情况。

从图中我们可以看出，在冲突爆发后，尽管俄欧天然气贸

---

① Ellen Nakashima and Jeanne Whalen, "U. S. Threatens Use of Novel Export Control to Damage Russia's Strategic Industries If Moscow Invades Ukraine," https://www. washingtonpost. com/national-security/2022/01/23/russia-ukraine-sanctions-export-controls/.

② Dr Jack Watling and Nick Reynolds, "Operation Z: The Death Throes of an Imperial Delusio," https://www. rusi. org/explore-our-research/publications/special-resources/operation-z-death-throes-imperial-delusion.

③ 方瑞瑞、冯连勇：《过境乌克兰的俄罗斯天然气管道为何能够坚挺运行?》，《能源》2023 年第 2 期。

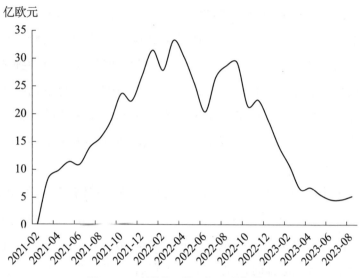

亿欧元

图 6-3　欧盟进口俄罗斯天然气情况

易额呈下降趋势，但在较长的一段时间内，其下降速度却并不
剧烈。这并不意味着欧盟不打算"另谋出路"——在过去十年
间，欧洲企业签署了超过 33 份美国液化天然气合同，其中 2022
年就签署了 10 份，大部分合同的期限为 20 年。[①] 相较而言，俄
罗斯本就缺少对等的反制裁手段，能源是其最为有力的武器。
在欧洲国家已决定要与俄罗斯实现能源"脱钩"的背景下，俄
罗斯却还在消耗着为数不多的反制裁手段，为欧盟提供转圜过
渡的空间。按照我们的观点，俄罗斯应在明确欧洲国家意图后，
尽可能制造欧洲天然气供应的波动，以干扰其企业和社会的运
转节奏。如保持正常的能源供应速度，在一个合适的时间节点

---

① 新华网：《俄乌冲突一年改变欧洲"能源版图"，美国成最大赢家！》，http：//
www. news. cn/mil/2023-02/23/c_1211732212. htm。

（如判断欧洲目前的天然气存量处于最低位）中止全部的天然气输送，同时以此寻求谈判，以完全恢复供应作为筹码，要求欧洲解除全部或部分制裁。另外，对于俄罗斯而言，如果在制裁的同时辅以对欧洲民众的舆论攻势，将重点放在美欧制裁代价承担的不对等、援助乌克兰的无利可图上，进而挑起欧洲内部和美欧之间的分裂，能源反制裁将事半功倍。

第七章
当代美国经济制裁的主要形式

在美国国际权势和影响力结构中，既有由军事同盟和战争机器构成的硬实力，又有新自由主义意识形态和全球宣传机器塑造的软实力，还有介乎两者之间的所谓"巧实力"，而基于市场规模、技术优势和全球交易网络的制裁与经济战能力，便是"巧实力"的重要组成部分。制裁与经济战在使用门槛上低于军事行动，而在影响力上又直接超过国际宣传。尤其是在 2008 年之后，新自由主义意识形态经历了持续的全球性祛魅过程，美西方基于新自由主义意识形态的软实力也在不断收缩，靠讲故事就能让对手自我瓦解的美好时代过去了。正因如此，美国在实现和强化其国际权势时，越来越多地依靠在国际分工中所形成的不对称相互依赖，具体方式就是制裁与经济战。本章中，我们将对美国惯用的制裁与经济战方式进行拆解，分析这一现代战争机器的组成单元。

第一节　金融制裁与国际金融基础设施

金融制裁涉及冻结指定国家、个人和实体的金融资产或对其进行投资和金融服务等方面更广泛的限制。这种做法是 21 世纪制裁政策的一个显著特点。实际上，早在 20 世纪 40 年代后期，美国及其欧洲盟友就已经开始通过国际货币基金组织、世界银行以及区域多边开发机构（例如亚洲开发银行）来实施制裁，主要通过阻止或限制对目标国的贷款来达成地缘政治和外交政策目标。在双边关系层面，美国通过拒绝或推迟提供军事装备和发展援助来影响目标国，与此同时，苏联也使用类似的手段来迫使其卫星国（如罗马尼亚）遵从莫斯科的命令。然而，直到 20 世纪 80 年代，总部位于西方的私人金融机构都很少直接参与或配合政府对特定国家的制裁行动。这主要是因为，在金融全球化的早期阶段，这些金融机构在目标国的业务还处于初期阶段，同时也反映了在新自由主义理念的影响下，西方政府对直接介入私营部门以服务于外交政策还持谨慎态度。1985—1991 年对南非的制裁打破了这一惯例。1985 年，南非种族矛盾加剧，国家进入紧急状态，黑人的政治境况急剧恶化。在此背景下，包括美国大通曼哈顿银行在内的金融机构开始拒绝向南非政府提供展期贷款。1986 年，美国通过《综合反种族隔离法》（Comprehensive Anti-Apartheid Act），干预全球金融市场，限制贷款和投资流向南非。随后，部分美国养老基金开始撤出南非市场，大型跨国公司如美孚石油和固特异也跟进撤资，通过

"用脚投票"来支持美国政府对南非的政策。[①] 美国及其盟友对南非的经济金融制裁被普遍认为促进了曼德拉的释放与种族和解进程，是美国对外制裁的一个成功案例。

金融机构在制裁案件中的"置身事内"做法，在奥巴马时期得到延续并受到鼓励，其中对伊朗的制裁便是一个显著例证。鉴于美国在伊拉克和阿富汗的军事行动面临困境，奥巴马政府意在避免在中东地区开启第三个战场。因此，选择通过对伊朗实施金融制裁的方式来遏制德黑兰的核武器研发计划。在这一过程中，美国政府明确要求西方金融机构停止与伊朗的业务往来，并对那些试图规避这些金融限制的银行，如瑞士信贷集团、法国兴业银行、德国德意志银行、荷兰国际集团和英国汇丰银行，施加重罚。[②] 特朗普政府于 2018 年单方面撕毁伊核协议，并采取了对伊朗的"极限施压"策略，恢复并加码了对伊朗的各项金融制裁措施，尽管这些遭到了欧洲盟友的反对。拜登上台后，虽有意重返伊核协议并与伊朗重新展开谈判，但他面临的更为棘手和紧迫的问题是俄乌冲突。

自 2022 年 3 月起，美国政府对俄罗斯金融服务业，包括银行和主要企业的金融部门，实施了超过 200 项经济制裁。美国及其盟友对俄罗斯的金融制裁体现在三个层面：第一，禁止美国

---

① Neta C. Crawford and Audie Klotz, "Appendix: Chronology of Sanctions Against Apartheid," in Neta C. Crawford and Audie Klotz, eds., , How Sanctions Work Lessons from South Africa, Macmillan Press, 1999.

② 对于这些银行来说，因违反制裁规定而遭受的罚款往往是它们历史上最大数额的罚款。2019 年，总部位于英国伦敦的渣打银行因违反美国对伊朗的制裁规定和对金融犯罪控制不足而被罚款 11 亿美元，创下了所有金融机构因违反制裁规定而遭罚款的最高纪录。

主体与俄央行、联邦国家财富基金和财政部进行交易，制裁俄罗斯黄金出口以削弱俄央行黄金储备的变现能力，并在七国集团（G7）框架下联合多国集体冻结俄央行的海外资产，旨在实现阻止俄方利用外汇储备来抵消西方制裁的效果。[①] 第二，通过对俄罗斯的主要金融机构实施全面封锁制裁，阻断其资金流动性。根据欧盟的决议，俄罗斯外贸银行（VTB）、Otkritie 银行、Novikom bank 银行、俄罗斯工业通讯银行（Promsvyazbank）、俄罗斯银行（Bank Rossiya）、索夫科姆银行（Sovcombank）和俄罗斯国家开发银行（VEB）被排除在 SWIFT 系统之外。这些银行及其直接或间接持有超过 50% 股权的任何实体都被禁止使用 SWIFT 系统向其他银行或机构发送支付信息。然而，这项禁令并未包括俄罗斯最大的国有银行——俄罗斯联邦储蓄银行（Sberbank）和俄能源交易的主要渠道——俄罗斯天然气工业银行（Gazprombank）。这两家银行能够获得豁免，部分原因是欧盟需要它们配合处理从俄罗斯进口石油和天然气的交易，同时也是为了日后可能加大对俄罗斯金融领域的打击而留有余地。鉴于俄罗斯联邦储蓄银行持有俄罗斯近一半的商业零售存款和信用卡账户，不对其予以制裁也可能是出于避免对俄罗斯普通民众造成连带伤害的考虑。第三，将俄罗斯农业银行（Russian Agricultural Bank）、莫斯科信贷银行（Credit Bank of Moscow）、电信运营商 Rostelecom、俄罗斯国家石油管道运输公司（Transneft）、俄罗斯水电公司（RusHydro）和俄罗斯铁路公司

[①] 各国冻结的俄罗斯资产数量为：法国 710 亿美元、日本 580 亿美元、德国 550 亿美元、英国 260 亿美元、奥地利 170 亿美元和加拿大 160 亿美元。

(Russian Railway）等列入债务和股权制裁名单，限制它们通过美国金融市场融资的能力，从而为这些受制裁的俄罗斯实体在清偿外债方面设置障碍。

美国对全球主要金融基础设施的掌控是其实施金融制裁的关键手段。自 2005 年起，美国财政部显著加强了对外金融制裁的力度。值得一提的是，小布什总统任命的财政部负责反恐和金融情报的首任副部长莱维（Stuart A. Levey），被誉为美国金融制裁制度的缔造者和先驱。[①] 如前所述，与侧重限制有形货物流动的贸易制裁和武器禁运不同，金融制裁主要针对资金和其他形式的价值进出制裁目标国、公司、个人或其他实体。金融制裁具有深远的影响，并在实体经济内部产生连锁反应。这不仅体现在冻结金融资产、禁止或限制金融交易上，而且通过使货物和服务的进出口难以支付来阻碍制裁对象的国际贸易。[②] 当然，金融制裁通常与其他制裁形式（如贸易制裁）相结合，以最大限度地扩大影响。国际金融基础设施由国际金融活动和中介服务所需的机构、信息、技术、规则和标准构成。实施金融制裁高度依赖国际金融基础设施，世界主要国家围绕国际金融基础设施进行的博弈，已成为当代金融制裁与反制裁的核心焦点之一。

---

① Orde F. Kittrie, "New Sanctions for a New Century: Treasury's Innovative Use of Financial Sanctions," University of Pennsylvania Journal of International Law, Vol. 30, No. 3, 2009, pp. 789 - 822.

② Barry E. Carter and Ryan M. Farha, "Overview and Operation of U. S. Financial Sanctions, Including the Example of Iran," Georgetown Journal of International Law, Vol. 44, 2013, pp. 903 - 913.

环球银行金融电信协会

环球银行金融电信协会（SWIFT）系统是国际支付结算体系中应用最为广泛的报文系统。SWIFT 系统并不涉及资金的实际转移，其服务内容包括全球金融数据传输、文件传输、直通处理、清算和净额支付服务、操作信息服务、软件服务、认证技术服务、客户培训以及 24 小时技术支持等。[①] 据统计，从 2022 年初至当年 6 月，SWIFT 系统平均每天传输 4 577.2 万条金融信息（FIN）[②]，其中欧洲、中东、非洲地区为 2 064.7 万条，美洲和英国为 1 859.6 万条，亚太地区为 652.9 万条。2022 年 7 月，通过 SWIFT 系统传输的支付指令中，美元占 41.19%，欧元占 35.49%，英镑占 6.45%，日元占 2.82%，人民币占 2.20%。[③]

从功能上看，SWIFT 为银行间信息传递的便捷化和规范化提供了有效的支持，并为国际贸易、国际投资和金融全球化的推进做出了重要贡献。20 世纪 70 年代，国际贸易空前繁荣，但国际金融交易和支付手段却相对落后，主要通过电传打字服务进行信息交流。这种效率低下、成本高昂且安全性差的交流方式显然无法满足国际清算业务的快速增长需求，甚至在一定程度上制约了国际贸易的发展。正是在这样的背景下，1973 年，

[①] 陈尧、杨枝煌：《SWIFT 系统、美国金融霸权与中国应对》，《国际经济合作》2021 年第 2 期。

[②] SWIFT FIN 是一种将金融信息从一个金融机构传输到另一个金融机构的通信类型。

[③] SWIFT, "Swift FIN Traffic & Figures," https://www.swift.com/about-us/discover-swift/fin-traffic-figures.

包括美国、加拿大和欧洲 15 个国家的 239 家银行齐聚一堂，旨在解决跨境金融信息流通问题，从而成立了 SWIFT，并将其总部设在比利时拉于尔普。1977 年，SWIFT 推出了报文服务，取代了电传打字技术，满足了时代对金融信息交换新技术的迫切需求，并迅速成为全球各地金融机构的合作伙伴。如今，SWIFT 已与超过 11 000 家银行、证券机构、市场基础设施和企业用户建立了连接，覆盖 200 多个国家和地区。它在荷兰、美国、瑞士三国设有数据中心以共享信息，并在 27 个国际金融中心或区域金融中心设有办公室。在全球报文领域，SWIFT 占据了显著的垄断地位。

要探讨 SWIFT 被美国武器化的历史，我们需回溯至 2001 年。"9·11"事件后，美国总统小布什援引《国际紧急经济权力法案》启动了名为"恐怖分子财务追踪计划"（Terrorist Finance Tracking Program，TFTP）的行动。这项行动赋予美国财政部外国资产控制办公室（OFAC）特定权力，使其能够从 SWIFT 获取与恐怖活动有关的金融交易和资金流动信息。自此，美国逐步获得了对 SWIFT 的主导权，对 SWIFT 系统的频繁使用也逐渐超越了最初的反恐目标，并开始用于实现美国的地缘政治目的。这不仅加强了美元在国际金融体系中的主导地位，也使 SWIFT 背离了原先中立、安全和可靠的宗旨。

实际上，尽管 SWIFT 系统标榜为一个独立的金融通信系统，但它已成为美国实施金融制裁的"大棒"。通过 SWIFT 系统、纽约清算所银行同业支付系统（CHIPS）和联邦电子资金转账系统（Fedwire）等关键金融基础设施，美国得以监控全球的资金流动数据。将目标国的金融机构从 SWIFT 系统中剔除、阻断其跨境支付通道，已成为美国对外经济制裁的重要手段。这一手段不仅增加了美国制裁措施的"可信度"，还为其在全球经济中的霸权地位提供了有力支撑。

　　SWIFT 在服务于美国的对外经济制裁方面具有双重作用。一方面，美国可以直接通过 SWIFT 系统将特定国家的特定金融机构排除在外。例如，2012 年，在美国的压力下，SWIFT 宣布对伊朗金融机构实施制裁，将其排除在 SWIFT 系统之外。2018 年，在美国单方面退出伊核协议后，SWIFT 再次将伊朗金融机构排除在外。2022 年 2 月 26 日，美国、欧盟、英国和加拿大联合声明，宣布将部分俄罗斯银行从 SWIFT 系统中剔除。另一方面，SWIFT 系统也是美国实施次级制裁的重要渠道。例如，2003 年，美国通过 SWIFT 系统发现中国澳门汇业银行与朝鲜之间存在交易。2007 年，美国切断了汇业银行与美国金融体系之间的所有直接或间接交易，导致汇业银行遭受挤兑，众多银行被迫中止与汇业银行的金融往来。值得注意的是，尽管 SWIFT 系统已成为美国对外金融制裁的重要工具，但美国与 SWIFT 的关系并非铁板一块。例如，2018 年 11 月，美国财政部长史蒂文·姆努钦曾公开表示，如果 SWIFT 向被美国列入黑名单的伊朗金融机构提供服务，那么它可能会受到美国的制裁。[①]

---

　　① Reuters，"U. S. Says SWIFT Could Be Sanctioned If It Deals with Sanctioned Entities，" https://www. reuters. com/article/us-usa-iran-sanctions-swift-idINKCN1N71RI.

纽约清算所银行同业支付系统

纽约清算所银行同业支付系统（Clearing House Interbank Payment System，CHIPS）是由美国控制的私人支付清算系统，也是全球最大的私营美元清算系统。CHIPS 采用连续净额清算模式，主要负责为跨境美元交易提供清算服务。该系统每天运行 21 小时（美国东部时间晚 9 时至次日下午 6 时），满足了全球各个时区对美元交易清算服务的需求，平均每天清算和结算 1.9 万亿美元的国内支付和国际支付。[①] 与主要服务于美国境内清算的 Fedwire 相比，CHIPS 提供的服务速度较慢但成本更低，更适合大额交易。CHIPS 采用双层结构运营，第一层是 19 名境内直接参与者，而"境外间接参与者需通过 SWIFT 网络接入直接参与者，境内间接参与者则通过专线或者 SWIFT 网络接入直接参与者"[②]。CHIPS 在国际清算服务中的主导地位加强了美国对 SWIFT 的控制，而 SWIFT 系统作为报文系统，难以脱离 CHIPS 单独存在。这种合作关系使美国能够更加有效、精准地获取国际金融交易信息，为其实施金融制裁提供了有力支持。可见，美国通过 CHIPS、Fedwire 和 SWIFT 系统等金融基础设施的配合（见图 7-1），实现了对全球资金流动数据的监控。这种控制不仅加强了美国在全球经济中的霸权地位，也为其对外

[①]　The Clearing House, "CHIPS Annual Statistics from 1971 to 2025," https://www.theclearinghouse. org/-/media/New/TCH/Documents/Payment-Systems/CHIPS_Volume_Value_February_2025. pdf? rev=b217a54ac30e4de9930131f61af9bd74.

[②]　黄峰、陈学彬：《中美本币跨境支付系统模式比较研究》，《国际金融》2016 年第 8 期。

经济制裁提供了关键手段。

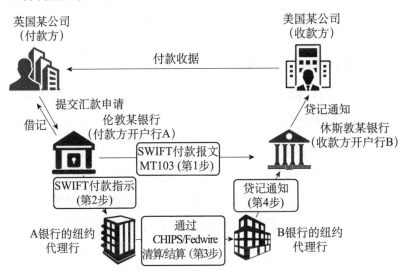

图 7 - 1　在跨境支付中 SWIFT 系统、CHIPS 和 Fedwire 之间的配合关系示例

资料来源：作者自制。

　　美国利用国际金融基础设施实施对外制裁，展示了其金融制裁的威力，迫使许多金融机构调整业务策略。然而，这种做法也对现行体系造成了冲击，降低了国际金融机构对 SWIFT 系统的信任度，进而催生了数字加密货币、区域性结算体系等替代方案，对美元的国际地位构成了潜在威胁。越来越多的交易主体意识到，必须建立技术可靠，政治立场中立，服务于跨国资金支付、结算与清算的国际基础设施。但在美元仍保持国际主导地位及美元使用的网络效应的背景下，新搭建的平台很难动摇 SWIFT 系统和 CHIPS 在国际金融基础设施中的地位。

第二节　聪明制裁与次级制裁

针对个体的聪明制裁

早在 2014 年的克里米亚危机爆发后，俄罗斯便遭到了西方国家的金融制裁。美国和欧盟在 2014 年 3 月宣布对被指控破坏民主、挪用乌克兰财产、侵犯人权的俄罗斯个人和公司实施制裁，这些措施包括签证禁令和资产冻结。随后，美国和欧盟逐步扩大了对负责克里米亚政策的俄罗斯官员和在克里米亚经营的俄罗斯企业的制裁。在这轮对俄制裁中，一个新颖之处是美国制裁了普京的四个亲信，包括科瓦尔丘克[①]、罗滕贝格兄弟[②]和蒂姆琴科[③]。欧盟制裁了科瓦尔丘克和阿尔卡季·罗滕贝格，以及普京的第五个亲信沙马洛夫[④]。这些制裁旨在从经济上孤立克里米亚，惩罚所谓的"肇事者"，并阻止俄罗斯进一步的军事行动。显然，这些精准的金融制裁基于西方的一种观念和思维方式，即认为俄罗斯是一个由少数寡头操控的"盗贼政权"（kleptocracy）[⑤]，通过制裁普京的朋友、亲信和俄罗斯寡头可以

[①]　科瓦尔丘克是俄罗斯银行董事长，与普京私交甚笃，被外界称为"普京的私人银行家"。

[②]　罗滕贝格兄弟是俄罗斯最大的天然气管道建设公司 Stroygazmontazh 集团的联合所有人，是普京的儿时密友。

[③]　蒂姆琴科创立并拥有私人投资公司伏尔加集团，从 20 世纪 90 年代开始就和普京交往密切。

[④]　欧盟没有制裁鲍里斯·罗滕贝格和蒂姆琴科，因为他们是芬兰公民。沙马洛夫的小儿子基里尔·沙马洛夫曾经是普京的女婿。

[⑤]　Anders Åslund, "Western Economic Sanctions on Russia over Ukraine, 2014 - 2019," CESifo Forum, Vol. 20, No. 4, December 2019, pp. 14 - 18.

影响俄罗斯的外交政策。

　　对俄罗斯寡头的制裁体现了西方制裁政策的转变，即从类似于对伊拉克的综合制裁——这种制裁相当于经济上的地毯式轰炸——转向更为精确的"聪明制裁"（smart sanctions），这可以类比于经济国家主义中的精确制导武器。所谓聪明制裁，也称为定向制裁（targeted sanctions）或选择性制裁（selective sanctions），是针对特定个人（尤其是统治精英）、实体或交易的制裁措施。尽管传统的综合制裁曾是首选的制裁手段，但在 21 世纪的前二十年，聪明制裁已成为决策者更为青睐的经济强制工具。聪明制裁通常包括资产冻结、金融制裁、拒绝奢侈品销售、产业制裁（如武器禁运和对军民两用技术的限制）以及旅行限制等。由于聪明制裁将伤害从普通民众转移到目标国的领导层，因此相较于经常引发人道主义灾难的全面制裁，聪明制裁更容易获得发起国公众舆论的支持。① 聪明制裁还能对制裁目标的名誉造成打击，捕风捉影的流言对政治人物的伤害有时远甚于经济损失。

　　要实施聪明制裁，发起国需要精准地定位目标国领导人的资产，确保目标国领导人没有获取财富的其他手段。② 当然，为了确保聪明制裁的有效性，被制裁的精英阶层必须具备影响

---

　　① Elena V. McLean and Dwight A. Roblyer, "Public Support for Economic Sanctions: An Experimental Analysis," Foreign Policy Analysis, Vol. 13, No. 1, 2017, pp. 233 - 254.

　　② Надежда Юрьевна Шлюндт, "суждения о таргетировании в области санкционного инструментария в теории и практике международно-политического влияния," Международный журнал гуманитарных и естественных наук, No. 7, 2018, pp. 96 - 101.

决策者的能力（例如通过宫廷政变），或者能够成为改变国家基本路线或政权的主导力量（如群众起义）。此外，他们必须存在值得利用的软肋，例如私人对外投资、海外房产、在海外的亲属等，不然无法迫使他们采取制裁方期望的政治行动。[①] 例如，米尔科·德拉卡等人对与伊朗伊斯兰革命卫队和最高领袖哈梅内伊有关联的伊朗上市公司的研究表明，聚焦于打击伊方政治精英的商业利益是提高制裁成功率的一个有效手段。[②]

聪明制裁为决策者提供了一个战略平衡点，使他们能在全面制裁和无所作为之间找到折中方案[③]，便于权衡制裁的"政治功效"与"道德后果"[④]。在这方面，聪明制裁的一个显著优点是符合国际法中的比例原则（principle of proportionality），缓解了广泛性综合制裁对无辜平民尤其是社会弱势群体和第三方造成的连带伤害。[⑤] 为了保护无辜民众的利益，考虑到制裁可能引发的人道主义问题，许多当代制裁方案包含了联合国所称的

① Леонид Леонидович Фитуни, "'санкционное таргетирование': инструмент внешней политики, нечестной конкуренции или глобального социального инжиниринга?" Вестник МГИМО Университета, Vol. 3, No. 66, 2019, pp. 17–41.

② Mirko Draca, Jason Garred, Leanne Stickland and Nele Warrinnier, "On Target? Sanctions and the Economic Interests of Elite Policymakers in Iran," The Economic Journal, Vol. 133, No. 649, 2023, pp. 159–200.

③ 杨祥银：《国际政治中的经济制裁政策还能走多远：从冷战后的经济制裁走向谈起》，《世界经济与政治》2001年第5期。

④ 石斌：《有效制裁与"正义制裁"：论国际经济制裁的政治动因与伦理维度》，《世界经济与政治》2010年第8期。

⑤ Daniella Dam-de Jong, "Who Is Targeted by the Council's Sanctions? The UN Security Council and the Principle of Proportionality," Nordic Journal of International Law, Vol. 89, 2020, pp. 383–398.

"人道主义豁免"（humanitarian exceptions）。① 这种机制允许食品、药品等人道主义援助物资进入被制裁国，并允许为满足人道主义需求所必需的经济活动继续进行。② 在人道主义豁免的基础上，为了充分考虑第三方的利益，部分制裁发起方的政策还包括了"外交豁免"（diplomatic exceptions）。这种豁免在实践中主要体现在两个方面：一是对被制裁国邻国和贸易伙伴所遭受的负面溢出效应提供补偿，例如埃及和土耳其因伊拉克被制裁而获得部分赔偿③；二是允许与被制裁国高度相互依赖的国家逐步减少与被制裁国的经贸往来，而不是立即断绝，这有助于国际社会形成对制裁的共识。例如，奥巴马政府在制裁伊朗时，同意给予欧盟（主要是希腊、意大利和西班牙）、中国、印度、日本、土耳其和韩国等大量进口伊朗石油的国家"大幅减量豁免"（significant reduction exceptions，SRE）。根据 SRE 豁免，这些经济体可以继续从伊朗进口石油，并逐步调整石油进口结构，但条件是它们每 180 天就要将从伊朗进口的石油数量减少约20%。④ 聪明制裁的另一个优势在于，它在推进政策目标的同时避免了双边关系的全面对抗，允许双方在其他议题领域保持合作。

---

① 虽然美国对古巴和朝鲜等国家的制裁仍然是综合性的，但是特朗普时期对两国的追加制裁也包含人道主义豁免。

② 简基松：《联合国经济制裁的"人道主义例外"法律机制初探》，《法学评论》2004 年第 3 期。

③ Richard N. Haass, "Economic Sanctions," Brookings, 1998.

④ 该外交豁免条款于 2019 年 5 月期满，参见：Kenneth Katzman, Iran Oil Sanctions Exceptions Ended, CRS Insight, Washington, DC：Congressional Research Service, 2019。

定向的聪明制裁与传统的贸易和投资制裁相比，其效果仍然是一个有待深入研究和讨论的问题。虽然聪明制裁在理论上被认为是更加精准和高效的手段，但由于在现有的主要数据库中这类制裁案例未获得充分关注和重视，对定向制裁的实证研究仍处于初级阶段。因此，学界尚未形成一个关于定向制裁相对有效性的统一观点，目前也缺乏确凿的证据来表明定向制裁比传统制裁更有效。[①] 德雷兹纳曾指出，"聪明制裁只是有时候聪明"[②]，而海涅-埃里森也认为，尽管定向制裁在人权保护方面表现较好，但从效果角度来看，并不一定比传统制裁有效[③]。然而，在金融制裁领域，情况可能有所不同。陶士贵强调，非对称的货币权力和国际金融规则制定权是美国金融制裁的两大优势。[④] 考虑到美国在全球金融体系中的主导地位和美元在国际收支中的世界货币地位，目标国及其潜在的第三方合作伙伴在突破金融制裁方面面临更大的挑战。银行和其他金融机构可能不

[①] Clara Portela and Andrea Charron, "The Evolution of Databases in the Age of Targeted Sanctions," International Studies Review, Vol. 25, No. 1, March 2023, pp. 1 – 20; Patrick M. Weber and Gerald Schneider, "Post-Cold War Sanctioning by the EU, the UN, and the US: Introducing the EUSANCT Dataset," Conflict Management and Peace Science, Vol. 39, No. 1, 2022, pp. 97 – 114.

[②] David Cortright and George Lopez, Smart Sanctions: Targeting Economic State-craft, Rowman and Littlefield, 2002; Arne Tostensen and Beate Bull, "Are Smart Sanctions Feasible?" World Politics, Vol. 54, No. 3, 2002, pp. 373 – 403; Mikael Eriksson, Targeting Peace: Understanding UN and EU Targeted Sanctions, Ashgate, 2010.

[③] S. Heine-Ellison, "The Impact and Effectiveness of Multilateral Economic Sanctions: A Comparative Study," The International Journal of Human Rights, Vol. 5, No. 1, 2001, pp. 81 – 112.

[④] 陶士贵:《美国对华实施金融制裁的预判与应对策略》,《经济纵横》2020 年第 8 期。

愿与被制裁的金融实体进行接触，以避免违反制裁规定而产生的声誉成本和面临美国政府的重大处罚。[①] 在某些方面，聪明制裁甚至可能会起到反作用，被精准制裁反而成为忠诚的"勋章"或对能力的"肯定"。总的来说，聪明制裁，特别是在金融领域的应用，可能提供了一种全新的制裁手段，但是其真实效果和影响范围仍需要更多的实证研究来验证。

依托网络性权力的次级制裁

当代经济制裁的动态演进特点确实体现了精准化和扩大化的双重趋势。一方面，正如之前所述，制裁的精准化、巧妙化和定制化导致了聪明制裁的兴起。在设计和执行制裁方案时，制裁发起国尝试区分无辜群体和需要为"挑衅行为"负责的政府、个人与实体，致力于对后者进行重点打击，同时为前者提供免受制裁的路径或适当的救济。另一方面，西方发达国家，尤其是美国，却在扩大经济制裁的覆盖范围，将其从特定的制裁对象延伸到与制裁对象有经济往来的第三方。这种制裁的泛化和扩大化主要体现在近年来美国实施的次级制裁（secondary sanctions）案件的激增上。

次级制裁与直接制裁存在着本质的区别。直接制裁主要针对被制裁国的政府、实体或个人，目的是限制其与美国的经济联系。而次级制裁则针对第三方国家或实体，通常以切断它们与美国的贸易、金融、货币、科技联系为威胁，迫使它们遵守

---

① 何为、罗勇：《你所不知的金融探头：全球金融机构与美国的金融制裁和反洗钱》，社会科学文献出版社 2019 年版。

美国的单边制裁规定。这种做法旨在"自发"地限制或停止它们与被制裁国之间的特定经济联系，从而堵住制裁漏洞、强化制裁效果。美国次级制裁的管辖权依据被广泛认为非常薄弱，常常被批评为对美国国内法的不当域外适用，因此一直受到许多国家的强烈反对和抵制。[①] 这种制裁方式引发了国际关系中的法律和道德争议，同时也对全球经济和政治格局产生了深远影响。

美国实施次级制裁的动机和政策行为在 20 世纪末期确实变得日益明显。1996 年，美国通过了《达马托法》以及针对古巴的《赫尔姆斯-伯顿法》，这两项法案都包含了次级制裁措施。这些措施引发了其他西方国家的强烈不满和抵制，迫使美国暂时放弃了这一策略。然而，"9·11"事件和 2002 年的伊朗核危机为美国实行次级制裁提供了新的契机，美国开始在国际政治中和应对国际纷争时更频繁地实行次级制裁。以 2010 年的《对伊朗全面制裁、问责和撤资法》为标志，美国陆续出台了多部包含次级制裁条款的法案。2018 年，美国退出伊核协议后，对伊朗重启了严厉的直接制裁和次级制裁。根据黄莺负责的中国现代国际关系研究院课题组的研究，当前美国次级制裁呈现出以下特点。[②]

首先，美国实行次级制裁的方式确实经历了显著的演变，

---

① 尽管对美国次级制裁的抵制和反对是国际学界和政策界的主流意见，但是仍有小部分学者从保护人权等角度为所谓"单边次级制裁"（unilateral secondary sanctions）辩护，参见：Cécile Fabre, "Secondary Economic Sanctions," Current Legal Problems, Vol. 69, No. 1, 2016, pp. 259–288.

② 黄莺等：《美国的次级制裁与国际应对》，《现代国际关系》2022 年第 7 期。

尤其是在金融领域。2000 年之前，美国的次级制裁主要针对第三国与被制裁国的贸易和投资关系。然而，随着金融全球化的深入，特别是在基地组织利用国际金融体系筹措资金用于策划和实施"9·11"恐怖袭击后[①]，美国开始将金融工具用于反恐、防止大规模杀伤性武器扩散、防止核扩散等领域的次级制裁。这包括禁止第三国银行向制裁对象提供金融服务和美元交易服务，这类措施被广泛纳入美国的制裁法律、条例及行政令中。例如，2019 年的《欧洲能源安全保护法》(Protecting Europe's Energy Security Act) 规定，任何在知情的情况下向俄罗斯至德国或土耳其能源管道项目提供支持的外国个人或实体，其在美国的财产和财产权益都将被冻结。

其次，次级制裁的实施频率也显著增加。从 1996 年到 2017 年，美国仅对"特别指定国民清单"（SDN 清单）中的个人实施了 25 次次级制裁。在特朗普政府期间，次级制裁成为美国对外经济胁迫的主要工具。2018 年美国退出伊核协议后，作为对伊朗"极限施压"政策的一部分，次级制裁的执行力度显著增大，从 2018 年的 2 次增至 2019 年的 23 次，并在 2020 年达到 78 次的峰值。在特朗普的第一个任期内，美国共执行了 104 次次级制裁，其中针对违反美国对其他国家次级制裁规定的中国实体和俄罗斯实体分别为 48 次和 18 次。在美国对伊朗的制裁行动中，共有 45 家中国实体受到制裁。总体来说，美国对俄罗斯和中国

---

① "National Commission on Terrorist Attacks Upon the United States," Monograph on Terrorist Financing, https://govinfo.library.unt.edu/911/staff_statements/911_TerrFin_Monograph.pdf.

的经济制裁包含的次级制裁规定相对较少。然而，随着 2022 年初乌克兰危机的加剧，美国国内对扩大对俄次级制裁的呼声日益高涨。俄罗斯对乌克兰采取"特别军事行动"后，美国联合盟友对俄罗斯实施了全面的经济围剿，包括冻结其大部分外汇储备和国家财富基金，将 7 家俄罗斯银行驱逐出 SWIFT 系统。5 月 19 日，七国集团财长讨论了对俄罗斯实施次级制裁的方案，其中包括对俄石油设定价格上限，如果外国买家不遵守这一限制，将被禁止与美国及其盟友的公司进行交易。但这一方案的有效性可能取决于印度和中国的配合，否则可能适得其反。①

由于全球保护主义和民粹主义的兴起、新冠疫情大流行、俄乌冲突爆发等因素，全球政治经济体系的裂痕在加深，并出现了阵营化的趋势。在这种背景下，美国对次级制裁的使用和威胁使用非但无助于修复这些裂痕，反而可能加剧全球政治经济体系的碎片化。美国滥用次级制裁的危害主要体现在三个方面。

第一，削弱以国际法为基础的国际合作体系。二战后建立的国际合作体系以国际法为支撑，包括《联合国宪章》、多边机构协定、地区及双边条约等。国际习惯法也在国际交往中逐渐形成并被普遍接受。然而，美国发起的单边制裁和次级制裁在国际法层面站不住脚，遭到国际社会的广泛反对。联合国大会曾于 1996 年、1998 年和 2002 年三次通过决议强烈谴责美国的

---

① CNBC, "The G‑7 Is Considering a Price Cap on Russian Oil. But Energy Analysts Think It's Impossible," https://www.cnbc.com/2022/07/04/ukraine-war-how-would-a-g‑7‑price-cap-on-russian-oil-work.html.

单边制裁，表明这些措施削弱了国际合作体系。

第二，分裂以市场为导向的全球经济体系。美国的次级制裁损害了包括盟友在内的第三方利益，激发了反美情绪，挑战了世界贸易组织倡导的自由、公平的全球贸易秩序。这种做法动摇了经济全球化的基础，促使各国减少对美国的依赖，引发全球经济体系变革。美国对俄罗斯的制裁尤其显著，不仅伤害了俄罗斯，也伤害了美国的盟友甚至全球经济，加剧了全球经济体系的碎片化。

第三，削弱以美元为核心的国际货币体系。自 2010 年以来，美元的武器化削弱了其作为国际储备货币的公器特性。美国滥用次级制裁会引发对美国的忌惮，削弱美元和美国主导的全球金融体系的吸引力。国际货币体系可能会加速演变，导致对美元的依赖减少，以及央行储备资产的多元化。美国在应对乌克兰危机时将货币体系武器化，可能进一步动摇其他国家对美元体系的信任，催生基于不同贸易集团的小型货币集团，使国际贸易结算货币更加多样化。

第三节　科技制裁与网络制裁

科技制裁与科技竞赛

在冷战结束后的全球化进程中，科技全球化对人类生活品质的提升起到了关键作用。这一现象背后的驱动力在于科技的迅速变革及跨境流动，使得世界各国，无论发展水平如何，都能从科技全球化中获益。科技流动已成为全球化时代连接各国和人民的重要纽带，与货物、服务、人员、资本和知识的跨境流动相互交织。科技全球化的核心特征在于研发资源的全球配置、成本的分摊、活动的全球管理以及成果的共享。跨国企业引领了"全球创新网络"（Global Innovation Networks）的崛起，这种网络利用各地区的比较优势进行研发、生产和销售的阶段分配。[①] 这不仅促进了各国间的科技交流与合作，也使得相互依赖程度加深。然而，这也为控制全球科技版图关键节点的国家提供了机会来将这种相互依赖用作武器，从而推动科技层面的逆全球化。近年来，中国对美西方关键技术的依赖，让后者看到了通过推动科技脱钩来遏制中国发展的可能性。在这样的背景下，科技制裁与贸易制裁、金融制裁一道，构成了21世纪经济制裁的"三驾马车"。

近年来中国在制造业方面的日渐强大，被视为对长期占据全球科技领先地位的美国的威胁。一系列事件，包括中兴通讯因向伊朗出售美国技术而被制裁、美国对中国涉嫌"窃取"美国知识产权和强制技术转让的指控，以及美国对华为在5G技术领域的担忧，最终导致了中美之间的科技冲突。美国开始采取行动来阻止中国获取其技术，而中国也启动了供应链和价值链的"去美国化"计划。目前正在上演的美国对华科技制裁具有四个特点。

其一，美国对中国的科技污名化是中美科技战的前奏。美国国会妄称"中国政府参与并鼓励那些积极破坏自由开放的国

---

① 世界知识产权组织：《2019年世界知识产权报告——创新版图：地区热点，全球网络》。

际市场的行为，比如窃取知识产权、强制技术转让和财政补贴，目的是实现成为制造和技术超级大国的既定目标"①。2014 年，奥巴马政府以经济间谍罪起诉五名所谓的"中国军方黑客"，指控他们入侵美国主要钢铁公司和其他商业公司的计算机系统。2015 年，奥巴马政府再次指责中国政府"通过互联网窃取美国科技和商业机密"，并威胁冻结"从事破坏性攻击或商业间谍活动"的中国个人和实体的金融和资产，禁止与其进行商业交易。② 最终，中美两国在 2015 年 9 月签署了一份网络安全协议，承诺不会为了商业利益而进行或故意支持网络盗窃知识产权，包括商业机密或其他机密商业信息。这一纠纷暂时告一段落。然而，特朗普上台后，对中国的科技污名化和打压愈演愈烈。2020 年 8 月，特朗普签署行政令，禁止任何人与腾讯和字节跳动进行与微信和抖音有关的交易。美方称微信和抖音大量收集美国个人和专属信息，服务于中国的"虚假宣传活动"。在拜登上台前两个星期，特朗普通过行政令对包括微信支付和支付宝在内的 8 款中国 App 施加制裁，指责它们允许中国政府追踪美国联邦雇员和承包商的位置，并建立个人信息档案，"侵犯"美国公民的隐私。

其二，美国对中国的科技打压重点针对中国的高科技企业

① USA 117th Congress, "United States Innovation and Competition Act of 2021," https://www.congress.gov/bill/117th-congress/senate-bill/1260/text.

② The Washington Post, "U.S. Developing Sanctions Against China over Cyberthefts," https://www.washingtonpost.com/world/national-security/administration-developing-sanctions-against-china-over-cyberespionage/2015/08/30/9b2910aa-480b-11e5-8ab4-c73967a143d3_story.html.

和军民两用技术。芯片、半导体和集成电路产业是现代技术的核心，对智能手机、电视机、数码相机、LED 灯泡、自动取款机、医疗设备和汽车等产业至关重要。同时，芯片技术也被视为解锁未来技术的关键，这使得全球力量的平衡可能取决于今天正在开发的超薄和精密半导体芯片。针对中国在相关产业的短板和不足，美国采取了一系列制裁措施。2020 年 9 月，美国商务部宣布对中国最大的芯片制造商中芯国际实施出口限制。2022 年 10 月，美国商务部进一步实施了对华芯片制裁的一揽子计划，重点打击中国实现芯片、半导体产业本地化的能力。这些制裁措施包括禁止美国公司在没有许可证的情况下向中国客户运送某些先进芯片设备，以及限制美国制造的电子零部件或可用于生产中国自己的芯片制造工具和设备的物品的运输。此外，美国还收紧了所谓的"外国直接产品规则"（Foreign Direct Product Rule），以限制中国获得或制造用于超级计算机和人工智能的尖端芯片的能力。禁止任何美国或非美国公司向目标中国实体提供其供应链包含美国技术的硬件或软件，这项制裁措施适用于全球芯片厂商，不仅包括美国的英伟达（NVIDIA）、超威半导体公司（AMD）和泛林集团（Lam Research）等，还包括荷兰半导体设备制造商阿斯麦（ASML）和中国台湾代工企业台积电。① 在东亚地区，美国联合日本、韩国和中国台湾组成"芯片四方联盟"（Chip 4），表面上是提供一个讨论有关供应链

---

① 但为了减少供应链中断，美国政府为出口芯片的美国或盟国公司在中国拥有的芯片制造设施开辟一个例外。为了遵守制裁禁令，ASML 的管理团队在一封内部邮件中要求美国员工不得直接或间接为中国的任何客户提供服务、运输或支持，该命令适用于所有美国员工，包括美国公民、绿卡持有者和居住在美国的外国人。

安全和韧性、科技和生产力发展、研发和补贴的政策论坛，实则是协调对华先进半导体技术出口管制和投资审查的政策立场的"小集团"。

除了在芯片、半导体领域展现"产业霸权"[1]，美国对华科技制裁还涉及飞机发动机和航空市场。2021 年 2 月，在美方的支持下，乌克兰宣布对试图收购乌克兰航空发动机生产企业马达西奇（Motor Sich）的中国企业天骄航空等实施制裁，制裁措施包括冻结资产、限制贸易往来等。乌方企业尚且如此，美国企业更是处在风口浪尖，禁止美国通用电气旗下的 CFM 国际对华出口飞机发动机的"达摩克利斯之剑"随时可能落下。同时，美国认为中国的民用部门和军用部门的界限正在变得模糊，因此必须对中国在关键领域的军民两用技术以及由中国政府、军队或国防工业拥有、控制或附属的实体进行围剿。2018 年 10 月，美国能源部对对华出口实施了限制措施，以防止"美国民用核技术非法转用于军事"用途。2019 年 8 月，中国广核集团及其三家子公司被列入美国工业和安全局（Bureau of Industry and Security，BIS）的实体清单，原因是它们被控"参与或促成获取美国先进的核技术和材料用于中国军事用途的努力"[2]。2020 年 6 月，美国国防部将华为、海康威视、中国铁建、中国

---

① 李巍、李玙译：《解析美国的半导体产业霸权：产业权力的政治经济学分析》，《外交评论（外交学院学报）》2022 年第 1 期。

② USA Industry and Security Bureau，"Addition of Certain Entities to the Entity List，Revision of Entries on the Entity List，and Removal of Entities from the Entity List，" https://www. federalregister. gov/documents/2019/08/14/2019 - 17409/addition-of-certain-entities-to-the-entity-list-revision-of-entries-on-the-entity-list-and-removal.

电信、中国航天科工集团和熊猫电子列入其称由中国军方拥有或控制的 20 家公司的名单。① 2020 年 11 月，特朗普签署第 13959 号行政令②，禁止所有美国投资者购买或投资被美国政府认定为"共产党中国军队公司"（Communist Chinese Military Companies）的证券。2022 年 8 月，BIS 将七家中国航天和相关技术实体列入实体名单，严格限制其获得受美国《出口管理条例》管制的商品、软件和技术。③ 不出意外，理由也是"中国的军民融合（Military-Civil Fusion④）计划迫使 BIS 提高警惕以保护美国的敏感技术"。

其三，美国以国家安全为由，为对华制裁和科技战披上合法外衣。2018 年 8 月，BIS 决定将 44 家中国实体列入实体清单进行制裁，理由是其构成了"违反美国国家安全或外交政策利益的重大风险"⑤。2020 年 5 月，BIS 进一步将 24 家中国科技企业和机构加入该清单，原因是这些实体存在"将采购物项用于中国军事最终用途的重大风险"⑥。同年 8 月，中国交通建设股份有限公司等 24 家中国国有企业被列入实体清单，原因是它们

---

① USA Department of Defense，"Qualifying Entities Prepared in Response to Section 1237 of the National Defense Authorization Act for Fiscal Year 1999," http://prod-upp-image-read. ft. com/466e4a3a-b651 - 11ea-b5d9 - 84704a744f61.

② https://www. federalregister. gov/documents/2020/11/17/2020 - 25459/addressing-the-threat-from-securities-investments-that-finance-communist-chinese-military-companies.

③ https://www. bis. doc. gov/index. php/documents/about-bis/newsroom/press-releases/3121 - 2022 - 08 - 23 - press-release-seven-entity-list-additions/file.

④ https://www. state. gov/wp-content/uploads/2020/05/What-is-MCF-One-Pager. pdf.

⑤ https://www. federalregister. gov/documents/2018/08/01/2018 - 16474/addition-of-certain-entities-and-modification-of-entry-on-the-entity-list.

⑥ https://www. federalregister. gov/documents/2020/06/05/2020 - 10869/addition-of-entities-to-the-entity-list-revision-of-certain-entries-on-the-entity-list.

在"南海部分地区的人工岛建设和军事化方面发挥了作用"①。
与此同时，美国国务院宣布对"负责或参与南海争议地区的大
规模填海、建设或军事化行动"的个人及其直系亲属实施制裁。
2021 年 4 月，天津飞腾信息技术、上海高性能集成电路设计中
心、神威微电子，以及国家超算济南中心、深圳中心、无锡中
心、郑州中心等被 BIS 列入制裁名单，理由是美国认为中国利
用美国超算技术进行军事现代化，研发新型核武器和高超音速
武器，对美国国家安全构成"现实威胁"。② 2022 年 6 月，美国
商务部暂停了北卡罗来纳州威尔明顿三家企业（Quicksilver
Manufacturing Inc.，Rapid Cut LLC，U. S. Prototype Inc.）的
出口特权，原因是它们被认为向中国发送了未经授权的 3D 打印
卫星、火箭和国防相关原型的技术图纸和蓝图。③ 美国商务部助
理部长阿克塞尔罗德（Matthew S. Axelrod）表示，"将太空和
国防原型的 3D 打印外包给中国会损害美国的国家安全"。此外，
美国还采取了限制向中国理工科学生发放签证的措施，不惜牺
牲可观的教育服务出口收入。2020 年 5 月 29 日，美国白宫政府
网站发布公告，宣布自当年 6 月 1 日起暂停某些来自中国的留学
生和研究人员以非移民身份入境。根据公告，除特定例外情况
外，与中国军民融合发展战略有关的持有 F 或 J 签证的研究生学

---

① https://www. federalregister. gov/documents/2020/08/27/2020 - 18909/addition-of-entities-to-the-entity-list-and-revision-of-entries-on-the-entity-list.

② https://www. federalregister. gov/documents/2021/04/09/2021 - 07400/addition-of-entities-to-the-entity-list.

③ https://www. bis. doc. gov/index. php/documents/about-bis/newsroom/press-releases/3023 - 2022 - 06 - 08 - bis-press-release-quicksilver-rapid-cut-and-us-prototype-tdo/file.

历的中国公民将被禁止入境。[1]

其四，在美国对华科技政策的演变中，科技制裁与内部产业政策的推进同步进行。无论是特朗普政府还是拜登政府，都将吸引制造业和投资回流、创造本土就业以及维持美国在全球科技领域的领先地位和对中国的科技先发优势作为主要目标。作为一个在国内外强调"自由竞争"并实践新自由主义政策的国家，美国在制定以政府对特定经济部门的支持和投资为特征的产业政策时，历来保守谨慎。然而，近年来美国通过系列科技研发与产业政策相关立法，重新审视差异化产业扶植政策在注入经济活力、激发科技创新潜力和应对大国战略竞争中的作用。在对华科技战中，美国通过制裁法律和产业政策的协同发力，外部对抗与内部提升在中美科技竞争中双重加码，旨在遏制中国科技发展的同时提升自身科技实力。[2]

2021 年 6 月，美国参议院通过了《美国创新与竞争法案》（United States Innovation and Competition Act，USICA）；2022年 2 月，众议院通过了内容相似的《美国竞争法案》（America Competes Act）。USICA 整合了芯片和 5G 开放无线接入网紧急拨款规定（CHIPS and O-RAN 5G Emergency Appropriations）、《无尽前沿法案》（Endless Frontier Act）[3]、《战略竞争法案》

---

① https://trumpwhitehouse. archives. gov/presidential-actions/proclamation-suspension-entry-nonimmigrants-certain-students-researchers-peoples-republic-china/.

② 白起：《"无尽前沿"到"一揽子立法"：外部对抗与内力提升在科技竞争中的双重加码》，复旦发展研究院。

③ 该法案得名于美国 1945 年科技政策报告《科学：无尽的前沿》（Science, the Endless Frontier）。这份报告是美国科研发展史上里程碑式的文件，它提议彼时的美国政府进一步加大对学术研究的支持，并最终促成了 1950 年美国国家科学基金会的创立。

(Strategic Competition Act)、国土安全和政府事务委员会拨款规定（Homeland Security and Governmental Affairs Committee Provisions）以及《迎接中国挑战法案》（Meeting the China Challenge Act），共授权了约 2 500 亿美元的拨款。这被媒体和智库学者称为"美国历史上最广泛的产业政策立法"和"美国国会有史以来对中国采取的最全面的行动"[1]。《美国竞争法案》的目标是资助美国国内半导体芯片制造，大幅增加科研和开发资金，夯实美国（相对于中国）在半导体领域的竞争实力。

2022 年 8 月，《美国创新与竞争法案》和《美国竞争法案》被整合为《芯片和科学法案》（CHIPS and Science Act），成为总价值达 2 800 亿美元的产业政策法案集合体（见图 7 - 2）。该法案为美国本土芯片产业和相关科学研究提供了巨额补贴，在国际上强化了美国构建半导体国际供应链的筹码，对全球半导体产业格局产生了重大影响，明确显示了对华科技制裁和科技战的意图。法案通过"护栏"条款限制接受美国联邦补助的企业在对美国国家安全构成威胁的特定国家扩大或建设先进半导体生产基地的新制造能力；"排除中国资金"条款限制支持孔子学院的美国科研机构获取美国政府机构的研究资金；"研究安全"条款强化美国国家科研创新体系对中国的封闭和"安全"；"推进美国科技

---

① USICA 的部分内容包括：（1）拨款 527 亿美元用于国内半导体制造/研发，拨款 15 亿美元用于先进通信研发；（2）在国家科学基金会内设立一个技术和创新理事会（Directorate for Technology and Innovation, DTI），重点关注定期更新的 10 个"关键技术重点领域"；（3）建议国会在五年内向能源部提供 170 亿美元，向国防部高级研究计划局（Defense Advanced Research Projects Agency）提供 175 亿美元，以支持它们的研发计划；（4）建议向商务部拨款 94 亿美元，在尚未成为科技创新中心的地区培育"技术中心"。

战略"条款旨在实现美国在科技领域"产能本土化"、"技术升级化"和"供应链完整化"方面的"全政府"动员。

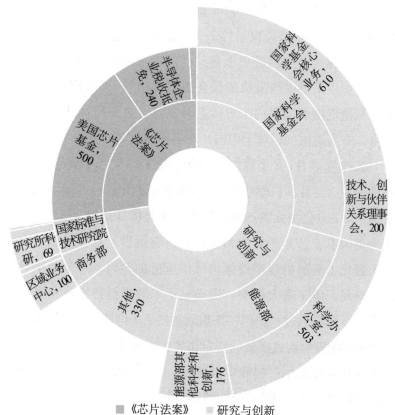

图 7-2 《芯片和科学法案》的拨款细目（亿美元）

资料来源：作者根据《芯片和科学法案》文本自制。

注：为了制图简洁、美观，图中未列全拨款细目，故总数与正文中的 2 800 亿美元有一定出入。

网络制裁与网络战

网络制裁（cyber sanctions）和网络战（cyber warfare）是

两个密切相关但又具有差异的概念，它们与经济制裁一样，都是现代国际关系中国家行为体为实现特定政治、经济目标而采取的策略手段。网络制裁主要是针对恶意网络活动或入侵行为的经济和金融措施，目的在于改变目标的行为或影响其经济利益。这种制裁通常旨在遏制或惩罚特定国家的网络威胁行为，通过限制资金流动、技术转让或网络资源等手段，对目标国或目标组织施加经济压力。因此，网络制裁可以被视为一种防御性策略，旨在遏制恶意网络活动和维护国际网络安全。而网络战则是国家之间通过网络手段做出的攻击行为，其目标通常是破坏对手的信息系统、基础设施或关键数据，造成实际的经济损失或社会混乱。网络战具有明显的进攻性特征，与传统战争相似，但仅限于网络空间。

研究经济制裁时必须考虑网络制裁和网络战，是因为在数字化时代，经济活动与网络安全密切相关。一国通过网络手段做出的攻击或防御行为直接影响其经济安全和国家利益。例如，网络攻击可能破坏关键经济基础设施，对国家经济造成重大损失；而网络制裁则可用于遏制或惩罚这种攻击，影响目标国的经济利益。因此，网络制裁和网络战是当代经济制裁或经济战在网络空间的延伸。

随着计算机和网络技术的飞速发展，网络犯罪行为层出不穷，给个人、组织、企业和国家带来了巨大的经济损失和权益损害。这些犯罪行为包括网络诈骗、网络恐怖主义、网络勒索、网络性交易等，其数量和类型都在不断增加。据美国智库战略与国际研究中心（CSIS）的评估，仅在 2020 年，网络犯罪就给全球经济造成了约 1 万亿美元的损失，比 2018 年增加了 50%。[①] 在新冠疫情大流行期间，勒索软件造成的经济损失更是激增。[②] 卡巴斯基实验室创始人卡巴斯基将其公司发现的 Flame 和 NetTraveler 等病毒称为危害等同于生化武器的大型网络武器。[③] 而"股神"巴菲特更是将网络犯罪描述为"人类的头号问题"，并认为它"对人类的威胁比核武器更大"[④]。然而，这些网络空间中的恶意或犯罪行为在现行国际治理制度下是不受国际法约束和监督的。[⑤] 为了应对这一挑战，美国、欧盟、英国和澳大利亚等已经通过各自域内的立法程序，搭建了网络制裁政策框架。这些政策框架授权对指定外国民众、法人实体和政府机构进行各种类型的制裁，以惩罚和阻止网络空间中来自域外的恶意行为。[⑥]

美国网络制裁政策框架的授权主要来自《国际紧急经济权力法案》、《国家紧急状态法案》、《以制裁反击美国敌人法案》

[①] Zhanna Malekos Smith and Eugenia Lostri, "The Hidden Costs of Cybercrime," Center for Strategic and International Studies, 2020, p. 3.

[②] https://blog. chainalysis. com/reports/2021 - crypto-crime-report-intro-ransomware-scamsdarknet-markets.

[③] http://www. timesofisrael. com/experts-we-lost-the-cyber-war-now-were-in-the-era-of-cyber-terror/.

[④] https://www. businessinsider. in/buffett-this-is-the-number-one-problem-with-mankind/ articleshow/58555300. cms.

[⑤] 联合国从 2021 年 5 月开始发起多边谈判，计划制定一项旨在打击将信息和通信技术用于犯罪目的的行为的综合性国际公约，探索使用授权网络制裁的方式来公开界定国家的哪些行为可能构成网络空间中的恶意行为甚至刑事犯罪。但是，这一谈判因为新冠疫情的流行而进展缓慢。

[⑥] Iryna Bogdanova and María Vásquez Callo-Müller, "Unilateral Cyber Sanctions: Between Questioned Legality and Normative Value," Vanderbilt Journal of Transnational Law, Vol. 54, 2021, pp. 911 - 954.

以及第 13757 号[①]和第 13694 号[②]行政令。美国的制裁执法主要针对三类恶意网络活动：对支持关键基础设施部门的计算机和计算机网络的恶意攻击或造成重大破坏；通过网络盗窃和盗用商业机密；盗用信息以干扰或破坏选举。欧盟的网络制裁政策框架将网络攻击定义为未经授权的四种行为：访问信息系统（access to information systems）、信息系统干扰（information system interference）、数据干扰（data interference）、数据拦截（data interception）。[③] 与美国类似，数据干扰也包括对数据、资金、经济资源或知识产权的盗窃。欧盟规定，只有当上述网络恶意行为造成重大负面影响，或者对联盟或成员国构成显著外部威胁时，才能授权发起网络制裁。如果恶意网络活动针对第三国或国际组织，并且此类网络攻击同时对欧盟产生了重大负面影响，欧盟也可以实施网络制裁。[④] 然而，由于欧盟成员国之间网络犯罪情报收集和共享过程存在缺陷，有学者质疑欧盟网络制裁政策框架的真实效力并担心其可能涉嫌侵犯人权。[⑤] 英国的网络制裁政策框架总体遵循欧盟法规，但对构成犯罪的行为做了更为具体的定义。[⑥] 而最

---

① 《针对重大恶意网络活动采取额外措施应对国家紧急状态》（Taking Additional Steps to Address the National Emergency with Respect to Significant Malicious Cyber-Enabled Activities）。

② 《封锁从事重大恶意网络活动的某些人的财产》（Blocking the Property of Certain Persons Engaging in Significant Malicious Cyber-Enabled Activities）。

③ https://eur-lex. europa. eu/legal-content/GA/TXT/? uri=CELEX：32019R0796.

④ https://ccdcoe. org/library/publications/european-union-establishes-a-sanction-regime-for-cyber-attacks/.

⑤ http://opiniojuris. org/2022/01/24/unilateral-cyber-sanctions-and-global-cyber-security-law-making/.

⑥ https://www. legislation. gov. uk/uksi/2020/597/contents/made.

新的澳大利亚自主制裁修正案则授权对"恶意网络活动"实施制裁。①

迄今为止，相较于其他国家，美国是网络制裁的最大发起方。在过去几年里，美国财政部外国资产控制办公室（OFAC）根据美网络制裁政策框架将多个个人、实体以及政府机构和官员列入制裁清单。受制裁的个人主要是网络黑客，而受制裁的实体中有"巨魔农场"（Troll Farm）、国际网络犯罪组织以及俄罗斯等国的政府机构。此外，被新近列名的实体包括勒索软件运营商和虚拟货币交易所，它们大多位于俄罗斯、伊朗或朝鲜境内。例如，2019 年 9 月，OFAC 将据称是由朝鲜政府成立的"拉撒路"（Lazarus Group）及其旗下的 Bluenoroff 和 Andariel 列入制裁清单。根据 OFAC 网站信息，Bluenoroff 以网络抢劫的形式对外国金融机构展开恶意网络活动，以攫取非法收入来支撑朝鲜不断上涨的核武器和弹道导弹研发费用；Andariel 负责对外国企业、政府机构、金融服务基础设施、私营企业以及国防工业进行恶意网络操作，比如入侵 ATM 系统直接提取现金或窃取客户信息然后在黑市上售卖。② 又如，2019 年 12 月，OFAC 对总部位于俄罗斯的网络犯罪组织 Evil Corp 采取了制裁行动。Evil Corp 使用其开发的 Dridex 恶意软件感染计算机并从 40 多个国家和地区的数百家银行和金融机构获取登录凭据，盗窃了超过 1 亿美元的资产。③

---

① https://parlinfo. aph. gov. au/parlInfo/download/legislation/bills/s1326 _ third-senate/toc_pdf/2116121. pdf；fileType＝application%2Fpdf.

② https://home. treasury. gov/news/press-releases/sm774.

③ https://home. treasury. gov/news/press-releases/sm845.

　　进入 21 世纪，网络战已成为现代国际关系和国际政治的常见现象，但在学术界和政策研究领域，对网络战的定义尚未形成共识。美国前国家安全、基础设施保护和反恐协调员克拉克（Richard A. Clarke）将网络战定义为"一个民族国家渗透另一个国家的计算机或网络以造成损害或破坏的行动"①。牛津大学学者塔迪奥认为网络战是"在一个国家认可的进攻或防御军事战略中，对信息和通信技术的特定使用，目的在于在信息环境中破坏或控制敌人资源，其暴力程度可能因情况而异"②。美国学者沙卡里安等人则借鉴克劳塞维茨对战争的看法，将网络战视为"政策的延伸，由国家行为体（或有国家重大指示或支持的非国家行为体）在网络空间中对另一国安全构成严重威胁的行动，或为应对一国安全面临的严重威胁（实际或感知）而采取的相同性质的行动"③。澳大利亚政府则认为网络战包括"利用计算机技术扰乱一个国家或组织的正常活动，尤其是出于战略、政治或军事目的，故意扰乱、操纵或破坏信息系统的行为"④。总的来说，网络战被普遍认为是在网络空间内，通过计算机和信息技术，对目标实施进攻性行动的官方或准官方行为。

　　网络战不仅可以支持传统战争，也可以作为国际斗争的一

---

　　① Richard A. Clarke and Robert K. Knake, Cyber War: The Next Threat to National Security and What to Do About It, Ecco, 2010.

　　② Mariarosaria Taddeo, "An Analysis for a Just Cyber Warfare," 2012 4th International Conference on Cyber Conflict (CYCON 2012), Tallinn, Estonia, June 5 - 8, 2012.

　　③ Paulo Shakarian, Jana Shakarian and Andrew Ruef, Introduction to Cyber-Warfare: A Multidisciplinary Approach, Syngress, 2013.

　　④ https://www.cyber.gov.au/acsc/view-all-content/glossary/cyber-warfare.

种独立形式。大部分网络战基于网络政治间谍活动。自 20 世纪
40 年代起，美国和英国联合其他所谓"五眼联盟"国家（澳大
利亚、加拿大和新西兰）开展了名为"全球监控"（Global Sur-
veillance）的跨国大规模监控计划。五眼联盟成员国的情报部门
与一些"第三方"国家合作，实施了元数据收集（如个人通话
数据、电子邮件、互联网浏览记录）、社交网络监控、金融支付
监控、手机定位追踪、智能手机渗透、商业数据中心入侵、酒
店预订系统监控和虚拟现实监控等行动。除了打击恐怖活动外，
这些监控行为还用于评估其他国家的外交政策和经济稳定性，
收集商业信息，以便英语国家在商业、工业和经济领域与其他
国家竞争。2013 年，美国中情局前职员、美国国家安全局前外
包技术员斯诺登（Edward J. Snowden）曝光了部分全球监控项
目的国家秘密文档，引起国际社会的广泛关注。斯诺登在 2013
年《致巴西人民的公开信》中提到，"合法的间谍活动和这种将
整个国家的人口置于'全视线下'（all-seeing eye）并永远保存
副本的大规模监控计划之间存在巨大差异"，并指出"这些监控
计划完全不涉及恐怖主义，而是与经济间谍、社会控制和外交
操纵有关"①。

　　自 1998 年起，美国国家安全局特定入侵行动办公室（TAO），
也称计算机网络运作办公室（Computer Network Operations），
负责对其他国家的行业龙头企业、政府、大学、医疗机构、科
研机构和信息基础设施运维单位等进行长期秘密的黑客攻击和

---

　　① "Open Letter to the Brazilian People," https://www.theguardian.com/world/
2013/dec/17/edward-snowden-letter-brazilian-people.

窃密活动。TAO 作为网络战战术执行单位，由 2 000 多名军人和文职人员组成，部署力量主要依托美国国家安全局在美国和欧洲的密码中心，下设多个专责单位。2022 年 9 月，中国国家计算机病毒应急处理中心发布了关于西北工业大学遭受 TAO 实施的境外网络攻击的调查报告。报告显示，TAO 持续对西北工业大学开展攻击窃密，窃取关键网络设备配置、网管数据和运维数据等核心技术数据。TAO 对西北工业大学的行为仅是美国对华进行长期网络战的众多案例之一。近年来，TAO 对中国国内网络目标实施了大量恶意攻击，控制了数万台设备，窃取了超过 140GB 的高价值数据。①

英国学者里德在其著作《网络战争：不会发生》中提出了对网络攻击本质的见解。他认为网络攻击本质上是一种更为复杂的颠覆、间谍和破坏手段，并不具备常规战争的致命性，因此不应被视为战争行为。② 然而，通过网络技术手段远程破坏对手的电力、水、燃料、通信、数据、工业和交通基础设施，以实现特定地缘政治目的，是网络战发起的核心动机和预期目标之一。在涉及现代军队的冲突中，网络攻击最佳的实施方案是与电子战、反卫星攻击和精确制导武器联合部署。③ 网络战结合虚假信息运动，通过扰乱金融、能源、交通和政府服务造成社会动荡，还能发挥政治作用。赵晨和汪雷从经济威慑、经济制

---

① 《国家计算机病毒应急处理中心：西北工业大学遭美国 NSA 网络攻击事件调查报告（之一）》，http://www.chinanews.com.cn/cj/2022/09-05/9844673.shtml.

② Thomas Rid, Cyber War Will Not Take Place, Oxford University Press, 2013.

③ James A. Lewis, Cyber War and Ukraine, Center for Strategic and International Studies, 2022.

裁、经济收买、经济干扰、经济瘫痪等五个方面，勾勒了网上经济战的集中进攻战法及其防御措施。[①]

美国对伊朗实施的网络战是早期案例之一。从小布什时期起，美国就开始开发网络武器以打击伊朗核计划。2007 年左右，美国和以色列联合开发的"震网"（Stuxnet）蠕虫病毒被植入伊朗纳坦兹铀浓缩厂的控制系统。"震网"绕过了工厂监控和控制系统，导致离心机高速运行直至损毁，目的在于阻止武器级浓缩铀燃料芯块的制造，从而延缓伊朗获取核武器的能力。2010 年 7 月，"震网"被白俄罗斯网络安全专家发现，引起伊朗的警觉。国际原子能机构的报告显示，短时间内约有 160 台离心机突然下线。[②] 从 2009 年到 2010 年 7 月，伊朗 14 处核设施中超过 2 万台设备遭到"震网"攻击，约 900 台离心机被破坏，对伊朗核计划造成了重大打击。[③] 作为回应，伊朗成立了网络防御司令部、网络警察和网络空间最高委员会等官方机构，并培养了如马布纳研究所、"伊朗网军"、APT33、Copykittens 等网络代理人组织，以加强网络战攻防能力。[④] 随着伊朗成为国际网络战舞台上的重要角色，北约在 2016 年宣布网络空间是"北约必须像在空中、陆地和海上一样有效地进行自卫的一个行动领域"。

---

① 赵晨、汪雷：《信息时代网上经济战战法初探》，《国防科技》2006 年第 1 期。

② IAEA, "Regulatory Oversight of the Interfaces Between Nuclear Safety and Nuclear Security in Nuclear Power Plants," https：//www.iaea.org/Publications/Documents/Board/2010/gov2010 - 46.pdf.

③ Paulius Ilevičius, "Stuxnet Explained: The Worm That Went Nuclear," https：//nordvpn.com/zh/blog/stuxnet-virus/.

④ 龚汉卿、张运雄、郝志超：《伊朗网络战能力研究》，《信息安全与通信保密》2021 年第 4 期。

2022 年 2 月，俄乌冲突爆发。作为"特别军事行动"的一部分，俄罗斯对乌克兰的关键基础设施实施了网络攻击，成功中断了包括 ViaSat 的 KA-SAT 卫星网络在内的电信服务，打击了乌克兰通信网络系统。格鲁乌（俄罗斯联邦武装力量总参谋部军事情报总局）①联合巴西黑客集团在乌克兰通信网络上安装了钓鱼和拒绝服务等破坏性恶意软件，对乌克兰政府网站、能源和电信服务提供商、金融机构、媒体、大学和科研院所等进行攻击，试图制造混乱并削弱乌方的防御力量。

种种迹象显示，主权国家和非国家行为体在网络空间的对抗呈现出积极性、系统性和侵略性等特点。网络战的目的和动机已从简单的信息盗取升级为高强度的物理摧毁。2008 年，北约在爱沙尼亚首都塔林成立北约合作网络防御卓越中心（CCD-COE），旨在加强北约成员国及合作伙伴在网络防御方面的能力、合作及信息共享，并承诺"在盟国提出请求时，提供协助反击网络攻击的能力"。紧随其后，2009 年美国成立了美国网络司令部（USCYBERCOM），主要任务是保护国防部信息基础设施和通信网络，并支持全球作战指挥官执行任务，增强对网络攻击的防御和应对能力。虽然最初是防御性质，但 USCYBERCOM 日益被视为美国的进攻性网络力量。2017 年，USCYBERCOM 升级为一个完整的独立一体化作战司令部，负责集中指挥网络空间作战，整合现有网络资源，创造协同效应，保障信息安全环境，加强国防部网络专业知识。美国还在 2018 年扩大了

---

① 除了格鲁乌，俄罗斯负责网络空间战斗和防御的组织还包括联邦对外情报局、联邦安全局、联邦警卫局等。

国土安全部的网络安全任务，成立了网络安全与基础设施安全局（CISA），以保护和加强国家实体基础设施和网络基础设施的修复力，应对未来不断变化的风险，确保美国的生活方式得以持续发展。法国（2009 年成立国家信息系统安全局，ANSSI）、德国（2011 年成立国家网络防御中心，NCC）、欧盟（2013 年成立欧洲打击网络犯罪中心，ECC）、澳大利亚（2014 年成立澳大利亚网络安全中心，ACSC）和英国（2016 年成立国家网络安全中心，NCSC）相继成立了专门机构，以应对网络威胁和维护网络安全。亚洲国家也不甘落后。韩国于 2009 年整合了韩国信息安全局、国家互联网发展局和韩国 IT 国际合作机构，成立了韩国互联网与安全局（KISA），并在阿曼、印度尼西亚、哥斯达黎加、坦桑尼亚设立地区办事处，以加强网络安全和国际合作。韩国已在 2022 年正式加入 CCDCOE，成为加入该组织的首个亚洲国家。美国在印太地区的盟友新加坡于 2015 年成立了直属总理办公室的网络安全局（CSA），接管了原属内政部的新加坡信息通信技术安全局（SITSA）的职能。

由此可见，各国在网络空间的合作、竞争、对抗、周旋和博弈不断趋于组织化、机制化和复杂化。执行和防御网络制裁和网络攻击的技术、协调能力和力度也在不断增强，隐性网络战和显性经济制裁相结合，实现内外政策目标，可能成为"智业革命"时代国际冲突的新趋势。

第八章
当代制裁与经济战的前沿问题

随着经济制裁与经济战频发，西方学术界对经济制裁的看法也在不断更新。在被称作经济制裁研究领域权威著作的《反思经济制裁》中，霍夫鲍尔等总结了制裁实践的"七条戒律"。[①]他们认为：制裁发起国的政策制定者应保持对制裁目标的现实期望（"不要好高骛远"）；当制裁对象是过去的友好国家或贸易伙伴时，制裁效果更明显（"朋友比对手更易支配"）；民主体制的国家更可能屈从于制裁，而强大且稳定的政府不易妥协（"远离独裁政府"）；制裁发起国应迅速且直接施压，避免相应冲突升级为军事冲突（"迅速直击优于迂回向前"）；组建更大的制裁联盟并不一定能提高成功率，反而可能削弱制裁效力（"更多不等于更好"）；应该考虑国内对制裁的支持和分散制裁成本的重要性（"适度原则"）。霍夫鲍尔等的建议虽谨慎，但实际上提供

---

① 加利·克莱德·霍夫鲍尔等：《反思经济制裁》，杜涛译，上海人民出版社 2011年版，第 188 - 207 页。

了一份针对经济制裁实施的行动指南，强调在采取制裁行动前应全面考虑手段和目标，以"三思而后行"的原则行事。由此可见，尽管霍夫鲍尔等对经济制裁有效性的态度相当谨慎，但与其说他们的建议是"劝告"，倒不如说这是一份以操作和实施为目的的行动指南。

经济制裁的政策实践和学术研究表现出背离的趋势，西方国家越来越多地依赖这一政策工具，而学术界对经济制裁的态度则愈发谨慎。权威学者丹尼尔·W. 德雷兹纳在还是一名青年学者时，曾对制裁的有效运用抱有极大热情。但当时的决策者却对制裁的有效性不置可否，认为这是一种效果甚微且可能适得其反的外交手段。如今，情形发生了戏剧性的反转，西方政府对实施制裁的热情日益高涨，而包括德雷兹纳在内的学者却开始倾向于向政府警示制裁的风险和代价。这些学者指出，频繁使用制裁可能导致目标国逐渐对其产生免疫、发起国对这一策略过分依赖，以及退出制裁的难度不断增大等问题。为此，德雷兹纳指出，制裁往往不能迫使目标国让步，而且会对目标国的人民造成长期的惩罚性代价。[①] 与他的前辈们相比，德雷兹纳做出了更加悲观的预测，认为制裁可能导致的灾难性后果将成为下个世纪国际关系的持久特征。

本章我们将讨论制裁与经济战研究三个方面的前沿问题，这也是部分西方学者呼吁慎用经济制裁的重要原因：首先，随着各国反制裁经验的累积，制裁在效果变差的同时甚至导致了

---

① Daniel W. Drezner, "How Not to Sanction," International Affairs, Vol. 98, No. 5, 2022, pp. 1533 – 1552.

对发起国自身的反噬；其次，经济制裁的发起主体愈发多样，制裁的频繁使用令世界经济效率下降、贸易成本上升；最后，最令学者感到失望的是，在 20 世纪初经济制裁曾被视为"和平的武器"，而如今经济制裁被越来越多的案例证明既不和平也不正义。

第一节　反制裁措施

反制美国次级制裁

面对美国的次级制裁，全球主要国家已采取多种策略来有效应对和反制。这些措施不仅包括制定或修订国内法律，还涉及发展反胁迫贸易工具、创新去美元化支付机制，以及推动本币国际化等。尽管这些努力的遏制和反制效力还有待评估，但愈发明显的是，越来越多的国家开始意识到，从长期来看，促进去美元化可能是有效应对美国次级制裁的关键途径。

在过去的四十多年里，针对美国次级制裁的全球反制努力经历了几个显著阶段。最初，从 20 世纪 80 年代至 2000 年，西方国家对美国次级制裁展开了首轮反制热潮。在这一时期，由于美国的次级制裁主要针对西欧和加拿大等盟友，引起了它们的强烈反对。西方国家采取的反制措施主要包括诉诸多边机制、制定阻断法案、进行外交施压等，取得了显著效果。

进入 21 世纪，尤其是 2001 年至 2018 年，反制努力出现了低谷。在这一时期，美国的次级制裁力度明显加大，而西方国家在反恐和防核扩散问题上与美国立场趋同，对美国次级制裁的态度从强烈反对转变为有条件的支持。面对美国的金融封锁，被制裁国主要集中于构建去美元化的金融报文和支付系统。例如，伊朗推出了伊朗版 SWIFT 系统 SEPAM，并建议亚洲清算联盟①成员国采用该系统以代替 SWIFT 系统。同样，俄罗斯因克里米亚问题遭受美国制裁后，俄罗斯央行迅速开发了俄版金融信息传输系统 SPFS。尽管目前 SPFS 主要在俄罗斯国内运行，俄方的短期目标是将欧亚经济联盟②成员国内的银行和支付系统通过 SPFS 连接起来。2015 年，中国在中国人民银行的支持下，启动了人民币跨境支付系统 CIPS，以应对潜在的美国金融制裁。

自 2018 年以来，特别是在特朗普第一个任期内，随着美国对伊朗、俄罗斯、朝鲜等国制裁力度的不断加码，并通过次级制裁手段干预这些国家与其他国家的正常经贸关系，全球新一轮反制热潮再次兴起。这一时期，国际社会对美国次级制裁的反制措施变得更加多元化和创新，包括法律反制、贸易反制、支付工具反制乃至货币反制等。其一，进行法律反制。例如，欧盟针对美国退出伊核协议做出回应，于 2018 年 8 月正式实施了升级版《阻断条例》。俄罗斯则于 2018 年 6 月出台了《关于影响（反制）美国和其他国家不友好行为的措施的法律》以应对美国制裁。其二，创建贸易反制工具。例如，欧盟拟定的反制

---

① 亚洲清算联盟（Asian Clearing Union）总部位于伊朗首都德黑兰，于 1974 年在联合国亚洲及太平洋经济社会委员会的倡议下成立。成立时的主要目标是确保区域货币合作，提供一个建立在多边合作基础上、在成员国之间清算支付的系统。成员国包括孟加拉国、不丹、印度、伊朗、马尔代夫、缅甸、尼泊尔、巴基斯坦和斯里兰卡。

② 欧亚经济联盟（Eurasian Economic Union）是一个俄罗斯、白俄罗斯、哈萨克斯坦、吉尔吉斯斯坦、亚美尼亚五个国家为增进政治经济合作而组建的国际组织。古巴、摩尔多瓦、乌兹别克斯坦为观察国。

措施包括加征关税、实行配额管理、限制知识产权、逐出欧盟金融体系和政府采购市场等。其三，开发去美元化的支付机制。2019 年初，英、法、德宣布创建"贸易互换支持工具"（IN-STEX），作为与伊朗商贸的结算机制，通过"以物易物"的方式，与伊朗开展石油等商品的贸易，以应对美国制裁。伊朗于同年 3 月建立特别贸易和金融机构（STFI）与其对接，推动落实双方贸易结算。

同年 11 月，比利时、丹麦、芬兰、挪威、荷兰和瑞典也加入了这一机制。欧洲国家创建 INSTEX 的主要目的是绕过美国对伊朗的制裁，与伊朗进行合法贸易。

目前，INSTEX 主要关注欧洲与伊朗之间的人道主义贸易，包括食品、农业设备、药品和医疗用品等，但不涉及石油。这是一个以物易物的交易平台，意味着伊朗与欧洲国家之间的交易仅涉及货物转移（见图 8-1）。INSTEX 提供交易数据，协调欧洲进口商向欧洲出口商支付货款，而无须向伊朗出口商支付货款；伊朗进口商和出口商也以类似的方式进行交易。这样，伊朗企业与欧洲企业之间便没有直接的资金流动，便可实现经贸往来。2020 年 3 月，法国和德国宣布，欧洲已通过 INSTEX 完成了对伊朗的首次货物出口，将用于新冠病毒防治的实验室检测设备、防护服和手套运送到伊朗，以匹配伊朗对欧出口石油和天然气产生的费用。

然而，INSTEX 的发展存在天然缺陷，它是对 SWIFT 束缚欧伊贸易的有限挑战。这既体现了欧洲国家想要继续与伊朗进行经贸往来的意愿，又彰显了欧洲国家对美国霸权的忌惮。一

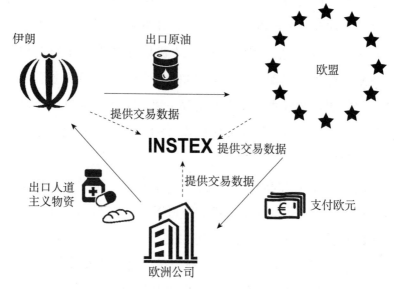

图 8-1 去美元化的 INSTEX "以物易物" 系统示例

资料来源：作者自制。

方面，INSTEX 只能服务于贸易金额基本平衡的易物交易，大大限制了双边贸易活动；另一方面，使用 INSTEX 还要求伊朗加入反洗钱金融行动特别工作组，并与欧盟就伊朗弹道导弹项目进行谈判。[①] 这也是伊朗对 INSTEX 态度不温不火的关键原因。推动国际金融基础设施改革需要强大的政治意愿作为驱动力，尽管 INSTEX 试图绕过美国制裁，但目前仍局限于人道主义物资的易物交易。这并非技术限制所致，而是因为欧洲国家缺乏与美国对立的充足政治意愿。

---

① 王柏苍、邹蕴涵、张安、靳烨：《欧盟—伊朗支付系统 INSTEX 结算机制影响分析及建议》，《国际石油经济》2020 年第 1 期。

削弱美国的金融霸权

随着区块链等去中心化和去信任化技术的兴起，数字货币已成为目标国规避金融制裁的重要手段。数字货币和虚拟货币的非监管性质，或不同国家和法律管辖区之间监管政策的显著差异，构成了其独特的属性。网络独立性、交易匿名性和转移的快捷性使得识别使用数字或虚拟货币的个人或实体身份及其目的变得极为困难。从本质上看，吸引犯罪分子的同一特性，也同样吸引那些企图逃避制裁的个体。克里斯托夫·弗罗恩卡和宋爽的研究表明，委内瑞拉、俄罗斯、伊朗和朝鲜等国已经开始尝试利用数字货币来打破西方为其设定的金融困境。[①] 例如，许文鸿发现，俄罗斯在面临美欧制裁的背景下，将货币数字化作为去美元化策略的一部分，并采取了一系列反制措施，包括减少美元直接使用、降低美元在外汇储备中的比例、大幅抛售美国国债、拓展非美元融资、增持黄金、建立本国支付系统和金融信息交换系统等。[②] 孙少岩、石洪双特别指出，美欧对俄罗斯的制裁可能促进中俄跨境人民币结算规模的扩大，为人民币国际化提供便利。[③]

相较于数字货币，被制裁国共同搭建去美国化的国际金融

[①] Christoph Wronka, "Digital Currencies and Economic Sanctions: The Increasing Risk of Sanction Evasion," Journal of Financial Crime, Vol. 29, No. 4, 2022, pp. 1269 - 1282；宋爽：《俄罗斯能使用数字货币规避制裁吗》，《世界知识》2022 年第 8 期。

[②] 许文鸿：《去美元化：俄罗斯在俄美金融战中的反击》，《俄罗斯东欧中亚研究》2021 年第 5 期。

[③] 孙少岩、石洪双：《中俄跨境人民币结算研究：基于人民币国际化和美欧制裁俄罗斯的双重背景分析》，《东北亚论坛》2015 年第 1 期。

基础设施是对美元霸权更直接的挑战。在 2014 年的克里米亚危机期间，美国曾试图通过向 SWIFT 施压来切断俄罗斯金融机构与外部世界的联系。然而，SWIFT 董事会顶住了美国的压力，并未将俄罗斯金融机构从 SWIFT 系统中剔除。尽管这次经历没有对俄罗斯造成实质性影响，但它加剧了俄罗斯对国际支付体系的不信任感。为了应对这一挑战，俄罗斯央行开始自行筹建一个替代方案，即 SPFS。

SPFS 是一个用于金融交易电子信息交流的渠道，其主要目标是确保金融信息在俄罗斯国内的不间断传输，并维护统一的财务信息传递原则和规则。[①] 从技术角度来看，SPFS 为俄罗斯提供了一个绕开 SWIFT 系统的可行性。然而，在实际应用中，SPFS 的使用主要局限于俄罗斯国内，国际业务仅涉及亚美尼亚、土耳其、乌兹别克斯坦、哈萨克斯坦、印度等 12 个国家的 70 家机构。[②] 尽管 SPFS 在国际范围内的推广和接受程度有限，但它仍被视为俄罗斯在金融领域寻求独立于西方主导的国际支付体系的重要步骤。随着地缘政治紧张局势的加剧和国际经济格局的变化，SPFS 在未来可能会发挥更重要的作用，成为俄罗斯在全球金融领域中的一种重要工具。

除了上文提及的欧洲 INSTEX 体系与俄罗斯的 SPFS 方案外，人民币跨境支付系统（CIPS）也是近年来备受瞩目的新兴

---

① Bank of Russian, "Financial Messaging System of the Bank of Russia (SPFS)," http://www.cbr.ru/eng/Psystem/fin_msg_transfer_system/.

② Reuters, "Russian C. Bank: 70 Organisations from 12 Countries Have Joined Our SWIFT Alternative," https://www.reuters.com/article/ukraine-crisis-russia-swift-idUKL8N2YG2D8.

国际金融基础设施。CIPS 是由中国人民银行组织开发的独立支付系统，目的是为境内外金融机构的人民币跨境和离岸业务提供资金清算与结算服务。该系统满足了日益增长的人民币国际支付业务需求，提供统一、高效、便捷、安全的金融基础设施。

中国自 2012 年开始构建 CIPS，并在 2015 年 10 月和 2018 年 5 月分别投入运营 CIPS 第一期和第二期。截至 2022 年 8 月底，CIPS 共有 76 家直接参与者，其中包括亚洲的 64 家、欧洲的 8 家、北美洲的 1 家、大洋洲的 1 家和非洲的 2 家。此外，还有 1 265 家间接参与者，分布在亚洲、欧洲、非洲、北美洲、大洋洲和南美洲。CIPS 由跨境银行间支付清算有限责任公司运营，该公司总部位于上海，负责 CIPS 的开发、运行与维护等业务。该公司成立于 2015 年 7 月，最大股东为中国人民银行清算总中心。为了更好地推进人民币的国际使用和推动跨境银行间支付清算有限责任公司走向市场化、国际化，该公司于 2020 年 4 月引入了 35 家来自多个领域的中外股东。[①]

当然，中国打造 CIPS 的目的并不是要取代 SWIFT 系统。首先，构建 CIPS 是顺应金融开放和人民币国际化需求的重要举措，也是进一步推动金融开放和人民币国际化的重要支撑。其次，CIPS 与 CHIPS 类似，并非完全与 SWIFT 系统对标，而是解决人民币国际支付清算需求，目前只为人民币服务，就像 CHIPS 只为美元服务一样，而 SWIFT 系统则可为多种货币提供服务。尽管 CIPS 也具备部分报文功能，但并不构成对 SWIFT

---

① 巴曙松、闫昕、董月英：《人民币跨境支付系统与 SWIFT 的协同发展》，《国际金融》2022 年第 8 期。

系统的取代，许多间接参与机构需要通过 SWIFT 系统向直接参与机构传输信息，因而 CIPS 也接受 SWIFT 系统的报文。尽管如此，面对美国日益将 SWIFT 系统武器化和把国际金融基础设施公器私用的现实，中国开发 CIPS 可以被认为是构建独立自主、能够应对美国金融制裁的跨国金融基础设施体系的第一步。"罗马不是一天建成的"，国际金融基础设施的推广是一个渐进的过程，难以一蹴而就。相比欧洲的 INSTEX 和俄罗斯的 SPFS，中国的 CIPS 具有独特的优势。它的出现并不以取代 SWIFT 系统为目的，但具备替代 SWIFT 系统的可能性。依托于人民币的国际化和中国的金融开放政策，CIPS 将逐渐扩大其影响范围和朋友圈。

第二节 非传统制裁发起方

历史上，美国长期是全球最主要的制裁发起国，其次是苏联、英国和欧盟。在地域分布上，美国的制裁行动遍及全球，而苏联则主要针对周边邻国，英国和欧盟则通常将制裁对象聚焦于非洲国家。随着 21 世纪的到来，出现了一些非传统的制裁发起方和私人行为体，这些新兴力量正逐渐改变传统的制裁格局。

自 20 世纪末以来，欧盟已经成为一个活跃的制裁力量（见图 8-2 和图 8-3），经常与联合国、区域伙伴或美国合作，出于"稳定政局"或"保护人权"的目的，对周边、亚洲和非洲地区的一些所谓"失败国家"（failed states）实施制裁。这些国

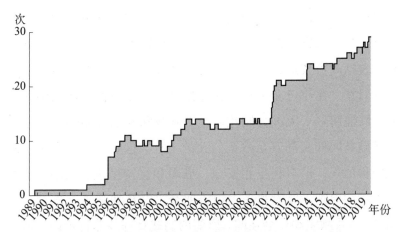

图 8－2 欧盟实施的限制性措施数量（1989—2019 年）

资料来源：Francesco Giumelli，Fabian Hoffmann and Anna Książczaková，"The When，What，Where and Why of European Union Sanctions，" European Security，Vol. 30，No. 1，2021，pp. 1 – 23.

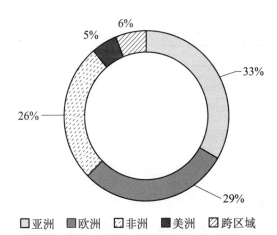

□亚洲 ■欧洲 ▨非洲 ■美洲 ▨跨区域

图 8－3 欧盟限制性措施目标国地域分布（1989—2019 年）

资料来源：Francesco Giumelli，Fabian Hoffmann and Anna Książczaková，"The When，What，Where and Why of European Union Sanctions，" European Security，Vol. 30，No. 1，2021，pp. 1 – 23.

家普遍存在政治动荡、独裁统治、种族冲突、官僚腐败和军人
干预政治等问题。例如，2002 年，欧盟对津巴布韦政府实施制
裁，包括武器禁运、旅行限制和资产冻结，原因是后者镇压国
内反对派。在津巴布韦进行新宪法公投、保障权力制衡和人权
后，欧盟解除了大部分制裁。经济制裁和其他限制性手段是欧
盟实施共同外交和安全政策的关键工具。这些措施旨在维护欧
盟的价值观、根本利益和安全，巩固和支持民主、法治、人权
和国际法原则，保障和平，预防冲突，以及加强国际安全（见
图 8 - 4）。欧盟委员会强调，欧盟的制裁目标并非特定国家或人
民，而是针对具体的政策、行为以及负责这些政策或行为的个
人和实体。欧盟承诺"尽一切努力"减轻对平民和非制裁对象

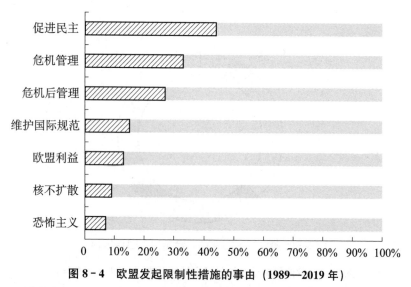

图 8 - 4　欧盟发起限制性措施的事由（1989—2019 年）

资料来源：Francesco Giumelli, Fabian Hoffmann and Anna Ksiażczaková, "The When, What, Where and Why of European Union Sanctions," European Security, Vol. 30, No. 1, 2021, pp. 1 - 23.

个人、实体及商业行为的不利影响和后果。欧盟实施的限制性
措施可能针对第三国政府、非国家实体（如公司）和个人（如
恐怖分子）。具体措施包括资产冻结、旅行限制，还可能采取经
济和金融手段（如进出口限制、银行服务限制）或武器禁运等
部门和行业措施，以实现制裁目的（见图 8－5）。

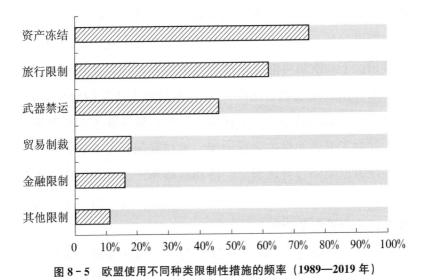

图 8－5　欧盟使用不同种类限制性措施的频率（1989—2019 年）

资料来源：Francesco Giumelli, Fabian Hoffmann and Anna Książczaková, "The When, What, Where and Why of European Union Sanctions," European Security, Vol. 30, No. 1, 2021, pp. 1－23.

当然，欧盟的制裁政策虽然表面上以维护人权、民主、法
治和国际安全为由，但实际上，这些措施往往也受到自身政治、
经济和战略利益的驱动。首先，欧盟的制裁政策通常与其外交
政策和地缘政治战略紧密相关。例如，在对某些国家实施制裁
时，这些行动可能旨在保护欧盟成员国的安全、维护其在特定
区域的影响力，或是作为对某国政策的反应。这些制裁措施，

尽管被包装为旨在促进全球治理和国际法的遵守，实际上可能是欧盟推进其地缘政治利益的工具。其次，欧盟的制裁决策过程可能受到其内部经济利益的影响。在决定是否对某个国家实施制裁时，欧盟需要考虑制裁措施可能对自身经济和贸易关系产生的影响。因此，这些决策可能是在权衡收益和成本之后做出的，而不仅仅是基于道义或人权考虑。最后，欧盟的制裁政策可能是对其他国际力量，尤其是美国政策和立场的反应。在某些情况下，欧盟可能会选择与美国或其他国际伙伴合作，共同对第三国实施制裁，这既是为了维护跨大西洋的合作关系，也是为了共同应对全球性的挑战。所以，虽然欧盟在其制裁政策中强调了促进和保护全球治理、人权和国际安全的目标，但这些政策也受到自身政治、经济和战略考虑的影响。因此，我们应该更加全面和客观地分析欧盟的制裁行为，而不是单纯地将其视为世界正义的卫士。

从法律视角分析，欧盟在制裁实施方面展现出一定的自主性和协调性。欧盟可以将联合国的制裁决议转化为欧盟法律予以执行，甚至在某些情况下，如对朝鲜的制裁，欧盟可以采取比联合国更严格和追加的限制性措施。此外，欧盟还能自主制定和实施对外经济制裁，涉及的对象包括叙利亚、委内瑞拉、俄罗斯等国家。与美国频繁使用可能违反国际法的次级制裁不同，欧盟的制裁通常属于直接制裁范畴。这些制裁主要适用于欧盟所辖领土范围内的个人和实体，海外欧盟公民，根据欧盟成员国法律成立的公司、组织和位于第三国的分支机构，以及欧盟成员国拥有管辖权的航空器和船只。当然，欧盟也会适时邀请欧盟候选国、欧洲自由贸易联盟（European Free Trade Association）和欧洲经济区（European Economic Area）国家[①]在对外政策中推行与欧盟制裁一致的限制性措施。为确保制裁的有效实施和减少合规风险，欧盟成员国承担主要的实施责任。为此，欧盟于 2018 年颁布了《欧盟共同外交和安全政策框架内限制性措施（制裁）的实施和评估指南》，旨在协调和指导成员国执行制裁决议。[②] 同时，欧盟还发布了名为"欧盟制裁地图"（EU Sanctions Map）的数据库，为企业和公众提供实时的制裁资讯（见表 8-1）。值得一提的是，2020 年，欧盟外交事务委员会通过了欧盟全球人权制裁制度（EU Global Human Rights Sanctions Regime），该制度针对全球范围内严重的人权侵犯行为，允许欧盟依法对涉及危害人类罪、酷刑、性暴力、性别暴力和压制宗教或信仰自由等行为的个人和实体实施旅行禁令和资产冻结。这一制度的出台进一步强化了欧盟在国际事务中的人权保护立场。

表 8-1　欧盟部分正在实施的制裁措施

被制裁国	认定制裁原因	制裁措施	
白俄罗斯	白俄罗斯介入俄乌冲突	武器禁运	禁止向白俄罗斯出口武器和有关物资，相关的技术或财政援助和服务也被禁止；禁止向白俄罗斯出口可能用于内部镇压的设备

① 如阿尔巴尼亚、亚美尼亚、波斯尼亚和黑塞哥维那、格鲁吉亚、冰岛、列支敦士登、摩尔多瓦、黑山、挪威、北马其顿、塞尔维亚、土耳其和乌克兰。

② 欧盟委员会另外编写了关于如何执行与俄罗斯、克里米亚和塞瓦斯托波尔、伊朗、朝鲜和叙利亚有关制裁的指南。

续表

被制裁国	认定制裁原因	制裁措施	
白俄罗斯	白俄罗斯介入俄乌冲突	资产冻结	冻结制裁清单所列个人和实体的所有资产，禁止直接或间接向其提供任何资金或资产
		军民两用物资禁运	禁止向白俄罗斯出售、供应、转让或出口军民两用货物和技术，同时禁止向白俄罗斯出售、供应、转让或出口可能有助于加强白俄罗斯军事和技术或有助于其国防和安全部门发展的货物和技术
		金融制裁	禁止与白俄罗斯中央银行储备和资产管理有关的交易；禁止清单上的金融机构使用 SWIFT 服务；禁止向白俄罗斯或白俄罗斯境内的任何个人或实体（包括白俄罗斯政府和中央银行）出售、供应、转让或出口以欧盟成员国官方货币计价的钞票和有价证券；禁止发放和协助发放期限超过 90 天的新贷款；禁止向白俄罗斯政府、公共团体、公司或机构提供保险或再保险服务；禁止欧洲投资银行向白俄罗斯提供发展融资或财政援助；禁止部分白俄罗斯公有制公司在欧盟上市
		航运制裁	禁止白俄罗斯航空公司运营的任何飞机从欧盟领土起飞、降落在或飞越欧盟领土；禁止白俄罗斯境内建立的任何公路运输企业通过欧盟公路运输货物
		旅行限制	对理事会 2012/642/CFSP 号决定附件所列人员实施旅行限制

续表

被制裁国	认定制裁原因	制裁措施	
白俄罗斯	白俄罗斯介入俄乌冲突	贸易制裁	禁止从白俄罗斯进口、购买或转让（EC）765/2006 号条例附件所列的水泥、钢铁、机械和电气设备、矿产品、钾肥、橡胶、烟草制品和木材
朝鲜	朝鲜从事大规模毁灭性武器和弹道导弹相关计划；联合国安理会通过第 1718（2006）号决议实施制裁	武器禁运	禁止向朝鲜出口和从朝鲜采购与核武器、弹道导弹和其他大规模杀伤性武器相关的材料、设备、货物和技术
		资产冻结	冻结制裁清单所列个人和实体的所有资产，禁止直接或间接向其提供任何资金或资产
		军民两用物资禁运	禁止向朝鲜出口与军民两用货物和技术有关的物资、材料和设备；联合国制裁委员会根据安理会第 2321（2016）号决议第 7 段通过的常规武器军民两用清单所列的任何其他项目；相关援助、技术培训、咨询和服务也被禁止
		金融制裁	成员国不得对朝鲜做出新的财政援助和优惠贷款承诺；禁止出售或购买、代理或协助发行朝鲜公募债券；禁止成员国的金融机构在朝鲜开设代表处、子公司、分行或银行账户，朝鲜境内现有的代表处、子公司和银行账户应予关闭；禁止向朝鲜转移资金或从朝鲜转移资金；禁止朝鲜实体在欧盟投资；禁止欧盟实体在朝鲜投资

续表

被制裁国	认定制裁原因	制裁措施	
朝鲜	朝鲜从事大规模毁灭性武器和弹道导弹相关计划；联合国安理会通过第 1718（2006）号决议实施制裁	贸易制裁	禁止从朝鲜采购船只、航空服务和航空燃料；禁止租赁或包租朝鲜船只和飞机；禁止向朝鲜提供化工、采矿和炼油行业的采矿和制造附带服务；禁止向朝鲜提供计算机和相关服务；禁止向朝鲜出售、供应、转让或出口理事会（EU）2017/1509 号条例附件所列的所有工业机械、运输车辆、直升机以及铁、钢和其他金属；禁止从朝鲜进口、购买或转让部分海产品；禁止向朝鲜出售、供应、转让或出口部分原油、石油制品和天然气；禁止从朝鲜进口清单所列纺织品、雕像、矿产、煤炭、石材、纺织品、木材、奢侈品、黄金、贵金属、钻石、农产品
		航运制裁	拒绝朝鲜飞机在欧盟领土降落、起飞或飞越欧盟领土；检查公海上的朝鲜船只是否运载禁止出口的物品，并有权扣押和处置任何违禁物品；禁止授权船只悬挂朝鲜国旗，拒绝为悬挂朝鲜国旗的船只提供保险服务；禁止为运输违禁品的朝鲜船只提供任何服务；禁止为朝鲜船只提供货物贸易服务；可以检查和扣押朝鲜船只；禁止朝鲜进入欧盟港口
		其他制裁	禁止从朝鲜购买或向朝鲜转让捕鱼权；禁止除外事活动以外目的租赁朝鲜的不动产；禁止给在欧盟工作的朝鲜公民延长工作签证有效期；对朝鲜外交人员和朝鲜在欧公民提高警惕，防止这些人参与朝鲜的核计划、弹道导弹计划或其他被禁止的活动；驱逐协助朝鲜逃避制裁的朝鲜公民

续表

被制裁国	认定制裁原因	制裁措施	
伊朗	2016 年 1 月 16 日，欧盟取消了与伊朗核计划有关的所有经济和金融限制措施，但是因为伊朗的人权状况、支持恐怖主义和其他理由（例如介入叙利亚战争）而实施的制裁仍然有效	武器禁运	禁止向伊朗出口和采购武器及有关军事物资；禁止向伊朗出口可能用于内部镇压的设备
		资产冻结	冻结理事会（EU）267/2012 号条例附件八和九所列个人和实体的所有资产，禁止直接或间接向其提供任何资金或资产，有关个人和实体的名单列入金融制裁数据库
		金融制裁	禁止向履行制裁政策的欧盟实体索赔
		贸易制裁	禁止出售、供应、转让、出口或采购理事会（EU）267/2012 号条例附件三所列物项以及成员国认为可能有助于发展核武器运载系统的任何其他物项，也禁止提供相关服务；禁止向伊朗出口专门设计用于核工业和军事工业企业的资源规划软件；禁止向伊朗出口部分石墨和金属制品；禁止向伊朗出口电信和互联网监测设备和服务
		军民两用物资禁运	向伊朗出售部分军民两用物资需得到欧盟成员国当局的许可
		航运制裁	检查欧盟境内进出伊朗的所有货物，可以扣押和处置违禁物品
		旅行限制	对资产遭到冻结的个人实行旅行限制

续表

被制裁国	认定制裁原因	制裁措施	
利比亚	利比亚政府从事国际恐怖主义；联合国安理会通过第 883（1993）号决议实施制裁	武器禁运	禁止向利比亚出口武器和有关军事物资，相关的援助和培训也被禁止；禁止从利比亚采购武器和可能用于内部镇压的设备
		资产冻结	冻结制裁清单所列个人和实体的所有资产，禁止直接或间接向其提供任何资金或资产
		航运制裁	可以拒绝利比亚航班在欧盟领土起飞、降落或飞越欧盟领土；检查运往或来自利比亚的船只和飞机的货物，可以扣押和处置违禁物品
缅甸	缅甸的民主倒退；缅甸军方在克钦邦、若开邦和掸邦等地存在蓄意侵犯人权的行为	武器禁运	禁止向缅甸出口武器和有关军事物资；禁止向缅甸出口可能用于内部镇压的设备
		资产冻结	冻结制裁清单所列个人和实体的所有资产，禁止直接或间接向其提供任何资金或资产，有关个人和实体的名单列入金融制裁数据库
		军民两用物资制裁	禁止向缅甸出口军民两用货物和技术，禁止提供任何相关的技术援助、融资安排、财政援助和中介服务
		贸易制裁	禁止向缅甸出口电信和互联网监测设备和服务
		旅行限制	对理事会 2013/184/CFSP 号决定附件所列人员实施旅行限制
		其他制裁	禁止向缅甸武装部队和边防警察提供军事训练或与缅甸武装部队进行军事合作

续表

被制裁国	认定制裁原因	制裁措施	
俄罗斯	从 2014 年开始的俄罗斯与乌克兰的冲突	武器禁运	禁止向俄罗斯出口武器和有关军事物资，相关的技术或财政援助和服务也被禁止；禁止从俄罗斯进口、购买、运输武器和有关军事物资
		军民两用物资禁运	禁止向俄罗斯境内的任何个人或实体出售、供应、转让、出口军民两用货物和技术
		贸易制裁	禁止向俄罗斯境内法律实体提供会计、审计、簿记、税务服务；禁止向俄罗斯出售、供应、转让、出口适用于炼油和天然气液化的技术和设备；禁止向俄罗斯出售、供应、转让、出口适用于海上航行的技术和设备；禁止向俄罗斯出口部分奢侈品；禁止从俄罗斯进口鱼子酱、水泥和木制品；禁止向俄罗斯出口有助于增强俄罗斯工业能力的货物
		金融制裁	禁止向履行制裁政策的欧盟实体索赔；禁止向与俄罗斯有关的贸易投资行为提供公共融资或财政援助；禁止为俄罗斯能源部门扩大经营提供金融服务；禁止协助俄罗斯主体发行有价证券；禁止与俄罗斯中央银行储备和资产管理有关的交易；禁止接受俄罗斯公民的存款
		航行限制	禁止俄罗斯注册船只进入欧盟港口；禁止俄罗斯实体使用欧盟道路运输货物；禁止俄罗斯航空公司运营的任何飞机在欧盟领土起飞、降落或飞越欧盟领土
		其他制裁	禁止媒体播放俄罗斯制作的宣传节目

续表

被制裁国	认定制裁原因	制裁措施	
索马里	索马里国内冲突恶化；联合国安理会通过第 1907（2009）号决议和第 2498（2019）号决议实施制裁	武器禁运	禁止向索马里出口军火，禁止提供相关技术咨询、培训和援助
		资产冻结	冻结制裁清单所列个人和实体的所有资产，禁止直接或间接向其提供任何资金或资产
		贸易制裁	禁止从索马里进口木炭
		航运制裁	检查欧盟境内进出索马里的所有货物，可以扣押和处置违禁物品
		旅行限制	对理事会 2010/231/CFSP 号决定附件—所列人员实施旅行限制
		其他制裁	在向索马里出口货物时保持警惕
叙利亚	叙利亚参与了 2005 年黎巴嫩贝鲁特恐怖爆炸事件，该事件造成黎巴嫩前总理哈里里死亡；叙利亚境内存在政府资助的暴力行为与广泛和系统的严重侵犯人权的行为	武器禁运	禁止从叙利亚进口武器；禁止向叙利亚出口可能用于内部镇压的设备、货物和技术
		资产冻结	冻结制裁清单所列个人和实体的所有资产，禁止直接或间接向其提供任何资金或资产
		金融制裁	禁止向叙利亚政府做出新的发展赠款、财政援助或优惠贷款承诺；禁止向叙利亚政府提供保险和再保险服务；禁止在欧盟境内开设叙利亚银行的新分行、子公司、代表处或合资企业；禁止出售或购买叙利亚公募债券；禁止欧洲投资银行向叙利亚发放贷款；禁止向对叙贸易提供信贷和融资支持；禁止投资叙利亚石油和天然气工业，禁止为叙利亚建设发电厂提供资金；禁止向履行制裁政策的欧盟实体索赔；禁止向叙利亚中央银行交付以叙利亚镑计价的纸币和硬币

续表

被制裁国	认定制裁原因	制裁措施	
叙利亚	叙利亚参与了2005年黎巴嫩贝鲁特恐怖爆炸事件，该事件造成黎巴嫩前总理哈里里死亡；叙利亚境内存在政府资助的暴力行为与广泛和系统的严重侵犯人权的行为	贸易制裁	禁止向叙利亚出口航空燃油；禁止与叙利亚进行黄金、贵金属、钻石、奢侈品贸易；禁止向叙利亚石油和天然气部门出口关键设备和技术；禁止从叙利亚进口原油和石油制品；禁止向叙利亚出口电信和互联网监测设备和服务
		航运制裁	禁止叙利亚航空公司运营的航班使用欧盟机场设施；有权检查驶往叙利亚的船只和飞机上的货物，可以扣押和处置违禁物品
		旅行限制	对理事会2013/255/CFSP号决定附件一所列人员实施旅行限制
		其他制裁	禁止买卖叙利亚的文化财产和其他具有考古、历史、文化、稀有科学和宗教重要性的物品
委内瑞拉	委内瑞拉民主、法治和人权状况的持续恶化	武器禁运	禁止向委内瑞拉出口各种武器和有关物资；禁止向委内瑞拉出口可能用于内部镇压的设备
		贸易制裁	禁止向委内瑞拉出口电信和互联网监测设备和服务
		资产冻结	冻结制裁清单所列个人和实体的所有资产，禁止直接或间接向其提供任何资金或资产
		旅行限制	禁止理事会2017/2074号决议附件一所列人员入境或过境

资料来源：作者根据 EU Sanction Map 和其他公开资料整理而成。

　　冷战结束后，俄罗斯常常通过限制石油和天然气出口以及采取贸易保护主义手段，在地缘政治上对原苏联加盟共和国和卫星国进行牵制。特别是针对那些与俄罗斯存在领土争议的国家，俄方还试图通过制裁来保护在这些地区讲俄语的少数族裔。例如，在 20 世纪 90 年代初期，俄罗斯为了支持和保护波罗的海地区的俄语人群，对爱沙尼亚、拉脱维亚和立陶宛实施了经济制裁。[①] 1992 年，土库曼斯坦独立后，为降低俄罗斯的影响，关闭了俄语学校、封锁了俄语媒体，并解雇了科教文卫系统中的俄罗斯族公务人员，引发了俄罗斯对土库曼斯坦的多轮经济制裁。[②] 21 世纪初，俄罗斯将制裁重点转向了格鲁吉亚和厄立特里亚，分别是因为格鲁吉亚谋求加入北约以及厄立特里亚与邻国的战争状态。[③] 近年来，俄罗斯的对外制裁重点转移到美国、澳大利亚、加拿大、欧盟、挪威等，以回击美西方就乌克兰问题、俄罗斯前间谍在英遭毒杀案和"干预"美国总统选举而对俄施加的经济制裁。

与此同时，随着经济实力的增长，中国也开始使用经济手段来影响邻国甚至更远国家的外交政策。中国的制裁政策具有防御性质，主要在国家安全和主权受威胁时，通过贸易和投资限制、民众抵制、限制出境旅游和向企业施加非正式压力等方式来维护自身的合法权益。[④] 总体而言，中国实施的"经济制裁

---

① Andrus Park, "Ethnicity and Independence: The Case of Estonia in Comparative Perspective," Europe-Asia Studies, Vol. 46, No. 1, 1994, pp. 69 – 87.

② Paul Stronski, "Turkmenistan at Twenty-Five: The High Price of Authoritarianism," https://carnegieendowment.org/2017/01/30/turkmenistan-at-twenty-five-high-price-of-authoritarianism-pub-67839.

③ 这一时期，俄罗斯也对乌克兰和摩尔多瓦等国家实施了经济制裁。

④ 为此，中国的对外经济制裁（economic sanction）又常常被理解为经济报复（economic retaliation），参见：Florence Wen-Ting Yang, "Asymmetrical Interdependence and Sanction: China's Economic Retaliation over South Korea's THAAD Deployment," Issue & Studies, Vol. 55, No. 4, 2019, pp. 1 – 38。

强度较低、实际运用的范围有限，且经济制裁仅用于对他国侵犯中国国家利益时的回应"，是对外部压力的"有限的回击"，在中国强制性外交政策工具箱中迄今仍处于辅助性地位。[1] 例如，在 2012 年黄岩岛事件后，作为菲律宾香蕉出口第二大目的地的中国对菲律宾发动了一场"香蕉战"，对进口的菲律宾香蕉实施了更加严格的入境卫生监管。[2] 在韩国 2016 年宣布部署萨德反导系统后，中国认为该反导系统对自身国土安全产生了实质威胁，于是对韩国采取了多项制裁措施，发布"禁韩令"，取消对在华韩国企业的补贴，建议民众"慎重选择"赴韩旅游。中国民间也掀起了一场抵制韩货和韩企（如乐天集团）的热潮。2021 年，澳大利亚莫里森政府呼吁国际社会对中国启动所谓新冠病毒溯源调查成为中国反击制裁澳大利亚葡萄酒、牛肉、大麦、煤炭、海鲜和棉花等商品的导火索。2022 年初，立陶宛违反一个中国原则，允许设立"驻立陶宛台湾代表处"，中国禁止从立陶宛进口奶制品、泥炭和任何带有"立陶宛制造"标签的产品。2022 年 8 月，美国众议长佩洛西执意窜访中国台湾地区、严重干涉中国内政后，中国宣布了八项反制措施[3]，并对佩洛西及其直系亲属采取了制裁措施。

---

[1] 方炯升：《有限的回击：2010 年以来中国的经济制裁行为》，《外交评论（外交学院学报）》2020 年第 1 期。

[2] 也有部分学者对中国加强对菲律宾香蕉的检疫和黄岩岛事件的因果关系表示质疑，参见：Angela Poh, "The Myth of Chinese Sanctions over South China Sea Disputes," The Washington Quarterly, Vol. 40, No. 1, 2017, pp. 143 - 165。

[3] 一、取消安排中美两军战区领导通话；二、取消中美国防部工作会晤；三、取消中美海上军事安全磋商机制会议；四、暂停中美非法移民遣返合作；五、暂停中美刑事司法协助合作；六、暂停中美打击跨国犯罪合作；七、暂停中美禁毒合作；八、暂停中美气候变化商谈。

从上述分析可以看出，欧盟、俄罗斯和中国作为非传统制裁发起方，实施制裁的原因各有不同。欧盟的对外制裁体现了其价值观外交的一部分，旨在批评那些违反其所倡导的"自由、民主、人权、法治"等价值观的行为和责任人并施压，有时这些制裁还涉及环保、和平、市场经济等方面。俄罗斯在实施对外制裁时，主要目的是维持其在周边地区的影响力，并在成为制裁目标时采取反制措施。而中国的经济制裁则基于维护国家安全和合法权益，是其在复杂的国际关系中划定"红线"的一种表现。[①]

同时，一些非国家行为体，特别是人权领域的社会组织，也在积极参与制裁行动。例如，国际钻石工业界参与了金伯利进程（Kimberley Process），以消除"血钻石"，推动了联合国对安哥拉、利比里亚、科特迪瓦等国的制裁。也有社会组织向美国政府施加压力，要求对缅甸军方领导人在罗兴亚危机中的行为进行制裁。

与此同时，一些非传统制裁手段也逐渐兴起，丰富了决策者的制裁工具箱。例如，美国利用与制裁关系不密切的国内立法，如《反海外腐败法》，作为制裁新兴经济体的手段。[②] 反洗钱与经济制裁在实践中交互作用，使得反洗钱监管措施成为经济制裁的工具。[③] 此外，私人诉讼正成为实现公共目标的重要手段，有时甚至比政府主导的制裁措施更为犀利，这导致美国经

[①] Gary Clyde Hufbauer and Euijin Jung, "What's New in Economic Sanctions?" European Economic Review，Vol. 130，November 2020，pp. 1 - 12.

[②] Andrew Brady Spalding, "Unwitting Sanctions: Understanding Anti-Bribery Legislation as Economic Sanctions Against Emerging Markets," Florida Law Review, Vol. 62，No. 2，2010，pp. 351 - 427.

[③] 孟刚、包康赟：《美国反洗钱与经济制裁的并存交互关系及其启示》,《经贸法律评论》2022 年第 1 期。

济制裁呈现出更加"私人化"的趋势。[①]

第三节　制裁与经济战中的道德和法律因素

制裁的非预期后果

非预期后果是在追求特定目标过程中出现的超出初衷的结果。学术界普遍认为，非预期后果的产生是导致制裁有效性降低的关键因素之一。[②] 例如，制裁可能导致经济活动的刑事化，即非法经济活动与合法经济活动的界限模糊化。彼得·安德烈亚斯指出："制裁可能无意中促进了目标国及其邻国的国家、经济和社会的犯罪化，加深了政治领导人、有组织犯罪和跨国走私网络之间的共生关系。这种共生关系可能会持续到制裁解除之后，进而助长腐败和犯罪，破坏法治。"[③] 杜尔松·佩克森也发现，感受到颠覆威胁的目标国政府可能采取没收和重新分配私人财产和财富等掠夺性的经济政策来应对制裁压力和操纵国内局势。[④] 此外，他与布莱恩·厄利的定量研究验证了经济制裁增加目标国经济结构中非正规经济比重的观点。[⑤] 就体

① Gary Clyde Hufbauer and Barbara Oegg, "Economic Sanctions: Public Goals and Private Compensation," Chicago Journal of International Law, Vol. 4, No. 2, 2003, pp. 305 - 328.

② 刘建伟：《国际制裁缘何难以奏效？："非故意后果"的视角》，《世界经济与政治》2011年第10期。

③ Peter Andreas, "Criminalizing Consequences of Sanctions: Embargo Busting and Its Legacy," International Studies Quarterly, Vol. 49, No. 2, 2005, pp. 335 - 360.

④ Dursun Peksen, "How Do Target Leaders Survive Economic Sanctions? The Adverse Effect of Sanctions on Private Property and Wealth," Foreign Policy Analysis, Vol. 13, No. 1, 2017, pp. 215 - 232.

⑤ Bryan Early and Dursun Peksen, "Searching in the Shadows: The Impact of Economic Sanctions on Informal Economies," Political Research Quarterly, Vol. 72, No. 4, 2019, pp. 821 - 834.

系影响而言，彼得·A. G. 范伯格克发现，当目标国在经济制裁的压力下转向内向型经济政策时，此过程破坏了原有更高效合理的国际分工体系，使得国际贸易合作受到负面影响，这种现象被称为经济制裁在国际贸易方面的"网络成本"（network cost）。[①]

除经济后果外，研究显示制裁可能对目标国的地缘政治灵活性[②]、政治自由[③]、新闻自由[④]、公共卫生[⑤]和其他人道主义状况[⑥]、

---

① Peter A. G. van Bergeijk, "The Impact of Economic Sanctions in the 1990s," The World Economy, Vol. 18, No. 3, 1995, pp. 443 - 455.

② 白联磊：《西方对俄制裁的影响》，《改革与开放》2015 年第 16 期。

③ Reed M. Wood, "'A Hand upon the Throat of the Nation': Economic Sanctions and State Repression, 1976 - 2001," International Studies Quarterly, Vol. 52, No. 3, 2008, pp. 489 - 513; Dursun Peksen, "Better or Worse? the Effect of Economic Sanctions on Human Rights," Journal of Peace Research, Vol. 46, No. 1, 2009, pp. 59 - 77; Dursun Peksen and A. Cooper Drury, "Economic Sanctions and Political Repression: Assessing the Impact of Coercive Diplomacy on Political Freedoms," Human Rights Review, Vol. 10, 2009, pp. 393 - 411; Antonis Adam and Sofia Tsarsitalidou, "Do Sanctions Lead to a Decline in Civil Liberties?" Public Choice, Vol. 180, No. 34, 2019, pp. 191 - 215.

④ Dursun Peksen, "Coercive Diplomacy and Press Freedom: An Empirical Assessment of the Impact of Economic Sanctions on Media Openness," International Political Science Review, Vol. 31, No. 4, 2010, pp. 449 - 469.

⑤ Susan Hannah Allen and David J. Lektzian, "Economic Sanctions: A Blunt Instrument?" Journal of Peace Research, Vol. 50, No. 1, 2012, pp. 121 - 135; Dursun Peksen, "Economic Sanctions and Human Security: The Public Health Effect of Economic Sanctions," Foreign Policy Analysis, Vol. 7, No. 3, 2011, pp. 237 - 251; M. Aloosh, A. Salavati and A. Aloosh, "Economic Sanctions Threaten Population Health: The Case of Iran," Public Health, Vol. 169, 2019, pp. 10 - 13.

⑥ Thomas G. Weiss, David Cortright, George A. Lopez and Larry Minear, Political Gain and Civilian Pain: Humanitarian Impacts of Economic Sanctions, Rowman and Littlefield, 1997; Elizabeth D. Gibbons, Sanctions in Haiti: Human Rights and Democracy under Assault, Praeger, 1999; Joy Gordon, Invisible War: The United States and the Iraq Sanctions, Harvard University Press, 2010; Matthias Neuenkirch and Florian Neumeier, "The Impact of US Sanctions on Poverty," Journal of Development Economics, Vol. 121, 2016, pp. 110 - 119.

收入平等①以及社会弱势群体（如妇女和少数族裔）的利益②产生次生的不利影响。实际上，20 世纪 90 年代对伊拉克实施的全面制裁所引发的人道主义灾难和其他负面影响③，成为国际社会寻求更精细、更具针对性、伤害最小化制裁手段的重要动因。但即使是有针对性的制裁，也可能导致目标国国内政治压制加剧、人道主义状况恶化、政府腐败和治理不善加剧。④ 例如，托马斯·比斯特克等人发现，在 58％的联合国定向制裁案例中，腐败和犯罪活动有所增加，而在 35％的案例中，目标政权变得更加专制和集权。⑤ 这是因为制裁造成的经济困难可以被目标政权作为巩固独裁统治和削弱反对派的战略工具。⑥ 新美国安全中

① Sylvanus Kwaku Afesorgbor and Renuka Mahadevan, "The Impact of Economic Sanctions on Income Inequality of Target States," World Development, No. 83, July 2016, pp. 1 – 11.

② A. Cooper Drury and Dursun Peksen, "Women and Economic Statecraft: The Negative Impact International Economic Sanctions Visit on Women," European Journal of International Relations, Vol. 20, No. 2, 2014, pp. 463 – 490; Dursun Peksen, "Economic Sanctions and Official Ethnic Discrimination in Target Countries, 1950 – 2003," Defence and Peace Economics, Vol 27, No. 4, 2016, pp. 480 – 502.

③ Abbas Alnasrawi, "Iraq: Economic Sanctions and Consequences, 1990 – 2000," Third World Quarterly, Vol. 22, No. 2, 2001, pp. 205 – 218.

④ Joy Gordon, "Smart Sanctions Revisited," Ethics & International Affairs, Vol. 25, No. 3, 2011, pp. 315 – 335; Cristiane Lucena Carneiro and Laerte Apolinário Jr., "Targeted versus Conventional Economic Sanctions: What Is at Stake for Human Rights?" International Interactions, Vol. 42, No. 4, 2016, pp. 565 – 589; Bryan R. Early and Marcus Schulzke, "Still Unjust, Just in Different Ways: How Targeted Sanctions Fall Short of Just War Theory's Principles," International Studies Review, Vol. 21, No. 1, 2019, pp. 57 – 80.

⑤ Thomas J. Biersteker, Sue E. Eckert and Marcos Tourinho, Targeted Sanctions, Cambridge University Press, 2016.

⑥ Dursun Peksen and A. Cooper Drury, "Coercive or Corrosive: The Negative Impact of Economic Sanctions on Democracy," International Interactions, Vol. 36, No. 3, 2010, pp. 240 – 264.

心（Center for a New American Security）的一项研究持相似观点，指出美国自 2001 年以来实施的有针对性的金融制裁导致目标国国家治理更加专制、腐败程度提高以及人类发展水平下降。[①]

所以，当国家面临经济制裁时，被制裁的政府可能会被迫重新分配财政预算，以减少对教育、医疗、养老、环境保护、灾害防范等被视为"低优先级支出类别"的投入。相对地，这些国家会将更多的财政资源投入以抵消由制裁带来的直接经济和政治压力，这对普通平民和特定人群的权利造成严重影响。众多政策文件和学术著作都详细列举了由此产生的社会和人道危机。例如，萨福拉·莫埃尼的研究发现，联合国对伊朗的制裁使该国儿童的总受教育年限减少了 0.1 年，上大学的概率减少了 4.8 个百分点。[②] 同时，有研究表明，跨境经济制裁对目标国民众的健康质量造成了打击，尤其是武器禁运、金融制裁和旅行限制等措施。[③] 联合国和美国发起的制裁分别使目标国人口的预期寿命减少 1.2～1.4 年和 0.4～0.5 年，主要原因包括儿童死亡率增加、霍乱死亡人数增加、性别差距扩大以及公共医疗支出减少。[④]

---

① Elizabeth Rosenberg, Daniel W. Drezner, Julia Solomon-Strauss and Zachary K. Goldman, The New Tools of Economic Warfare: Effects and Effectiveness of Contemporary US Financial Sanctions, Center for a New American Security, 2016.

② Safoura Moeeni, "The Intergenerational Effects of Economic Sanctions," The World Bank Economic Review, Vol. 36, No. 2, 2022, pp. 269 - 304.

③ Le Thanh Ha and Pham Xuan Nam, "An Investigation of Relationship Between Global Economic Sanction and Life Expectancy: Do Financial and Institutional System Matter?" Development Studies Research, Vol. 9, No. 1, 2022, pp. 48 - 66.

④ Jerg Gutmann, Matthias Neuenkirch and Florian Neumeier, "Sanctioned to Death? The Impact of Economic Sanctions on Life Expectancy and Its Gender Gap," The Journal of Development Studies, Vol. 57, No. 1, 2021, pp. 139 - 162.

例如，美国 20 世纪 90 年代初对伊拉克实施的制裁导致该国儿童死亡率显著上升。[1] 冷战后美国对古巴的制裁导致古巴食品进口量下降约 50％，进口减少和更多食用低质量蛋白质产品给古巴人民带来了重大的健康威胁。在受制裁期间，古巴国内约 5 万人受到营养不良、缺乏维生素 B 引发的流行病变的侵害，早产儿、孕妇体重过轻和老年人死亡率上升。[2] 因此，有学者呼吁对涉及目标国饮用水洁净度、食品安全、生殖健康、慢性病治疗和传染病防治的国际贸易进行制裁豁免。[3]

老年人也是受经济制裁影响的主要弱势群体之一。例如，俄罗斯被制裁后，政府在增加消费税的同时减少了对养老金的发放，导致老年人群体的福利待遇大幅削减。[4] 至于环境方面，卡维·马达尼指出，制裁作为自然环境恶化的催化剂，其危害不容忽视。[5] 制裁限制了被制裁国获得绿色技术和环保货物的机会，受制裁政府在"生存主义"（survivalist）理念的指引下，也会降低公共政策议程中环境部门的优先地位。更为致命的是，制裁限制了被制裁国将经济增长与自然资源脱钩的能力，从而

---

[1]　Beth Osborne Daponte, "The Effect of Economic Sanctions on the Mortality of Iraqi Children Prior to the 1991 Persian Gulf War," American Journal of Public Health, Vol. 90, No. 4, 2000, pp. 546 - 552.

[2]　方瑞安：《国际人权和人道主义法律体系对经济制裁的规制》，《人权法学》2022年第 3 期。

[3]　R. Garfield, J. Devin and J. Fausey, "The Health Impact of Economic Sanctions," Bulletin of the New York Academy of Medicine, Vol. 72, No. 2, 1995, pp. 454 - 469.

[4]　Seth G. Benzell and Guillermo Lagarda, "Can Russia Survive Economic Sanctions?" Asian Economic Papers, Vol. 16, No. 3, 2017, pp. 78 - 120.

[5]　Kaveh Madani, "How International Economic Sanctions Harm the Environment," Earth's Future, Vol. 8, No. 12, 2020, pp. 1 - 12.

增加了其经济对自然资源的依赖度，对环境产生了更具持久性和破坏性的影响。与此类似，埃琳娜·麦克利恩和黄泰熙的研究发现，被制裁国通常会减少备灾支出，从而增加了自然灾害导致的经济和人员损失的规模。[①]

综合上述各种经济和非经济伤害[②]，布莱恩·厄利和杜尔松·佩克森编制了一个复合指标，用以捕捉制裁对目标国社会经济和政治状况的总体不利影响。[③] 他们将该指标命名为"免于（民生）苦难指数"（Freedom from Misery Index），涵盖了人均国内生产总值、粮食供应、预期寿命、教育、免受政治压迫的自由、言论自由和宗教自由等七个连续变量的维度。他们的研究发现，在多个受美国经济制裁的国家中，塞拉利昂、乍得、布基纳法索、埃塞俄比亚和莫桑比克这五个国家的苦难程度最高。

此外，有研究表明，被制裁方的领导人有时会将国际经济制裁所造成的国内压力转化为社会中最脆弱群体对外国人的仇恨，并进而煽动和助长针对外国公民和政府以及外国利益的国际恐怖主义。[④] 纳兹利·阿夫丹等人对这一结论进行了修正。他

---

① Elena V. McLean and Taehee Whang, "Economic Sanctions and Government Spending Adjustments: The Case of Disaster Preparedness," British Journal of Political Science, Vol. 51, No. 1, 2021, pp. 394 - 411.

② Özgür Özdamar and Evgeniia Shahin, "Consequences of Economic Sanctions: The State of the Art and Paths Forward," International Studies Review, Vol. 23, No. 4, 2021, pp. 1646 - 1671.

③ Bryan R. Early and Dursun Peksen, "Does Misery Love Company? Analyzing the Global Suffering Inflicted by US Economic Sanctions," Global Studies Quarterly, Vol. 2, No. 2, 2022, pp. 1 - 13.

④ Seung-Whan Choi and Shali Luo, "Economic Sanctions, Poverty, and International Terrorism: An Empirical Analysis," International Interactions, Vol. 39, No. 2, 2013, pp. 217 - 245.

们的研究表明，制裁引发的仇外情绪，即所谓的"责备游戏"（blame game），仅适用于言论自由度较低的国家。如果被制裁方的媒体和信息开放程度较高，公众对制裁施加方的仇恨并不会增加，反而更可能将公众的不满指向本国政府，导致国内恐怖主义随着经济制裁时间的延长而增加。[①] 然而，无论是本土恐怖主义还是国际恐怖主义，都伴随着政治和经济压力的积聚，在客观上创造了助长恐怖主义的条件和土壤。托马斯·奥尔特曼和杰森·吉施的研究发现，与所受经济制裁强度较低或未受经济制裁的国家相比，受经济制裁强度较高的目标国更有可能面临更严重的恐怖主义威胁。这是因为经济制裁能使恐怖主义团体在物质上更强大、在意志上更坚决，从而加剧恐怖主义行为造成的死亡人数和破坏程度。[②]

制裁与人权

美国经常自诩国际人权保护的领军者，以所谓的"保护人权"为名，频繁发起单边经济制裁。然而，克里斯托弗·沃尔认为，美国的这种制裁实践实际上是"新帝国主义"（new imperialism）的霸权行径，并不能有效保护目标国的人权。[③] 沃尔的

---

① Nazli Avdan, Bryan R. Early, Ryan Yu-Lin Liou, Amanda Murdie and Dursun Peksen, "The Blame Game: Public Outcry and Terrorism within and Exported from the Sanctioned State," Foreign Policy Analysis, Vol. 19, No. 1, 2023, pp. 1 - 29.

② Thomas Altmann and Jason Giersch, "Sanctioned Terror: Economic Sanctions and More Effective Terrorism," International Politics, Vol. 59, No. 2, 2022, pp. 383 - 397.

③ Christopher Wall, "Human Rights and Economic Sanctions: The New Imperialism," Fordham International Law Journal, Vol. 22, No. 2, 1998, pp. 577 - 611.

论点基于以下几个方面的分析：首先，美国没有充分认识到人权定义在世界不同地区存在显著差异，而不是一个普世统一的概念。其次，美国的单边制裁威胁和行动既缺乏合法性基础，也削弱了通过外交和其他和平手段改善人权的能力和意愿。再次，美国在海外执行人权标准的道德基础较弱，似乎更倾向于批评他国的人权状况，而忽视国内的人权问题。最后，美国的制裁行动存在双重标准，例如，鉴于亲美的巴列维王朝曾经犯下的大量侵犯人权的罪行，美国对伊朗境内侵犯人权的行为的谴责令人质疑。沃尔最后总结道，"也许单方面制裁对于每一个侵犯人权的案件都是一种太过消极的解决办法"，这个论断是对经济制裁与保护人权二者复杂关系的生动注脚。

那么，经济制裁是否为改善全球人权状况的有效工具？现有研究普遍认为，经济制裁通常会导致目标国的镇压加剧和人权状况恶化。里德·伍德提出了"制裁引发压迫"的理论，认为制裁造成的政治不稳定增加了现政权的威胁感知，从而使得政治压迫和侵犯人权的需求变得更迫切。[①] 具体而言，当制裁增强了反对派的相对权力，助长了社会动荡和政治异议，或鼓励了现政权支持者的叛逃时，制裁便构成了对目标政权的威胁。作为回应，目标领导人可能会增大政治压迫的程度和范围，以稳固自己的孤立政权。刘育麟等学者对"制裁-压迫结点"（sanction-repression nexus）进行了深入分析，指出了外部制裁

---

① Reed M. Wood, "'A Hand upon the Throat of the Nation': Economic Sanctions and State Repression, 1976 - 2001," International Studies Quarterly, Vol. 52, No. 3, 2008, pp. 489 - 513.

促进侵犯人权的行为的两个间接机制：国内异议增加和政府能力下降。[①] 制裁可能激发国内的政治分歧，进而促使政府对异议分子采取镇压措施。制裁导致的政府能力下降，损害了政府甄别和监督安全人员的能力，从而导致侵犯人权的行为的增加。然而，姜信宰等学者的研究认为，外部经济制裁压力只是加强了目标国政权利用政治腐败、司法干预和媒体审查等手段来侵犯人权和进行政治压制的能力，并不一定意味着被制裁方内部人权状况的恶化。[②] 出于改善人权状况目的的制裁通常不会加剧目标国的现有人权压迫，但非人权相关的制裁往往会导致目标国内部出现新增的政治高压。达波·阿坎德等人提出了人权制裁的核心悖论，即制裁通常是因目标国违反人权而发起，但以保护人权为目的的制裁本身就可能是一种压迫人权的行为，甚至在极端情况下构成危害人类罪。[③] 因此，乔治·洛佩兹和戴维·科特莱特认为，从保护人权的角度来看，经济制裁既是问题的一部分，也是解决方案的一部分。[④] 李薇薇更为直接地指

---

① Ryan Yu-Lin Liou, Amanda Murdie and Dursun Peksen, "Revisiting the Causal Links between Economic Sanctions and Human Rights Violations," Political Research Quarterly, Vol. 74, No. 4, 2021, pp. 808 – 821.

② Sinjae Kang, Sangmin Lee and Taehee Whang, "Economic Sanctions, Repression Capacity, and Human Rights," Journal of Human Rights, online first, 2022, doi: 10.1080/14754835.2022.2096404.

③ Dapo Akande, Payam Akhavan and Eirik Bjorge, "Economic Sanctions, International Law, and Crimes Against Humanity: Venezuela's ICC Referral," American Journal of International Law, Vol. 115, No. 3, 2021, pp. 493 – 512.

④ George A. Lopez and David Cortright, "Economic Sanctions and Human Rights: Part of the Problem or Part of the Solution?" The International Journal of Human Rights, Vol. 1, No. 2, 1997, pp. 1 – 25.

出："在经济制裁的概念中，制裁与人权是相互对立的。"①

这引出了一个相关问题：如果制裁并不总是有利于保护人权，为什么某些国家仍然以目标国的不良人权行为为主要理由来实施制裁？王孖弘对西方国家以人权为政策目标的经济制裁的"真实性"意图提出了质疑，认为制裁者的真正目的可能并非改善人权。② 扎德·科莱研究了 1981—2005 年的 159 个制裁案例，得出的结论是，尽管实施的经济制裁与目标国国内人权实践的恶化有关，但经济制裁的威胁不仅能够使目标国出于规避制裁的动机更加尊重人权，随之产生的"示范效应"还能促使与目标国在人权和外交政策上相似的国家跟进改善其人权标准。③ 按照这种观点，为了确保制裁威胁的可信度和警示性作用，威慑未来的行为者，国际社会应该定期对侵犯人权的国家和政权实施制裁。有学者对针对拉丁美洲国家的 12 个人权制裁案例的研究证实了科莱的结论。研究指出，制裁确实提高了非目标国的人权保护水平，这一发现可以通过文献中有关制裁的"威慑效应"（deterrent effect）来解释，在特定情况下实施经济制裁可以使遵守更高人权标准的概率提高近 50%。④

---

① 李薇薇：《论联合国经济制裁中的人权保护：兼评联合国对朝鲜的经济制裁》，《法律科学（西北政法学院学报）》2007 年第 2 期。

② 王孖弘：《意识形态与国际经济制裁：以人权与民主为政策目标的经济制裁浅析》，《国际论坛》2014 年第 4 期。

③ K. Chad Clay, "Threat by Example: Economic Sanctions and Global Respect for Human Rights," Journal of Global Security Studies, Vol. 3, No. 2, 2018, pp. 133 - 149.

④ Cristiane de Andrade Lucena Carneiro, "Economic Sanctions and Human Rights: An Analysis of Competing Enforcement Strategies in Latin America," Revista Brasileira de Política Internacional, Vol. 57, No. 1, 2014, pp. 197 - 215.

阿曼达·穆迪和佩克森的研究则关注以人权领域的国际组织为代表的跨国非国家行为体，在制裁发起方做出决策过程中所扮演的角色。[①] 这些国际组织的工作一方面集中于改善压制性政权（repressive state）的内部人权状况，另一方面致力于提高对人权保护规范的认识和采用。这些组织的活动以及它们所收集的关于压制性政权侵犯人权的历史记录往往被制裁发起方所利用，对一个国家在人权领域的做法施加压力。更具体地说，这些组织通过"信息共享"（information sharing）和"地方赋权"（local empowerment）两个机制增加了针对压制性政权采取经济制裁行动的可能性。前者是指这些组织通过揭露侵犯人权的行为，为国际社会对压制性政府实施惩戒提供必要的信息支撑；后者则是指在压制性政权内部形成呼吁国际社会干预的抵抗性力量。

制裁与国际法

经济制裁的合法性，与其有效性一样，是学术界广泛争论的议题。一般认为，《联合国宪章》第41条为联合国授权的多边经济制裁提供了法律基础。该条款规定，在遇到对"和平之威胁、和平之破坏及侵略行为"的情况下，"安全理事会得决定所应采武力以外之办法，以实施其决议，并得促请联合国成员国执行此项办法。此项办法得包括经济关系、铁路、海运、航空、

① Amanda Murdie and Dursun Peksen, "The Impact of Human Rights INGO Activities on Economic Sanctions," The Review of International Organizations, Vol. 8, No. 1, 2013, pp. 33–53.

邮电、无线电及其他交通工具之局部或全部停止，以及外交关系之断绝"①。但第41条未具体规定何时可以采取制裁，而是为可能采取的措施类型提供了指导。制裁决策权力集中在联合国安全理事会手中。因此，有学者质疑单边和域外经济制裁的国际合法性。贾娜·伊利耶娃等人主张，在联合国法律框架下，某成员国无权对其他成员国或任何主权国家实施经济制裁，违反国家主权和法治原则的单边制裁可视为对现有国际法秩序的挑战。② 伊瑞娜·博格达诺娃和李瑾分别指出，"国家安全例外"条款并不能为单边经济制裁提供国际法依据。③ 此外，除了《联合国宪章》和《关税与贸易总协定》，柯蒂斯·亨德森认为，美国对尼加拉瓜的单边贸易制裁违反了《美洲国家组织宪章》和《美国-尼加拉瓜友好、商业和航运条约》等国际法条约。④ "解铃还须系铃人"，既然单边经济制裁违反了《联合国宪章》的法治精神，周汉民和黄骅主张在联合国框架内解决经济制裁的滥用问题，回归维护世界和平的初衷和原则。⑤ 柳剑平和刘

---

① https://www.un.org/zh/about-us/un-charter/full-text.

② Jana Ilieva, Aleksandar Dashtevski and Filip Kokotovic, "Economic Sanctions in International Law," UTMS Journal of Economics, Vol. 9, No. 2, 2018, pp. 201 – 211.

③ Iryna Bogdanova, "Targeted Economic Sanctions and WTO Law: Examining the Adequacy of the National Security Exception," Legal Issues of Economic Integration, Vol. 48, No. 2, 2021，pp. 171 – 200；李瑾：《美国经济制裁外交中的单边次级制裁法律问题研究》，《青海师范大学学报（社会科学版）》2021年第5期。

④ J. Curtis Henderson, "Legality of Economic Sanctions Under International Law: The Case of Nicaragua," Washington and Lee Law Review, Vol. 43, No. 1, 1986, pp. 167 – 196.

⑤ 周汉民、黄骅：《美国对外金融制裁的法理分析》，《海关与经贸研究》2022年第1期。

贝凡认为，当代国际关系中不具合法性的经济制裁是特定国际秩序的产物。他们提出，只有在广大发展中国家的综合实力接近或赶上西方发达国家时，不合法的经济制裁才能得到有效控制。① 潘坤和杨成铭认为，只有打破牙买加体系下国际金融法框架内的"帝国秩序"，美国实施的非法金融制裁才能得到有效抵御。②

当然，对立的一派观点认为只要经济制裁遵从属地原则（territoriality principle）、人格和国籍原则（personality and nationality principle）、保护性原则（protective principle）和普遍性原则（universality principle）中的一项或多项，即应该被认为是符合国际习惯法的。③ 很多中国学者认为，与侵略战争不同，单边经济制裁无论是作为反制措施还是作为经济强制措施，都不为国际法所禁止或约束，甚至有形成国际习惯法的潜力。④ 尽管如此，迈克尔·雷斯曼和道格拉斯·斯特维克还是提出了他们认为符合国际法标准的经济制裁的五条标准。第一，高强度

---

① 柳剑平，刘贝凡：《全球民主治理与非合法性经济制裁行为的消减》，《湖北经济学院学报》2004 年第 1 期。

② 潘坤、杨成铭：《〈反外国制裁法〉背景下反美国金融制裁措施研究》，《国际贸易》2021 年第 9 期。

③ Susan Emmenegger, "Extraterritorial Economic Sanctions and Their Foundation in International Law," Arizona Journal of International & Comparative Law, Vol. 33, No. 3, 2016, pp. 631 - 660.

④ 简基松、王宏鑫：《美国对俄罗斯经济制裁之国际法分析及对中国的启示》，《法学评论》2014 年第 5 期；况腊生、郭周明：《当前国际经济制裁的法律分析》，《国际经济合作》2019 年第 3 期；葛淼：《美国单边金融制裁的国际法性质与应对》，《上海金融》2018 年第 10 期；张虎：《美国单边经济制裁的法理检视及应对》，《政法论丛》2020 年第 2 期。

和强制性的经济制裁必须设置应急措施；第二，经济制裁必须是必要的和遵从比例原则的，即发起方的政策利益必须与目标方民众的痛苦相称；第三，发起方必须合理地最大化区别对待目标方内部的战斗人员和非战斗人员；第四，经济制裁方案必须随着方案的进展不断更新信息，以确保其效果符合国际法；第五，无辜第三方也可能遭受制裁的附带损害，它们有权获得国际社会或者发起方的救济。[①] 的确，《联合国宪章》第 50 条还规定，"安全理事会对于任何国家采取防止或执行办法时，其他国家，不论其是否为联合国成员国，遇有因此项办法之执行而引起之特殊经济问题者，应有权与安全理事会会商解决此项问题"。如何在制裁实践中履行该条款是部分政策和学术研究关注的话题。

联合国《博叙伊报告》（The Bossuyt Report）强调，面对违反国际法的制裁制度，受害者应获得全面的法律补救措施。[②] 在这一框架内，平民受害者或目标国可以向国家法院、联合国人权机构或区域机构提出对具体制裁发起国的投诉，甚至可以向国际法院提起诉讼。然而，当制裁由联合国安全理事会、区域政府组织或根据区域防务协定实施时，为平民受害者提供补救变得困难，因为他们可能无法直接对发起国提起诉讼。在这

---

① W. Michael Reisman and Douglas L. Stevick, "The Applicability of International Law Standards to United Nations Economic Sanctions Programmes," European Journal of International Law, Vol. 9, No. 1, 1998, pp. 86 – 141.

② Marc Bossuyt, "The Adverse Consequences of Economic Sanctions," https://archive. globalpolicy. org/component/content/article/202 – sanctions/42501 – the-adverse-consequences-of-economic-sanctions. html.

种情况下，鉴于实施制裁的多边实体仍可能违反国际法，建立特别机制或程序，以便社会组织向因制裁而受害的平民提供必要救助变得尤为重要。然而，奥古斯特·赖尼希指出，由于制裁的政治性质，现行的国际司法和准司法机制难以为因经济制裁而遭受痛苦的大量个人或群体提供适当的程序手段，因此需要在法律救助之外为受害者开辟一条政治维权之路。① 与其依赖"不可靠、无休止、去中心化"的国际法律途径，还不如由目标国当局直接向无辜的受害群体提供救助，就像欧盟委员会在美欧"香蕉战"和"牛肉战"中所做的那样，通过设立一个特别赔偿基金，为因为美国加税而受损的欧盟出口商提供经济援助。鉴于并非所有目标国都有能力和政策空间执行自我救济，赖尼希同时认为，通过实施人道主义和更精确的制裁措施，可以最大限度地减少附带损害，从而提高制裁的合法性。

2002 年常设的国际刑事法院（ICC）成立后，美国寻求与 ICC 成员国签署双边豁免协定（BIA），引发广泛反对和质疑。美国以中断援助甚至威胁实施经济制裁为手段，迫使 ICC 成员国与美签署 BIA。伊尔凡·努鲁丁和奥特姆·洛克伍德·佩顿为此提出了"基于制裁的 BIA 签署理论"，认为 ICC 成员国在决定是否签署 BIA 时，会对相关行为的成本与收益进行理性评估。

---

① August Reinisch, "Developing Human Rights and Humanitarian Law Accountability of the Security Council for the Imposition of Economic Sanctions," *The American Journal of International Law*, Vol. 95, No. 4, 2001, pp. 851 - 872. 美国单边制裁也面临类似的问题，但美国在立法中未规定制裁的救济途径，除与美国展开政治谈判外，制裁对象想完全通过司法途径解决相关问题是存在困难的，参见王佳：《美国经济制裁立法、执行与救济》，《上海对外经贸大学学报》2020 年第 5 期。

当抵制 BIA 的收益大于签署 BIA 的收益时，成员国倾向于拒绝签署；反之，则倾向于签署。美国希望通过经济制裁政策改变成本与收益的平衡点，迫使 ICC 成员国屈从美国意志并签署 BIA。[①]

---

① Irfan Nooruddin and Autumn Lockwood Payton, "Dynamics of Influence in International Politics: The ICC, BIAs, and Economic Sanctions," Journal of Peace Research, Vol. 47, No. 6, 2010, pp. 711 – 721.

结　语
构建中国范式的制裁与经济战知识体系

　　大争之世催生了社会科学理论的发展，这些理论反过来又成为大国竞争的重要工具。经济学理论最初的目的是帮助欧洲各国的王公贵族提高国家税收能力和筹集战争经费，英国哲学家威廉·配第提出使用"政治算术"（political arithmetic）来建立一个定量分析框架，系统地从人口、收入、支出、土地存量等方面进行综合国力比较，以服务于英荷战争中的决策。这种对国力的比较是现代统计学和经济分析的早期形式，为大国竞争提供决策支持。配第的方法论推动了对经济和人口数据的精确测量，帮助英国统治者理解国家实力、预测未来发展趋势，并提供了分析和优化资源分配的方案。现代宏观经济分析沿袭了这种基于理性计算的社会科学方法论和世界观，至今仍被世界各国的决策者普遍采用，用于理解国家综合实力和竞争态势。二战后，美国陆军航空队与道格拉斯飞机公司联合成立了智库"兰德公司"，后者最初的作用是向美国军方提供调研和情报分析服务，后来逐渐发展为涉足多个领域的政策性智库。其中最具代表性的是兰德公司提出的"净评估"（net assessment）概念，通过全面分析和评估美国与潜在对手在军事、技术、经济和政治各方面的相对实力，来指导国家安全战略和资源配置。类似的评估方法和决策工具时至今日仍是主流。

　　然而，仅仅依赖于物质和理性的社会科学方法，在分析众多历史事件时往往失去其解释能力，其对未来的预测功能也显得相当有限。例如，怎样才能解释法国在经历外部战争的失利和连年的内乱后，仍能在民族主义的激励下一举成为欧洲霸主？又如何解释中国共产党能从南湖的一点星火，燃遍整个中国，甚至使中国在朝鲜战争中与世界强国美国抗衡？社会科学的范畴和影响力远超线性的因果逻辑，它融合了人们的信仰、期望和行动之间的复杂相互作用。换句话说，社会科学理论并非只是对客观现象的观察和记录，它深刻地参与塑造了集体的经验和情感。

　　社会科学与自然科学有着本质的区别。自然科学研究的对象一般不会受到研究者信仰或观察的影响，而社会科学的核心关切，比如人类社会和行为，在本质上是主观和构造性的。社会科学研究通常从一开始就需要界定哪些是学科外的变量，将复杂的社会动态划分为独立的片段，再由不同学科如经济学、政治学、社会学的专家在自己熟悉且安全的范畴内重构逻辑。这种为了方便而进行的分割，已经在一定程度上削弱了我们对真相的认识，而社会参与者认知、信仰和预期的变化，使得人类群体研究的复杂性进一步加剧。社会现象既不是静态的，也不完全由外部条件决定。相反，它们是生动的、互动的，不断被参与其中的人重塑，受到内生动力驱动。这意味着研究者需要关注思想和行为是如何在社会结构内生成并相互作用的，以及这些相互作用如何反过来影响这些结构和个体。在某种程度上，社会科学的独特之处在于研究对象的这种双向互动性：人们的行为和信仰塑造了社会结构，而这些结构又反过来影响人们的行为和信仰。这种双向因果机制与自然科学形成了鲜明对比，后者的研究对象不会因研究者的理论或发现而改变其行为或本性，并且结果或发生概率总能通过理论和实验预测。相比之下，社会科学在解读历史方面表现出色，但在对未来进行精确预测方面却遇到了难题。这是因为，一旦做出预测，世界的走向便可能因此而改变，这种变化往往导致"自我实现的预言"。因此，社会科学实际上是科学与艺术的混合体，它是逻辑思维与创造性想象力的和谐共振。

战争为我们提供了一个观察科学与艺术融合之美的绝佳视角，一方在战场上的表现不仅取决于精确的战略与战术，还取决于对不确定因素的直觉把握与创造性的应变。经济竞争亦是如此，其科学性在于对市场数据的精细分析、经济模型的构建和系统性策略的规划，而对社会行为、心理学及社会动态的洞察则展现了艺术性和非逻辑因素的重要性。正如俗语所言，"信心比黄金更重要"，在经济领域，信心的作用远比资本本身重要和关键。消费者若对经济前景持乐观态度，则更倾向于增加开支，购置耐用品和非必需品，这种消费模式直接刺激了整体经济，促进了生产和就业。企业若对未来市场和经济状况抱有信心，也更愿意投资，扩大生产，开发新产品或开辟新市场。这些投资行为不仅为企业本身带来增长机遇，也对整体经济产生积极影响，创造就业并提升生产效率。金融市场同样遵循这一逻辑，高度的信心通常与股市上涨和投资增长相联系，反过来又为企业提供了更多的融资机会，支持它们的扩张和增长。经济参与者所依赖的并非直接的金融或物质生产，而是观念塑造与实际生产能力的协同增长或下降。

基于这样的理解，我们提倡构建中国范式的制裁与经济战知识体系，这不仅可为中国社会提供政策性的"护具"和"武器"，而且思想的塑造和对西方理论的批判本身就是一种观念的力量。提出"人大学派"的制裁与经济战理论，旨在满足"天时"、"地利"和"人和"三重要素，为中国在国际舞台上的发展和安全提供理论支持和策略指导。

其一，天时。学术研究在制裁与经济战领域深入挖掘，基于全球政治经济格局的不断演变，对实际制裁政策进行总结和分析，从而在学术和战略层面上对制裁与经济战进行反思，显得尤为重要。制裁不仅反映了国与国之间权力运作的一种方式，还涉及外交和军事行为的边界。在第一次世界大战后，国际政策界和学术界开始偏爱将制裁视为一种避免冲突的非暴力手段。早期的研究主要集中在对制裁的定义和法律依据的探讨上，强调制裁作为战争的替代方案的潜力。当时普遍的看法是，通过经济手段迫使目标国改变政策，可以有效避免武力冲突，体现了对和平解决国际争端的乐观态度。然而，在第二次世界大战的酝酿及爆发过程中，制裁并未能有效阻止冲突的发生，有时甚至被认为是促成冲突的因素之一。这引发了西方学术界关于制裁有效性的长期讨论。随着时间的推移，基于制裁成功率的统计分析成为研究的主流方法，学者们开始通过实证研究评估制裁的实际影响。主流观点倾向于认为，制裁往往难以达成预定的政治目标，强调了目标国的适应与抵抗能力、制裁的经济成本，以及多边关系的复杂性。进入 21 世纪，制裁经常与舆论战、信息战、网络战等手段相结合，形成现代混合战争的一环。美国在叙利亚等地策划的颜色革命就是一个例证，展现了经济制裁与新型作战手段相结合，对目标国安全造成破坏的实例。

其二，地利。制裁与经济战不仅是政治与经济工具，更是在中国及世界历史上拥有丰富的实践，与传统战争并行，体现了不同民族和文明的战略文化。各种文化和历史背景孕育了不同文明在处理国际关系、对外战略、压迫与反抗中的核心理念和价值观。例如，俄罗斯对东欧国家的经济制裁常表现为停止援助，采用家族式父权制的惩罚方式来削弱对方，而西方国家的制裁与经济战战术则不限于物质制裁和禁运，还包括羞辱和污名化，将对手视为"不可接触者"和"异端"，形成一种宗教式的敌我划分。制裁与经济战的应用反映了各自文明的战略文化属性。在构建人类命运共同体和创造人类文明新形态的进程中，我们应当依托自己的战略文化打造"经济武器"。

其三，人和。制裁与经济战作为多个学科的交叉领域，不仅包含了客观的分析和推理，也融入了意志的对抗和人的因素。这要求决策者和研究者深刻理解并掌握政治学、经济学、区域国别学等学科的基础原则，并采用跨学科视角进行分析和决策。类似于传统战争，制裁与经济战本质上体现了国家或联盟间意志和智慧的较量。在这一过程中，作为实际参与者的人通过不断学习、思考和自我反思实现进步。理论研究者通过观察、记录和分析人类行为模式及其相互作用，归纳出相应的规律和知识。然而，一旦这些战术知识和对策被广泛理解和接受，人们的行为模式将随之改变，特别是在制裁领域，知识与行为的相互形塑和影响尤为显著。有关制裁与经济战的知识和策略会不断地被否定、更新和演进，本书虽未能全面总结历史上的制裁与经济战案例，但对理解当前中美经济互动的紧迫性、构建理论自信以及增强战略定力具有重要价值。

胁迫还是遏制？——区分制裁与经济战

解析概念和明确界限是我们批判性地审视西方的制裁理论并建立独立的知识体系的第一步。西方学术界很少提及"经济战"（economic warfare）一词，主要是因为"制裁"（sanction）这一术语本身隐含了一种不对等的主客体关系：制裁暗示了一种强者对弱者的关系，一种强制性的施加以及无法抗拒的状态，而最重要的是，它区分了正义与邪恶。在西方的主流讨论中，制裁不是基于"目标-行为"来定义，而是基于"主体-行为"来定义。20世纪初期国际联盟在设计制裁这一法律武器时，目的就是将意图挑战凡尔赛体系的国家贴上道德败坏的标签，这些国家将同时受到国际联盟全体成员的经济孤立。① 今天，西方国家自视为力量与道德的统一体，认为只有它们及其附属实体有

---

① Nicholas Mulder, The Economic Weapon: The Rise of Sanctions as a Tool of Modern War, Yale University Press, 2022.

权施加"制裁",而非西方国家发起的经济强制措施则被贬为"报复"或"胁迫"。相较之下,"经济战"这一术语暗示了双方在力量、地位和道德上的平等,没有了"制裁"所特有的优越感,同时也喻示了被动方反抗的正当性。

制裁与经济战虽为不同的概念,但它们都是国家或国际组织为实现特定政治目标而采取的经济手段,都是在经济棋盘上操作的政治游戏。制裁通常指一个国家或国家集团对另一国家、组织或个体施加的限制性经济措施,如贸易禁令、资产冻结和金融制裁等。而经济战则是一个更广泛和深入的概念,它通过经济手段实现更全面的战略目标,这包括但不限于通过贸易壁垒、外国投资限制、货币战乃至破坏对方经济基础设施来影响或控制对方的经济体系。经济战的范围更为广泛,可以与网络战、心理战甚至传统军事冲突并用。

在共性方面,制裁与经济战都是通过损害性的对外经济政策,将发起国的政策诉求施加于目标国。它们通过经济手段追求政治成果,尽管手法和程度有所不同。制裁一般采用较为温和的策略,目的是通过限制与目标国的经济往来来迫使目标国改变某些政策或行为。这种做法通常包括对贸易、投资和金融交易的限制,目的是施加压力而不是直接造成破坏。而经济战则采取激进和破坏性的措施,旨在深度削弱对手的经济与军事实力,严重损害其统治结构,甚至可能采用多种手段颠覆对手政权和国家结构。

制裁与经济战都对目标国的财产和民众福祉构成重大威胁,其区别主要体现在发起国的目标和退出机制上。制裁通常与具

体、明确且可实现的政治目标相连，一旦目标达成，制裁往往
会被撤销。相反，经济战的目标往往更模糊、更抽象，且常常
包含强烈的意识形态色彩，即使目标国已做出让步，发起国也
可能不愿停止经济攻击。在某些情况下，名义上的制裁实际上
可能是一场广泛的经济战的一部分。一言以蔽之，区分制裁和
经济战的关键在于发起国的初衷是"胁迫"还是"遏制"。对于
发起国和目标国而言，准确区分这两种策略的目标在制定和实
施制裁及反制裁政策时至关重要。

　　制裁有时会演化为经济战，尤其是在双方对立日益尖锐、
仇恨和敌对情绪不断累积的情况下。这种转变的一个明显迹象
是退出机制的改变：制裁往往基于明确且具体的政治目标，一
旦这些目标被实现，发起国便会撤销制裁；相比之下，经济战
的政治目标更加模糊和广泛，即便目标国采取了妥协措施，发
起国也可能继续其经济攻击，此时制裁实质上已经演化为经济
战。此外，当制裁目标过于宏大，超出经济手段能够达到的范
围，比如要求目标国改变基本政治方向、放弃核心利益，或迫
使其领导层下台，制裁本质上已升级为经济战。在这种情况下，
目标的不切实际导致目标国无法或不愿妥协，从而使冲突进一
步加剧甚至可能演变为军事对抗。

　　同时，对这两个概念进行清晰区分并将它们置于一个更广
泛的框架中来理解也是至关重要的。在实践中，制裁与经济战
可能与贸易战、关税战等以经济利益为主的冲突概念混淆。然
而，在冲突的动态进程中，初衷为施压和胁迫的制裁可能随着
敌对情绪的升级而演变为旨在彻底摧毁对方经济力量的经济战。

因此，在制定和执行政策时，精准区分这两者的本质与目标变得极为关键。目标与手段之间的不匹配是一个关键因素。特别是当追求的目标过于宏大，要求目标国做出巨大的让步和牺牲时，而发起国对目标国的经济影响力不够大，或因各种原因未能采取足够严厉的措施，结果便是目标国在权衡利弊后，不会因受到的制裁而改变原有的行为和政策。

制裁与经济战中意志与认知的较量

在探讨制裁与经济战的理论和思维过程中，商品贸易内含的权力关系无疑是最常讨论和最直观的一个概念。商品的独特性和在市场上的支配地位直接影响两国在经济依赖关系中的权力地位，这解释了为何粮食和能源在经济安全议题中如此重要。虽然这种权力关系是制裁与经济战的核心，但与古代围城战术不同，现代的经济斗争并不仅仅在于简单的封锁，而更多地在于削弱和瓦解对方的反抗意志。

实际上，在现代国际斗争中，制裁的施加往往标志着胁迫手段的失败。如果深入探索，会发现外围国家默默地顺从，主动与中心国家保持一致，才是经济不对称依赖下的国际关系常态。制裁与经济战的爆发反映了双方决策者对经济权力关系的不同解读。仅当双方对这种相互依赖关系中的权力动态有根本性的分歧时，制裁才会真正实施。例如，若发起国认为自己与目标国之间的经济依赖关系赋予其足够的权力来要求政治上的让步，而目标国则认为这种依赖关系不充分，并认为它不足以迫使自己在关键政治议题上做出妥协，这种认知上的差异便可能触发实质性的经济制裁。同样，如果目标国认为任何制裁措施也会对发起国造成损害，并期望发起国只是进行口头上的威胁，这样的分歧也能促成制裁的实施。在这种情况下，双方的分歧和对抗可能加剧，使得制裁从一种口头威胁转变为具体行动。

理解制裁与经济战中双方的意志和决心，不仅涉及对市场机制的认识，还包括对自身意志力、决心的评估，以及对本国民众是否"上下同欲"、能否形成统一战线的判断。要全面理解这些动态，我们需要采用一个双层博弈的视角，考虑国际政治环境与国内政治环境的相互影响。在国际层面，制裁作为国家间力量博弈的一环，通过经济手段实现政治目的，旨在通过施压促使目标国改变政策或行为。这涉及对国际形势的敏锐把握，包括国际联盟的支持、其他国家的反应以及潜在的经济与政治后果。在国内层面，国内政治环境对制裁的执行和持久性起到了关键作用。在发起国，制裁政策需要获得政府高层的认可，并考虑国内民意、来自利益集团的压力以及政治领导的目标。制裁在开始时可能顺应国内的爱国主义情绪，社会舆论认为制裁带来的代价是可接受的。然而，随着制裁的实施，发起国的部分民众开始感受到制裁的反作用力，生活质量受到影响，从而对制裁的必要性、持续性和强度产生疑问。而在目标国，制裁可能引发政治动荡，迫使政府寻求国际及国内的支持来抵御和适应外部压力。在这种复杂的双层博弈中，双方的意志和决心都面临考验，发起国需要在国际利益与国内政治成本之间权衡，目标国则需评估制裁影响并寻求适应性和反制策略。

　　进一步理解制裁与经济战的有效性，关键在于把握国家内部的经济结构和政治组织。将国家视为一个有机体而非单一均质体，我们可以看到国内经济结构由多个相互关联但功能独立的部分组成，根据不同的细分标准，如地理位置、产业等，可以划分为不同的利益集团。通过经济手段影响特定地区的选票或某产业链的经济利益，制裁与经济战能够对不同利益集团的收入、就业和福利产生影响，进而影响它们的政治倾向。不同利益集团的经济和政治影响力取决于国家的产业结构和政治制度，这导致每个国家对制裁的反应各不相同。以农业为例，在地广人稀的国家，农业利益集团可能在经济上重要，但政治影响力有限；而在人口密集、土地稀缺的国家，农业利益集团可能同时具有高度的经济和政治价值。即使在发达国家，尽管农业的经济比重下降，其在国家安全和社会稳定中的角色仍不容忽视。因此，制裁效果的差异性不仅受经济结构的影响，还受政治体制、文化传统和实际国情的影响，使得同一策略在不同国家和针对不同利益集团的效果截然不同。

　　观察制裁与经济战的多个维度，发现似乎关于其有效性的讨论总是充满变数。然而，引入时间维度，将分析转化为一个立体的周期性模型，可能为讨论制裁与经济战的有效性提供新的理论视角。我们通常关注经济压力的强度与持续时间，类似于评估汽车的功率和续航能力，这无疑是关键的度量指标。但在特定场景下，如赛车遇紧急状况，快速启动、百米加速与制动能力或许才更为关键。这可以类比于制裁所引发的市场波动，重点在于造成的短期冲击是否超出了目标国经济调整的能力范围。制裁与经济战的成效，深受发起国和目标国的经济安全意识及预备工作的影响。即便面临巨大的经济压力，如果一个国家具备充分的适应和调整能力，它就能有效减轻这些压力的影响。这种能力可能来自经济的多样性、广泛的国际经济联系，或是强大的国家治理和动员能力。例如，对于一个依赖单一出口商品的国家，制裁的影响可能尤为剧烈，因为其经济结构较脆弱。相对而言，经济结构多元化的国家可能更能承受外部冲击，因为它们能通过国内市场和其他国际市场弥补损失。同样，具有较强国家治理能力的国家也可能更有效地采取经济调整策略，如货币政策调整、产业结构转型等，应对外部经济压力。

除了物质准备和抗冲击能力，意志和认知的较量也至关重要。国家是否在长期的经济政治战略中平衡了经济增长与安全？是否有意识地引导产业链变迁？投资和外汇储备是集中于单一市场还是分散于多个无风险关联性的市场？如果政府未能有意识地塑造对外经济关系和产业布局，追求利润最大化的资本将随市场自由流动，无法形成有效的经济"势能"来抵御或制造经济波动。而有意积蓄"势能"虽可能导致效率损失和经济成本，却能为危机时刻提供应急储备，甚至制造他国危机。

除了上述战略层面的设计外，制裁与经济战还必须考虑战术层面的各类认知误区或合成谬误。现代产业链错综复杂，各部门和企业在决策时都难免面临信息不对称、信息碎片化的问题，这导致短期、局部做出的决策可能以意想不到的方式成为"回旋镖"。例如，欧盟屡次威胁要制裁中国新疆棉花，却没想到中国是最重要的短绒棉出口国，这种棉花在纺织业中是不如长绒棉，但却是生产火药的重要原材料，最终导致欧洲无法及时向乌克兰供应所需的弹药装备。因此，就如同军队需要备战练兵，制裁与经济战也需要决策部门在平时进行政策工具箱的论证、建设和管理，以动态和全局的视角衡量利弊。

在制裁与经济战的中短期博弈中，市场和企业的信心既决定了金融安全和短期供应链的畅通，更是能否实现产业升级、突破"卡脖子"技术的关键。在华为公司历尽艰辛、突破芯片封锁推出新款旗舰"争气机"后，相信大部分中国人再也不会像2018年贸易战那样谈"制裁"色变。企业也在观望政府的意志，2022年俄乌冲突爆发后，在俄罗斯的外资企业遭受制裁压力和舆论压力，被要求从俄撤资，然而大部分经营尚可的西方企业仅仅将撤资进行到媒体发布会环节，以各种方式和理由继续在俄开展业务。其中很大一部分企业认为西方各国政府并不会严格执行制裁举措，民众的抵制也只是暂时性的，留在俄罗斯能赚取更多的利润。俄罗斯政府之所以能扛住西方的制裁，除了因为本身的经济结构和及时有力的反制裁政策外，西方尤其是欧盟打补丁式的制裁显露出其内部在制裁上的严重分歧，客观上帮助了普京政府稳定国内经济信心。

制裁与经济战的成败关键在于国家意志与全民认知，这既涉及各方的信心与预期，也与道德立场和公众情绪密切相关。有效的制裁与经济战策略应当旨在削弱对方政权和社会的凝聚力，而不仅仅是广泛施压。实际上，不当施压往往会使目标国内部更加团结。在国际实践中，我们看到经济制裁与舆论战术的结合越来越紧密，目标是战略性地影响目标国从一般民众到精英阶层的认知和意志。通过在目标国内部培育潜在的舆论力量，在制裁开始时放大悲观情绪，并将不良后果归咎于目标国政府的决策失误，这种舆论影响可能带来的损害甚至超过制裁措施本身，动摇国民对政府的信任和支持。这正是本书在分析案例时，强调各参与方政治生态的重要性。

"善用兵者，避其锐气，击其惰归。"《孙子兵法》的智慧不仅仅适用于军事领域。案例显示，制裁通常对那些贫穷但民族主义情绪高涨的政权影响有限，反而会对那些开放并坚信新自由主义价值观的政权造成更大伤害。这一点提醒我们，在设计和实施制裁或经济战策略时，应更深入地考虑目标国的社会结构、政治生态以及民众情绪，以确保施策的精准性和有效性。

"封锁围堵"抑或"平行体系"？——大国经济战的场景想定

无论是大国间的对抗还是大国与小国之间的争端，制裁与经济战都是作为政治策略的一环，目的是利用经济手段来实现政治目标。然而，对不同规模国家的制裁有着显著的差异，主要体现在成本与目标差异、网络结构与权力差异以及关键第三方的行为差异三个方面。

首先，在制裁成本方面，对大国实施制裁相较于小国需要投入的资源成倍增加。一个国家在全球经济体系中的参与程度越深入，发起国构建制裁联盟的难度和成本就越大。此外，大国之间打经济战的目的往往在于在全球或区域范围内维护或扩大影响力，而大国对小国的制裁可能更多集中于实现特定战略目的或促使对方改变某些政策。大国间的政治对立通常更为尖锐，其中声誉往往比具体利益得失更受重视。特别是在核武器时代，军事冲突的高昂预期成本使各方倾向于通过非军事手段来展示决心和保持声誉。因此，如果将大国对小国的制裁视为一种以非军事手段追求政治利益的策略，那么对大国的制裁则更多地表现为在避免军事冲突的默契下，发起国的一种无奈而谨慎的选择。这种差异性不仅体现了国际政治中力量对比的复杂性，也凸显了制裁作为政治手段的多维性和策略性。

其次，在网络结构中，大国与小国所处的位置迥异。网络能够实现节点之间资源和权力的转移与积累，带来指数级的收益增长，最终导致在自然边界内形成"赢者通吃"的局面。在这样的网络中，大国作为发起方，可以利用其在网络中的权力放大自己的影响力，但这也带来了副作用和风险，包括可能将对手排除出自己控制的网络，以及增大网络中其他成员或关键节点离开的可能性。这些风险和代价虽然不那么显而易见，且可能有所滞后，但其重要性远超制裁的直接成本。对于一个国家来说，建立并维持对关键网络的控制需要付出巨大的代价和特殊的历史机遇，一旦失去便难以重建。例如，美国对其在国际金融网络中主导地位的过度依赖，是二战后独一无二的历史机遇下的产物，包括建立布雷顿森林体系和使美元与黄金脱钩的决定。但为了维持美元霸权，美国承受了长期的贸易赤字和产业空心化的沉重代价。随着美国对金融网络权力的愈加频繁使用，进行长臂管辖，冻结和剥夺其他国家政府及公民的财产，美元的地位虽在针对小国或中等国家时看似坚不可摧，但对伊朗、俄罗斯等国的制裁促成了一个由"被制裁者"构成的新网络，建立区域性货币的提议无疑挑战了美国对国际金融网络的绝对控制。

同理，在实体经济侧，世界市场中各种产品的生产和流通密切相连，形成了一个错综复杂的全球供应链网络。在这个网络中，各个环节相互依赖，形成了一个复杂但脆弱的系统。这种依赖关系的复杂性，尤其在国际政治与经济博弈中展现了其深远的影响力，全球供应链的脆弱性导致国际政治决策可以迅速影响经济和军事领域。在这种背景下，运用大数据和人工智能技术对全球产业链进行深度分析变得极为重要。人工智能技术能够处理庞大的数据集，识别出产业链中的关键节点，预测某一环节受到干扰时对整个系统的影响。这种分析能力不仅能帮助决策者理解复杂的全球依赖关系，还能预测潜在的风险和薄弱环节，为应对国际博弈中的制裁和反制裁提供科学依据。人工智能在分析全球产业链依赖关系中的应用，不限于识别风险和薄弱环节，还包括提出解决方案和应对策略。例如，通过分析数据，人工智能可以帮助企业和国家发现替代的供应链路径，减少对特定原材料或产品的依赖，增强经济和军事安全的韧性。

最后，关键第三方在不同制裁场景下扮演的角色也大相径庭。在大国对小国的制裁中，其他国家和非国家行为体作为关键第三方可能加入制裁联盟或作为"侠客"帮助目标国，其行动通常基于双方提供的利益价码。第三方"侠客"的介入使得制裁效果大打折扣。在制裁发生后，目标国得到第三方的援助和支持，通过贸易转移效应抵消了制裁的伤害，使得原本的经济联系转移到了介入的"侠客"国家。冷战时期，这种现象尤为常见，当时的国际对立使得敌对阵营的敌人变成了朋友，如苏联对南斯拉夫和中国的制裁，美国对拉美和非洲等的制裁，都因"侠客"国家的介入而受到削弱。然而，在大国之间的经济战中，作为国际政治中重要力量的其他大国，必须在国际大局中审慎考虑自己的定位。当自身行动可能引发国际权力结构的变化时，关键第三方的决策将不可避免地考虑到长期的地缘安全和经济战略。制裁政策的高昂代价或不均衡的成本分担将导致整个联盟的崩溃。

成本与目标差异、网络结构与权力差异以及关键第三方的行为差异，这三个因素共同造成了大国之间以及大国与小国之间在制裁实施上的显著差异。在大国之间，成功实施制裁的案例少之又少，制裁要么作为谈判策略未真正执行，要么发展为持续的经济战。在军力对等的背景下，由于直接冲突的代价极其高昂，经济战成为展示决心的可靠方式。

大国之间的经济战不仅仅是双边博弈，更是涉及各自经济韧性和网络影响力的联盟间博弈，远超小国能力范畴。盟友体系实质上是增强自身国力的信用杠杆，只有动员尽可能多的第三方支持，才能对对手施加足够压力，突破其社会和经济的自适应能力，迫使其屈服或对其造成长期伤害。但杠杆操作风险高，一旦兑现承诺失败，就可能失去战略信誉，导致盟友迅速离散，类似金融机构面临的强制平仓（margin call）风险。那么，对于大国来说，如何维持一个自身主导的中心-外围体系？中心与外围之间实际上存在共生关系，外围可能受到中心的剥削和压迫，但中心所获资源部分会转化为公共产品（如科技创新、产业升级），通过贸易、投资和技术援助等方式反哺外围。体系的竞争力和生命力关键在于是否能持续提供公共产品以维持外围的忠诚。历史上，不论是法兰西第一帝国试图建立欧陆体系，还是苏联希望建立社会主义经济体系，其经济战的失败均在很大程度上源于盟友的背叛，尽管技术差距、治理能力等因素存在，但这两大体系均存在过度剥削盟友的问题，导致外围重要成员转投对立体系。

客观来说，当前中国似乎并不适应"平行体系"的叙事框架，而是倾向于将对华发动的制裁与经济战解读为对中国的"封锁围堵"。这种观点忽视了中国巨大的市场优势和人才潜力：中国人口达到了 14 亿，拥有众多能够驱动创新的高精尖人才，而美欧日的人口总和不足 10 亿。同时，中国拥有广泛的潜在盟友网络，包括许多新兴市场国家。与此相对，美国的一些盟友与美国的关系并非铁板一块，它们准备在这场国际博弈中利用"较小威胁者"的身份来获得利益。从某种程度来说，这种不适感源于历史经验。法兰西第一帝国和苏联体系的建立均伴随着惨烈的战争，其经济势力范围自然与以武力征服的地域重合。而在冷战结束后的中美两国中，中国的市场是在美国体系内孕育并成长的，最终却被排斥，"平行体系"甚至不是中国的主动选择。面对当今局势，如果仍然坚持消极防御的策略，期待通过时间来解决问题，那将是不切实际的。更合理的做法是采取灵活的策略，攻守兼备，敢于主动出击，利用敌人的方法反击敌人。历史反复证明，只有通过斗争才能争取到持续和体面的和平。

中美经济博弈的回顾与展望

自 2018 年中美贸易战爆发至今，中美之间的经济角逐经历了多次波动。第一届特朗普政府发起的关税战并未带来最初预期的灾难性影响，而拜登政府也未能使中美经济关系回归之前的和谐。尽管过去全球化和新自由主义的理念极具吸引力，西方政界人士试图用"友岸外包""近岸外包""去风险"等术语淡化与中国经济脱钩的现实，但我们似乎必须面对大规模竞争格局的到来。追求绝对收益的国际经济时代已成为过去，世界正进入一个更多追求相对收益的周期，制裁与经济战作为主要的斗争手段将越来越频繁地出现。

美国与中国经济脱钩的策略实际上早在 2018 年之前就已开始酝酿，而广大民众在特朗普发起对华贸易战时才真切感受到影响。2010 年，奥巴马政府正式主导《跨太平洋伙伴关系协定》（TPP），旨在通过此举实现美国在东亚及全球经济布局的再平衡。TPP 虽然表面上不显山露水，但其设计初衷是针对当时中国的制度特征和经济结构，通过设置严格的规则来将中国排除在以美国为核心的世界市场体系之外，特别是试图将中国从东亚供应链中剔除。若中国想要满足加入 TPP 的标准，必须进行痛苦的调整和改革，如设立独立工会、加强知识产权保护、提高环保标准以及接受外国机构对贸易投资争端的裁决等，这些对于当时的中国而言在政治和经济层面上均难以接受。TPP 成为奥巴马政府在对华经贸和战略博弈中的关键一步，显然给中国带来了巨大的经济和地缘政治压力，中国要么在不成熟的条件下接受一系列改革，要么被排除在整个东亚供应链之外。①

然而，特朗普 2017 年上任后，意外地扰乱了原本针对中国设立的 TPP 这场经济战略布局。在他的支持者，尤其是美国白人蓝领工人眼中，TPP 与《北美自由贸易协定》（NAFTA）、世界贸易组织（WTO）等没有本质区别，都是牺牲他们的工作和地位以换取资本和精英阶层的利益。尽管 TPP 与上述机制在功能和目标上存在明显差异，但是特朗普为了迎合选民的反全球化情绪，坚决反对 TPP。有意思的是，虽然 TPP 是一个经济战略布局的典范，但最终却因美国长期对外经济政策所引发的内部分配不均而无疾而终。特朗普 2018 年发起的关税战，并不仅仅针对中国，也对几乎所有西方盟友的钢铝产品加征了关税。这场贸易战并不符合传统经济战的定义，因为它没有对中国的内政外交提出要求，而只是为了筹集用于美国国内政策的资金：在实施大规模减税、建造边境墙等财政政策的同时，特朗普政府需要通过对外经济政策来平衡财政收支。

与此同时，美国政府内部存在一群以特朗普贸易战为掩护，对中国进行更加隐秘的战争的建制派精英，我们称之为"深层政府"（Deep State）。这一群体包括美国军队、国务院、情报系统、财政部、商务部、贸易代表办公室、司法系统等机构的中高级官员。这群事务官不同于通过选举上台的政客，而是长期在政策设计与执行的一线工作，具备维护美国国家利益的情怀、

① Xianbai Ji, Mega-regionalism and Great Power Geo-economic Competition, Routledge, 2021; Xianbai Ji and Pradumna B. Rana, "A Deal That Does Not Die: The United States and the Rise, Fall and Future of the (CP) TPP," Pacific Focus, Vol. 34, No. 2, 2019, pp. 230-255.

经验与能力。该群体认为，美国未来与中国争夺全球领导权的关键在于战略性高科技领域的领先，尤其是 5G、人工智能等方面的竞争。对华为、中兴通讯等企业的打击，以及后续发生的孟晚舟事件、芯片断供、人才往来限制，其实都是该群体策划的、针对中国战略性高科技产业的经济战。

中国的科技进步和产业升级将对中美竞争格局造成至少两方面的突出影响。第一，科技水平的高低对国家军事实力的影响愈发凸显。新技术在战争中的运用与不少原有的装备形成了代差，使优势被拉平、相关积累价值归零。例如无人机的使用就对传统地面部队的坦克和装甲车造成了很大的威胁，以"星链"为代表的太空武器取代原本的通信和侦察设备。现代技术的发展蕴含着军民融合的潜力，将大幅度摊薄武器研发、军备升级的成本，同时带来新的战术战法，例如在社交媒体上进行开源情报分析、影响舆论等。第二，中国的产业升级将威胁美国对产业链的主导权，而在过去这种来源于生产网络的权力基本由美国一家独占，蕴含着极高的政治价值。这种权力的运用方式多样，既可以像制裁芯片产业那样直接切断关键生产环节的供给，也可以体现在定价权上：以欧盟向美国数字巨头征税为例，美国数字公司反手就可以将税收负担转嫁给欧洲消费者。这种权力还能体现在技术标准的制定和各类行业组织、协会的管理上，这些中小型结构和制度构成了美国权力的一根根支柱。网络性权力生成的过程需要耗费极高的成本，在过去没有任何一个开放性经济体能在体量上与美国媲美，除美国外各国的内部市场难以孕育出在全球具备垄断优势的产业。而网络性权力一旦建立便具有很强的惯性，后来者很难打破体系内成员的路径依赖。中国拥有比美国更具潜力的内部市场，而且深度融入世界市场，在 5G、光伏、电动汽车等领域已经占据产业链主导权。

除了以上最重要的两点外，科技的领先对国家安全与国际竞争的影响还体现在很多方面，甚至无法从当下的视角做出判断。例如人工智能的发展和应用会不会导致国民的审美、价值观、道德标准向开发者使用的训练素材倾斜？科技和产业问题显然不仅仅是经济问题，更是全球治理问题。

美国对中国的技术围堵由来已久，1996 年开始生效的《瓦森纳协定》就是在美国的主导下建立的、利用盟友体系干预或阻止参与国向中国出口常规武器和军民两用技术的国际制度安排。随着中国科技和产业的不断发展，美国 Deep State 中的政治精英和科技产业内的商业精英感受到了威胁。为逼迫中国放弃产业升级，安于世界体系边缘的位置，保持中美既定的分工，Deep State 在特朗普时期发动了对中国的科技战，而后这一政策被拜登政府所延续，并将与中国的科技竞赛置于国家战略的重要位置。美国国家安全顾问沙利文称，科技进步将决定 21 世纪的地缘政治格局，保持科技领先同时具有内政和国家安全两方面的重要意义，在关键基础领域要"尽可能"拉开与中国的差距。[①] 除了尖端科技的竞赛，拜登政府还设计了名为"新

---

① Jake Sullivan, "Special Competitive Studies Project Global Emerging Technologies Summit," https：//www. whitehouse. gov/briefing-room/speeches-remarks/2022/09/16/remarks-by-national-security-advisor-jake-sullivan-at-the-special-competitive-studies-project-global-emerging-technologies-summit/.

华盛顿共识"的国际产业新格局①，通过"小院高墙""友岸外包"等概念和一系列多边安排试图将中国逐步隔绝于美国领导的世界市场。科技竞赛和产业竞争共同构成了美国对中国的科技战。

正如我们在冷战以来的各种案例中反复观察到的那样，"国家安全"作为美国政府模糊但万能的兜底理由，再次成为使用制裁武器、发动经济战的借口。中美科技战包含多个维度和层次：供给端的产业竞争，需求端的市场争夺，虚拟维度的金融限制、技术标准围堵，等等。尽管中美之间尚未爆发全面的经济战，但科技战已经在微观、中观、宏观层面激烈展开，中美科技战已经是领域内的总体战。

在微观层面，美国为了保护其技术优势，采取了一系列措施来限制与中国的技术和人才交流，这些措施包括对 STEM（科学、技术、工程、数学）领域人才的培养和吸引、对华裔科学家的审查以及对赴美留学和学术交流的限制。美国采取了一系列策略来吸引和留住世界级的 STEM 人才，包括奖学金、研究资助以及放宽工作签证的条件。近年来，人才的外流已经成为欧洲国家普遍担心的问题。然而，与此同时，美国也加强了针对中国学生和学者赴美留学和学术交流的限制，缩短签证有效期、增加审查程序，甚至直接拒发签证。对已经在美国工作的华裔科学家的审查也日益严格，尤其是涉及敏感技术的研究

---

① 与其说是"新华盛顿共识"，毋宁称其为"反华盛顿共识"，事实上新共识的宣布是"丧事喜办"，宣布了自 20 世纪 80 年代末以来自由放任经济政策的失败，并承认过去的政策导致了美国制造业的空心化、社会严重的不平等以及相对于中国的衰落。

人员，其中部分人员甚至受到人身迫害。

在中观层面，中美科技战集中体现为美国产业政策的回归和对中国企业的打压限制。拜登政府推出《通货膨胀削减法案》和《芯片和科学法案》等政策，加大了对国内制造业和高科技产业的支持，把清洁能源、半导体产业置于经济和外交政策的核心位置。使用总数超千亿美元规模的税收减免和产业补贴，提高本国制造业的竞争力，促进产业回流。美国政府还对中国企业实施多维度的限制措施，意图减缓或阻断中国在关键技术领域的进展。这些政策不仅包括传统的出口管制和投资限制，而且扩展到了更为复杂和微妙的操作领域，如"长臂管辖"干预供应链、施加金融压力以及限制在国际市场上的扩张、排挤中国企业参与国际标准制定等。美国政府对中国企业的打压围堵行为严重背离了它曾经鼓吹的市场经济和公平竞争原则，例如通过征收巨额罚款来增加企业运营成本，甚至动用司法手段来逮捕某些高管，以此给中国企业带来更大的不确定性，造成更大的风险。2023 年中国人工智能展现出无限的增长潜力，美国政府也很快于当年的 8 月 9 日和 10 月 17 日相继推出了针对中国人工智能产业的投资禁令和芯片限制。

在宏观层面，美国政府试图在产业链上将中国排除，在尖端科技领域用"小院高墙"来限制中国的发展。美国及其盟友强调以"价值观"区分伙伴国家和不合作国家，有政治条件地进行经济合作，意即与中国合作存在风险。例如，通过"全球基础设施和投资伙伴关系"和"印太经济框架"，美国试图用"友岸外包"来重塑全球供应链，将中国排除在以美国为中心的全球经济体系之外。美国及其盟友围绕关键技术领域，如 6G、人工智能、半导体、量子技术、航空航天、清洁能源等，正在形成细分领域的"技术联盟"是美国为争夺新科技霸权而建立的排他性联盟框架，旨在巩固其在全球科技创新和产业发展中的主导地位。但同时需要指出，美国的产业和科技联盟尽管机构林立、机制繁多，但是美国政府投入的资源有限，需要盟友自掏腰包支持。因此，这些"杠杆"的实际效果及其脆弱性、可持续性都需要进一步考察。

科技战是经济战的一种特殊形式，美国对华科技战的手段也包括制裁与经济战的许多经典手段，例如物资禁运、投资限制、科技封锁、建立排他性联盟以及直接针对个人的精准制裁。在这场战略性高科技产业的经济战中，美国政府依然延续了其过去制裁中的战略失误，采取"添灯油"的方式不断加码制裁措施。从一开始对中兴通讯、华为的打压，再到后来"脱钩""友岸外包"等概念的提出，现在美国谋求主导建立"基于价值观"的国际科技联盟和在产业上远离中国的"新华盛顿共识"，历时近五年仍未能构建针对中国的全面封锁，仅在少数领域如高端芯片产业上卡住了中国的进口。美国政府并没能在开始制裁中国高科技前就与国内利益相关方和盟友达成共识，甚至在美国政府高层内部也存在分歧。美国的政治体制也导致其战术从构思到立法再到实施需要较长的时间。而在这个过程中，中国企业已经由一开始的震惊和悲观转为积极准备，部分企业获得了宝贵的喘息和成长时间，例如华为已经在 2023 年重新推出了搭载 5G 芯片的旗舰机型。中国政府也在这五年期间探索出了突破"卡脖子"技术的新型举国体制，由企业牵头进行有组织的科研攻关，政府引导在不违背市场规律的前提下吸纳更多的社会主体参与前期风险和成本的分摊。

未来的大国经济战将是围绕技术、市场和政府政策的多方博弈，其持续时间和变化过程将与传统的工业时代经济战有着本质的不同。以科技为焦点的经济战将成为我们团队下一步研究的中心。在中美之间的经济竞争中，这场关于制约与发展的角力还在进行中，双方都已经感受到了压力，但都还未全力以赴。截至目前，美国正面临持续的经济通胀和供应链多元化的缓慢进展，而中国则在外需减弱的背景下寻求增长动力的内外转换。中美贸易额及其在各自外贸总额中的比重正在缩减，两国金融联系也随着中概股退市和中国政府减持美债逐步解绑。面对全球地缘政治冲突的频发，中国不得不为周边可能爆发的突发事件做准备。但无论地缘政治如何变化，中美两个平行市场体系间的竞争，归根到底是比拼各自内部的政治经济稳定性，在外部比较盟友的规模和质量、体系的稳定，以及哪一个体系更能促进科技创新。

中美之间的经济战继续演化，有可能双方都感受到沉重的压力，世界经济暂时回到合作发展的轨道；也有可能将战场从产业和技术扩大至更广泛的领域，经济战配合舆论战、信息战、特别军事行动，成为混合战争的一部分。鉴于近年来的一系列事件，我们必须为后一种情况做好准备，在此依据程度由轻至重做出一些场景想定。经济战可以配合舆论战制造恐慌和不信任，影响金融市场和社会稳定。比如通过媒体传播对特定经济策略或事件的负面解读，制造市场恐慌，促使资金流出、发生挤兑或者价格踩踏。经济战还可以配合信息战发生作用，例如鼓励或利用虚拟资产投资等手段，破坏国家的经济秩序和社会信任。这些行为直接作用于个体公民，但是累积起来就有可能造成整体性的社会风险。在不使用军事手段的情况下，美国政府还可以通过操纵国际市场上关键民生物资的价格和供给对国计民生造成打击，例如铁矿石、大豆、特定药物和医疗设施的禁运等。而在军事手段介入后，经济战的范围将大幅扩大，强度将大幅提升，例如破坏中国的基础设施造成大范围的断网断电，引发公共卫生危机。这些手段即便在中国境内难以展开，在境外的行动也可以造成严重后果，例如切断海底光缆，破坏中国对外交往的重要基础设施，如中欧班列。这类行为配合舆论战可以令中国政府和企业多年来在海外的声誉积累归零，例如在重要对外援助项目或承建项目上制造重大事故，造成大规模的伤亡，并将其归咎于质量问题，对中国造成严重的财产和外交打击。美国政府还可以通过各种渠道，制造对中国产品的恐慌，比方说编造中国售卖的飞机、电动汽车发生事故导致人员伤亡的虚假信息，或者造谣中国商品具有化学毒性，令中国品牌失去市场。冲突更进一步，中美之间一旦爆发小规模的正面冲突，美国还可能利用其海上力量优势对中国施行进出口禁运，封锁第一岛链，鼓励各行为体私掠、收缴中国的财产和物资等。这些混合战争的形式也带来了复杂的国际法律和道德问题，同时对全球经济稳定和国际关系和平发展构成挑战。上述假定是在"料敌从宽"的原则下做出的，但我们必须思考在经济战上升为混合战争的情况下如何应对，如何考量收益和成本。

如何止战？——制裁与经济战的战略战术

在面临"风高浪急甚至惊涛骇浪的"复杂国际局面时，我国如何在不动武的情况下，通过精心策划的经济外交手段，维护我国的正当利益，同时又不违背我国与世界各国一道友好合作、和平发展的庄严外交承诺？本书通过对经济制裁理论和历史的考察，提出了一系列我们称之为"人大学派制裁与经济战思想"的理论发现。基于这些理论发现，"人大学派"发展出一系列制裁与经济战的战略和战术思想。具体而言存在三个"关键"：制裁前的关键在于威胁而非实施；制裁中的关键在于波动而非压力；制裁后的关键在于攻心而非攻城。

在探讨制裁与经济战的策略时，首要的考虑是制裁前的威胁而非实施。真正擅长战略的国家往往能在不显露锋芒的情况下达成目标。当一个国家拥有巨大的市场力量时，它无须真正执行制裁，仅凭经济威胁就能达成对外政策目标。这种策略要求在制裁或威胁发起之前，进行深入的筹备，主要是通过培育与对手之间的不对称依赖关系。例如，通过倾销粮食或大量进口特定商品，可以影响另一国的经济结构，造成资源的严重错配。在全球产业链的背景下，这种战略塑造能力被称为产业链编辑能力。通过增加双方产品之间需求价格弹性和垄断程度的差异，可以提高不战而屈人之兵的成功率。

其次，制裁期间的关键在于引起波动而非单纯施加压力。"压力波动"理论指出，制裁的有效性并不取决于施加的压力大小，而在于能否在短期内造成超出对方社会或统治集团承受范围的波动。因此，发起制裁前，需考虑到受制裁国的自我调节能力，并针对这一能力进行打击，造成其失序或损伤，以此达到最理想的制裁效果。避免逐步加码的做法，因为这会给敌方更多准备和反应的时间，削弱制裁的心理冲击效果。

最后，制裁结束后的关键在于攻心。制裁通常会迅速消耗双方的依赖性，如同一次性武器，再次使用需要较长时间的重新准备。制裁往往产生长期的寒蝉效应，即使制裁措施被解除，受制裁国的经贸往来也难以迅速恢复到之前的状态。因此，制裁发起国在制裁结束后应主动与受制裁国重建经贸关系，以缓解寒蝉效应。这种补偿或援助不仅有助于实现制裁目的，还能防止受制裁国形成对制裁的"免疫力"，为未来有效的经济制裁威胁打下基础，同时传达出一种信息：对抗将遭受重大损失，但顺从则会带来实质利益。这样的策略不仅能制造更大的波动，帮助实现制裁目的，还能避免对方获得经济制裁的"免疫力"。

反之，作为被制裁的一方，若想在对抗中取胜，可以考虑以下策略。在被制裁前或预感到经济胁迫的危险时，有意识地增强经济安全和供应链韧性，鼓励自力更生和艰苦奋斗，提高国家的自给自足能力。通过鼓励国民的爱国精神和团结自强，可以增强国内的凝聚力和抵抗力。发展本土供给有助于减轻制裁带来的物资短缺影响，提高经济的独立性和自主性。提前做好准备，通过预先的经济和技术准备，例如囤积必要物资、寻找替代性进口来源，可以在一定程度上缓解制裁的影响。这种准备工作未必会大大缩小制裁措施所造成伤害的绝对值，但至少可以推迟伤害的作用时间，为自己争取更多的时间来调整和应对。

在遭受制裁时，寻求"侠客"的外部支持、在国际舞台上寻找支持和庇护是缓解制裁压力的重要途径。通过与第三方国家进行经济和政治资源交换，可以获得必要的支援。同时，与其他被制裁国组成互助联盟，共同应对制裁压力，可以形成制衡力量，减少孤立感。在国内阻断制裁的连锁效应，通过立法限制本国企业和公民参与他国制裁行动，确保国内企业和金融机构不因恐惧而切断与被制裁实体的联系，有助于维持经济稳定。通过立法限制本国企业和公民主动或被动地卷入到配合他国的制裁行动中也很有必要。当美国制裁华为的时候，中国国内的企业和金融机构本能地避免与华为发生业务往来，以免引火上身，而这恰恰会放大美国制裁措施的效果。同理，当美国制裁俄罗斯的时候，中国的一部分企业和金融机构都本能地避免与俄罗斯发生往来。如果能通过阻断次级制裁的立法，明确禁止本国企业和公民遵从美国法律，将是对自身主权的确认和保护，避免让弱势的企业、金融机构和公民独自面对外国强权。

在制裁的僵持阶段或结束阶段，被制裁国也可以祭出必要的反制措施。充分发挥自身资源优势，对制裁发起国的政府、企业或公民施加压力。例如，俄罗斯切断对欧洲的能源供应便是一种有效的报复手段。这种反击不限于传统的经济制裁，还可以包括支持或默许对制裁发起国不利的行为。当然，这种反制行动可能导致制裁升级，最终演变为全面的经济战，甚至军事冲突。被制裁国也可以在制裁发起国内部展开宣传攻势，提醒其民众和在野党政治家制裁所带来的代价是否值得，在道德上是否站得住脚。最终，寄希望于下一届政府能改变相关政策。这种策略需要对制裁发起国的政治和社会状况有深入的了解，以及有效的信息传播渠道。

以上这些策略涵盖了从内部自强到外部寻求支持、从预先准备到应对反击的多个方面。通过综合运用这些策略，被制裁国可以在一定程度上减轻制裁的影响，保护国家利益和主权。然而，这些策略的有效性也取决于多种因素，包括国家的经济实力、国际地位、外交能力以及制裁的性质和范围等。在实际操作中，需要灵活应对，不断调整策略以适应变化的国际形势。

随着本书逐渐接近尾声，我们与读者一同站立在人类发展和世界格局的十字路口，一同回顾和审视那些塑造当今世界格局的制裁与经济战案例。在全球化的今日，国家间的相互依赖日益加深，但复杂的地缘政治与经济纠葛也使得以制裁与经济战为代表的对抗性外交和对外经济政策变得越发流行。因此，深入系统地探究制裁与经济战的历史脚印、理论基础及在现实政策中的运用，变得至关重要。从历史的长河中汲取经验，通过理论的镜头分析现象，借助实践的试验场测试策略，这三者的结合不仅有助于我们更好地理解制裁与经济战的本质，也能为制定更有效的外交政策提供可能性，还能为国际社会寻找解决冲突和推进合作的更有效途径提供思路。

尽管西方学术界对制裁与经济战的研究已有悠久的历史，国内学者对此领域的研究却还处于起步阶段。本书对制裁与经济战的研究，以及所倡导的"人大学派"的制裁与经济战理论，仅仅标志着中国人民大学作者团队对这一广阔研究领域的初步探索。我们期望能够激发更广泛的学术讨论与思考，推动对制裁与经济战议题的深入研究。我们将继续深耕此领域，并期盼来自学术界同人的指导和建议，以共同促进制裁与经济战这一前沿研究领域的进一步发展。更为重要的是，我们的最终目标是以战止战，以斗争求团结。研究制裁与经济战的目的不在于积极对外发动制裁与经济战，而在于探索、理解并最终超越制裁与经济战带来的挑战，为国际冲突的预防和化解提供更人性、更合法、更精准、更高效的策略支持。这不仅是对国际政治经济学的学术贡献，也是为了促进一个更加和平与繁荣的世界。我们希望本书能够成为这一探索旅程的灯塔，引导我们共同向前，为实现这一崇高目标而不懈努力。